LA INTERVENCIÓN INTERNACIONAL EN AFGANISTÁN Y EL RESURGIMIENTO DEL MOVIMIENTO TALIBÁN

Fotografía de portada: *taleb* orando frente a una rudimentaria alquibla de piedras de ónix (las piedras claras que se ven a la izquierda) procedentes de las minas existentes en el distrito de Dishu (Helmand, Afganistán), 24 de diciembre de 2021. Foto de Franz J. Marty.

En recuerdo de todos aquellos que
han entregado su vida en tierras afganas en
defensa de la democracia y los derechos humanos

AGRADECIMIENTOS

El libro que ahora se presenta constituye, junto con un primer texto elaborado bajo el título *Los orígenes del conflicto afgano: islam, gobernanza y tribalismo hasta la intervención internacional de 2001,* una bilogía sobre la gobernanza política en Afganistán desde sus orígenes en 1747 hasta la intervención internacional llevada a cabo durante las pasadas dos décadas. Ambos están basados en la investigación llevada a cabo entre 2014 y 2019, como parte de la tesis doctoral que bajo la experta guía del profesor y catedrático Juan Avilés Farré fue elaborada durante esos años. Durante los tres primeros, se compaginaría esta actividad en Kabul con mis obligaciones profesionales como agregado de Defensa para Afganistán y Pakistán. Siempre estaré agradecido a mi director de tesis por sus sabios consejos, brindarme su amistad y servir de ejemplo en esta actividad vocacional como es la investigación académica, a lo que se une mi gratitud por haber aceptado prologar esta obra.

El presente texto versa sobre el análisis de esta intervención internacional, una vez derrocado el régimen Taliban, exponiendo aquellas decisiones que provocaron que la guerra civil no sólo continuase durante el periodo de masiva intervención, llevada a cabo durante los años 2002 al 2014, sino que aumentase dramáticamente su intensidad durante los años posteriores, hasta finalizar con la caída del Estado el pasado mes de agosto. Desgraciadamente, su publicación se ha convertido en algo necesario para comprender las razones del colapso del régimen democrático afgano, porque este no ha sido derrotado militarmente en el campo de batalla, sino que ha sucumbido por la falta de apoyo social y los enormes errores cometidos por los que han sido sus líderes políticos durante los últimos 20 años. Errores consentidos, cuando no impulsados, por la propia comunidad internacional que los aupó al poder.

Han sido muchas las personas con las que he compartido vivencias en Afganistán. De entre ellas, destaco a los militares, guardias civiles, policías, diplomáticos y otros tantos funcionarios civiles con los que tuve la fortuna de trabajar, así como el personal local que nos prestaba apoyo en tareas administrativas y logísticas. Una parte fundamental de estas vivencias se las debo a los afganos con los que he compartido trabajo e inquietudes; con muchos de ellos mantengo una sincera amistad de la que me siento muy honrado. De todos ellos destaco a Baluch, Fayez, Habib, Hassina, Langari, Saber, Said Ahmad, Wafadar, Wali y tantos otros, porque me han demostrado el verdadero sentido de la hospitalidad y la amistad, características tan arraigadas en la cultura afgana y que ojalá se pudieran exportar a otros pueblos y otras gentes.

Allí tuve la oportunidad de conocer y trabajar con un reducido grupo de oficiales y suboficiales de otros países aliados, con los que compartíamos compromiso en la estabilidad y reconstrucción afgana. Un especial recuerdo para mis compañeros Anders, Batyr, Burki, David, Giuseppe, Jean-Michel, Kyung-Jong, Matthias, Patrick, Peter, Rui, Ruslan, Sinan, Steve, Stuart, Taka, Tyrell, Vikram, Wolfgang, Zhiyong y los muy interesantes debates que mantuvimos, en los que se consiguió incluir al propio segundo comandante de la ISAF, para hacerle partícipe de nuestra visión sobre cómo la ISAF podría mejorar sus procedimientos de actuación con las instituciones afganas y en operaciones.

A este círculo que creamos, se uniría más tarde personal de la oficina de seguridad y del equipo de enlace militar en la Misión de Naciones Unidas para la Asistencia de Afganistán (UNAMA), intentando buscar soluciones más holísticas a los problemas que observábamos. Y acabaríamos incluyendo a expertos analistas afganos y extranjeros que trabajaban para fundaciones o medios internacionales de prensa especializada, y que aportaban su excelente conocimiento del medio humano, por sus muchos años de trabajo sobre el terreno. Entre ellos cito a Aziz, Dan, Erika, Franz, Graham, Jessica, Omar, Pana, Said, Simone…

Junto a este grupo internacional, estaría el grupo de expatriados españoles, buenos amigos cuyo número se reduciría hasta casi desaparecer con motivo del cierre de la ISAF al final de 2014 y el inicio de la operación Apoyo Decidido. Entre ellos, cito a Angeles, Carlos, David, Félix, Fernando, Gabriel, Javier, Lola, Luis, María, Mario, Marta, Marisa, Miguel, Mercedes, Mónica y Oriol.

No quiero olvidar a la gran cantidad de personal civil y militar afgano que en charlas distendidas tuvieron la amabilidad de compartir sus percepciones y reflexiones sobre su sociedad y la complejidad de su forma de hacer política en la que, por desgracia, siempre ha estado presente, en mayor o menor medida, un cierto grado de violencia física.

Por último y como testimonio para que su recuerdo siempre permanezca presente entre nosotros, hago una mención muy especial de Amín, Gabino y Jorge. Trabajador afgano y policías españoles que entregaron su vida en el cumplimiento de su deber, durante el ataque terrorista que la embajada española en Kabul sufrió la noche del 11 de diciembre de 2015. Sus vidas y las de otros muchos compañeros nacionales e internacionales que han fallecido en acto de servicio sirvan de ejemplo para los que aquí permanecemos y seguimos trabajando en favor de la democracia y los derechos humanos.

Madrid, 1 de abril de 2022

Recuerdo bien mi primera conversación con Francisco Berenguer. Corría el año 2015, él se disponía a iniciar su tesis doctoral sobre la aplicación en Afganistán del enfoque integral en la reconstrucción de Estados y quedamos a comer para charlar acerca del tema. Me llamaron entonces la atención su enorme conocimiento de la realidad afgana y su pesimismo acerca de los logros de la intervención internacional. Más adelante comprendí que lo segundo era la consecuencia lógica de lo primero, pero de entrada su pesimismo me sorprendió. ¿Era posible que todo el esfuerzo desplegado por Estados Unidos y por sus aliados, España incluida, no fuera a dar resultado?

Cinco años después, Francisco Berenguer leyó en el Instituto Universitario General Gutiérrez Mellado su tesis, que recibió la máxima calificación. Fue una satisfacción personal a la que siguió un año después una amarga decepción colectiva cuando los talibanes recuperaron el control del país. Tras la caída de Kabul me puse en contacto con él y me confesó que no había podido dormir. Muchos amigos habían quedado allí y podían ser víctimas de represalias, aunque en las semanas siguientes el gobierno español logró traer a nuestro país a algunos de quienes habían trabajado con nosotros. Acertar en la predicción de un fracaso no lo hace menos amargo, pero el análisis de los factores que han conducido a él resulta una tarea esencial, que Francisco Berenguer ha realizado con mucho talento en este libro. Las lecciones aprendidas en empresas que han fracasado son tan valiosas o más que las que se desprenden de los éxitos.

Este libro se basa en unas lecturas muy amplias, pero también en la experiencia del autor sobre el terreno y en su trato con numerosos afganos. El acercamiento del coronel Berenguer al mundo afgano comenzó en 2005 con los cursos formativos que recibió, junto a oficiales de otros países de la OTAN que iban a ser destinados a aquel país. En ellos se impartían conferencias sobre historia, etnografía, cultura y tradiciones afganas, que le despertaron una auténtica pasión (contagiosa, soy testigo) por el país del Hindu Kush. Tras ello, durante diez meses, trabajó en el Cuartel General de la ISAF IX en Kabul y ello le permitió conocer en detalle las operaciones militares que se realizaban en todo el país, así como los esfuerzos para poner en marcha un sistema de entrenamiento y organización del ejército y del cuerpo de policía afganos.

Su interés por el país se mantuvo durante sus estudios posgrado en el Instituto Universitario Gutiérrez Mellado, hasta que en 2013 regresó allí, como agregado de Defensa en las embajadas españolas en Afganistán y Pakistán, con residencia en Kabul, función que desempeñó durante cuatro años. Esta larga estancia y una relativa libertad de movimientos le permitieron contactar con personas de muy diversa procedencia social y política. Desde líderes tribales, reconvertidos en líderes políticos en una nueva situación en la que sin embargo pervivía la tradicional política clientelar, hasta funcionarios públicos de base y operarios manuales que hablaban sin recato sobre sus experiencias con los distintos regímenes y de cómo su preocupación fundamental era seguir adelante con sus precarias economías familiares. Todo ello en medio de una guerra insurgente que se iba recrudeciendo y ante una realidad que se daba de bruces con las narrativas oficiales.

La voluntad de contrastar esas narrativas y lo que él mismo había percibido en el terreno con lo que se deduce de las amplias fuentes documentales accesibles a los investigadores académicos le han llevado a presentar su tesis, a publicar una síntesis de la historia afgana desde sus orígenes como Estado en el siglo XVIII hasta la formación del primer emirato talibán a fines del XX (*Los orígenes del conflicto afgano: islam, gobernanza y tribalismo hasta la intervención internacional de 2001*) y finalmente a la redacción del presente libro. En él analiza tanto el fracaso del esfuerzo occidental por reconstruir un Estado afgano viable, como el resurgimiento de los talibanes que finalmente conduciría a su victoria en 2021.

Los análisis que ofrece Berenguer en este libro constituyen una aportación sustancial al necesario debate sobre las causas del fracaso de la intervención internacional en Afganistán y subrayan la enorme dificultad que implica la creación de un Estado democrático viable en un país sin tradición liberal, en el que la identidad tribal a veces prima sobre la nacional y el clientelismo y la corrupción campan a sus anchas. El súbito hundimiento de las Fuerzas Armadas y de la administración afganas, en el momento en que se vieron obligados a hacer frente a la insurgencia talibán sin apoyo militar externo, demostró a las claras que veinte años de esfuerzos no habían logrado consolidar un nuevo Estado por el que un número suficiente de afganos estuvieran dispuestos a luchar y morir.

¿Podía haber sido de otra manera? Berenguer apunta muchos errores cometidos, muchas tareas que se podían haber desempeñado mejor, pero cabe dudar que hubiera sido fácil obtener un resultado menos catastrófico. Un mayor éxito en la reconstrucción integral del Estado afgano pudiera haber conducido a una mayor eficacia en el campo de batalla, que es en definitiva donde se ganan o se pierden las guerras, pero lo cierto es que las victorias logradas frente a la insurgencia dependieron siempre del apoyo de las fuerzas extranjeras, especialmente las norteamericanas. En cambio, como queda claro en la parte que este libro dedica a la resurgencia del movimiento talibán, este fue capaz de generar en sus filas un alto grado de unidad y de resiliencia.

¿A qué se debió ese contraste? En una excelente y muy reciente historia de la participación de Estados Unidos en el conflicto afgano, el historiador Carter Malkasian, que fue asesor político del mando militar norteamericano en Afganistán, se ha planteado la pregunta de por qué fue imposible ganar aquella guerra. Menciona algunas de las razones que habitualmente se citan, incluida la incapacidad del corrupto gobierno afgano de ofrecer un trato justo a los ciudadanos, un tema ampliamente documentado por Berenguer en las páginas que siguen, o el importante apoyo de Pakistán a los talibanes, destaca la incidencia del tribalismo que dificultaba los esfuerzos unitarios y sobre todo se centra en un factor fundamental a veces olvidado: la capacidad de los talibanes para ofrecer un ideal por el que luchar, basado en la adhesión al Islam y en la resistencia al invasor, dos rasgos constitutivos de la identidad afgana. Desde ese punto de vista el gobierno afgano, por mucha legitimidad democrática que tuviera, resultaba irremediablemente dañado por su colaboración con el extranjero infiel y no pudo inspirar a sus soldados y policías la misma moral de combate que los talibanes (*The American war in Afghanistan: a history*, 2021). La triste verdad es que no muchos afganos estaban dispuestos a luchar y morir por la democracia o los derechos humanos, no digamos por la emancipación femenina.

Desde el momento en que el emirato talibán se negó a entregar a Osama Bin Laden, responsable de los horrendos atentados del 11 de septiembre de 2001 en Nueva York y Washington, una intervención para poner fin a la presencia de Al Qaeda en territorio afgano era casi inevitable. Habría sido inconcebible no actuar con contundencia en respuesta a un ataque semejante, pero el objetivo inicial de eliminar las bases de Al Qaeda no justificaba que la guerra se prolongara durante dos décadas, convirtiéndose en la más larga que nunca haya combatido Estados Unidos. La guerra de Afganistán no representó sin embargo para el americano de a pie un trauma como el provocado antaño por la guerra de Vietnam. En gran parte porque había desaparecido el servicio militar obligatorio y porque las bajas eran mucho menores. Así es que apenas hubo protestas y, salvo en momentos puntuales, la opinión pública la ignoró. Ello contribuyó a que los sucesivos gobiernos de Estados Unidos no encontraran el momento oportuno para retirarse de una guerra interminable: era menos costoso en términos políticos prolongarla que prestarse a acusaciones de debilidad por retirarse. Fue finalmente Donald Trump quien se arriesgó a hacerlo y lo hizo de la peor de las maneras posibles, mediante una negociación con los talibanes de la que marginó al gobierno legítimo afgano y en la que no obtuvo garantía alguna. Su derrota electoral evitó que sufriera el descrédito de una retirada un tanto ignominiosa. Ese precio lo pagó su sucesor.

El 14 de abril de 2021 el presidente Biden anunció que la retirada de las últimas tropas americanas se iniciaría en mayo y concluiría el 11 de septiembre, en el vigésimo aniversario de los atentados de Nueva York y Washington. Argumentó que el objetivo inicial de que Afganistán no volviera a servir de base para nuevos ataques contra suelo americano se había cumplido y que Estados Unidos se enfrentaba a otras prioridades. Tras aquel anuncio todo se precipitó y ni siquiera hubo que esperar a septiembre: las fuerzas gubernamentales cesaron casi por completo toda resistencia y el 30 de agosto el último avión militar americano abandonó el país. Se calcula que la guerra había causado la muerte de 176.000 personas, incluidos 46.000 civiles.

El diagnóstico que Biden había hecho el 14 de abril seguía sin embargo siendo válido. En los veinte años trascurridos desde aquel trágico 11 de septiembre la amenaza terrorista ha experimentado una metástasis, extendiéndose a numerosos países, lo que hacía absurdo mantener a miles de soldados en un solo país, al coste de miles de millones de dólares cada año, en la vana esperanza de alcanzar algún día las condiciones ideales para la retirada. El 16 de agosto, cuando la catástrofe final era evidente, Biden pronunció un nuevo discurso sobre el tema, en el que recordó cómo durante años él había enfatizado que la misión en Afganistán debía ser de contraterrorismo, no de contrainsurgencia ni de construcción nacional. Estados Unidos conduce misiones contraterroristas efectivas en muchos países, sin tener soldados en el terreno, y no había motivo para seguir teniéndolos en Afganistán. El colapso de las fuerzas militares afganas, que había sido mucho más rápido de lo previsto, era un argumento más en favor de la retirada: los soldados americanos no debían seguir luchando y muriendo en una guerra que las fuerzas afganas no querían combatir por sí mismas. Estados Unidos había gastado más de un billón de dólares en Afganistán y había entrenado y equipado muy bien a un ejército de 300.000 hombres, había dado la posibilidad a los afganos de elegir su futuro, pero lo que no había podido darles es la voluntad de luchar por ese futuro.

¿Es esa la principal lección aprendida en Afganistán? Me temo que sí. Es probable que en el futuro las operaciones contraterroristas en territorio extranjero sean quirúrgicas y que tanto las intervenciones militares masivas como los esfuerzos de reconstrucción nacional impulsados desde el exterior queden abandonados. Cabe afirmar incluso que la guerra contra el terror iniciada en 2001 y prolongada durante veinte años se haya basado en una sobrevaloración de la amenaza que suponía el terrorismo yihadista, una sobrevaloración en parte explicable por el impacto emocional de los atentados del 11 de septiembre, pero que ha llevado a una intervención en Afganistán que, si bien estuvo justificada en su propósito inicial se ha prolongado durante demasiado tiempo, y a una intervención en Irak que, según se ha sabido luego, carecía de justificación real y ha resultado contraproducente. Mientras se perseguía a los talibanes por las áridas tierras de Afganistán no se prestó la atención debida a una amenaza que crecía a las propias puertas de la OTAN: la tiranía imperialista de Vladímir Putin.

Sería injusto acabar estas páginas sin un elogio a los hombres y mujeres, afganos y extranjeros, militares y civiles, que durante veinte años han luchado, y muchos de ellos han muerto, por un futuro mejor para el país del Hindu-Kush. ¿Ha sido su esfuerzo enteramente baldío? Yo no lo creo. No sólo han mejorado considerablemente las condiciones de vida de los afganos, baste recordar que la esperanza de vida ha aumentado de 56 a 65 años, sino que han conocido dos décadas de democracia y libertad, aun con todas las limitaciones que este libro deja claras. Es una semilla que ahora está bajo tierra, pero que quizá germine algún día.

Juan Avilés Farré

Profesor emérito y catedrático de Historia Contemporánea, UNED

ÍNDICE

Figuras

ABREVIATURAS Y SIGLAS

ABA: Asociación Americana de Abogados

ACNUR: Alto Comisionado de Naciones Unidas para los Refugiados

AFSA: Programa para el apoyo de la Libertad en Afganistán

ALP: Policía Local Afgana

AMF: Fuerzas Militares de Afganistán

AMLAK: Departamento del Catastro Nacional Afgano

ANA: Ejército Nacional de Afganistán

ANAP: Policía Auxiliar Nacional de Afganistán

ANBP: Programa de Nuevos Comienzos en Afganistán

ANDS: Estrategia Nacional de Desarrollo de Afganistán

ANP: Policía Nacional de Afganistán

ANSDF: Fuerzas de Defensa y Seguridad de Afganistán

APRP: Programa para la Paz y la Reintegración en Afganistán

ARTF: Fondo Fiduciario para la Reconstrucción de Afganistán

ATA: Administración Afgana de Transición

ATTA: Acuerdo para el Comercio y Transporte con Afganistán

EUPOL: Misión de Policía de la Unión Europea en Afganistán

CEC: Comisión Electoral de Reclamaciones

CERP: Programa de Respuesta de Emergencia del Comandante

CFC-A: Mando de la Fuerza Combinada para Afganistán

CFF: Dinero para Comida

CENTCOM: Mando Central de las Fuerzas Armadas Estadounidenses

CICR: Comité Internacional de la Cruz Roja

CIMIC: Cooperación Cívico Militar

CIVCOM: Comité de Aspectos Civiles en la Gestión de Crisis

CJTF: Fuerza de Tarea de la Justicia Criminal

CJTF-A: Fuerza de Tarea Conjunta Combinada para Afganistán

CMCO: Coordinación Cívico Militar

CMI: Interacción Cívico Militar

CNTF: Fondo Fiduciario de Anti-Narcóticos

CNPA: Policía Antinarcóticos de Afganistán

COIN: Contrainsurgencia

COMISAF: Comandante de la Fuerza Internacional de Asistencia a la Seguridad

CPEF: Fuerza Central para la Erradicación de Opio

DCC: Consejo de Desarrollo de Comunidad

DEA: Administración para el Control de Drogas

DFID: Departamento para el Desarrollo Internacional

DIAG: Licenciamiento de Grupos Armados Ilegales

DPKO: Departamento de Operaciones de Mantenimiento de la Paz

DDR: Desarme, Desmovilización y Reintegración

ETIM: Movimiento Islámico de Turquestán del Este

FATA: Áreas Tribales Administradas Federalmente

FSB: Base Avanzada de Apoyo

HIG: Partido Islámico Hekmatyar

HPC: Alto Consejo para la Paz

HQ: Cuartel General

I-ANDS: Estrategia Nacional Interina de Desarrollo de Afganistán

IDLO: Organización Internacional para el Desarrollo de la Ley

IDP: Persona Desplazada Internamente

IEC: Comisión Independiente Electoral de Afganistán

IJC: Mando Conjunto de la ISAF

IJU: Unión para la Yihad Islámica

IMU: Movimiento Islámico de Uzbekistán

IS-K: Estado Islámico de Khorasan

ISAF: Fuerza Internacional de Asistencia a la Seguridad

ISF: Fuerza Internacional de Seguridad

ISI: Servicio de Inteligencia de las Fuerzas Armadas de Pakistán

KhAD: Agencia de Inteligencia del Estado de la República Popular de Afganistán

LOTFA: Fondo Fiduciario para la Ley y el Orden en Afganistán

MCN: Ministerio Anti-Narcóticos

MTA: Acuerdo Técnico Militar

MOU: Memorándum de Entendimiento

NDS: Departamento de Seguridad Nacional

NIU: Unidad Nacional de Interdicción para las Drogas

NPP: Programa Prioritario de Desarrollo

NSP: Programa de Solidaridad Nacional

NTM-A: Misión de la OTAN para el Adiestramiento en Afganistán

NWFP: Provincia Frontera del Noroeste

OEF: Operación Libertad Duradera

OG: Organización Gubernamental

OHCHR: Oficina del Alto Comisionado para los Derechos Humanos

OI: Organización Internacional

ODIHR: Oficina de Apoyo a las Instituciones Democráticas y Derechos Humanos de la OSCE

OMS: Organización Mundial de la Salud

PCP: Programa Común de Principios

PDC: Comité de Desarrollo Provincial

PDPA: Partido Democrático Popular de Afganistán

PEF: Fuerza para la Erradicación del Opio

PESD: Política Europea de Seguridad y Defensa

PCRU: Unidad de Reconstrucción Posconflicto

PPP: Partido Popular Pakistaní

PRT: Equipo de Reconstrucción Provincial

QIP: Proyecto de Respuesta Rápida

ROE: Regla de Enfrentamiento

RSM: Misión Apoyo Decidido

SCR: Representante Civil Senior

SIU: Unidad de Investigación Sensible

SF: Marco Estratégico

SG: Secretario General

SIGAR: Inspector Especial General para Afganistán

SOFA: Acuerdo sobre el Estatuto de Fuerzas

SSR: Reforma del Sector de Seguridad

TAAC: Mando de Asistencia, Asesoramiento y Adiestramiento

TTP: Movimiento Talibán de Pakistán

UNAMA: Misión de Naciones Unidas para la Asistencia de Afganistán

UNDSS: Departamento de Protección y Seguridad de Naciones Unidas

UNHCR: ACNUR

UNMIK: Misión de Naciones Unidas para la Administración Interina en Kosovo

UNOCA: Oficina de Naciones Unidas para la Coordinación de la Asistencia

UNOCHA: Oficina de Naciones Unidas para la Coordinación de Asuntos Humanitarios

UNODC: Oficina de Naciones Unidas sobre el Crimen y las Drogas

UNSMA: Misión Especial de Naciones Unidas para Afganistán

USAID: Agencia Estadounidense para el Desarrollo Internacional

USIP: Insituto por la Paz de los Estados Unidos

USSCOM: Mando de Operaciones Especiales de Estados Unidos

WFP: Programa Mundial de Alimentos

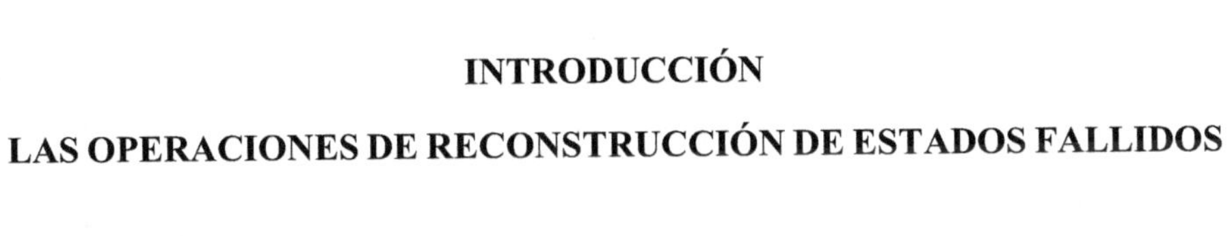

INTRODUCCIÓN

LAS OPERACIONES DE RECONSTRUCCIÓN DE ESTADOS FALLIDOS

Conocemos del papel fundamental desempeñado por las élites sociales y el ejército en la construcción del Estado moderno afgano. Sin embargo, los errores cometidos por estos actores en la gobernanza del país, durante el último tercio del siglo XX, serían de tal calibre que condujeron a la radicalización social, lo que unido a una intervención soviética ilegal llevó a la fragmentación social y a una violencia extrema y sistemática contra los opositores políticos. Tras la subsiguiente Guerra de Resistencia contra el invasor soviético y el régimen comunista establecido en Kabul, le siguió una guerra civil entre islamistas de muy distinto signo, para llegar al régimen fundamentalista sectario y violento Talibán.

Cuando este movimiento, impulsado y apoyado por Pakistán, se hizo con el poder en 1996, no fue mal visto por Estados Unidos que incluso trató de llegar a acuerdos comerciales con él. Pero el acogimiento que el Emirato brindó a Osama Ben Laden y su organización terrorista Al Qaeda, junto a un sistema de gobernanza interna que menospreciaba la dignidad humana y privaba a sus ciudadanos de los derechos más básicos —en particular a las mujeres—, supuso el inicio de un modelo de terrorismo a nivel global, que provocó la decisión de Estados Unidos y sus aliados de destruir a esta organización terrorista y al régimen que le daba cobijo. Utilizando para ello a las pocas milicias muyahidines de la Alianza del Norte[1] que todavía resistían el empuje de las unidades talibanas en el norte del país. Para ello se necesitaba instalar en el poder un régimen amigo que le facilitase estas acciones en territorio afgano, cosa que se hizo mediante la construcción de un modelo de Estado que, como veremos en las siguientes páginas, era completamente ajeno a la historia y cultura afganas.

Si exceptuamos la reconstrucción de Alemania y Japón, la reconstrucción nacional de Afganistán ha constituido el caso más complejo y de mayor desafío que la comunidad internacional ha emprendido en el tipo de operaciones que se denominan de «reconstrucción de Estados frágiles o fallidos» (Brooks, 2005: 1160). Sin embargo, el caso que nos ocupa presenta dos características que lo hicieron sustancialmente diferente: por un lado, el hecho de que no se llegase a firmar acuerdo de paz alguno con el bando derrotado, por lo que la guerra nunca se dio por finalizada, bloqueando de esta manera cualquier proceso político de reconciliación nacional; por otro, el respeto a la plena soberanía del país anfitrión cuyas instituciones estatales se pretendían reconstruir, tal y

---

[1] Alianza política y militar formada en 1996 con objeto de expulsar de Kabul al Movimiento Talibán y compuesta por todos los partidos que se enfrentaron a los talibanes. Su nombre oficial fue Frente Unido Islámico Nacional para la Salvación de Afganistán y desparecería con la derrota de los talibanes en 2001.

como el derecho internacional exige, pero con las añadidas complejidades que esto suponía.

En este tipo de operaciones de reconstrucción nacional ya no se habla de gestión de crisis interestatales, sino de intervenciones por razones humanitarias en Estados soberanos. En ellas se pretende solucionar el origen de los conflictos, no sólo sus reflejos externos de violencia, por lo que ya no se les llama de mantenimiento de la paz (*peace-keeping*), pasando a denominarse de construcción o consolidación de la paz que es como se conoce a aquellas referidas con el término inglés de *peace-building*.

En el surgimiento de estas nuevas operaciones que aparecieron en la década de los noventa ha tenido mucho que ver el liderazgo que adquirió Naciones Unidas en un escenario multipolar y complejo. Liderazgo moral que quedaría reflejado en una serie de nuevos documentos, entre ellos el conocido como *An Agenda for Peace: Preventive Diplomacy, Peace-making and Peace-keeping* (Boutros-Ghali, 1992) y la definición que en él se hizo de un nuevo tipo de operaciones enmarcadas en lo que se definió como de «establecimiento de la paz» (*peace-making*). Estas nuevas operaciones se citaban, junto a la diplomacia preventiva y las operaciones de mantenimiento de la paz clásicas, como los nuevos tipos de acciones que el Consejo de Seguridad podía autorizar para prevenir los conflictos desde sus inicios, imponer la paz en caso necesario (*peace-making*), mantenerla una vez alcanzada (*peace-enforcement*) y finalmente implicarse en la reconstrucción de instituciones e infraestructuras, en lo que se citaba por primera vez como «construcción de la paz» (*peace-building*).

Sería el propio secretario general de Naciones Unidas Boutros Boutros-Ghali quien, en 1996, citó la necesidad de una aproximación holística, el conocido como «enfoque integral[2]», para la estabilización y consolidación de Estados frágiles (Boutros-Ghali, 1996: 54).

Aunque no entraría en su definición, sí dejó claro que para este nuevo tipo de complejas operaciones de reconstrucción de Estados no era suficiente actuar parcialmente para alcanzar un determinado objetivo —la celebración de elecciones democráticas—, sino que había que actuar, construyendo un su caso, una cultura democrática y el desarrollo de las instituciones estatales. Pero esta forma de entender el concepto de enfoque integral, como modelo para la reconstrucción nacional de Estados, rápidamente

---

[2] Definido como el procedimiento para integrar las diferentes herramientas que dispone la comunidad internacional para la consecución de la paz, es analizado por el autor en su artículo «El enfoque integral en la reconstrucción nacional de Estados y la legítima seguridad», publicado en la *Revista del Instituto Español de Estudios Estratégicos* (Berenguer López, 2016: 155-180).

evolucionaría dentro del mismo seno de Naciones Unidas, gracias a la necesaria referencia al concepto de seguridad humana[3] que aparecería también en esos años.

Los años noventa constituyeron una década de febril actividad en el seno de Naciones Unidas, desplegando misiones de ayuda humanitaria en Los Balcanes, Sierra Leona, Haití... Misiones que acabarían convirtiéndose en operaciones de construcción o reconstrucción de Estados. Pero fueron los conflictos vividos en Ruanda y Burundi, los que impulsaron a la comunidad internacional a ampliar su campo de mira, repensando su apoyo casi exclusivo a las instituciones estatales, para prestar mayor atención a las causas originarias de la situación de violencia producida, principalmente cuando nos referimos a conflictos internos. Es aquí donde entroncamos con unos nuevos conceptos securitarios en los que el referente principal ya no es el Estado, sino el ciudadano. De esta manera, entramos de lleno en el concepto de seguridad humana y en el de paz positiva, en los que se identifican una serie de condiciones mínimas de vida, seguridad y justicia social para que pueda existir una paz duradera (United Nations Development Programme, 1994: 3).

De manera paralela al despliegue de todas estas misiones lideradas por Naciones Unidas, se produjo la necesaria reflexión académica en los laboratorios de ideas, organizaciones gubernamentales y multinacionales de seguridad, al objeto de poder comprender este nuevo fenómeno y desarrollar metodologías de aplicación y entrenamiento del personal. Es así como a lo largo de la primera década de este siglo fueron surgiendo los nuevos modelos de enfoque integral, donde Naciones Unidas, la Organización del Tratado del Atlántico Norte (OTAN) y la Unión Europea (UE) jugaron un importante papel.

Con todo este bagaje, se llegaría al establecimiento de la Misión de Naciones Unidas para la Asistencia de Afganistán[4] (UNAMA[5]). Una misión de reconstrucción nacional de una complejidad que ninguno de los actores participantes había experimentado con anterioridad y con un concepto de implantación del enfoque integral todavía sin madurar. De aquí la importancia de describir y analizar el desarrollo de esta misión que ha tratado de combatir a la insurgencia —Al Qaeda y el resurgido Movimiento Talibán— que desde el año 2004 combatió y finalmente derrotó al régimen democrático salido del Acuerdo de Bonn, al mismo tiempo que trataba de construir *ex novo* las instituciones estatales, prestar ayuda humanitaria, restablecer unos servicios públicos inexistentes y promover el desarrollo. De los errores cometidos y las omisiones producidas se han de extraer las

---

[3] Posteriormente sería definida por la propia Naciones Unidas como «un enfoque para ayudar a los Estados miembros a identificar y abordar desafíos generalizados y transversales para la supervivencia, los medios de vida y la dignidad de su pueblo» (Resolución de la Asamblea General 66/290, 25.10.2012).

[4] United Nations Security Council, Res. 1401/2002, 28.03.2002.

[5] En el presente texto sólo se han traducido a la lengua española aquellas abreviaturas que son de uso más común en este idioma, el resto se mantienen en su lengua de origen, normalmente el inglés.

necesarias lecciones que nos permitan evitar escenarios futuros similares a la debacle ocurrida en el caso afgano.

Uno de los primeros puntos en el que se podrá convenir es en la necesidad de tratar de conocer las estrategias empleadas o, al menos, los intentos realizados para su definición e implementación, mediante la serie de conferencias internacionales realizadas. Sobre cómo la comunidad internacional tuvo que ir adaptándose a un gobierno anfitrión que incumplía sistemáticamente los objetivos previamente acordados, pero que continuaba comprometiéndose con otros nuevos con el propósito de seguir recibiendo las ayudas y donaciones que se le brindaban. Ante esta situación y la necesidad de impedir que el país volviese a caer en la anarquía y el terror, la comunidad internacional fue incapaz de establecer y llevar a cabo un proceso de lecciones que le permitiese reaccionar y llevar la iniciativa. En su lugar, se limitó a establecer procedimientos de coordinación y control que nunca contaron con el necesario estatus jurídico para su imposición, no pudiendo forzar de esta manera un cambio de rumbo.

En relación a la estrategia inicial estadounidense en Afganistán, el que fuera enviado especial presidencial y embajador estadounidense en el país durante los años 2003 al 2005, Zalmay Khalilzad —posteriormente enviado presidencial para la negociación del acuerdo de retirada de las tropas estadounidenses del país—, decía que sólo existen dos caminos posibles para acometer una operación de reconstrucción nacional en países fallidos que se encuentren en una fase posconflicto: ocupar el país y someter a los líderes locales y sus milicias, lo que generaría fuertes tensiones internas y posiblemente la vuelta a la guerra civil; o intentar acomodar a los actores armados internos en las nuevas instituciones democráticas que se establezcan y buscar posteriores vías para evolucionar hacia estándares democráticos. Igualmente afirmaba que esta segunda opción requeriría de pocas fuerzas armadas externas y en ella era menos probable que se produjese una oposición armada (Khalilzad, 2010). Lo que no aclaró es cómo evolucionar a esos estándares democráticos, una vez que sólo una parte de los líderes enfrentados hayan copado el poder, existiendo otra parte que sólo puede ver la nueva situación cómo la consolidación de la victoria de un bando, apoyado por la comunidad internacional, y donde su única salida posible es de nuevo la guerra civil. Veremos cómo ha sido precisamente en este punto donde la Administración estadounidense se mostró incapaz de llegar a acuerdos con las corrientes fundamentalistas existentes en la sociedad afgana.

Sobre las estrategias militares que se siguieron durante los trece años que duró la masiva intervención, es necesario aclarar que, estrictamente hablando, en Afganistán han existido tantas estrategias militares como países intervinientes en la operación con unidades desplegadas sobre el terreno. En el presente ensayo, sólo se van a analizar las estrategias militares de Estados Unidos y la OTAN por ser las que han definido respectivamente las operaciones llevadas a cabo en el marco de la operación Libertad Duradera (OEF) y la Fuerza Internacional de Asistencia a la Seguridad (ISAF). Por último, se expone un apunte sobre la UE, precisamente para poner de relieve su falta de representatividad en esta área, a pesar de la gran cantidad de medios militares y policiales que los países europeos empeñaron en la operación.

Sobre las instituciones estatales, se verá cómo el camino trazado por la comunidad internacional fue, en primer lugar, el de construir *ex novo* las instituciones de soberanía y poder, en la creencia de que era lo más urgente en el proceso de construcción de un nuevo Estado democrático, ante un supuesto peligro de que el país pudiera resquebrajarse. Sin embargo, esta visión no era compartida por la mayoría de los políticos y académicos afganos que no veían peligro alguno de existencia del país como un único Estado nación, sino que lo que estaba en entredicho era la propia legitimidad de los órganos depositarios de la soberanía popular (Ghani, Lockhart y Carnahan, 2005: 9; Starr, 2006: 109). Para comprender esta afirmación sólo debemos pensar que el Estado afgano, desde la caída de la monarquía en 1973, ha sido sucesivamente: república bajo la presidencia de Mohammad Daud Khan[6]; república popular con los presidentes Mohammad Taraki, Hafizullah Amin, Babrak Karmal y Mohammad Najibullah; de nuevo, república con Mohammad Najibullah; república islámica con los presidentes Sibghatullah Mojadidi y Burhanuddin Rabbani; el autoproclamado emirato con Mohammad Omar, que se simultaneó con el gobierno legítimo en el exilio del presidente Rabbani; posteriormente el régimen democrático como república islámica; y por último, el reeditado emirato todavía sin reconocimiento internacional. A pesar de tal intensidad y ritmo de cambios, nunca los afganos han puesto en tela de juicio la continuidad de la existencia del país, lo que demuestra un intenso sentido de trascendencia histórica, pero con un convulso presente.

Las guerras y los conflictos violentos actuales que se viven en numerosos escenarios, donde las instituciones de gobierno y la estructura social se pueden considerar fallidas, requieren de un sistema económico normalmente informal que mantenga los flujos necesarios de dinero para cubrir las necesidades básicas de los contendientes, así como sus requerimientos de armas y equipo. Estos sistemas de flujo de dinero serán de nivel local-regional, nacional o incluso transnacional (Goodhand, 2003). El caso afgano es paradigmático y bien merece su análisis, aunque sólo sea para entender su complejidad. No es asunto que se haya podido solucionar mediante el aumento de las donaciones y del número de proyectos realizados, sino que más bien se ha fracasado en comprender y abordar un sistema cleptocrático que dominaba el mercado nacional, donde el Estado no

---

[6] Para aquellos nombres en los que no se ha encontrado una transcripción fonética usual para la lengua española, se ha preferido mantener la ortografía inglesa por ser la más común en las fuentes consultadas.

era capaz de ejercer una mínima función de control y un determinado grupo de actores ejercía el completo oligopolio, junto a una economía de supervivencia en el nivel local. En estas dos últimas décadas, no se ha sabido eliminar los obstáculos que han ido surgiendo, bloqueando de esta manera la necesaria transformación desde una economía de guerra a otra de libre mercado con acceso a la mayoría de la población. Las grandes sumas de dinero entregadas, en concepto de donaciones o contratos para el desarrollo de proyectos y la prestación de servicios, no han hecho sino reforzar los circuitos informales económicos existentes, lo que ha propiciado la consolidación de la violencia. Por último, se hace un análisis de cómo la economía ilegal del opio y las decisiones adoptadas por la comunidad internacional facilitaron su imbricación en las propias estructuras del nuevo Estado.

Figura 1. Mapa político actual de Afganistán.

Fuente: elaboración propia.

Por último, se analizarán las razones que facilitaron la generación de una insurgencia que por sus similitudes, pero sobre todo por sus diferencias, debemos considerarla un renovado Movimiento Talibán y a sus militantes como *neotalibanes*. Así como la obstinación de Estados Unidos en no reconocerlo como un interlocutor válido para la resolución política del conflicto, lo que provocó el cierre en falso, en 2014, de la operación de reconstrucción nacional acometida. El fracaso de esta intervención supuso la continuidad de la guerra civil en el país y el retraimiento de la comunidad internacional en países fallidos donde este tipo de operaciones se hacen tan necesarias.

El modelo de operación seguido en Afganistán ha sido diferente de los aplicados en la década de los noventa bajo el liderazgo de Naciones Unidas. Al no haber sido precedida por acuerdo de paz alguno —el Acuerdo de Bonn de 2001 excluyó de manera premeditada a una de las partes beligerantes— (Brahimi, 2007), el esfuerzo securitario se convertiría en fundamental y primario para facilitar la labor a realizar en el resto de sectores.

Es por todo ello necesario analizar y replantearse el modelo de operación seguido por la comunidad internacional en su intervención en Afganistán, extrayendo conclusiones que sean de utilidad para el futuro, pues de lo que no nos cabe la menor duda es que la estabilización y reconstrucción de Estados sigue siendo una necesidad perentoria en el escenario global actual.

PARTE I

LA FALTA DE COHERENCIA EN LA INTERVENCIÓN INTERNACIONAL

Como consecuencia de las agresiones sufridas por Occidente de la mano de Al Qaeda, en particular el ataque a los Torres Gemelas en Nueva York (11S), la comunidad internacional, liderada por Estados Unidos, se movilizó para destruir las infraestructuras de entrenamiento de esa red terrorista, la captura y eliminación de sus líderes, así como la neutralización de su capacidad de mando y control.

Fue precisamente la negativa del gobierno talibán a la entrega de Osama Ben Laden y el cierre de los campos de entrenamiento que Al Qaeda disponía en territorio afgano, lo que provocó la intervención militar directa de Estados Unidos en el conflicto existente entre la Alianza del Norte, que seguía ostentando la autoridad legal de un gobierno en el exilio, y de otro lado, el gobierno talibán que no estaba reconocido en la Asamblea de Naciones Unidas, a pesar de controlar en el año 2001 casi el 90 % del territorio.

Si bien, ese fue el detonante de la intervención militar, su finalidad fue la de derrotar a Al Qaeda y el régimen talibán, mediante el apoyo militar y diplomático a la Alianza del Norte. A esto se añadió la petición de apoyo para la reconstrucción del país efectuada por el gobierno interino, constituido mediante el Acuerdo de Bonn (5 de diciembre de 2001), establecido tras la derrota del régimen talibán por las unidades de la Alianza del Norte y el inestimable apoyo de la fuerza aérea estadounidense.

La segunda finalidad de la intervención internacional fue reconstruir un Estado completamente fallido, que era considerado por el Programa de Naciones Unidas para el Desarrollo (UNDP) como el país con menor esperanza de vida (42 años) y con una tasa de mortalidad infantil (25,7 %) que era la mayor del mundo (United Nations Human Development Program, 2002: 251). Pero debemos tener presente que, si esta segunda fue la razón que se argumentó en las resoluciones de Naciones Unidas que dieron el necesario marchamo de legalidad a la intervención militar, esta nunca hubiera ocurrido si el gobierno talibán hubiera aceptada la petición de Estados Unidos para el arresto de Osama Ben Laden y el cierre de sus bases de entrenamiento, en septiembre de 2001.

Tras la masiva campaña aérea estadounidense y los combates terrestres de las milicias de la Alianza del Norte, el gobierno talibán abandonó Kabul el 7 de diciembre y comenzó la ardua tarea de reconstrucción de un país destrozado. Avanzando en el proceso de reconstrucción del país y tras la decisión de aportar sólo unas fuerzas militares mínimas, la comunidad internacional comprobó que no era posible asumir su estabilización y tomó dos decisiones que marcaron el devenir del país durante el periodo de existencia de la denominada ISAF: el paulatino incremento de las fuerzas militares y policiales para el control del territorio; y el establecimiento de los Equipos de Reconstrucción Provincial[7] (PRT), como parte de un modelo en el que seguridad y desarrollo se convirtieron en las líneas principales de esfuerzo. Los PRT deberían haber sido los verdaderos catalizadores de la estabilización, asumiendo que el desarrollo económico sería el facilitador esencial de la misma, no así la gobernanza que permaneció en manos afganas durante todo el periodo analizado.

Todo ello se desarrolló en un territorio donde la estructura tribal dominaba todos los ámbitos de la sociedad, y donde la falta de seguridad condicionaba todas las fases del proceso. Afganistán es un país que ha estado en guerra interna continua desde 1978, año en el que se generalizaron los combates contra el régimen comunista prosoviético existente en Kabul, por parte de una guerrilla islámica a la que se unieron grupos tan diversos como tradicionalistas y conservadores, junto a islamistas modernistas y, finalmente, los fundamentalistas revolucionarios. Todos ellos proclamaron llevar a cabo una guerra santa en nombre de Alá, de ahí su nombre de *yihad*, y la denominación a sus seguidores combatientes como *muyahidines*.

Afganistán era un país desolado por más de veinticinco años de guerra continua: primero contra los líderes del Partido Democrático Popular Afgano (PDPA) apoyados por los soviéticos; más tarde contra estos mismos líderes sin el apoyo de las tropas soviéticas; a continuación, entre las propias milicias muyahidines que no se pusieron de acuerdo para repartirse el poder; por último, todos ellos contra un grupo de clérigos muyahidines que habían sido excluidos del poder y que habían constituido un nuevo partido radical llamado Movimiento Talibán. Cuando la comunidad internacional desembarcó en él, tras la retirada apresurada de un régimen que se vio absolutamente sobrepasado por un poder militar infinitamente superior, Afganistán era un país fallido donde las sucesivas guerras habían provocado casi 1,5 millones de muertos y 7 millones de refugiados, la completa destrucción de las infraestructuras y sus instituciones, el saqueo, la comisión de numerosos crímenes de guerra y la violación de los derechos más básicos de la mayor parte de la población, en particular los de las mujeres (Jackson, 2009; Rubin, 1996). A lo que se añadía que se había conseguido destruir la capacidad de relación social solidaria de un pueblo formado por diferentes etnias, tribus y clanes. Se hacía pues necesario, más que la reconstrucción de las instituciones estatales y de la economía, una gran operación de reconstrucción nacional que facilitase el fortalecimiento de la identidad nacional y la solidaridad intertribal, responsabilidad que la comunidad internacional no supo acometer y encontrar caminos para alcanzarla.

---

[7] Un modelo de unidades cívico-militares utilizadas para la implementación de proyectos de desarrollo y gobernanza en la guerra de contrainsurgencia y cuyos antecedentes inmediatos hay que buscarlos en la guerra de Vietnam (Maley, 2007).

CAPÍTULO 1

NACIONES UNIDAS Y SU FALTA DE LIDERAZGO

UNA HOJA DE RUTA PARA EL DESARROLLO INSTITUCIONAL

Siguiendo a Francesc Vendrell, jefe de la Misión Especial de Naciones Unidas para Afganistán (United Nations Special Mission for Afghanistan, UNSMA) y representante especial del secretario general durante los años 2000 a 2002, la UNSMA trató de crear un triángulo negociador entre los Talibán, la Alianza del Norte y el denominado grupo de Roma, encabezado por el último rey de Afganistán Zahir Shah —la única persona que contaba con el prestigio personal necesario ante los afganos para liderar el país de una manera pacífica, según el propio Vendrell— (2009). Teniendo presente que Pakistán era el aliado esencial para ejercer la influencia estadounidense en la región, esta propuesta no podía tener éxito, pues Zahir Shah no mantenía relaciones con las autoridades pakistaníes por su relación con el irredentismo pastún pakistaní, lo que había provocado su completo rechazo por estas.

Una vez que se produjeron los atentados del 11S, Francesc Vendrell siguió insistiendo en ese triángulo negociador, pero ante la negativa talibana a entregar a Osama Ben Laden, Estados Unidos decidió derrocar al régimen y dar caza a Ben Laden y a los líderes del Emirato como cooperadores necesarios. Es en este momento cuando se produjo la necesidad urgente de preparar un acuerdo para el establecimiento de un nuevo gobierno, tras la prevista derrota del régimen talibán. El enviado especial de Naciones Unidas, Lakhdar Brahimi[8], junto con el embajador James F. Dobbins[9], como representante de Estados Unidos, fueron quienes se encargaron de organizar una conferencia en Bonn para llegar al acuerdo necesario. Se reunieron los representantes de las cuatro facciones más importantes que habían vivido en el exilio durante la época talibana: el grupo de Roma, formado por los seguidores del rey Zahir Shah; el grupo de Chipre, formado por los islamistas seguidores de Hezb-e Islami Hekmatyar[10]; el grupo de Peshawar, formado por aquellos refugiados residentes en Pakistán y que representaban a los partidos moderados

---

[8] Desde octubre de 2001 hasta diciembre de 2004, posteriormente nombrado primer jefe de UNAMA cuando ésta se constituyó en marzo de 2002.

[9] Dobbins fue designado representante especial de la Administración Bush durante el proceso para el acuerdo de un nuevo gobierno multiétnico tras el derrocamiento del régimen talibán (RAND Corporation, 2019).

[10] Partido islamista rigorista que nació como escisión de Jamiat-e Islami y que fue liderado por Gulbuddin Hekmatyar.

y liberales; y la Alianza del Norte, los únicos que habían combatido al Movimiento Talibán de forma ininterrumpida y desde el propio territorio afgano. No existió representante alguno de los talibanes, ya que se les consideró el bando derrotado y sin legitimidad para estar presente en la reunión —Rusia e Irán fueron particularmente entusiastas de esta posición propuesta por ESTADOS UNIDOS—.

La división interna existente en la Alianza del Norte —entre tayikos, uzbekos y hazaras— benefició tanto a Estados Unidos como a Naciones Unidas, ya que permitió manipular con mayor facilidad a cada uno de los sectores de la Alianza. Ninguno de los dos realizó esfuerzos por diluirla a lo largo de la conferencia, más bien todo lo contrario, al objeto de reducir el poder de la Shura-e Nazar[11] durante las conversaciones (Faramiñán Gilbert y Pardo de Santayana y Gómez de Olea, 2009: 126) —los comandantes muyahidines de esta *shura*[12] habían sido los aliados de Estados Unidos durante los combates contra los talibanes y se hicieran con el verdadero poder en Kabul, lo que se intentó compensar colocando a un líder tribal pastún a la cabeza del Gobierno (Hamid Karzai se había convertido en líder de los Popalzai tras el asesinato de su padre por los talibanes)—. El grupo de Roma fue el que más votos conseguiría para su candidato a jefe del futuro gobierno provisional denominado Autoridad Interina, el profesor de derecho islámico y antiguo ministro de Justicia Abdul Satar Sirat. Sin embargo, la oposición de la Alianza del Norte y del propio Estados Unidos hicieron fracasar el intento. También Pakistán se opuso de manera directa, al no considerar aceptable candidato alguno proveniente de este grupo, por las mismas razones que con anterioridad habían rechazado la posibilidad de que fuera el antiguo rey Zahir Shah. Por su parte, Estados Unidos tampoco aceptó al candidato más votado entre los propios afganos, porque no pertenecía a la etnia pastún y consideraba que el futuro presidente debía pertenecer a esta etnia (Mehdi, 2009), además de evitar discrepancias con su socio pakistaní. Así las cosas, Estados Unidos forzó la elección de su propio candidato Hamid Karzai para la presidencia de la Autoridad Interina. En aquel momento, Karzai era un pastún sin experiencia política en puestos de primer orden: hijo de una prominente familia pastún de Kandahar, había sido viceministro de Asuntos Exteriores durante la época del presidente Rabbani, también había tenido sus contactos con los talibanes, que habían llegado a ofrecerle dirigir su representación diplomática en la ONU, pero al que finalmente habían intentado asesinar debido a sus relaciones con los líderes de la Resistencia en Pakistán (Rashid, 2009a). El

---

[11] La Shura-e Nazar o Consejo de Supervisión estaba formado por el núcleo duro de los comandantes guerrilleros pertenecientes a la Alianza del Norte. Su primer líder fue Ahmad Massoud hasta su asesinato el 9 de septiembre de 2001, momento en el que el liderazgo pasó a manos de su segundo, M. Qasim Fahim.

[12] El término *shura* puede traducirse como consejo. De acuerdo con el pensamiento clásico musulmán, la shura está integrada por una serie de notables, cuya función es aconsejar al dirigente, que es quien ostenta realmente la autoridad. El fundamento de esta práctica se remonta a la estipulación coránica de que el dirigente consulte sus decisiones con sus allegados (Aleya 42:39).

nombre de Hamid Karzai fue sugerido inicialmente por los pakistaníes; en segundo lugar, por los turcos; y así sucesivamente, por varias representaciones diplomáticas presentes en los aledaños de la reunión —Rusia e Irán apoyaron sin titubeos la candidatura—.

El acuerdo resultante, conocido como Acuerdo de Bonn[13], fue firmado el 5 diciembre de 2001 bajo la tutela de Naciones Unidas y ratificado al día siguiente por el Consejo de Seguridad[14]. En la misma resolución que se establecía la Autoridad Interina y su presidente en la persona de Hamid Karzai. Este acuerdo fue la piedra angular sobre la que se adoptaron toda una serie de decisiones, avaladas y apoyadas por la comunidad internacional, con la pretensión de construir *ex novo* el nuevo marco democrático afgano. Según la mencionada resolución del Consejo de Seguridad, toda la responsabilidad en la monitorización y asistencia en la implementación del Acuerdo de Bonn recayó en las Naciones Unidas, además de que se le asignaban especiales responsabilidades en la investigación de las violaciones de derechos humanos que se hubieran podido cometer y la correspondiente propuesta de acciones correctoras.

En Tokio, el 21 y 22 de enero del 2002, se celebró la primera conferencia internacional, de una serie de ellas sobre Afganistán, en la que la comunidad internacional mostró su compromiso con la hoja de ruta definida en Bonn. En cuanto al reparto de responsabilidades, se determinó que la responsabilidad primigenia era de la propia Autoridad Interina, pero al mismo tiempo se designaba a Naciones Unidas para el liderazgo de la comunidad internacional en el apoyo a prestar para la reconstrucción, específicamente a cargo del Programa de Naciones Unidas para el Desarrollo (The University of Edinburg Peaceagreements, 2002).

El 27 de abril de ese año se celebró una segunda conferencia, de entre las principales que establecieron las bases para el futuro afgano de estos últimos 20 años. A pesar de que ha pasado inadvertida para muchos autores, fue una conferencia a la que asistieron los representantes de los países del G8 y donde se decidió la agenda para la *reforma del sector de seguridad*[15] (SSR) del nuevo Estado. Celebrada en Ginebra y presidida por Lakhdar Brahimi, contó con la asistencia del presidente interino Hamid Karzai, y en ella se repartieron las principales responsabilidades en un solo: Estados Unidos asumió el liderazgo en la reforma militar; Alemania en la policía; Italia en el sistema judicial; Japón

---

[13] Agreement on Provisional Arrangements in Afghanistan Pending the Re-establishment of Permanent Government Institutions, 05.12.2001.

[14] United Nations Security Council, Res. 1383/2001, 06.12.2001.

[15] «La reforma del sector de seguridad es aquella reforma dirigida a la mejora de la seguridad mediante el aumento de la transparencia y la responsabilidad de las instituciones securitarios, controladas por civiles y operando según las reglas del Estado de derecho y los derechos humanos» (United Nations and the Rule of Law, s. f.).

en el proceso de *desarme, desmovilización y reintegración*[16] (DDR); y Reino Unido en la lucha antinarcóticos (Sedra, 2002; 2003). Más allá de la repartición de responsabilidades, no hubo un solo documento donde se definiese una estrategia comprensiva SSR y su necesaria coordinación con el desarrollo económico, social e institucional del país.

A la vista de lo expuesto no parece descabellado pensar que lo que hubo a través de la celebración de estas dos conferencias fue un reparto de responsabilidades en lo que debería haber sido una única tarea para la comunidad internacional, con un liderazgo estratégico bien definido. Por un lado, Naciones Unidas se responsabilizó del desarrollo económico e institucional. Por otro, los cinco países miembros del G8 que asumieron la reforma del sector de seguridad —militar, policial, judicial, DDR y políticas antinarcóticos—. Esta forma de actuar puso en evidencia dos cosas: la primera fue la ausencia de liderazgo por parte de Naciones Unidas para acometer la ingente tarea y, como corolario, la ausencia de una estrategia comprensiva que sirviese como medio de coordinación y toma de decisiones entre Naciones Unidas y los países que se comprometieron en liderar algún aspecto específico de la reconstrucción; la segunda fue la confusión generada particularmente en el sector de la gobernanza, ya que diferentes áreas de este sector —la transparencia y responsabilidad ante los ciudadanos, la democracia participativa, el Estado de derecho[17], la lucha contra la corrupción, etc.— quedaron bajo el paraguas de Naciones Unidas, pero el sistema judicial y la lucha antinarcóticos se colocaron fuera de la responsabilidad directa de ésta y asignadas a dos países diferentes (Italia y Reino Unido). Además de que en el campo de la lucha antinarcóticos se había provocado una nueva división interna: el liderazgo en la definición de las políticas era responsabilidad de la Oficina de Naciones Unidas contra las Drogas y el Delito (UNODC); pero la tutorización del Ministerio de Interior afgano y las actividades ejecutivas sobre el terreno quedaron a cargo de Reino Unido. A la vista de lo expuesto, no era difícil atisbar las dificultades que habría para la correcta implementación de todo el proceso.

La Misión de Asistencia de Naciones Unidas en Afganistán (UNAMA) fue creada por resolución del Consejo de Seguridad de 28 de marzo de 2002[18], relevando de esta manera a la anterior Misión Especial de Naciones Unidas para Afganistán (UNSMA), que se

---

[16] El desarme, desmovilización y reintegración pretende desarmar, licenciar de sus unidades y reintegrar en la sociedad civil a excombatientes, al objeto de que sean participantes activos en el proceso de paz y, de esta manera, se contribuya a la estabilidad y seguridad en escenarios postconflicto para facilitar el comienzo de la recuperación y desarrollo (United Nations Disarmament Demobilization and Reintegration Resource Center, 2019a).

[17] Definido como «aquella situación en la que todas las personas, instituciones y organizaciones, públicas y privadas, incluyendo las propias del Estado, son responsables ante la ley promulgada y publicitada, implantada de manera igualitaria e independiente, y que, además, es consistente con las normas internacionales sobre derechos humanos» (United Nations Secretary General, 2004a).

[18] United Nations Security Council, Res. 1401/2002, 28.03.2002.

había constituido por resolución de la Asamblea General en diciembre de 1993[19] con un alcance en responsabilidades y medios mucho menor —en esta sólo se autorizaban los buenos oficios entre las partes contendientes, la reconstrucción física del país y la ayuda humanitaria—. Si como es habitual en Naciones Unidas, la resolución inicial la establecía sólo para doce meses, cada año se iría renovando hasta llegar a la última aprobada en septiembre de 2021[20], con un Movimiento Talibán que se acababa de hacer, de nuevo, con el poder en Kabul. Previamente, en marzo de 2015, se había aprobado la resolución en la que se marcaba la finalización del proceso de plena asunción de responsabilidades por el gobierno afgano y la continuidad del apoyo por parte de Naciones Unidas, durante la llamada Década de Transformación 2015-2024[21].

Para sus cometidos, la propia resolución del Consejo de Seguridad se refería al informe del secretario general de 18 de marzo de 2002 (United Nations Secretary General, 2002). En él ya se exponían algunos de los problemas que finalmente acabaron constituyéndose en verdaderos obstáculos para la legitimidad del futuro gobierno —como los criterios étnicos y familiares en la repartición de cargos, así como el faccionalismo y el clientelismo—, al mismo tiempo que urgía la necesidad de activar las comisiones que expresamente habían quedado reflejadas en el Acuerdo de Bonn: la comisión independiente especial para la convocatoria de una *loya jirga*[22] de emergencia, la comisión de derechos humanos y la comisión de justicia.

En relación con la decisión de activar esta misión como «integrada[23]», la propia resolución lo justificaba en la necesidad de coordinar todos los esfuerzos que las diferentes agencias de Naciones Unidas estaban realizando sobre el terreno y dejaba claro cuáles serían sus cometidos principales:

i. Llevar a cabo las tareas y responsabilidades, incluidas aquellas relacionadas con el Estado de derecho, derechos humanos y asuntos de género, asignadas a Naciones Unidas en el Acuerdo de Bonn.

ii. Promover la reconciliación nacional en todo el país, investigar la violación de derechos humanos y proponer medidas correctoras.

iii. Gestionar todo el apoyo humanitario de Naciones Unidas y las actividades de reconstrucción y recuperación, además de asegurar que todas las donaciones y programas de ayuda se llevasen a cabo de una manera coordinada con todos los

---

[19] United Nations General Assembly, Res 48/208, 21.12.1993.

[20] United Nations Security Council, Res. 2596/2021, 170.9.2021.

[21] United Nations Security Council, Res. 2210/2015, 16.03.2015.

[22] Literalmente, *jirga* significa círculo y se corresponde con el tipo de asamblea tribal pastún. Se adopta esta forma para evitar la preeminencia de cualquiera de sus miembros. Las decisiones se toman por consenso sin importar el tiempo que requieran para llegar a él: días, semanas o meses. Se denomina *loya jirga* cuando reúne a los jefes de tribu para tomar decisiones que afectan a todo un grupo étnico o superior.

[23] Lo que en el argot oficial de Naciones Unidas significa que todas las agencias y personal de Naciones Unidas operando en Afganistán estarían bajo la autoridad del representante especial y jefe de UNAMA.

actores presentes en Afganistán —organizaciones gubernamentales, no gubernamentales, internacionales y privadas—.

Dejando, por lo tanto, fuera de su responsabilidad el mando y control de la ISAF y las misiones que esta tenía asignadas.

De igual manera que en el seno de la Administración norteamericana se produjo el enfrentamiento entre el secretario de Defensa Donald Rumsfeld y el secretario de Estado Colin Powell sobre la modalidad de intervención, en el seno de Naciones Unidas se replicaría la misma confrontación. Por un lado, el jefe de la UNSMA Francesc Vendrell que defendía la *huella profunda*[24] (*heavy expatriate footprint*) sobre cómo debía ser el papel de Naciones Unidas en el proceso de reconstrucción; por el otro, el recién nombrado representante especial para Afganistán, Lakhdar Brahimi, que defendía el modelo definido como *huella ligera*[25] (*light expatriate footprint*), junto con los estadounidenses. El resultado fue que «naturalmente» saliese ganadora la postura de Brahimi (Vendrell, 2009). UNAMA fue diseñada según el concepto de huella ligera y bajo el pretexto de que de esta manera se aseguraba el liderazgo afgano desde los primeros momentos de la recuperación de su país. Sin embargo, en el propio precitado informe, ya se hablaba de la necesidad de aumentar y expandir la presencia de la ISAF a las provincias debido a los desórdenes y crímenes que se estaban produciendo, lo que parecía contradecir el propio modelo de intervención que se proponía.

Algunos autores argumentan que esta defensa tan temprana de la expansión de la ISAF no supuso un cambio de parecer sobre la huella ligera, ya que lo que se pretendía con ello era fortalecer las nuevas instituciones de gobierno, en las que se estaban integrando las diferentes facciones y los *señores de la guerra*[26] (Rynning, 2012). Afirmación que denotaba la superficialidad con la que se estaba tratando de justificar un asunto de tanta envergadura estratégica como este, pues precisamente eso es lo que pretende la huella profunda.

---

[24] También conocida como *huella pesada* representa un paradigma en el que el despliegue de fuerzas internacionales y funcionarios de Naciones Unidas se hace con la necesaria densidad para asegurar el orden y la gobernabilidad de la nación anfitriona.

[25] Paradigma en el que el despliegue de fuerzas y especialistas civiles se hace en un número mínimo para forzar la pronta asunción de cometidos por parte de la nación anfitriona. Este paradigma, cuyo impulsor fue el propio Lakhdar Brahimi (Brahimi, 2002), nacería de la insatisfacción existente en aquellos años sobre cuál había sido el resultado de las operaciones de reconstrucción llevadas a cabo por Naciones Unidas en Timor Leste y Kosovo, donde el modelo escogido había sido el de huella profunda, con un representante especial a la cabeza de la Administración interina establecida para dirigir el nuevo proceso democrático (Lemay-Hébert, 2013; L. Miller y Perito, 2004).

[26] Caudillos militares semiautónomos surgidos durante los años finales de la Guerra de Resistencia contra el Gobierno de Najibullah. Su origen se encuentra en los jefes de milicias locales propiciadas tanto por el gobierno como por los muyahidines y que tenían asignado un territorio, donde hacían la recluta e imponían impuestos para remunerar a sus combatientes (Giustozzi, 2008; R. Johnson, 2011).

Si en Bonn se había acordado que la presidencia de la nueva Autoridad Interina estuviera ocupada por Hamid Karzai, el 2 de junio de 2002, con ocasión de la *loya jirga* que habría de elegir al presidente del nuevo gobierno transicional denominado Administración Afgana de Transición (ATA), se elegiría de nuevo al propio Karzai —*jirga* que pasaría a la historia con el nombre de Loya Jirga de Emergencia—. No sin antes presenciar lo que supuso el segundo acto de la manipulación política tras la aceptación de la huella ligera: a pesar de que la mayoría de los asistentes eran partidarios de que el nuevo jefe del Estado fuese el antiguo rey Zahir Shah, contando con un primer ministro que sería Hamid Karzai, el representante especial de Naciones Unidas y el embajador de Estados Unidos, Lakhdar Brahimi y Zalmay Khalilzad, lo convencieron para que declinase el cargo y diese su apoyo a Hamid Karzai, como nuevo presidente de un sistema republicano. Los comandantes de la Alianza del Norte ya habían dejado claro que se opondrían a la designación de Zahir Shah, por cuanto era considerado el líder pastún más prestigioso en aquellos momentos y lo que ello suponía de amenaza al poder que ejercían. El mensaje que se dio con este hecho fue claro: los nuevos líderes de Afganistán eran los comandantes de la Shura-e Nazar, ocupando los puestos preeminentes durante la *loya jirga* e incluso amenazando con la posibilidad de un golpe de Estado, ante la decisión adoptada de asignar la cartera de Interior a un pastún y relevar en el cargo al tercer líder de la Alianza del Norte, Yunus Qanuni (Khalilzad, 2016). El propio Lakhdar Brahimi llegó a lamentar el clima de intimidación y violencia que los excomandantes muyahidines habían impuesto durante la celebración de los debates (Sedra, 2002).

Diez días más tarde de su designación como presidente de la Administración de Transición, Karzai nombró a los nuevos ministros de su gabinete y, como prueba de la capacidad de influencia de los excomandantes muyahidines, sólo dos ministerios fueron cubiertos por civiles (National Democratic Institute for International Affairs, 2006). Todo ello ocurrió con la anuencia de Naciones Unidas, ya que en la Loya Jirga de Emergencia no se había llevado a cabo la segunda parte del mandato de la convocatoria, que establecía la designación de los 110 miembros del que debería haber sido el Parlamento transicional (Khalilzad, 2016). De esta manera, el presidente Karzai y su gabinete no tuvieron enfrente poder parlamentario alguno que controlase o limitase el suyo. Durante más de dos años en los que no sólo se redactó la nueva Constitución, sino que se establecieron las instituciones más significativas del nuevo modelo de Estado.

La Autoridad Transicional llevó a cabo el proceso de redacción de la propuesta de nueva Constitución, proceso que resultó problemático desde el momento que el borrador final quedó en manos del presidente Karzai y sus más directos colaboradores, negando la posibilidad de participación de la sociedad afgana y los mentores internacionales, tal y como estaba previsto[27]. Una nueva *loya jirga* fue convocada para mediados de diciembre de 2003 con el objeto de aprobar la nueva Constitución, conocida como Loya Jirga Constitucional duró tres semanas de deliberaciones en un clima generalizado de intimidaciones y compra de votos. La nueva Constitución fue aprobada el 4 de enero siguiente[28] (National Democratic Institute for International Affairs, 2006).

El sistema político finalmente elegido fue el de una república presidencialista con un altísimo grado de centralización de poder: el jefe del Estado era al mismo tiempo jefe del gobierno y designaba a los ministros y a los jueces miembros del Tribunal Supremo. No obstante, dejaba en manos del Parlamento la posibilidad de vetar la investidura del designado para un ministerio mediante el necesario voto de confianza, antes de su toma de posesión[29]. Fue precisamente la elección del sistema político uno de los puntos que generó mayor debate durante la celebración de la *loya jirga*, entre la opción de un sistema parlamentario y descentralizado frente al sistema presidencialista. El resultado final generó serias dudas sobre su idoneidad, pues en la sociedad política afgana la descentralización y el poder consensuado con los líderes tribales ha sido siempre la norma (Biddle, Christia y Thier, 2010; Jalali, 2008; Tapper, 1983).

A finales de marzo de 2004, se celebró la conferencia internacional de Berlín, en donde se acordó el inicio del despliegue de los PRT y la implementación del proceso DDR de las milicias de la antigua Alianza del Norte —milicias que, desde la caída del régimen talibán, habían constituido la única fuerza en armas existente y habían permitido la consolidación del poder de los comandantes muyahidines en sus respectivas regiones, lo que había ayudado a la fragmentación del incipiente Estado— (Sedra, 2002). El problema fue que, analizando los tiempos del despliegue de los PRT, acordado el 1 de abril (The University of Edinburg Peace Agreements, 2004), y la fecha deseada para la terminación del proceso DDR (junio 2004), no existió periodo de solape entre ambos, a lo que es necesario añadir que el proceso de organización y entrenamiento del nuevo Ejército Nacional de Afganistán (ANA) iba muy retrasado, con sólo 5.271 efectivos dados de alta del periodo de instrucción individual y 3.056 en fase de instrucción básica en Kabul (United Nations Secretary General, 2004b). Por lo tanto, existió un periodo aproximado de tres años, del inicio de 2002 a final de 2004, en los que la seguridad y el orden en las provincias fue proporcionado exclusivamente por las milicias del bando vencedor, sin

---

[27] Comunicación personal, Wali Wali (por razones de seguridad, se utiliza un alias cuando el interlocutor sigue residiendo en Afganistán), exasesor presidencial (Kabul, 15.11.2016).

[28] The Constitution of the Islamic Republic of Afghanistan (ratified), 26.01.2004.

[29] Pero los sucesivos presidentes soslayaron en numerosas ocasiones este trámite constitucional, retrasando su presentación en el Parlamento para ser sometido a la votación o incluso renombrando al candidato para una cartera ministerial diferente (Sarwan y Siddique, 2017).

presencia de fuerza armada alguna que hiciese de contrapoder, ya fuera internacional o del nuevo ejército nacional.

El 9 de octubre de 2004 se llevaron a cabo las primeras elecciones presidenciales de la historia afgana, en las que salió elegido democráticamente Hamid Karzai. De acuerdo con los informes finales de los equipos internacionales de apoyo y monitorización, las elecciones constituyeron un logro notable y gozaron de la suficiente transparencia, además de que el claro margen con el que había sido elegido le proporcionaron una legitimidad adicional —el 55,4 % de los votos registrados y certificados— (International Crisis Group, 2004; National Democratic Institute for International Affairs, 2006; OSCE Election Support Team, 2004).

Desde organismos académicos independientes se hicieron recomendaciones de gran calado, ya que tal y como se habían llevado a cabo las elecciones no había permitido el establecimiento y consolidación de unas instituciones electorales transparentes y neutrales (National Democratic Institute for International Affairs, 2006; S. S. Smith, 2012). Sin embargo, durante el año en el que el presidente Karzai acumuló en sus manos el poder ejecutivo y legislativo, desde el momento que seguía sin existir un parlamento, desperdició el tiempo sin sacar adelante resolución alguna que ayudase a la institucionalización de un verdadero sistema democrático participativo. En su lugar, se dedicó a maquinar e implantar procedimientos electorales que dificultaran la consolidación de bloques parlamentarios, los cuales pudiesen hacer mella en su recién estrenada presidencia y los apoyos con los que contaba. Tal fue el caso del establecimiento del *sistema de voto individual no transferible* (SNTV), en el que se determinaba que los candidatos a la Asamblea Nacional lo hacían a título individual[30], al objeto de evitar la consolidación de bloques parlamentarios vinculados a fuertes partidos políticos nacionales, y así poder contar con un Parlamento más manipulable[31]. Este procedimiento de voto fue decidido por el presidente Karzai, en contra de la opinión de los expertos y académicos, y con el apoyo de Estados Unidos al objeto de favorecer a sus aliados de la Alianza del Norte.

La celebración de las elecciones legislativas y provinciales, el 18 de septiembre de 2005, y la constitución del nuevo Parlamento antes de acabar ese año pusieron término oficialmente al proceso de Bonn iniciado en diciembre de 2001. Durante la preparación y desarrollo de la campaña, se puso de manifiesto la necesidad de reformar el procedimiento de voto establecido en la ley electoral, porque se habían cumplido los

---

[30] Transitional Authority of Afghanistan, Presidential Decree on the Adoption of Electoral Law, art. 13, 27.05.2004.

[31] Este sistema exige tal nivel de instrucción entre los votantes y de recursos por parte de los candidatos que, en la práctica, el procedimiento bloquea a aquellos que no cuentan con importantes recursos económicos o con el apoyo de fuertes partidos políticos.

peores pronósticos sobre la misma: si en 2004 el nivel de participación había sido de aproximadamente del 70 %, en esta ocasión había descendido al 49 %. Descenso debido al elevado número de candidatos existentes, aproximadamente 6.000, lo que había originado un elevado nivel de confusión entre los votantes, junto al hecho de que esta nueva consulta electoral fuera considerada por la mayoría de los afganos como un plebiscito de las políticas llevadas a cabo por Hamid Karzai, durante su primer año de mandato. Por último y como consecuencia del altísimo número de candidaturas y del alto grado de corrupción y presiones sobre los votantes, los líderes provinciales y locales más corruptos resultaron ser los más beneficiados (National Democratic Institute for International Affairs, 2006).

En suma, las elecciones presidenciales significaron el refrendo al proceso de transición definido en el Acuerdo de Bonn, pero la elección del Parlamento un año más tarde se llevó a cabo en unas elecciones fraudulentas —en las que el voto femenino registrado en las provincias del sur fue del 100 %, precisamente donde no se les permitía salir de casa para acudir a los colegios electorales—. El hecho de que la comunidad internacional priorizara la cronología del proceso de desarrollo institucional sobre su verdadera calidad, con unas muy graves deficiencias en la implementación del Estado de derecho, no es de extrañar que acabase provocando el fracaso de un verdadero modelo de gobernanza participativa.

De manera que la reconstrucción de Afganistán se inició como una operación de reconstrucción de las instituciones estatales, junto a una gran operación de ayuda humanitaria de emergencia —lo que venía a corresponder con la hoja de ruta establecida en Bonn (2001) y finalizaba con la elección del Parlamento—. Esta fase de *construcción del Estado* fue liderada por Naciones Unidas y los cinco países que asumieron alguna responsabilidad en la reforma del sector de seguridad (Estados Unidos, Reino Unido, Alemania, Italia y Japón). Este periodo se distinguió por la falta de coordinación de los países participantes, amén de las gravísimas deficiencias en seguridad detectadas en las provincias, consecuencia de la falta de presencia internacional debido a la estrategia de huella ligera. El que fuera ministro de Interior en 2005, Ali Ahmad Jalali, señaló que el modelo de país líder utilizado durante la hoja de ruta de Bonn no había sido el modelo adecuado por el desigual nivel de compromiso de cada uno de los países participantes, los diferentes recursos comprometidos y la ausencia de una estrategia unificada en la que todos los actores internacionales acordasen y trabajasen con un mismo fin (Jalali, 2006: 10).

UN PACTO PARA INICIAR LA NECESARIA RECONSTRUCCIÓN NACIONAL

La conferencia internacional de Londres tuvo lugar a final de enero de 2006 y en ella se aprobó el denominado Pacto por Afganistán. Con él se inició una nueva fase en la que se trató de coordinar de una manera holística el esfuerzo que se venía realizando en la multitud de áreas que la reconstrucción conllevaba. En él se establecieron, por primera vez y de una manera clara, los tres pilares que debían guiar la reconstrucción nacional: «seguridad; gobernanza, Estado de derecho y derechos humanos; y desarrollo social y económico» (The Afghanistan Compact, 2006). Además, se estableció la lucha antinarcóticos como un elemento transversal que afectaba a todos los anteriores.

La importancia de este pacto radicó en que fue el primer documento firmado por la totalidad de países, comprometidos en la reconstrucción social y económica del país, y el gobierno afgano, además de definir el carácter integral del desafío (The Afghanistan Compact, 2006). Se habían necesitado cuatro años, desde abril de 2002 en Ginebra, para llegar a determinar el procedimiento necesario para acometer a nivel nacional un modelo para la reconstrucción nacional del país, en el que se asignaba a la OTAN y otras naciones partícipes en la ISAF la responsabilidad de proporcionar seguridad y estabilidad en sus respectivas áreas de operaciones, junto al liderazgo de Naciones Unidas en el resto de los pilares. Por último, se estableció la constitución de un órgano de supervisión y control formado por el gobierno de Afganistán y la comunidad internacional denominado Consejo Conjunto de Supervisión y Coordinación. Este consejo estaba presidido por el gobierno afgano y Naciones Unidas (The Afghanistan Compact, 2006). La fecha prevista para alcanzar los objetivos era fin de 2010, y variaba el sistema de liderazgo y responsabilidad última de los sectores a reconstruir: ya no eran países específicos los que la ostentaban, sino la comunidad internacional en su conjunto bajo un liderazgo únicamente compartido entre la OTAN para el pilar securitario y Naciones Unidas para el resto[32].

La conferencia de Londres resultó ser un éxito, tanto por su extraordinario nivel de participación como por el elevado número de compromisos económicos anunciados —superiores a los 10.000 millones de dólares y porque se mostró por primera vez un proceso de toma de decisiones compartidas que pretendía romper el camino del aislacionismo iniciado en 2002—. España se colocó en el quinto puesto entre los países donantes, con el ofrecimiento de 150 millones de euros durante los siguientes cinco años. Sin lugar a duda, el Pacto por Afganistán fue un acuerdo digno de la empresa a la que se comprometía. El Consejo de Seguridad lo endosaría el 15 de febrero siguiente, subrayando el papel central de liderazgo que para su implementación asumía Naciones Unidas[33].

En el informe del secretario general de 7 de marzo de 2006, se significaba que las fases de desarme y desmovilización del proceso DDR habían finalizado, pero no así la de

---

[32] Las acciones contraterroristas llevadas a cabo en el marco de OEF quedaban fuera del pacto.
[33] United Nations Security Council, Res. 1659/2006, párr. 12, 15.02.2006.

reintegración. A ello hay que sumar que la *disolución de los grupos armados ilegales* (DIAG) acababa de comenzar hacía sólo un mes (United Nations Secretary General, 2006). La inevitable consecuencia de estas graves faltas de coordinación fueron una mayor vulnerabilidad en las provincias, ante la falta de unidades militares y policiales afganas —las pocas existentes estaban desplegadas en los núcleos urbanos de Kabul, Gardez, Kandahar, Herat y Mazar-e Sharif—, y unos PRT que no estaban organizados ni adiestrados para hacer frente a esta nueva tarea de seguridad, frente a una insurgencia talibán que ese año desafió por primera vez en combate abierto a las tropas internacionales[34] (Day, 2007).

Durante los años 2006 y 2007, se produjo la correspondiente renovación de los mandatos anuales[35], sin grandes avances en cuanto a la necesaria formación y adiestramiento del ANA. Se ratificaba la decisión de la Unión Europea de crear una misión de policía que ayudase a la formación de unas fuerzas policiales comprometidas con el Estado de derecho y la lucha antinarcóticos. Por último, se dio por finalizado el proceso DDR de las milicias de la Shura-e Nazar que tan pretenciosamente habían sido denominadas Fuerzas Militares Afganas (AMF) por el propio gobierno afgano.

Sería en ese año 2007 cuando la comunidad internacional fue consciente del peligro real de un posible fracaso de la operación de reconstrucción que se había iniciado cinco años antes. La situación era de tal gravedad que el propio Lakhdar Brahimi, ahora como exrepresentante especial, afirmó que la hoja de ruta de Bonn se había diseñado con gravísimos errores, como fue el hecho de que el documento resultante no fuese un acuerdo de paz, sino el diseño de un nuevo gobierno, en este caso del bando vencedor, descuidando a una población pastún que estuvo escasamente representada. Esto junto al hecho de que no se acometiese esfuerzo alguno para, una vez iniciada la hoja de ruta, rectificar este error y proceder a integrar a la población pastún y a los que habían sido sus líderes talibanes, además de haber dejado la seguridad en manos de las milicias de la Shura-e Nazar y de los excomandantes pastunes opositores al régimen talibán, provocaría la consiguiente reacción de rechazo de gran parte de la población pastún y muchos de los problemas de falta de legitimidad que ya se sufrían masivamente ese año. Añadiendo a esta palabras de *mea culpa*, un severo toque de atención a la reforma judicial en el sentido de que se estaba intentando imponer unos principios y estructuras judiciales que eran extrañas a la población afgana y, por lo tanto, rechazadas por la mayoría de los ciudadanos (Brahimi, 2007).

---

[34] La muestra más evidente de este desatino sería el riesgo real de sufrir una importante derrota operacional que se vivió en el sur durante el desarrollo de la Operación Medusa, en septiembre de 2006.
[35] United Nations Security Council, Res. 1662/2006, 23.03.2006 y United Nations, Security Council, Res. 1746/2007, 23.03.2007.

Sería en 2008 cuando por primera vez Naciones Unidas expresó su preocupación por el altísimo número de bajas civiles[36]. También se subrayaba la necesidad de mejorar la coordinación con la ISAF y el gobierno afgano, y se ratificaba el programa nacional de justicia lanzado en la conferencia de Roma sobre Estado de derecho y justicia (Katzman, 2015b; United Nations, 2007).

Si en la conferencia de Londres de febrero de 2006, el gobierno afgano había presentado la Estrategia Interina Nacional para el Desarrollo de Afganistán (International Monetary Fund, 2006), no fue hasta la conferencia de París de junio de 2008 cuando se presentó la versión definitiva de este documento (Islamic Republic of Afghanistan Ministry of Finance, 2008). La Estrategia Nacional para el Desarrollo de Afganistán (ANDS) fue adoptada como documento programático de referencia al objeto de que los programas y proyectos en ella definidos por el gobierno afgano fuesen adoptados por los países donantes, de manera que mediante este procedimiento la comunidad internacional coordinara las donaciones a las necesidades definidas por los propios afganos (Paris Conference on Afghanistan, 2008).

En este año 2008, la comunidad internacional ya era plenamente consciente de una situación social, política y securitaria en continuo deterioro, amén de una falta de coordinación y coherencia entre los países donantes que bloqueaban la tan deseada eficacia, y facilitaban una corrupción que ya era rampante desde los escalones más altos de las instituciones políticas del Estado (Kouvo, 2009). Ante ello, la comunidad internacional decidió ampliar el horizonte temporal para alcanzar los objetivos establecidos en el Pacto por Afganistán y se trasladaron de 2010 a 2012[37].

En esta segunda fase que había dado comienzo al inicio de 2006 y debía finalizar en 2010, se había abrazado el procedimiento de enfoque integral, como metodología para la reconstrucción nacional, con la salvedad de que seguía sin incluir al bando perdedor de la guerra. A este segundo periodo lo denominamos de *construcción de nación*, pues en él se intentó llenar el vacío de legitimidad provocado durante el periodo anterior por la grave incapacidad en gobernanza mostrada por el gobierno y, en materia de seguridad, por una deficiencia creciente cuya casusa estuvo en el propio diseño de la estrategia de huella ligera. En esta nueva fase, el modelo de liderazgo vino marcado por una evolución desde el modelo de apoyo compartimentado de Naciones Unidas y aquellos países comprometidos en áreas específicas —Estados Unidos, Reino Unido, Italia, Alemania y Japón—, tal y como habían sido establecidas en las conferencias de Tokio y Ginebra,

---

[36] United Nations Security Council, Res. 1806/2008, 20.03.2008.
[37] United Nations Security Council, Res. 1868/2009, 23.03.2009.

hacia un modelo de liderazgo compartido entre la comunidad internacional y el gobierno afgano.

UNA FASE DE TRANSICIÓN DESBORDADA POR LA INSEGURIDAD

Con la llegada de Barak Obama a la presidencia de los Estados Unidos se dio un nuevo giro a la estrategia estadounidense y a la de Naciones Unidas (2009). Si en 2006 había comenzado la fase del Pacto por Afganistán con Reino Unido como su autor intelectual y gestor diplomático, el líder de la siguiente fase sería Estados Unidos. Su objetivo fue el traspaso completo de liderazgo a las autoridades afganas, estableciendo una estrategia operacional basada en el incremento de medios civiles y militares para capacitar a las instituciones afganas, y así poder dar por terminada la operación de reconstrucción nacional o, al menos, el periodo de esfuerzos intensivos.

En enero de 2010, se celebró la conferencia de Londres de 2010 (The National Archives UK, 2010) y en ella se subrayaría la necesidad de comenzar con la preparación para el completo liderazgo afgano en todos los pilares de la reconstrucción nacional, en lo que se vino a llamar el proceso de transferencia de liderazgo a las instituciones afganas o *afganización*. Este nuevo esfuerzo de legitimización, a través de la completa soberanía en todos los pilares de la reconstrucción nacional por parte de la nación anfitriona fue definido por el propio presidente Karzai como «liderazgo y posesión afgana», lo que por otro lado estaba plenamente de acuerdo con el pensamiento académico imperante en aquellos años (Dale, 2011; Lemay-Hébert, 2013). Unos meses más tarde y esta vez en Kabul, se confirmó el mutuo compromiso de transferir la plena soberanía y liderazgo al gobierno afgano en lo que a partir de esa fecha se vino a llamar Proceso de Kabul (Islamic Republic of Afghanistan, 2010).

Mientras tanto, se puso en evidencia la inseguridad existente en el país y el aumento del número de bajas civiles, y se ratificó el acuerdo alcanzado en la *loya jirga* de junio de 2010 para el establecimiento del Alto Consejo de la Paz. Consejo que tenía como finalidad la de promover el diálogo con los elementos insurgentes (United Nations Assistance Mission in Afghanistan, 2010).

En marzo de 2011, el Consejo de Seguridad[38] avaló el acuerdo alcanzado por la OTAN en la cumbre de Lisboa (2010) para transferir gradualmente la responsabilidad en seguridad a las ahora denominadas Fuerzas de Defensa y Seguridad Nacional de Afganistán[39] (ANSDF). Transferencia que debía completarse al final de 2014.

Esta última fase comenzó con un intenso aumento de recursos comprometidos sobre el terreno, al objeto de establecer las condiciones para ir transfiriendo paulatinamente el

---

[38] United Nations Security Council, Res. 1974/2011, 22.03.2011.
[39] Denominación que incluía tanto a las fuerzas militares como policiales.

liderazgo en todos los ámbitos a las instituciones afganas, y poder iniciar la denominada Década de Transformación al inicio de 2015. Sin embargo, esta fase comenzó con una corrupción estructural que se había convertido en sistémica, instaurada gracias a la falta de control de la ingente cantidad de dinero que había llegado durante los últimos años, una producción de opio que alcanzaba récords anuales, y una operación antiterrorista, llevada a cabo por Estados Unidos, fuera del ámbito de control y coordinación de Naciones Unidas y la OTAN.

Fue en la segunda conferencia de Bonn, celebrada el 5 de diciembre de 2011, donde se trató la denominada Década de Transformación. Este periodo, previsto para los años 2015 al 2024, comenzaría una vez finalizado el repliegue de las fuerzas internacionales a sus respectivas metrópolis, y con la asunción completa de la responsabilidad en seguridad por las nuevas fuerzas armadas y de policía —cosa que no se llevaría a cabo en plenitud hasta 2021, con las desastrosas consecuencias por todos conocidas—. Así como la asunción completa de responsabilidad por parte de las instituciones civiles del Estado afgano (The University of Edinburg Peace Agreements, 2011).

En marzo de 2012, el Consejo de Seguridad[40] reiteró su apoyo al proceso de transición en el sector de seguridad, denominado Inteqal, así como recordaba que el proceso de transición comprendía los tres pilares de la reconstrucción nacional —seguridad, gobernanza y desarrollo— y que era el representante especial del secretario general quien lideraría la coordinación de la transferencia en los pilares de gobernanza y desarrollo, siendo la OTAN quien lo haría en seguridad.

En julio 2012, se celebró la conferencia de Tokio con la finalidad de recabar el apoyo económico necesario para alcanzar la Década de Transformación, con la novedad de que se condicionaba parte de esta ayuda a la consecución de determinados hitos en materia de lucha contra la corrupción y buena gobernanza. La implementación de todos los fondos comprometidos —unos 16.000 millones de dólares en cuatro años (2012-2015)— era responsabilidad del gobierno afgano. De ellos, el 20 % debía ser gestionado dentro del presupuesto del país (3.200 millones) y el resto lo sería a través de donaciones bilaterales para proyectos específicos[41].

En marzo de 2014[42], se señaló el nuevo papel de los actores internacionales que tendría que evolucionar desde el apoyo mediante el control y la prestación de servicios a la población, a otro de apoyo a las instituciones afganas responsables de estos servicios. Por otro lado, en el informe del secretario general se puso de relieve la inseguridad que durante ese año se estaba viviendo en las calles de Kabul y la mayoría de las provincias,

---

[40] United Nations Security Council, Res. 2041/2012, 22.03.2012.
[41] Proyectos se agruparían en 22 Programas Prioritarios Nacionales (National Priority Programs, NPP).
[42] United Nations Security Council, Res. 2145/2014, 17.03.2014.

cuando el número de bajas civiles registrado anualmente era el más alto de toda la serie[43] (United Nations Secretary General, 2014).

La decisión de comenzar esta fase de transición con un ingente incremento de medios, en lugar de comenzar con una reducción de mentores civiles y fuerzas militares, fue debido a la imperiosa necesidad de detener y revertir la situación de inseguridad que sólo presagiaba el colapso inminente. Pero, esto se consiguió sólo durante un corto espacio de tiempo, aproximadamente dos años, para de manera inmediata replegar los medios empeñados y dar por finalizada la operación, en lo que consideramos fue un claro cierre en falso del compromiso adquirido por la comunidad internacional. Lo cierto es que la Década de Transformación comenzaría en unas condiciones muy difíciles para la población afgana, bajo unas condiciones de vida que, si bien habían mejorado sobre las de las sucesivas guerras de los veinticinco años anteriores, desde luego no eran las esperadas, y con unas instituciones de gobierno incapaces y sin la necesaria legitimidad para llevar a cabo su labor de gobernanza.

---

[43] Del 16 de noviembre de 2013 al 15 de febrero de 2014, 4649 incidentes fueron registrados, representando un 24 % de aumento comparado con el mismo periodo en 2012-2013... El informe documentaba 2.959 muertes de civiles y 5.656 heridos civiles (8.615 bajas civiles) en 2013, un 14 % de aumento en su conjunto comparado con 2012, con un 7 % de aumento en el número de civiles fallecidos.

CAPÍTULO 2

LAS PRINCIPALES ESTRATEGIAS DE LA COMUNIDAD INTERNACIONAL[44]

EL FRACASO ESTADOUNIDENSE ANTE LA AMENAZA DE AL QAEDA EN LA DÉCADA DE LOS NOVENTA

En febrero de 1989 se completó el repliegue de las fuerzas militares soviéticas, dejando detrás un gobierno comunista bien pertrechado económicamente, pero sin las bases ideológicas requeridas y el apoyo popular necesario para subsistir. Fue en esos momentos cuando se produjo el necesario debate sobre su futuro en el seno de la que era la Oficina de Servicios Afganos (Maktab al-Khidamat, MAK), organismo encargado de la recluta y transporte de voluntarios extranjeros para la Resistencia. Esta oficina había tejido estrechos lazos con el servicio de inteligencia pakistaní y con Hezb-e Islami Hekmatyar. La oficina era dirigida por Abdullah Azzam y como segundo contaba con Osama Ben Laden. El primero pretendía que las redes de combatientes que se habían formado a lo largo de los años de lucha contra las unidades soviéticas y comunistas afganas, junto al dinero sobrante recaudado, fueran utilizadas para el establecimiento de un verdadero gobierno islámico en Afganistán, cosa que era contestada por Ben Laden que pretendía su uso para el inicio de una lucha en defensa de lo que consideraba como los verdaderos valores islámicos, allí donde fuese necesario y en cualquier parte del mundo. Este enfrentamiento dialéctico finalizó tras la muerte de Azzam y dos de sus hijos por un coche bomba en noviembre de 1989. Ben Laden se erigió en el nuevo líder indiscutible del MAK (Avilés Farré, 2017; National Commission on Terrorist Attacks, 2004).

A partir de este momento se produjo la integración del MAK en Al Qaeda y el imparable ascenso de esta última, junto con la figura de su nuevo líder Osama Ben Laden. Su prestigio era tal entre los islamistas radicales que el propio Hassan Al Turabi, líder del Frente Islámico Nacional Sudanés que recientemente se había hecho con el poder en Jartum, solicitó su apoyo en la lucha contra los cristianos separatistas del sur, así como para la construcción de carreteras en el país, aprovechando las empresas que el saudí

---

44 Un análisis de las estrategias militares ha sido publicado por el autor en el capítulo «Las estrategias militares en Afganistán (2001-2014)» de las *Actas IX Jornadas de Estudios de Seguridad (IUGM)*, Madrid: Instituto Universitario General Gutiérrez Mellado (Berenguer López, 2017: 777-812). Varios párrafos del citado capítulo son contextualizados en el presente trabajo.

poseía. En 1990, representantes de Ben Laden comenzaron la instalación de las nuevas oficinas en Jartum, mientras que él se desplazaba de vuelta a su país, Arabia Saudí.

En agosto de 1990, se produjo la invasión de Kuwait por Irak y su consecuente condena por parte de la monarquía saudí. Ben Laden, junto a un grupo de clérigos, organizó un movimiento popular para presionar al monarca en la puesta en marcha de una nueva yihad y así recuperar los territorios de Kuwait. El gobierno saudí no sólo rechazó la propuesta, sino que expulsó a los clérigos díscolos y retiró el pasaporte a Ben Laden. Este consiguió salir del país en abril de 1991, mediante el apoyo de algunos miembros de la familia real que le brindaban sus simpatías. Ben Laden se desplazó a Sudán, donde estableció la sede central de su entramado empresarial y terrorista, así como su propia residencia. En 1994, Arabia Saudí le retiró la nacionalidad y congeló todos sus activos financieros en territorio árabe, a consecuencia de la presión de Estados Unidos y los indicios, cada vez más evidentes, de financiación del terrorismo internacional islámico (Avilés Farré, 2017).

Mientras tanto, Al Turabi había conseguido poner de acuerdo a suníes y chiíes en su lucha contra el enemigo occidental. En 1992, se organizó una reunión en Sudán, a la que asistieron representantes de Al Qaeda y operativos iraníes. En ella, se alcanzó un acuerdo de apoyo mutuo y entrenamiento para atacar objetivos israelíes y estadounidenses. No obstante, gracias a la presión estadounidense y la amenaza de sanciones por parte de Naciones Unidas, se consiguió que el gobierno sudanés expulsara a Ben Laden con su consiguiente desplazamiento a Afganistán en mayo de 1996.

Ben Laden conocía el territorio afgano y a gran parte de los líderes del Emirato, desde los tiempos en los que habían combatido juntos a los soviéticos, a pesar de que, durante los años de la Guerra de Resistencia, su residencia oficial había estado en Pakistán, lo que facilitó unas fluidas relaciones con las autoridades militares y los servicios de inteligencia pakistaníes. Ahora contaba con el apoyo de estos contactos para poder acceder a Afganistán a través de este país.

En 1996, Ben Laden estaba en uno de sus momentos más difíciles para su autoproclamada yihad global. Había sido expulsado de Sudán y sus propiedades inmobiliarias en el país confiscadas. Arabia Saudí, su país de nacimiento, le había negado la nacionalidad, y en el plano operativo, el que había sido su jefe de operaciones en el exterior, Abu Ubaidah Banshiri, había fallecido en un accidente fluvial cuando viajaba en ferry en el Lago Victoria, durante la supervisión de los operativos establecidos en Africa del Este. Como siempre ocurre en toda organización, este momento de debilidad fue aprovechado por algunos operativos que la abandonarían. Es en estas circunstancias personales cuando se produjo su llegada a Afganistán, un territorio donde los talibanes llevaban dos años combatiendo para hacerse con el poder nacional, pero todavía no controlaban la capital ni la mayoría del territorio. Es por ello por lo que probablemente

Ben Laden no se acercó inicialmente a los líderes supremos talibanes, sino que decidió quedarse en Jalalabad, acogido por la Shura del Este que en ese momento era liderada por el clérigo Yunus Khalis, manteniendo también contactos con Gulbuddin Hekmatyar. Fue con posterioridad a la caída de Kabul, una vez que viera diáfano el camino hacia el poder emprendido por el Movimiento Talibán, cuando decidió establecer intensas relaciones con el propio mulá[45] Omar.

En 1997, Ben Laden desplazó su residencia a Kandahar, a instancias del propio mulá Omar. Fue algo más tarde, en 1998, cuando el líder iraquí Sadam Hussein invitó a varios representantes de Al Qaeda a Irak, visita que fue correspondida sólo un par de meses más tarde mediante el desplazamiento de una delegación iraquí a Kandahar. Estas visitas continuaron durante 1999 y culminaron con el ofrecimiento realizado a Ben Laden para que fijase su residencia en Irak, cosa que declinó al juzgar más segura su residencia en Afganistán.

Las cuantiosas donaciones que le llegaban de sus compatriotas saudíes y la amistad que forjó con el mulá Omar le proporcionaron una seguridad y libertad de movimientos para él y los miembros de su organización, de la que no había gozado ni tan si quiera en Sudán. No sólo podía importar armas y explosivos sin ningún tipo de restricciones, sino que sus miembros podían entrar y salir del país sin necesidad de visado alguno. Tenían plena libertad para utilizar la aerolínea Ariana que era propiedad del Estado y los vehículos de la organización llevaban matrículas oficiales del Ministerio de Defensa del Emirato.

El gobierno afgano había modificado los presupuestos que públicamente había declarado antes de acceder al poder, en el sentido de ser una organización que respetaba la legalidad internacional y que su yihad era sólo interna. Ahora los líderes talibanes habían convertido el país en un territorio que recibía con los brazos abiertos a cualquier organización o combatiente cuya finalidad fuese hacer la yihad, de manera que habían convertido a Afganistán en el centro nodal del terrorismo internacional. Por su parte, Ben Laden había modificada los procedimientos operativos de Al Qaeda. Si antes de su salida de Sudán, Al Qaeda se limitaba a financiar, proporcionar armas, explosivos y entrenamiento a diversas organizaciones terroristas, una vez establecido en Afganistán,

---

[45] El mulá o *mullah* es un imam de baja jerarquía que sólo ha podido completar sus estudios de primaria y secundaria en una madraza, por contraposición al *maulana o mawlawi*, que sí los ha podido finalizar en una universidad. Los mulás están presentes en todos los rincones de Afganistán, incluso en los pueblos más pequeños. A pesar de que muchos de ellos no saben ni tan si quiera leer y escribir, son capaces de recitar gran número de versículos del Corán de memoria y constituyen la jerarquía más respetada en los pequeños pueblos, llegando incluso a ejercer gran influencia entre sus feligreses de las grandes ciudades. El título *maulana* se puede asimilar al de *alim*, cuyo plural es el de *ulema*. Este último es referido como ulema para al doctor en ley islámica por la RAE (DLE, edición tricentenario, act. 2020).

pasó a entrenar sus propias células operativas, como lo demostraron los ataques contra las embajadas estadounidenses en Africa del Este.

Los líderes del Departamento de Estado norteamericano y la propia agencia de inteligencia (CIA) sufrieron un severo caso de indecisión, pues conscientes de la multitud de indicios que encontraban sobre la implicación de Al Qaeda en atentados contra intereses estadounidenses y del resto de países aliados, no fueron capaces de articular una respuesta efectiva. El Departamento de Estado nunca llegó a romper relaciones con el régimen talibán e incluso trabajó para el establecimiento de un gaseoducto, que atravesase el país desde los ingentes pozos turkmenos de gas natural. De hecho, en abril de 1998, el embajador Bill Richardson visitó Afganistán en una muestra de clara amistad, pues hacía décadas que ningún diplomático estadounidense de ese nivel lo había hecho. Richardson solicitó al régimen expulsar a Ben Laden por las soflamas públicas que había hecho a favor de asesinar norteamericanos, a lo que el gobierno talibán contestó que desconocía su paradero y que, en todo caso, no constituía una amenaza para los Estados Unidos. En suma, la falta de coordinación interna estadounidense era evidente: el Departamento de Estado focalizaba su esfuerzo en la disminución de las tensiones indo-pakistaníes existentes y en la mejora del respeto a los derechos humanos en el régimen talibán; la agencia de inteligencia planeaba operaciones con la oposición interna talibana para capturar a Ben Laden; mientras que el Departamento de Justicia buscaba pruebas para emitir una orden de captura internacional.

A principios de agosto de 1998, el ataque simultáneo contra las embajadas estadounidenses en Nairobi y Dar es Salam sonó como un brusco aviso de que las cosas no se estaban haciendo del todo bien. Cuando esto ocurrió, el único plan que la Administración estadounidense tenía preparado era el lanzamiento de misiles Tomahawk contra los campos de entrenamiento de Al Qaeda en el sur de Afganistán y la propia residencia de Ben Laden, en el complejo conocido como las granjas de Tarnak, en las afueras de Kandahar. Una vez decidido el ataque, cometieron el error de avisar con suficiente antelación a las autoridades militares pakistaníes, con lo que tuvieron tiempo para que la información fuera pasada a Afganistán —Estados Unidos tomó esta decisión, temeroso de que el sistema de control del espacio aéreo pakistaní pudiera confundir el origen de esos misiles como indios—. Ben Laden y sus principales líderes subordinados no se encontraban en ninguno de los lugares objetivo, ya que habían salido de ellos sólo unas horas antes del ataque.

El mulá Omar se mostró incólume ante las presiones ejercidas por Estados Unidos y no cambió su postura sobre la protección dada a Ben Laden y su organización terrorista

—llegó a ordenar la ejecución de uno de sus más directos colaboradores por poner en duda esta política—.

Por su parte, el presidente Clinton propuso al presidente pakistaní Nawaz Sharif el embargo de productos refinados de petróleo a Afganistán, así como el cierre del puerto de Karachi a las importaciones afganas, a lo que este último contrapropuso la captura directa de Ben Laden por fuerzas pakistaníes. Clinton cometió el error de ceder, a sabiendas de que la contrapropuesta nunca se llevaría a cabo. En octubre de 1999, el presidente Sharif sería depuesto por el general Musharraf, cuando el primero intentaba destituir al segundo. Como única alternativa, la agencia de inteligencia estadounidense reactivó su plan para capturar o eliminar a Ben Laden, utilizando las tribus opositoras al régimen talibán.

En la primavera del 2000, la agencia de inteligencia norteamericana envió a la zona del Amu Daria agentes para entrevistarse con representantes uzbekos y de la Alianza del Norte. Finalmente, tuvo lugar un encuentro entre delegados del comandante Ahmad Massoud y representantes de la agencia. Ésta ofrecería a Massoud apoyo técnico en sistemas de comunicaciones e interceptación al objeto de mejorar sus capacidades de captación de señales, con ello la inteligencia de la Alianza del Norte mejoraría y también podría ser explotada por Estados Unidos. La CIA llegó incluso a proponer la presencia de agentes en el valle del Panjshir para mejorar las relaciones con el propio Massoud. Finalmente, la idea fue rechazada en Washington como demasiado arriesgada, a la vista de la opinión que Pakistán tenía de la Alianza del Norte y la necesidad de no interferir las relaciones pakistano-estadounidenses.

En diciembre del 2000, George W. Bush fue elegido presidente de Estados Unidos y la nueva Administración comenzó una revisión de las políticas seguidas hasta ese momento, así como sobre Al Qaeda y el régimen talibán. Volvieron a rehacer el camino ya transitado, enviando delegaciones a Afganistán para solicitar la entrega de Ben Laden, sin que hubiera cambio alguno de posturas. A finales del 2000, Estados Unidos consiguió el acuerdo del Consejo de Seguridad de las Naciones Unidas para aprobar la resolución 1333 que prohibía la exportación de armas al régimen talibán, así como la imposición de un embargo sobre cualquier envío de este tipo de material[46].

El día 4 de septiembre de 2001, el denominado Comité de Principales, formado por los directos asesores presidenciales, volvió a tratar el asunto Al Qaeda e incluso circularía

---

[46] United Nations Security Council, Res. 1333/2000, 19.12.2000.

una nota entre ellos con la pregunta de «¿Somo serios tratando la amenaza de Al Qaeda?». No se imaginaban lo que pasaría menos de una semana más tarde...

Ya se ha mencionado que gracias a la intervención de Al Turabi, cuando Al Qaeda tenía su sede central en Sudán, se habían establecido relaciones con agentes iraníes, Al Qaeda y Hezbollah. Relaciones que fructificaron en la estancia en el sur del Líbano durante varios meses de operativos de Al Qaeda, junto a otros de Hezbollah, para ser adiestrados —como parte de este entrenamiento, Al Qaeda había mostrado gran interés por coches y camiones bomba como los posteriormente utilizadas en los ataques contra las embajadas estadounidenses en Africa—. Estas relaciones incluso se intensificaron con posterioridad a la llegada de Ben Laden a Afganistán, e Irán trató de intensificarlas tras el ataque perpetrado por Al Qaeda contra la fragata USS Cole, pero Ben Laden rechazó esta posibilidad al objeto de evitar la presión sobre sus seguidores en Arabia Saudí.

En todo caso, el gobierno iraní facilitó el paso de operativos a través de sus fronteras, no estampando sello alguno en sus pasaportes, lo que facilitaba de manera especial el tránsito de operativos de nacionalidad saudí. Se daría por sentado que los secuestradores saudíes de los aviones que fueron utilizados el 11S utilizaron el territorio iraní para acceder a Afganistán, de manera que no quedó vestigio alguno en sus pasaportes. Más allá de esta relación no se encontró indicio alguno sobre su implicación en los atentados.

El 13 de septiembre se llevó a cabo la primera reunión del Comité de Principales en la que se determinó la necesidad de una estrategia comprensiva con todas las acciones necesarias para destruir Al Qaeda, así como cualquiera que le diera apoyo. En este último grupo se incluía a Pakistán, si no prestaba el apoyo necesario a Estados Unidos para hacer cambiar de opinión al régimen talibán. Pronto quedó evidenciado que la destrucción de Al Qaeda requería de fuerzas sobre el terreno, pero las opciones militares presentadas no satisficieron al presidente Bush —según el propio general Tommy Franks, comandante de CENTCOM—, lo que llevaría a pensar en otras opciones. El borrador de la directiva presidencial sobre Al Qaeda evolucionó hacia una nueva estrategia de seguridad nacional que englobaba la lucha contra el terrorismo a nivel global y se denominaría *Defeating the Terrorist Threat to the United States*[47]. En ella se incluía la decisión presidencial de no hacer distinción entre terroristas y aquellos que los acogiesen —con el paso del tiempo este último punto se mostraría como el primer gran error estratégico cometido por Estados Unidos—.

De igual manera, la implicación de Irak con Al Qaeda para la organización del ataque quedaría descartada ante la falta de evidencias que implicasen al gobierno iraquí con los secuestradores o Al Qaeda. Finalmente, Irak fue incluido entre los tres objetivos

---

[47] United States The White House, National Security Directive-9, 25.10.2001.

prioritarios a batir, junto a Al Qaeda y el régimen talibán, pero quedaba fuera de la primera fase del plan que sólo incluía a los dos últimos.

La decisión adoptada contenía cuatro fases:

i. Una primera que consistiría en el movimiento de fuerzas desde los países de origen hasta Uzbekistán y Pakistán.

ii. Una segunda fase en la que operativos de la CIA y las fuerzas de operaciones especiales serían desplegados con cada uno de los líderes de la Alianza el Norte que tenían fuerzas operando sobre el terreno, para apoyarles mediante la dirección desde tierra de los bombarderos que atacarían las posiciones talibanas —bombardeos que comenzarían el 7 de octubre—.

iii. Una tercera fase de operaciones decisivas que, utilizando fuerzas terrestres y aéreas, tendrían como misión derrotar a la cúpula del régimen talibán y eliminar los santuarios de Al Qaeda en Afganistán.

iv. Una cuarta fase de operaciones de seguridad y estabilidad, sin fecha definida de cierre ni de fuerzas empeñadas.

(National Commission on Terrorist Attacks, 2004)

LA ESTRATEGIA PARA EL DERROCAMIENTO DEL RÉGIMEN TALIBÁN

En el otoño de 2001, la Alianza del Norte sólo controlaba menos de un 20 % del territorio afgano, correspondiente a algunas áreas de las actuales provincias del Panjshir, Badakhshan, Baghlan, Takhar, Balkh y Bamiyan. Además, sus principales zonas presentaban discontinuidad territorial, de manera que estaba dividido, de norte a sur, por la carretera que une Kabul con Kunduz —la única arteria que une el sureste y este afgano con el norte, a través del paso de Salang—.

El presidente George W. Bush en su intervención del 7 de octubre de 2001 dejó claro que la finalidad de la operación Libertad Duradera no sólo era capturar los operativos de Al Qaeda o destruirlos, sino también anular la capacidad de que Afganistán pudiese ser usado de nuevo como base para el terrorismo internacional, siguiendo la línea de actuación definida en 1999 por el Consejo de Seguridad de Naciones Unidas[48] en la que se condenaba tanto a Osama Ben Laden como al régimen talibán (United States The White House President George W. Bush, 2001). Esta línea de actuación se plasmó sobre el terreno en la caza y captura de talibanes, en tanto que Estados Unidos decidió de manera unilateral la captura y condena en Guantánamo de las figuras relevantes del Emirato sin juicio previo alguno. Esto no cambió hasta el año 2011 cuando, en una nueva resolución, Naciones Unidas decidió dar tratamiento diferente a los miembros asociados con Al

---

[48] United Nations Security Council, Res. 1267/1999, 15.10.1999.

Qaeda y con los talibanes, abriendo la posibilidad de que, a propuesta del gobierno afgano, los miembros del denominado Movimiento Talibán pudiesen ser excluidos de la lista de terroristas internacionales, cumpliendo determinados criterios[49].

Figura 2. Territorios controlados por la Alianza del Norte (2001).

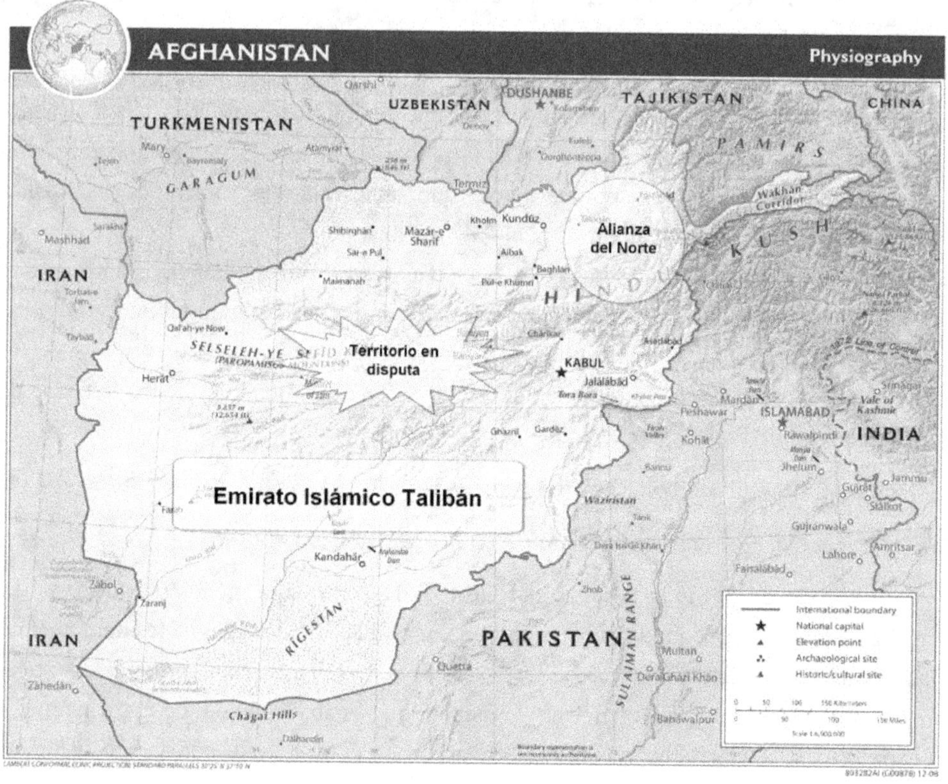

Fuente: elaborado con datos procedentes de
http://gorhistory.com/History420Images/MapAfghancivilwar.gif

Ese mismo día, comenzó la campaña de bombardeos contra el régimen talibán como consecuencia de su negativa a entregar a Osama Ben Laden. Las fuerzas que operaban sobre el terreno eran las unidades de la Alianza del Norte: en el frente norte y oeste fueron las fuerzas tayikas de Fahim e Ismail Khan, las que llevaron el peso de los combates, seguidas por las uzbekas de Dostum y las unidades hazaras de Khalili. En el frente sur y este, Estados Unidos buscó líderes que le secundasen en sus operaciones militares, pero el nivel de control ejercido por los talibanes en estas provincias era de tal calibre que no resultó sencillo encontrar líderes carismáticos que dirigiesen el levantamiento. El primer líder en el que se pensó para dirigir las fuerzas opositoras en el este y sur fue Abdul Haq, pero fue asesinado el 26 de octubre en las cercanías de Kabul, durante una incursión que

---

[49] United Nations Security Council, Res. 1988 (2011), 17.06.2011.

realizaba con algunos de sus seguidores. De manera que sólo le quedaron dos posibles candidatos: Hamid Karzai, por aquel entonces un diplomático de segunda fila popular entre la comunidad de exiliados afganos en Pakistán y sin ninguna experiencia de combate contra los talibanes; y Gul Agha Sherzai, un líder guerrillero cruel e independiente con lazos con el tráfico de drogas. La apuesta por el futuro líder afgano quedó despejada tras la muerte de Abdul Haq en la persona de Hamid Karzai (Bolger, 2014; Lorch, 2018).

Una vez que la Alianza del Norte se hizo con el control de Kabul, contando con el apoyo de Rusia, Irán e India, no estaba muy dispuesta a repartir el poder, más si cabe considerando que las únicas fuerzas que habían combatido sobre el terreno eran las suyas. Con estos precedentes, el jefe de Jamiat-e Islami[50] y presidente de Afganistán desde 1992, Burhanuddin Rabbani, decidió instalarse en el palacio presidencial e inicialmente no se mostró muy dispuesto a negociar el reparto del poder. Como consecuencia del diseño de la campaña para derrocar al régimen talibán, al decidir no intervenir militarmente sobre el terreno y sólo apoyar mediante una campaña de bombardeos aéreos a las unidades milicianas de la Alianza del Norte, la legitimidad del nuevo régimen que saliese establecido después de la guerra iba a ser forzosamente sólo de aquellos con fuerzas desplegadas sobre el terreno. Es muy posible que esta decisión estuviera marcada porque la invasión de Irak estaba ya decidida antes del 11 de septiembre (Bolger, 2014; Dobbins, 2008; Khalilzad, 2016), por lo que Estados Unidos tenía que reservar tropas para un empeño postergado sólo temporalmente.

LA HUELLA LIGERA Y EL IMPULSO A LAS MILICIAS LOCALES

Antes del ataque contra las Torres Gemelas, la Administración Bush asumió la misma política que la Administración Clinton había mantenido con el régimen talibán: sanciones económicas, pero sin llegar a romper completamente las vías de diálogo con el régimen, negando cualquier tipo de ayuda militar a la Alianza del Norte (Katzman y Thomas, 2017) quien, a su vez, había encontrado sus socios patrocinadores en Rusia, India e Irán.

Una vez que el ataque se produjo, ya conocemos la reacción de la Administración Bush a la negativa talibán de entregar a Osama Ben Laden. Ante la intensa campaña aérea de ayuda a la Alianza del Norte, el régimen talibán se desmoronó antes de lo esperado. El 13 de noviembre, el régimen talibán abandonaba Kabul y sería ocupado, sin solución de continuidad, por las fuerzas de la Alianza del Norte. El 14 de noviembre, la Resolución 1378 del Consejo de Seguridad invitaba a los países miembros a participar en la seguridad de las zonas que habían sido liberadas del control talibán[51]. La rapidez con la que todo el frente norte se desplomó sorprendió incluso a los estrategas norteamericanos que no

---

[50] Partido islamista fundado en 1973 y que se opone al comunismo. Tras la escisión Hezb-e Islami se convirtió en el ala moderada de los islamistas afganos.
[51] United Nations Security Council, Res. 1378/2001, 14.11.2001.

habían previsto tal celeridad. A pesar de que los militares estadounidenses habían acordado con los tayikos de Fahim no entrar en la ciudad hasta que hubiera un acuerdo político para formar gobierno y una fuerza internacional que lo respaldara, este tomó la decisión de entrar, una vez que los talibanes la abandonaron a la desesperada (Meek, 2001). Esta decisión provocó tensiones con el gobierno pakistaní, que contaba con participar en la toma de decisiones para la formación de un nuevo gobierno, en tanto que la Alianza del Norte salió vencedora de este primer envite con Estados Unidos.

A finales de enero de 2002, ya estaba establecida la ISAF en Kabul, mientras que las unidades estadounidenses y británicas de la OEF seguían llevando a cabo la fase de combates principales en el sur y el este contra los restos de unidades talibanas, y con Hezb-e Islami Hekmatyar y Al Qaeda todavía presentes en estas provincias. El 1 de mayo de 2003, el mando militar estadounidense en Kabul declaró finalizada la fase de combates principales (Maloney, 2005).

Con estos antecedentes la Administración Bush decidió implicarse en la reconstrucción del país. Lo cierto es que, bajo la presidencia de George W. Bush, Estados Unidos nunca llegó a redactar un documento estratégico a medio-largo plazo en el que se determinase las condiciones del éxito en Afganistán. Se pasó desde un objetivo de derrocamiento del régimen talibán y aniquilamiento de su socio Al Qaeda, a otro de reconstrucción de las instituciones estatales, para posteriormente evolucionar hacia uno de reconstrucción nacional, comprometiéndose con el desarrollo y la gobernanza del país. De manera que a lo largo de los más de trece años que abarca el periodo de presencia masiva internacional, Estados Unidos nunca llegó a definir una estrategia comprensiva, una en la que se determinase la situación final deseada, los objetivos a alcanzar, los recursos necesarios a empeñar y el modo de utilizarlos. En su lugar, se fueron cambiando los objetivos, pero sin articular las estrategias para alcanzarlos y sólo definiendo procedimientos operacionales, sin llegar nunca a determinar las condiciones que definieran la situación final deseada (Dale, 2011).

La legalidad y legitimidad interna en los Estados Unidos para acometer esta operación de reconstrucción se basaron en la estrategia de seguridad nacional que el presidente George W. Bush había aprobado en septiembre de 2002, la denominada *The National Security Strategy of the United States of America (September 2002)*[52]. En ella literalmente se hablaba de «…apoyando modernos y moderados gobiernos, especialmente en el mundo musulmán, para asegurar que las condiciones e ideologías que promueven el terrorismo no encuentren terreno fértil en nación alguna» (United States The White House President George W. Bush, 2002). Esta estrategia de seguridad fue complementada con

---

[52] United States The White House, The National Security Strategy of the United States of America (September 2002), 17.09.2002.

The Middle East Partnership Initiative, en la que se asignaban recursos económicos y se detallaban objetivos específicos para la reforma política, económica y social (Sharp, 2005). Sin embargo, si la estrategia de seguridad nacional constituía la base jurídica interna sobre su política de seguridad y por lo tanto incluía a Afganistán, no dispuso de documento interno que avalase la presencia estadounidense para sus operaciones en suelo afgano, más allá del intercambio de notas diplomáticas ocurrido entre septiembre y diciembre del año 2002 entre ambos gobiernos (Mason, 2012). Situación que permaneció en el tiempo hasta mayo de 2005, cuando se firmó el primer acuerdo de nivel presidencial entre ambos países: el denominado *Joint Declaration of the United States – Afghanistan Strategic Pertnership*[53], en el que se comprometía la ayuda estadounidense a la seguridad, democracia y prosperidad afgana.

Sabemos del enfrentamiento interno que había existido en el seno de Naciones Unidas con ocasión de la estrategia denominada *huella ligera*, enfrentamiento que se había replicado en el seno de la Administración Bush, pero por razones completamente diferentes. Por un lado, estaban los liderados por el secretario de Defensa Donald Rumsfeld y opuestos a ellos los liderados por el secretario de Estado Colin Powell. Los primeros defendían una intervención militar en Afganistán con una fuerza mínima y sin preocuparse de las consecuencias geopolíticas en la región, lo que conocemos como huella ligera. Por otro lado, el secretario de Estado Powell era partidario de una campaña más elaborada, con más medios y con menos urgencia en su ejecución, teniendo presente sobre todo la situación final deseada y sus consecuencias políticas (Faramiñán Gilbert y Pardo de Santayana y Gómez de Olea, 2009), la denominada *huella profunda*. Inicialmente y debido a que en este enfrentamiento saldría vencedor Rumsfeld, se apostó decididamente por la huella ligera, postura avalada por eminentes académicos que defendieron en su momento la probable desaparición de los movimientos radicales islámicos en Afganistán, así como que «no era probable una resistencia residual talibán excepto en las zonas fronterizas próximas a Pakistán» (Zahab y Roy, 2004).

Esta estrategia procedimental fue abrazada con fervor por la Administración estadounidense, ya que le aportaba la libertad de acción necesaria para sus operaciones iniciales antiterroristas. Además de permitirle la necesaria reserva de medios para sus operaciones en Irak, le facilitaba la necesaria acomodación política de sus aliados muyahidines en las nuevas estructuras políticas y de seguridad. Con ocasión de la *loya jirga* del verano de 2002, los aliados de Estados Unidos en la Administración de Transición forzaron la designación de Hamid Karzai como presidente transicional, lo que provocó, junto a la fragilidad de la estructura interétnica establecida, una falta inicial de legitimidad en la embrionaria Administración. A ello se sumó el error estratégico de

---

[53] Joint Declaration of the United States – Afghanistan Strategic Partnership, 23.05.2005.

apoyar y armar las milicias locales en el sur para combatir los elementos talibanes y de Al Qaeda todavía presentes en territorio afgano, ya que rompieron los equilibrios de poder existentes entre tribus y subtribus. De manera que, al armar unas milicias formadas sobre la base tribal de sus respectivos líderes y dejando, por lo tanto, a otras tribus sin armas, dinero y el apoyo de Estados Unidos, lo que se propició fue que la recién estrenada *pax romana* se resquebrajase (Goodhand, 2002; Torabi y Delesgues, 2008). Estas decisiones de la Administración estadounidense facilitaron que el control real sobre el terreno fuese ejercido por los líderes nacionales de la Shura-e Nazar y sus 27.000 soldados acantonados en los alredededores de Kabul, mientras que en las provincias el poder estaba en manos de los comandantes muyahidines de segundo nivel que se habían convertido en los gobernadores provinciales y jefes de policía.

Si bien los objetivos estratégicos iniciales de la Administración norteamericana serían conseguidos, lo fueron a costa de no considerar sus consecuencias estratégicas a medio plazo. Estas no fueron otras que la reconstrucción de un Estado tribal sin la legitimidad institucional necesaria ante el 40 % de su población. La mayoría pastún que no se identificaba con el bando vencedor, tal y como quedó demostrado mediante la reclamación formal que, durante la conferencia de Bonn (diciembre de 2001), el grupo de pastunes afines al depuesto rey Zahir Shah había puesto de manifiesto. Sin embargo, Naciones Unidas y el resto de la comunidad internacional allí presente la rechazaron, aduciendo que el objetivo de la conferencia sólo era facilitar el establecimiento de un nuevo modelo de Estado soberano y no tratar de adentrarse en la cuestión de su legitimidad.

EL BLOQUEO INICIAL A LA ISAF Y EL POSTERIOR LIDERAZGO DE LA OTAN

El Acuerdo de Bonn, firmado el 5 de diciembre de 2001, supuso la legitimación internacional de la victoria de la Alianza del Norte sobre el régimen talibán, pero nunca un acuerdo político de estabilidad futura entre las partes enfrentadas en la guerra. El acuerdo estableció en su Anexo I que la responsabilidad de la seguridad en territorio afgano era de los propios afganos, pero al mismo tiempo solicitaban el apoyo de la comunidad internacional para organizar e instruir unas nuevas fuerzas armadas, así como el despliegue de una fuerza internacional para mantener la seguridad en Kabul y sus alredededores.

Estados Unidos no sólo se opuso al despliegue de la ISAF fuera de Kabul, sino que forzó el cambio del nombre inicial previsto en el Acuerdo de Bonn de Fuerza Internacional Seguridad (ISF) por el de Fuerza Internacional de Asistencia a la Seguridad (ISAF), de manera que quedase meridianamente claro que la responsabilidad de la seguridad era exclusiva de los afganos (Dobbins, 2008).

En la Resolución 1386 del Consejo de Seguridad[54], se autorizaba el establecimiento de la ISAF con el cometido de asistir a la Autoridad Interina en el mantenimiento de la seguridad en Kabul y sus alrededores. Esta fue una cuestión especialmente sensible, pues la Alianza del Norte inicialmente no la aceptó (Maloney, 2003). Sin embargo, una vez que quedó acordado su establecimiento, el propio general Fahim solicitó que fuera extendida a las principales capitales de provincia —probablemente con el objetivo de reducir el poder de los líderes muyahidines que las controlaban y así compensar su pérdida de poder en Kabul—. Más problemática fue la postura de Estados Unidos que se mostró contrario a establecerla fuera de Kabul. El representante especial de Naciones Unidas, Francesc Vendrell, estima que esto supuso malgastar el ofrecimiento que muchos países hicieron en ese momento, para apoyar lo que entendían como una causa absolutamente justa, postura que el embajador estadounidense defendió ante el propio secretario de Defensa estadounidense (Jones, 2008a; Suhrke, 2011; Vendrell, 2009).

La siguiente maniobra política del general Fahim, a la vista de la imposición estadounidense de no extender la presencia de la ISAF fuera de Kabul, fue bloquear la integración de las milicias de los comandantes muyahidines en las provincias al nuevo ejército nacional, por temor a la pérdida de poder que esto le podría suponer como flamante ministro de Defensa. De manera que ambas decisiones, estadounidense y afgana, provocaron el bloqueo inicial de la creación del nuevo ejército nacional, no sólo entregando la seguridad en las provincias a los excomandantes muyahidines, sino facilitando el empoderamiento de estos excomandantes al integrarlos en puestos de la administración provincial —gobernadores y jefes de policía— o contratándolos como jefes de milicias privadas al servicio del ejército estadounidense en sus operaciones de búsqueda y captura.

Esta decisión supuso que las provincias cayeran de nuevo en manos de los mismos muyahidines que habían sembrado el caos entre 1992 y 1996. Cuando a lo largo de 2006, Estados Unidos quiso remediar el error cometido, ya era demasiado tarde, pues muchos países que en un inicio estuvieron dispuestos a ofrecer tropas, ahora ya no lo estaban por dos razones: la primera fue el empeño que algunos de ellos ya estaban realizando en Irak; la segunda sería que la situación de seguridad en las provincias había cambiado dramáticamente, con una insurgencia que había reaparecido con inusitada fuerza.

De poco valió la disconformidad con esta decisión mostrada por el propio presidente interino Hamid Karzai, consecuencia de las continuas visitas de líderes tribales solicitándole el despliegue de fuerzas internacionales en sus territorios. Determinados autores estadounidenses la justificaron en el temor a que fuera considerada una fuerza de

---

[54] United Nations Security Council, Res. 1386/2001, 20.12.2001.

ocupación y provocase una resistencia generalizada a su despliegue para la operación contraterrorista Libertad Duradera, que ya tenían planeado comenzar (Dobbins, 2008). Sin embargo, también hemos de considerar la necesidad de ahorrar tropas para la intervención en Irak y la imposición del ala dura del Gobierno Bush para su desentendimiento inicial con la reconstrucción afgana, al mismo tiempo que se contentaba a sus nuevos socios afganos que le habían ayudado a derrocar al régimen talibán. Esta decisión supuso un doble error estratégico: por un lado, se sobreestimó la capacidad de las milicias norteñas y sobre todo, el continuo juego de lealtades y deslealtades que las caracterizaban —baste recordar los acuerdos alcanzados con Al Qaeda que permitieron la fuga de Ben Laden de su escondrijo en Tora Bora— (Rashid, 2009a); el segundo fue no vislumbrar el abuso sistemático de poder que se volvería a cometer en las provincias al dejarlas en manos de los que cinco años antes habían sido derrotados.

Figura 3. Ratio de fuerzas militares desplegadas por habitante en diferentes operaciones de reconstrucción nacional.

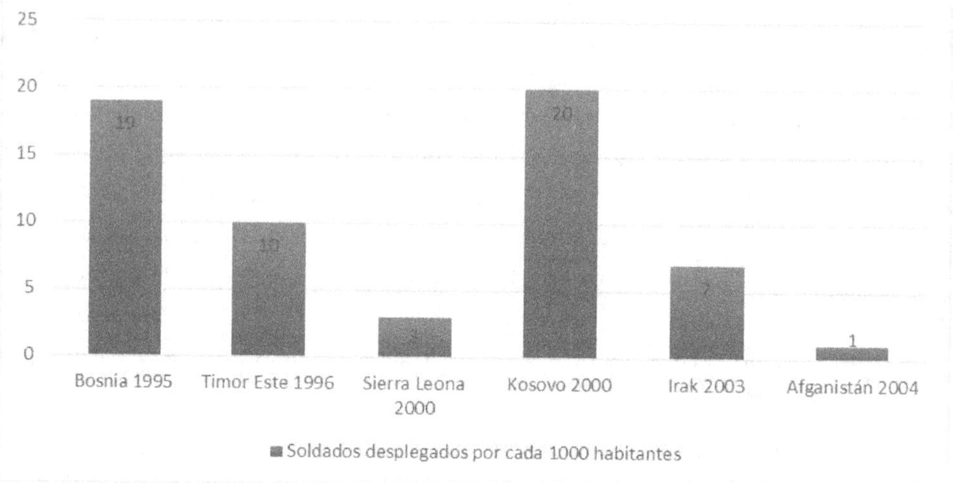

Fuente: elaborado con datos proporcionados por Dobbins *et al.* (2005).

En los inicios de 2002, Estados Unidos añadió un cuartel general de división a la presencia de unidades de operaciones especiales que habían sido desplegadas en 2001 y que reportaban directamente al Mando de Operaciones Especiales estadounidense en Tampa (USSCOM), todos ellos dependientes de la operación Libertad Duradera. Del cuartel general dependía una brigada de combate y los apoyos divisionarios: un estado mayor reforzado con mayor capacidad de procesamiento de información y apoyo a la decisión, junto a unidades de inteligencia, transmisiones y combate en profundidad. A esta estructura de mando, ubicada en la base aérea de Bagram, se añadió en 2003 un cuartel general de cuerpo de ejército que se estableció en Kabul bajo el nombre de Mando de Fuerzas Combinadas para Afganistán (CFC-A). El CFC-A englobaba: un cuartel general divisionario, ahora denominado Fuerza de Tarea Conjunto Combinada para Afganistán (CJTF-A); y un mando de adiestramiento y preparación para las fuerzas de seguridad afganas. El 1 de mayo de 2003, el mando estadounidense declaró finalizada la fase principal de combates.

Sería en enero de 2002, cuando el primer contingente de efectivos de la ISAF llegó a Kabul y desplegó bajo mando británico, amparado bajo el cap. VII de la Carta de Naciones Unidas. El mando y cuartel general se constituyó sobre la base de la 3ª División Mecanizada británica, bajo el mando de su comandante el general John McColl (Dobbins, 2008: 128). El Acuerdo Técnico Militar (MTA) había sido firmado en Kabul el 4 de enero y estableció las condiciones para el despliegue de la ISAF (The National Archives UK, 2002).

En junio de ese año y durante la cumbre de la OTAN en Praga, se acordó autorizar el despliegue de unidades en operaciones fuera del teatro europeo, las denominadas *operaciones fuera de área* (NATO Press Release, 2002). Previamente el 2 de octubre de 2001, el Consejo del Atlántico Norte decidió que los ataques terroristas contra Estados Unidos estaban cubiertos por el artículo 5 del Tratado (NATO Update, 2001).

El 11 de agosto de 2003, la OTAN asumió el liderazgo de la ISAF y la responsabilidad de proporcionar la seguridad en Kabul y sus alrededores (NATO Update, 2003), en lo que constituyó su primera misión fuera de área —los dos países que lideraron esta decisión fueron Alemania y Canadá—. En los primeros dos años, Estados Unidos rechazó expresamente una colaboración real con la OTAN y los países europeos —sería sólo en un sentido formal y mínimo—, a diferencia de los últimos años de la ISAF, cuando Estados Unidos estuvo frustrado por no tener una mayor colaboración.

La Resolución 1510 de octubre de 2003[55] permitió la actuación de la ISAF fuera de Kabul. En diciembre de 2003, la ISAF inició la expansión hacia el norte, haciéndose cargo del PRT alemán de Kunduz. En abril de 2004, se celebraría la conferencia internacional de Berlín, en donde se ratificó el despliegue de los PRT y la implementación del proceso DDR de las milicias de la antigua Alianza del Norte —las conocidas como Fuerzas Militares Afganas que desde la caída del régimen talibán habían constituido la única fuerza en armas existente, y dependían para su supervivencia de sus comandantes, a los que servían con absoluta lealtad y no al Estado— (NATO HQ, 2004).

En junio de 2004, la OTAN anunció en su cumbre de Estambul que establecería nuevos PRT en Herat, Farah, Chacharan y Qala-i Nao, así como una base avanzada de apoyo (FSB) en Herat. En septiembre de 2004, la ISAF inició la expansión hacia el oeste, y en

---

[55] United Nations Security Council, Res. 1510/2003, 13.10.2003.

octubre se completó la expansión a las nueve provincias de la región norte (NATO Istanbul Summit, 2004).

A mediados de 2005, el mando militar estadounidense consideraba que la insurgencia talibán había quedado sin capacidad operativa para oponerse a la presencia de las fuerzas internacionales y del nuevo ejército nacional en las provincias (Katzman, 2015c), de manera que impulsaron la expansión de la ISAF a todo Afganistán. Esta expansión habría de hacerse como una misión de estabilización y utilizando el modelo PRT, donde el componente civil de desarrollo y gobernanza fuese el predominante. Fue en este momento cuando Estados Unidos solicitó a la OTAN su implicación en una campaña de contrainsurgencia que no había sido inicialmente prevista. Esto supuso un grave error estratégico en el pilar securitario, pues se pasó esta responsabilidad a una organización como la OTAN que no estaba preparada, ni empírica ni conceptualmente, para llevar a cabo una misión de este tipo.

La insistencia estadounidense en esta transferencia de liderazgo militar a la OTAN se justificaba en la necesidad de liberar recursos militares que, en esos momentos, eran esenciales para la campaña de contrainsurgencia que Estados Unidos estaba llevando a cabo en territorio iraquí, así como en una inadecuada valoración de las capacidades de la insurgencia afgana —las operaciones de contrainsurgencia llevadas a cabo por unidades estadounidenses y británicas en el sur y este, supuestamente, habían dejado a Al Qaeda y los talibanes sin capacidad operativa—. Todo ello, a pesar de que todas las métricas evidenciaban que la seguridad estaba empeorando a pasos agigantados. El resultado fue que no todos los países de la OTAN estuvieron de acuerdo en la nueva misión asumida y una buena parte de ellos siguieron considerando la misión de estabilización como la única a la que estaban comprometidos.

Además, el proceso DDR ya se encontraba en una fase avanzada, pero sin que el despliegue de unidades del nuevo ejército nacional pudiera hacerse debido a su escasez, lo que intentó compensarse con el despliegue de tropas internacionales, pero escogiendo el modelo PRT que no era el más adecuado para hacer frente a una insurgencia con una capacidad de combate en aumento. Este modelo tiene su justificación conceptual en los pilares de gobernanza y desarrollo, dejando el pilar securitario en una segunda línea de esfuerzo, confiados en que el esfuerzo prioritario en desarrollo conllevaría la estabilización[56]. Sin embargo, los elementos civiles encargados de este pilar llegaron en

---

[56] Autores como Barbara Stapleton argumentan que, a pesar de que en la narrativa oficial de la ISAF se ha insistido en el objetivo principal de reconstrucción y desarrollo de los PRT, lo cierto es que su aportación fundamental ha sido en la gobernanza política, promoviendo una apariencia de progreso en zonas donde las instituciones de gobierno local estaban ausentes o eran obsoletas por el nivel de conflictividad social o la corrupción existente (2007). Y con el fundamental objetivo de evitar la afección de la población hacia una insurgencia que prometía una gobernanza ausente, más si cabe teniendo en cuenta la resistencia que la

proporciones muy escasas y sin procedimiento de coordinación alguna, ya que estaban fuera de la cadena de mando de la OTAN y, por lo tanto, dependían exclusivamente de sus cadenas de mando nacionales —del jefe del componente diplomático del PRT o, en el mejor de los casos, de su embajador en Kabul si disponían de legación diplomática—. Desgraciadamente, la errónea evaluación en el área de seguridad y sobre todo la hipótesis de que el desarrollo aportaría estabilización, sin la necesidad de unos mínimos en seguridad y gobernanza, se mostraron completamente erróneos. Esta afirmación quedó evidenciada por la subsecuente falta de mejoras en el nivel de seguridad y estabilidad en las provincias donde estaban desplegadas, a pesar del intenso trabajo realizado en desarrollo y gobernanza por los PRT.

El tiempo demostraría la falta de capacidades de combate y la inadecuación organizativa del modelo PRT, a lo que se le unió un nuevo factor desestabilizador que no fue otro que el hecho de que las milicias muyahidines que habían apoyado a Estados Unidos y sus aliados en la operación Libertad Duradera no fueran desmovilizadas y desarmadas, tal y como había sido el acuerdo alcanzado. Estados Unidos no quiso presionarlas para su cumplimiento con lo que campearían a sus anchas y así continuar con la extorsión a la que sometían a la población y su apoyo a la economía ilegal. En estas condiciones, no es de extrañar que la violencia aumentase de manera exponencial en las provincias del sur y este a partir del verano del 2006, ante lo que Estados Unidos. y sus más cercanos aliados en la ISAF decidieron reforzar el componente militar de los PRT y asignarles misiones de lucha contrainsurgente. A ello se unió la escasa atención prestada al encuadramiento y adiestramiento de la policía, cuando esta ya estaba sufriendo un mayor número de bajas que el nuevo ejército nacional ANA, la ISAF y las fuerzas estadounidenses de la operación Libertad Duradera (OEF), (Jalali, 2006; Rubin, 2006).

En cualquier caso, a finales de 2005 y a lo largo de los siguientes tres años, se duplicó el número de soldados estadounidenses en la OEF y en la ISAF. En 2006 se transfirieron a la OTAN parte de las funciones militares de preparación y adiestramiento que hasta ese momento estaban siendo llevadas a cabo por Estados Unidos. No obstante, el papel de este último continuó siendo predominante, ya que era el que empeñaba la mayoría de los medios militares.

En enero de 2006, se celebró la conferencia de Londres, donde se acordó el Pacto por Afganistán. En el caso de Estados Unidos., este pacto sería seguido por una nueva estrategia de seguridad nacional denominada *The National Security Strategy of the United*

---

población afgana presentaba al modelo liberal auspiciado por los patrocinadores internacionales (Dorronsoro, 2005).

States of America (March 2006)[57], en la que se ponía el énfasis en promover gobiernos democráticos en países libres y en el trabajo con los aliados, pero que dejaba en una segunda línea de esfuerzo muy débil el trabajo a realizar en Afganistán, como lo demuestra el hecho de que, cuando define «las líneas del frente en la lucha contra el terror», cita a Afganistán e Irak, pero sólo desarrolla la estrategia para este último (United States The White House President George W. Bush, 2006). Dejando por lo tanto el liderazgo y responsabilidad de la lucha contra la insurgencia y la reconstrucción nacional del país en manos de la OTAN y Naciones Unidas, respectivamente.

A final de julio de 2006, se produjo la expansión hacia el sur, asumiendo la responsabilidad de cuatro nuevos PRT. El 5 de octubre, se produjo la expansión hacia el este, tomando el mando sobre las unidades estadounidenses desplegadas en esa área, con lo que se completó la expansión a todo Afganistán. Adicionalmente, se inició el despliegue de equipos de adiestramiento y mentorización en unidades afganas.

En febrero de 2007, el general Dan K. McNeill se hizo cargo del mando de la ISAF X, con él se inició la regla de que el mando de la ISAF siempre sería asumido por un general estadounidense. Con la expansión de la ISAF al resto de Afganistán, tomó cuerpo la idea de una posible unión de la ISAF y la OEF. Estados Unidos pretendía tal cosa, argumentando que tener dos fuerzas separadas, operando en estrecho contacto y con frecuencia apoyándose mutuamente complicaba la unidad de mando, sin embargo los miembros europeos de la ISAF estaban preocupados por mezclar dos misiones con estatutos y objetivos muy distintos —la OEF estaba orientada al contraterrorismo y la lucha contrainsurgente, la ISAF estaba orientada a facilitar un entorno de seguridad limitada que permitiese las actividades de reconstrucción—. Finalmente, se decidió que ambas misiones no se fundieran en una sola.

Sin embargo, a lo largo de 2007, las desavenencias en el seno de la ISAF se fueron acentuando y amenazaron a la propia coherencia de la misión, consecuencia de la profunda desavenencia existente en cuanto a estrategias y compromisos: diferente concepción del liderazgo en los PRT, diferentes *caveats*[58] para el empleo de los medios comprometidos en la operación, diferente nivel de compromiso en la lucha contra el cultivo y tráfico del opio, diferente nivel de implicación con los órganos de representación

---

[57] United States The White House, The National Security Strategy of the United States of America (March 2006), 16.03.2006.

[58] Lo que actualmente conocemos como *national caveat* o simplemente como *caveat* constituye la limitación legal para su empleo que un Estado impone a sus propias fuerzas participantes en una operación multinacional (Calduch Cervera, 2012). El *caveat* es por definición diferente a la *regla de enfrentamiento* (ROE), porque en tanto que la primera tiene carácter nacional y no está acordada con otros países, la ROE sí está acordada entre todos los países participantes en una determinada operación militar. Las *caveats* suponen serias restricciones al mando de cualquier operación militar y generan gran debate a nivel político y militar (Auerswald y Saideman, 2009).

provincial y nacional afgano en el sector de la gobernanza... El resultado fue que la respuesta de la OTAN se limitó al aumento de efectivos militares en los PRT, pero con tal cantidad de *caveats* que, en muchos casos, los inhabilitaban para la lucha contrainsurgente —los mismos países aliados que se habían mostrado deseosos de desplegar medios en el año 2002, ahora se mostraban reticentes ante las fricciones surgidas con la estrategia estadounidense de intervención en Irak, las cuales llegaron a intoxicar la voluntad de compromiso común en Afganistán— (Barfield, 2008; Jalali, 2006; Jones, 2008a).

Lo cierto es que Estados Unidos reconocería la gravedad de la situación en 2008, y el propio presidente Bush decidió iniciar un aumento de recursos militares y civiles para enderezar la situación. Acción que se denominó *oleada silenciosa* (Bush, 2008) y que tuvo como innovación el hecho de que el esfuerzo se ejecutaba tanto en el pilar securitario como en los de gobernanza y desarrollo.

Mientras tanto, las nuevas estructuras de gobierno en las provincias se fueron consolidando. No sólo se habían instalado en el poder los antiguos comandantes muyahidines, sino que sus redes clientelares estaban perfectamente establecidas y sus antiguos combatientes recolocados en la nueva administración civil, policial o militar, o en las compañías privadas de seguridad que protegían convoyes y bases militares de la coalición. El resultado de todo ello no fue otro que la alianza de Hamid Karzai con los comandantes muyahidines para las siguientes elecciones presidenciales de 2009, como los únicos elementos consolidados en aquellos años en el escenario político (Khalilzad, 2010).

Durante la reunión de ministros de Defensa en Bratislava (octubre de 2009), se confirmó el completo apoyo de todos los países participantes, tanto de la OTAN como del resto de la coalición, a la estrategia operacional de contrainsurgencia, y se aprobó la denominada Fase IV Transición del plan de campaña de la ISAF para la transición en el liderazgo securitario a las fuerzas afganas (Dale, 2011; Kouvo, 2009).

UNA NUEVA ESTRATEGIA ESTADOUNIDENSE PARA EL PROCESO DE TRANSICIÓN

Ante esta situación generalizada de inseguridad, sería Estados Unidos quien inició la respuesta en 2008 mediante la denominada oleada silenciosa, puesta en marcha por el presidente George W. Bush.

En marzo de 2009, la Administración Obama decidió expandir y fortalecer el compromiso de Estados Unidos con la reconstrucción nacional afgana (United States The White House President Barak Obama, 2009). Esta nueva estrategia, que se configuró sobre el terreno en la denominada *oleada,* realmente no era tan novedosa, como ya hemos visto en el apartado anterior. Sí es verdad que ahora focalizaba el esfuerzo en el nivel local (provincial y distritos), donde la corrupción y la falta de gobernanza alcanzaba niveles mucho más alarmantes que en el gobierno central (Katzman, 2015c), y además integraba a Pakistán como elemento activo sobre el que ejercer influencia —cosa que el presidente Bush se había resistido a hacer de manera impenitente—.

La llegada del general McChrystal (junio de 2009) y su estrategia de contrainsurgencia, supuso la tabla de salvación que se necesitaba para articular la necesaria relación entre la estrategia militar y las estrategias civiles en gobernanza y desarrollo. El primer plan de campaña en el que quedó reflejada esta nueva estrategia comprensiva de esfuerzos civiles y militares fue el llamado *United States Integrated Civilian-Military Campaign Plan for Support to Afghanistan*. El documento firmado por el embajador Eikenberry y el general McChrystal (10 de agosto de 2009) definía como pilares de esfuerzo: la seguridad, el desarrollo económico, la gobernanza y el Estado de derecho, así como otros asuntos transversales a los anteriores (reconciliación y reintegración, papel de la mujer en la sociedad, fronteras y cooperación regional).

Esta nueva estrategia supuso que, además del vertiginoso aumento del componente militar, se incrementasen los medios civiles de apoyo a la gobernanza y el desarrollo, a lo largo del 2011 y mitad del 2012, conscientes de que la raíz del aumento de la insurgencia estaba en la falta de capacidad de las instituciones gubernamentales y el nivel de corrupción y arbitrariedad con las que actuaban los líderes nacionales y provinciales. Los comandantes regionales de la ISAF plantearon que era la falta de capacidad en gobernanza, más que en seguridad o desarrollo, lo que estaba dificultando la reconstrucción del país. En 2009, el Ministerio de Interior declaraba que sólo controlaba el 30 % del territorio (Dale, 2011; Katzman, 2015c).

Por su parte, la designación de Richard Holbrooke como representante especial para Afganistán y Pakistán permitió no sólo la activación del esfuerzo en medios civiles, de unos trescientos civiles trabajando en la embajada estadounidense en Kabul se pasaron a casi los mil, sino también la paralización de las acciones de combate en la lucha antinarcóticos contra los agricultores, por considerarlas contraproducentes al esfuerzo general. En su lugar, se estableció la prioridad en la lucha contra la corrupción y las negociaciones con los talibanes.

Pero no se consiguieron los resultados deseados de preparación para la transición, ya que cuando el incremento de medios civiles llegó a las provincias, ya era demasiado tarde y el propio presidente Karzai criticaría el esfuerzo internacional por desmontar las estructuras de poder clientelar en las provincias, acusando a los PRT de dobles estructuras de gobierno y desarrollo (Katzman, 2015c). Críticas motivadas porque precisamente Karzai había conseguido afianzar su posición en el gobierno mediante la incorporación de las redes clientelares en las provincias a las suyas en el nivel nacional. Pretender desmontar todo este tejido social y de poder político y económico que se había establecido al abrigo de la presencia internacional durante los últimos ocho años era impensable, lo que llevó al presidente Barak Obama a aceptar la derrota, al año de haber comenzado la implantación de la nueva estrategia, puntualizando que «…He sido muy claro sobre nuestro objetivo principal… Y no es la construcción del Estado, porque son los afganos quienes deben construir su nación. Más bien, nuestro objetivo es desbaratar, desmantelar y derrotar Al Qaeda en Afganistán y Pakistán, impidiendo su capacidad para amenazar en el futuro a los Estados Unidos y sus aliados» (United States The White House President Barak Obama, 2010). Esto no suponía otra cosa que un nuevo cambio de prioridad en el esfuerzo, dejando los pilares de gobernanza y desarrollo como secundarios.

Figura 4. Presencia talibán 2009.

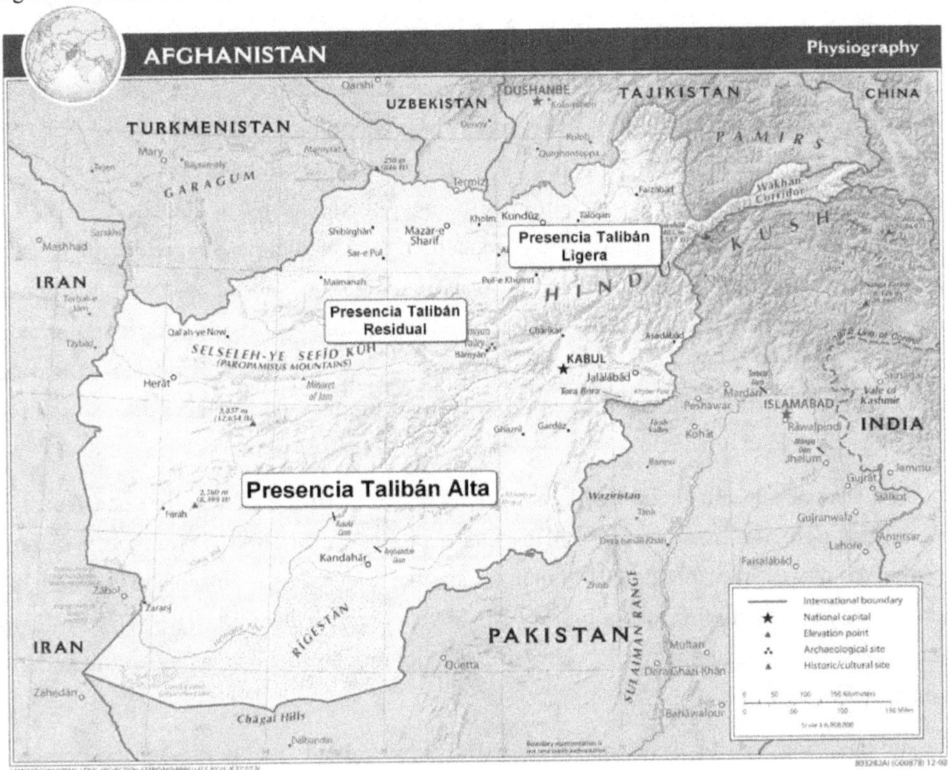

Fuente: elaborado con datos proporcionados por B. Roggio (2009).

En junio de 2011, el presidente Barak Obama anunció que las tropas norteamericanas habían comenzado su repliegue a territorio nacional y que lo finalizarían en 2014, después de alcanzar su pico máximo en mayo de ese año (99.800 efectivos). En mayo de 2012, se firmó el acuerdo estratégico de partenariado ente Estados Unidos y la República Islámica de Afganistán (United States The White House President Barak Obama, 2012) en el que se reafirmaba el compromiso del Gobierno afgano en el establecimiento de los principios y valores democráticos, así como la igualdad y respeto a todos los ciudadanos, sin distinción de género, raza o religión. Por su lado, Estado Unidos se comprometía al apoyo necesario y duradero al gobierno afgano en su lucha contra el terrorismo, a desarrollar una diplomacia regional que reforzase la seguridad y a favorecer el desarrollo económico, la gobernanza y la lucha contra la corrupción.

El 2 de mayo de 2012 se había firmado *The Enduring Strategic Partnership Agreement between the United States of America and The Islamic Republic of Afghanistan*, acuerdo que había reemplazado al anterior firmado en Kabul el 23 de mayo de 2005. En él se citaba el *Bilateral Security Agreement* (BSA) que en esos momentos ya se estaba elaborando entre ambas administraciones, y que debía de regularizar el estatuto jurídico de las fuerzas operando en el país, estatuto conocido como SOFA (*Status of Forces Agreement*).

Con estos antecedentes, los líderes afganos aceptaron de buen grado este proceso de transición, teniendo en cuenta las suculentas ayudas económicas que conllevaba y sin una estrategia anticorrupción aplicable, desde el momento que, cada vez que se pretendía investigar a un alto cargo de la Administración por supuestos delitos de corrupción económica, las instancias superiores la bloqueaban —incluso el propio presidente Karzai llegó a paralizar una investigación sobre presuntos delitos económicos cometidos por el jefe de administración del Consejo Nacional de Seguridad—. El periodo denominada Proceso de Kabul finalizó en junio de 2013, momento en el que el presidente Karzai anunció formalmente que las fuerzas de seguridad afganas habían asumido el control completo de todo el territorio.

Lo cierto es que esa fecha puede considerarse cierta en los pilares de gobernanza y desarrollo, pero no en el de seguridad. Las acciones de la ISAF continuaron siendo resolutivas hasta diciembre de 2014 cuando, una vez replegadas las tropas de combate, se activó la nueva operación de la OTAN Misión de Apoyo Decidido (RSM), al mismo tiempo que se activaba una nueva operación estadounidense denominada Centinela de la Libertad (OFS).

Con anterioridad, el 1 de mayo de 2011, una unidad de operaciones especiales estadounidenses había eliminado a Ben Laden en la ciudad de Abottabad (Pakistán) y el 1 de julio había comenzado el repliegue y reducción de unidades de la denominada oleada. No fueron pocas las voces que consideraron precipitada esta decisión, ya que todo quedaría paralizado en un escenario donde estaba al alcance de la mano conseguir un nivel de seguridad aceptable en la región este del país, una vez asegurado el sur, y mejorando ostensiblemente el necesario adiestramiento del nuevo ejército nacional.

De esta manera se llegó a las elecciones presidenciales de 2014, que vinieron a representar el culmen de un proceso de construcción nacional fallido con un sistema político de gobierno desprestigiado por la corrupción imperante. Desde las elecciones presidenciales de 2009 y las promesas incumplidas del presidente Karzai para modificar la ley electoral antes de las elecciones parlamentarias de 2010, se produjo una situación de bloqueo entre el Gobierno y el Congreso que perduró durante toda la segunda legislatura de Hamid Karzai. Básicamente estuvo causada por las peticiones de cambio del procedimiento electoral, desde el sistema vigente de voto individual no transferible a otro de listas cerradas por partidos, o al menos a un sistema mixto, así como por las sucesivas propuestas de Hamid Karzai de candidatos a ministro con antecedentes de crímenes de guerra. Karzai fue capaz de enrocarse en una postura inamovible gracias a los poderes extraordinarios que la Constitución concedía al presidente para legislar durante el periodo de vacaciones del Parlamento, además de contar con el apoyo del Senado. Esta situación quedaría reflejada en las urnas, mediante un fraude masivo en las elecciones presidenciales de 2014, y la posterior intervención de Estados Unidos para forzar un gobierno de coalición nacional, evitando así el colapso del sistema y la eclosión de una nueva guerra civil (International Crisis Group, 2011b; T. H. Johnson, 2018).

Por otro lado, el presidente Barak Obama anunciaría en mayo de 2014 que Estados Unidos tenía la intención de mantener la presencia militar en Afganistán de unos 10.000 militares y más de 30.000 contratistas, hasta finales de 2016 —presencia que de nuevo sería extendida porque la situación no mejoraba— (Peters, Schwartz y Kapp, 2016). Estados Unidos siguió empeñado en la lucha contra el terrorismo y el mantenimiento operativo de las fuerzas de defensa y seguridad afganas. Ante la comprometida situación de seguridad existente por una insurgencia que mostraba músculo ante el repliegue de las fuerzas internacionales, el presidente Barak Obama decidió modificar su estrategia (noviembre 2014) en cuanto al empleo de las unidades militares remanentes en Afganistán después de la finalización de la operación Libertad Duradera, asignándoles misiones de contraterrorismo y apoyo de combate a las fuerzas afganas. Este cambio vino motivado porque todos los informes recibidos, tanto a través de la cadena militar, como diplomática y del propio presidente Ghani, advertían de una posible debacle en el campo de batalla, ya que las unidades militares y de policía afganas se encontraban todavía muy lejos de poseer la capacidad operativa suficiente para asegurar, si no la victoria, al menos una situación de tablas con la insurgencia. De manera que la nueva misión que inicialmente estaba prevista como misión de apoyo y asesoramiento, finalmente tuvo que empeñarse en acciones de combate, lo que fue articulado mediante un cambio en las reglas de enfrentamiento (ROE), al objeto de que el comandante de las tropas estadounidenses sobre el terreno tuviese en sus manos una iniciativa mayor para poder empeñar sus medios.

EL CAMBIO DE ESTRATEGIA DE LA OTAN

Al inicio de 2009, la ISAF contaba con casi sesenta mil efectivos, de los que casi la mitad eran estadounidenses (29.820) y el 43 % era proporcionado por países europeos, además de 12.000 norteamericanos que estaban empeñados en la operación contraterrorista Libertad Duradera (Korski, 2009). Pero lo cierto era que, a pesar del aumento constante de tropas, la ISAF desarrollaba las operaciones de contrainsurgencia sin la intensidad y permanencia requeridas para derrotar al enemigo por la falta de medios. La insurgencia talibán se había expandido numérica y territorialmente —hasta un 80 % del país tenía alguna presencia talibana—, mientras que la credibilidad del gobierno afgano y de la OTAN habían caído estrepitosamente a su punto más bajo desde 2002.

Los países de la Unión Europea operaban en todas las provincias de Afganistán, excepto en Paktica —según lo definido en la *Estrategia de la Unión para Afganistán 2007-2013* (European Commission, 2007)—, pero «sobre el papel la aportación de la Unión parece impresionante… pero a pesar de todo, su impacto real es limitado» (Korski, 2008: 8). Esto era debido a la falta de una estrategia común y la necesaria unidad de esfuerzo —ninguno de los documentos generados por la Unión y las políticas en ellos definidas sobre gobernanza y desarrollo pudieron ser preceptivos, desde el momento que la participación de fuerzas militares y elementos civiles en la ISAF fue en el marco de la OTAN—. A este despliegue se le había unido la Misión de Policía de la UE[59] (EUPOL) desde 2007, pero a la que nunca se le dotó del personal y medios necesarios —según la plantilla definida, se requerían 400 oficiales de policía, sin embargo nunca llegó a disponer de ni tan si quiera el 50 % de ella— (Gross, 2009).

En 2009 y por parte del mando militar se había definido una nueva estrategia basada en la importancia de la gobernanza y la efectividad de las fuerzas de seguridad y defensa afganas (McChrystal, 2009). El problema de una estrategia así definida es que uno de los dos factores sobre los que giraba la situación final deseada, la gobernanza, no era controlable por los medios militares, de manera que era una estrategia condenada a priori al fracaso. Resulta interesante conocer las razones que llevaron a escoger la población como el centro de gravedad operacional. El probable motivo fue que, una vez constatado que la gobernanza y su actor principal, el gobierno, eran intocables por el principio de soberanía, se decidió actuar sobre la población que estaba sufriendo los desmanes de una pésima gobernanza y la corrupción existente en el nivel local —reseñable fue el trabajo coordinado llevado a cabo por el general McChrystal y el representante civil de la OTAN, el embajador británico Mark Sedwill, con la finalidad de reducir la endémica corrupción

---

[59] Council of the European Union, Council Joint Action 2007/369/CFSP on establishment of the European Union Police Mission in Afghanistan (EUPOL AFGHANISTAN) OJ L 139/33, 30.05.2007.

existente en la Administración afgana, así como la oposición que encontraron en el propio presidente Karzai— (Chaudhuri y Farrell, 2011).

Junto a este cambio en el centro de gravedad de las operaciones, se identificaron tres graves deficiencias en la ISAF: la primera consistía en su inadecuación y falta de preparación para la lucha contrainsurgente al ser una fuerza sólo adiestrada para el combate convencional y su desconocimiento de la cultura y lenguas afganas; en segundo lugar, estaba el problema de la falta de unidad de esfuerzo, tanto entre los elementos civiles de los PRT como de estos con las fuerzas militares; por último y dentro de la propia cadena mando militar, se evidenciaba una clara falta de coordinación entre contingentes, ya que cada uno seguía su propia estrategia nacional, así como entre el cuartel general de la ISAF (HQ ISAF) y los mandos regionales (McChrystal, 2009). Para solventar este último problema se decidió la creación de una estructura de mando a nivel táctico que facilitase el impulso y coordinación efectiva de los esfuerzos internacionales y afganos, así se creó el Mando Conjunto Internacional de la ISAF (IJC) para coordinar y priorizar las operaciones tácticas a nivel teatro, facilitando su coordinación con el Ministerio de Defensa afgano. De esta manera, se facilitaba al nivel superior militar (HQ ISAF) el diseño y control de la estrategia operacional y su coordinación con el nivel político afgano e internacional en teatro.

El establecimiento del nuevo mando conjunto se hizo notar muy pronto con el planeamiento combinado afgano-ISAF de la operación Omid (Esperanza). De este plan de nivel nacional se derivaron la operación Moshtarek (Juntos), con su centro de gravedad en Helmand, así como la operación Hamkari (Cooperación) en Kandahar, en las que oficiales afganos tuvieron por primera vez un papel relevante, tanto en su planeamiento como en la ejecución.

En julio de 2010 y con ocasión de la conferencia de Kabul, se decidió crear el denominado Comité Conjunto Afgano-OTAN para la Transición (JANIB). Su misión fue evaluar y aprobar, en su caso, las unidades militares afganas que irían asumiendo el liderazgo en seguridad en sus respectivas áreas de responsabilidad. Todas estas decisiones habían sido previamente acordadas en la conferencia de Londres de enero de 2010 (Islamic Republic of Afghanistan, 2010; NATO Press Release, 2011; The National Archives UK, 2010).

Pero a pesar de la estrategia diseñada y de los recursos comprometidos, la situación de seguridad no mejoraba, sino que más bien empeoraba, debido a la búsqueda activa del insurgente bajo el liderazgo del general David Petraeus y la activación de las nuevas milicias, ahora bajo el liderazgo de los gobernadores provinciales —conocidas como Policía Local Afgana (ALP)—. De manera que el número de ataques enemigos alcanzaría picos desconocidos hasta ese momento. A pesar de que el general Petraeus había afirmado en varias ocasiones que Afganistán no era Irak, fue incapaz de diseñar una estrategia diferente y se limitó a aplicar el mismo concepto de operaciones que había diseñado para Irak (Bolger, 2014; Rosen, 2011).

Más preocupantes, resultaron las cifras referidas al número de los conocidos como *ataques internos*, ataques perpetrados por personal talibán infiltrado en las unidades internacionales, ya fuera como soldados afganos o como trabajadores locales. Las cifras con respecto al año 2009 se incrementaron en un 900 %, lo que puso en evidencia la debilidad de los controles a los que eran sometidos el personal afgano que voluntariamente quería inscribirse en la policía y el ejército.

A la vista de las cifras anteriores, se observa que la reducción de tropas estadounidenses y de la OTAN se inició en un momento de intensos combates y continuó durante el año siguiente, a pesar de que el número de ataques insurgentes no decreció, sino que aumentó a lo largo de 2013 y 2014. Junto a ello, se suavizaron los estándares de evaluación de las unidades afganas del ejército y la policía, al objeto de considerar su nivel de efectividad suficiente para asumir el liderazgo, según el calendario diseñado con anterioridad para la transición y posterior repliegue de las tropas (Yager y Laurent, 2013: 25). Por todo ello, se puede afirmar que el calendario de repliegue y reducción de tropas de Estados Unidos y la OTAN no estuvo guiado por criterios técnicos y operacionales, sino por un calendario marcado por la política interna estadounidense, segunda campaña presidencial de Barack Obama, y la connivencia del resto de los países europeos de la OTAN.

LA ESTRATEGIA EUROPEA PARA AFGANISTÁN

Las oficinas de la delegación del representante especial de la Unión Europea en Afganistán fueron establecidas en diciembre de 2001 y se encontraban ubicadas en Kabul desde enero de 2002. Desde julio de 2002 hasta julio de 2008, el diplomático español Francesc Vendrell, último jefe de la Misión Especial de Naciones Unidas para Afganistán (UNSMA), ocupó el cargo de representante especial de la Unión Europea en el país. Tras Vendrell, sólo le seguiría el diplomático italiano Ettore Francesco Segui, ya que su relevo, el embajador Vygaudas Ušackas, lo hizo como representante y jefe de la Delegación de la Unión Europea en Afganistán. Desde el 1 de septiembre de 2013 hasta 2017, estos cargos fueron ocupados por el embajador Franz-Michael Skjold Mellbin y posteriormente por su relevo, el francés Pierre Mayaudun como embajador de la UE.

Durante el periodo analizado, la ayuda europea se centró en ayuda técnica y al desarrollo. La Unión se comprometió en Tokio con 1.000 millones de dólares durante el periodo 2002-2007 y, durante el trienio 2007-2010, la ayuda ascendería a 610 millones de dólares (Korski, 2009). En 2007, la Unión abrió la ya precitada misión EUPOL como parte de la Política Europea de Seguridad y Defensa. A pesar de que la Unión siempre defendió en sus políticas para Afganistán la preponderancia de medios civiles sobre los militares, lo que ha conllevado el absoluto retraimiento en lo que una mínima coordinación de la asistencia militar debiera haber existido, la verdad es que tampoco fue capaz de establecer unos niveles aceptables de coordinación en sus políticas de ayuda al desarrollo y la gobernanza. A ello hay que añadir que los países europeos, de manera individual, tampoco mostraron interés alguno por esta coordinación, y ni tan si quiera fueron capaces de aportar el personal civil técnico necesario para llevar adelante los compromisos adquiridos.

Es verdad que los países europeos aumentaron sensiblemente su aportación a la operación de reconstrucción durante el periodo 2006 al 2009, pero no existió la necesaria coordinación interna para realizar una acción eficiente. A esto se unió que el nivel de ejecución de los fondos comprometidos fue muy diferente, dependiendo de qué país europeo se tratase. Lo triste fue comprobar que, a pesar de las mejoras introducidas a partir de 2010, la Unión siguió siendo incapaz de establecer métodos de compromiso y control que obligasen a sus países miembros a coordinarse en las políticas y directrices establecidas.

En relación a la selección de proyectos de ayuda, la falta de coordinación fue tan evidente que no era posible identificar un modelo europeo de ayuda a Afganistán, a pesar de las guías políticas dadas por la Unión en la materia (Christian Michelsen Institute, 2005).

El papel desempeñado por la Unión, desperdiciando la oportunidad de haberse erigido en un actor de relevancia en el campo de la gobernanza y el desarrollo, fue decepcionante, limitándose, a lo largo de los años, a elaborar una serie de documentos que marcaron una mejora en la concreción de objetivos, pero que nunca fueron capaces de constituirse en una estrategia clara que respondiese a las preguntas de qué se pretendía, con qué medios se contaba, cómo se iban a utilizar y si eran suficientes para lo que pretendíamos. De entre ellos, destacamos los siguientes:

i. *Country Strategy Paper Afghanistan 2003-2006 (11.02.2003)*. Primer documento específico producido sobre Afganistán. En él se decía que el dinero, que la Unión había canalizado hacia Afganistán, había sido a través de diferentes ONG y con una escasísima capacidad de control sobre las donaciones. Asimismo, afirmaba que este procedimiento minaba la legitimidad del gobierno afgano, al no aparecer este como el proveedor de esos servicios ante sus ciudadanos.

ii. *EU-Afghanistan Joint Declaration, Committing to a new EU-Afghan Partnership (16.11.2005)*. Documento declarativo de intenciones, donde se ponían de relieve las áreas prioritarias de cooperación, pero no se asignaban objetivos, tareas ni tiempos.

iii. *Multiannual Indicative Programme 2007-2010.* Constituía el documento de implementación de la Estrategia para Afganistán 2007-2013, referido a sus tres primeros años.

iv. *Country Strategy Paper Islamic Republic of Afghanistan 2007-2013.* En él se determinaba que las prioridades estratégicas se habían adecuado a la nueva situación del país: desarrollo rural, gobernanza y salud, la implantación del Estado de derecho, así como la contribución contra la lucha y el tráfico de opio.

v. *EU Action Plan for Afghanistan and Pakistan (27.10.2009).* Fue el primer plan de acción conjunto en el que se trataba la situación en Afganistán y Pakistán de manera comprensiva, aceptando que los problemas afganos no podían ser abordados sin tener en cuenta las soluciones para su vecino del sur.

Tabla 1. Comparativa de ayuda económica por sectores prioritarios durante los periodos 2007-2010 y 2011-2013.

	Asignación 2007-2010		Asignación 2011-2013
Sectores prioritarios		**Sectores prioritarios**	
Desarrollo rural	30%	Desarrollo rural (incluido desminado)	35-40%
Gobernanza y Estado de derecho	40%	Gobernanza y Estado de derecho	35-40%
Salud	20%	Salud y protección social	18-21%
Otros sectores		**Otros sectores**	
Cooperación regional	10%	Cooperación regional	2-4%
Protección social			
Desminado			

Fuente: elaborado con datos procedentes de European Commission (2011: 7).

vi. *Afghanistan: European Union Strategy 2014-2016 (23.06.2014).* Fue el último documento del periodo analizado y en él se volvía a definir una estrategia aislada de la realidad geopolítica regional, quedando reducido a una declaración de intenciones y buena voluntad (Council of the European Union, 2014: 7), pero sin aportar un solo gramo de soluciones innovadoras y comprensivas al complicado panorama existente.

A la vista de los documentos expuestos, se aprecia cómo la Unión Europea fue evolucionado en su compromiso con Afganistán, desde la cooperación a la gobernanza, con una implicación claramente insuficiente y de resultados decepcionantes en la reforma del sector de seguridad. Aunque hemos de poner de relieve, como atenuante de esta conclusión, el excesivo tiempo que requieren las instituciones europeas, al igual que las de Naciones Unidas, para tomar nota de las lecciones y proceder a remediar los errores. No sería hasta 2009 cuando se elaboró un documento en el que se resaltaba la necesidad de definir una política europea que abarcase tanto a Afganistán como a Pakistán. Sin embargo, esta estrategia resultó demasiado tibia con Pakistán por cuento que, mientras se le ofrecían paquetes de ayuda, no se le impusieron objetivos específicos a alcanzar, en especial en lo referente a su falta de voluntad para acabar con la exportación del terrorismo desde su territorio. Por lo tanto, podemos afirmar que la Unión no supo capitalizar su importante capacidad de influencia sobre Pakistán desde el momento que siendo su mayor socio comercial (WITS, 2021), podría haber intentado forzar el establecimiento de algún tipo de políticas de reforma y no sólo de asistencia.

EL FIN DE LA MASIVA INTERVENCIÓN INTERNACIONAL

Al final de 2014, el proceso de Kabul llegó a su fin con los grandes temas de futuro todavía abiertos y sin resolver. Las elecciones sólo dieron lugar a un compromiso temporal, que no hizo otra cosa que evidenciar la inadecuación del sistema de gobierno a la tradición y cultura afganas, con sus múltiples tribus y diferencias. El gobierno de unidad nacional de septiembre de 2014 se formó bajo el compromiso de: a) modificar la Constitución, dando cabida a un puesto de primer ministro que respondiese ante el Parlamento, en lugar de ante el presidente; b) establecer el puesto de jefe ejecutivo del gabinete de ministros, respondiendo ante el presidente, en tanto que se produjese la referida reforma constitucional; c) llevar a cabo la celebración de elecciones para los consejos de distrito lo antes posible —elecciones que nunca se llegaron a celebrar durante todo el periodo democrático, a pesar de haber sido establecido en el artículo 140 de la Constitución de 2004—; d) por último, llevar a cabo la selección de los puestos de la Administración del Estado en paridad entre presidente y jefe ejecutivo (The University of Edinburg, Peace Agreements, 2019).

La decisión estadounidense de una guerra barata y una reconstrucción con los mínimos recursos demostró ser una gran error estratégico, desde el momento que exigió aliarse con las milicias de la Shura-e Nazar, no sólo para derrotar militarmente al régimen talibán, sino que tuvo que confiar en ellas para imponer orden en las provincias, una vez acabada la guerra, y para sus operaciones contraterroristas, ejecutadas con unas pocas unidades de operaciones especiales y el apoyo masivo de las milicias y su propia fuerza aérea. Esta estrategia condujo a los abusos y arbitrariedades cometidas por los nuevos gobernadores, todos pertenecientes al bando vencedor, que contaban con sus propias milicias como únicas fuerzas de orden en los territorios donde ejercían su autoridad. En su lugar, se debería haber establecido el procedimiento de huella profunda con un despliegue de fuerzas internacionales suficientes para asegurar el orden en todas las provincias y, de esta manera, haber permitido un efectivo desarrollo económico y del Estado de derecho, lo que a su vez hubiera impedido, o cuanto menos dificultado, la expansión de la insurgencia.

Durante los años 2002 y 2003, mientras la comunidad internacional acordaba pagar 50 dólares mensuales a un soldado del nuevo ejército nacional, Estados Unidos pagaba 150 dólares a cada uno de los combatientes de las milicias que apoyaban sus operaciones, llegando a pagar hasta 2.000 dólares a sus jefes. Esto provocó que, en los primeros años de la intervención internacional, el porcentaje de desertores del ejército que se pasaban a las milicias llegara a alcanzar la cifra del 50 %. Al mismo tiempo, el ejército norteamericano seguía operando dos prisiones en territorio afgano (Bagram y Kandahar) que formaban parte de la red de prisiones secretas que tenía esparcidas por el mundo y donde no se respetaba tratado internacional alguno sobre derechos humanos (Sarwari y Crews, 2008).

En las primeras elecciones presidenciales, la embajada estadounidense se aseguró de que el candidato Hamid Karzai contase con el apoyo logístico necesario para alcanzar una confortable mayoría —los medios de transporte y seguridad personal de la embajada estadounidense se pusieron a su disposición—. Unos meses antes, con ocasión de la Loya Jirga Constitucional, Estados Unidos había vuelto a imponer su criterio sobre el modelo de Estado, rechazando la propuesta de varios países europeos de un Estado federal y no dejando más opción que el modelo presidencialista que, al final, resultó ser uno de los más centralizados del mundo. Los pastunes apoyaron el modelo federal como una forma de mitigar su pérdida de poder en el nivel central y, sobre todo, siguiendo la tradición histórica de autonomía política y administrativa que los monarcas afganos siempre habían concedido a las tribus pastunes más poderosas, a cambio de su lealtad en caso de revueltas internas o ataque a sus fronteras.

Con respecto al modelo PRT utilizado como el vector de desarrollo y gobernanza a nivel provincial y local, podemos afirmar que el hecho de que no hubiera un elemento integrador a nivel nacional de los componentes civiles de estos PRT supuso que no estuvieran nunca realmente coordinados, pues dependían de sus propias cadenas de mando nacionales y UNAMA fue incapaz de ejercer el necesario liderazgo, al no haber ni tan si quiera reclamado la integración de estos elementos como parte de su misión diplomática. Amén de que este modelo de unidad se mostró inadecuado para un escenario de inseguridad como el afgano, donde habría sido necesario integrar gobernanza y seguridad, en lugar de seguridad y desarrollo.

Durante la Administración Bush, Estados Unidos fue incapaz de establecer una estrategia para Afganistán, pasando desde una rápida campaña militar de derrocamiento de un régimen que daba acogida y apoyo a Al Qaeda, a una campaña antiterrorista y de apoyo a un nuevo gobierno, cuyo núcleo dura estaba formado por sus socios en el campo de batalla y a quienes no quería incomodar en el escenario político, negando la posibilidad de una reconciliación nacional al pueblo afgano.

Durante la Administración Obama, la pretendida oleada no fue otra cosa que una manera de enmascarar la decisión de repliegue tomada, dando entrada por fin a la negociación política con los líderes del régimen que había sido derrocado militarmente, pero no políticamente. Sin embargo, este repliegue se realizó sin tiempo para que una posible reconciliación nacional pudiese llevarse a efecto, al mismo tiempo que el aumento de la presión sobre la insurgencia en el campo de batalla tuvo el efecto contrario al deseado, provocando el alejamiento de cualquier posibilidad de éxito en la vía política.

Naciones Unidas, por su parte, se dejó utilizar para dar entrada a unas nuevas instituciones cuasi democráticas, pero sin permitir la participación de los líderes del bando derrotado, lo que a medio plazo propició la vuelta de una renovada insurgencia talibána que contaba con el apoyo de Pakistán. País sobre el que Estados Unidos ha sido incapaz de ejercer la presión necesaria para que cambiase su estrategia sobre el Movimiento Talibán. Si inicialmente los Estados Unidos utilizaron a Naciones Unidas para que se hiciera cargo de la reconstrucción del sistema de gobernanza y del económico, posteriormente lo hicieron con la OTAN para que se hiciera cargo del pilar securitario. Ambas transferencias resultaron infructuosas y, a partir de 2009, Estados Unidos volvió a asumir la mayor carga en la estabilización afgana, pero con la responsabilidad internacional sobre los hombros de la OTAN y Naciones Unidas.

Con respecto a la Unión Europea, aceptando que el interés europeo en Afganistán siempre ha ido por detrás del interés estadounidense, estimamos que ha existido una falta de análisis en profundidad para no ver las desastrosas consecuencias que el empeoramiento de la situación de seguridad en Afganistán tendría en la seguridad de las fronteras de la Unión —tan vulnerables por la falta de controles efectivos y donde la responsabilidad de su control se ha dejado en manos de los países miembros—. Si bien es cierto que la Guerra de Resistencia afgana y la posterior guerra civil muyahidín no produjeron una salida masiva de inmigrantes hacia Europa, esto se debió principalmente a que Europa todavía contaba en aquellos años con los que James Sperling ha venido en llamar el «cordón sanitario europeo» (2018: 3). Cordón que consistía en el muro de contención que la URSS y el Pacto de Varsovia, junto a la antigua Yugoslavia, proporcionaban a Europa Occidental ante los riesgos provenientes de las disfunciones sociales y políticas que estaban ocurriendo en Oriente Próximo y Medio. Todo ello se vendría abajo con el desmoronamiento del Bloque Soviético y el Pacto de Varsovia y, por último, con la integración en la Unión Europea de las antiguas repúblicas comunistas europeas.

Junto a ello, algunos autores han criticado la incapacidad de Naciones Unidas para coordinar las estrategias de desarrollo seguidas por los Estados Unidos y la Unión Europea, subrayando las diferentes perspectivas de la ayuda al desarrollo entre ambos bloques. La de Estados Unidos, fundamentalmente basada en importantes sumas de dinero y resultados rápidos y medibles, preferentemente en infraestructuras; la de la Unión, con un control del gasto mucho más riguroso y volcadas en las reformas de tipo social y cultural —derechos de las minorías, libertades individuales, derechos humanos...— (Katzman, 2015c; Nijat, 2014). Aun admitiendo el fracaso de coordinación ocurrido en el caso afgano, esta disyuntiva debería haberse resuelto por medio de una acción complementaria de ambas estrategias y estableciendo la necesaria coordinación, manteniéndolas en futuras intervenciones de reconstrucción nacional, al objeto de aportar un mayor espectro en los proyectos de desarrollo.

El acceso de Donald Trump a la Casa Blanca marcaría un periodo inicial de incertidumbre que acabaría con la decisión de replegar las tropas del teatro afgano. La designación como negociador del afgano-estadounidense que había sido embajador en Afganistán, Zalmay Khalilzad, facilitaría la apertura de conversaciones para dar forma a un acuerdo para la salida de las tropas estadounidenses del país. Este acuerdo, firmado el 29 de febrero de 2020 y denominado *Agreement for Bringing Peace to Afghanistan between the Islamic Emirate of Afghanistan which is not recognize by the United States a state and is known as the Taliban and the United States of America,* no fue capaz de ocultar lo que a ojos de observadores internacionales y nacionales afganos ha sido una derrota política y militar, además de aumentar la legitimidad de los Talibán y su posterior acceso al poder en agosto de 2021.

PARTE II

LA CRISIS DE LEGITIMIDAD EN LA RECONSTRUCCIÓN DEL ESTADO

Cuando la comunidad internacional se decidió por estabilizar y democratizar el Estado afgano, escogería el consabido camino de comenzar por las instituciones centrales y las correspondientes elecciones, así como por la elaboración de una nueva Constitución. Este procedimiento de arriba hacia abajo en la reconstrucción de las instituciones de un nuevo Estado y su Administración era un proceso ya experimentado, del que se conocían sus limitaciones. Se podía haber escogido otro camino, el definido por un proceso desde abajo hacia arriba, comenzando por la democratización de las instituciones existentes, aunque fueran imperfectas, de esta manera habrían sido las autóctonas y por lo tanto aceptadas en primera instancia. Junto a este proceso de reforma de las instituciones locales y provinciales existentes, que no de construcción *ex novo,* se podría haber focalizado el esfuerzo en la prestación de servicios básicos (seguridad, justicia, sanidad, educación, …), tal y como solicitaron la mayoría de los políticos y académicos afganos. Estos no veían peligro alguno de existencia del país como un único Estado, por lo que no veían urgencia alguna en el fortalecimiento de las instituciones de soberanía nacional, sino en el de su legitimidad, que debía alcanzarse mediante el ofrecimiento de resultados rápidos a una ciudadanía exhausta de vivir en condiciones paupérrimas (Ghani, Lockhart y Carnahan, 2005; Starr, 2006).

Los siguientes capítulos tratarán de poner en evidencia los problemas y dificultades encontradas en el proceso de reconstrucción de las instituciones estales, en gran parte debido a la errónea decisión tomada y no escuchar las numerosas voces afganas que clamaban por el camino de la legitimidad a través de la prestación de servicios básicos, la reforma de los órganos de gobernanza local y, en último término, por el fortalecimiento de las instituciones centrales.

CAPÍTULO 3

LEGITIMIDAD Y GOBERNANZA EN LA DEMOCRACIA AFGANA

Un nuevo modelo de Estado

Para los propios afganos, el modelo de Estado no representaba desafío alguno, pues bastaba con haber retomado las instituciones republicanas, pero abiertas a la participación democrática efectiva de los nuevos partidos políticos. Es precisamente en este punto donde había fracasado el experimento político de Daud Khan y más tarde los regímenes del Partido Democrático Popular, ya que no habían sido capaces de reemplazar una legitimidad basada en el monopolio del uso de la fuerza, por otro en el que aquella se basara en instituciones de participación política, ya fuera de los individuos o de sus comunidades. Quizás el problema estuvo en que la comunidad internacional no aceptó la vuelta a un modelo de Estado descentralizado, tal y como se había conformado a lo largo de los más de cincuenta años de reinado de la dinastía Musahiban (Abid, 2016; Crews y Tarzi, 2008), a lo que añadimos que esta descentralización en las comunidades tribales ha sido la norma desde el surgimiento del Estado afgano. Estructura de gobernanza que se consolidaría en el Estado moderno, pues el mismo emir Abur Rahman seguiría apostando por la descentralización en los kanes para la gestión política de los asuntos internos tribales y reservando para sí otras políticas nacionales, como fue el caso de la gobernanza judicial y el control y defensa de las fronteras.

En 2002 se debería haber respetado este principio en la organización estatal, con la novedad de que hubiese sido realmente parlamentario, pero se decidió acometer la construcción de un nuevo modelo excesivamente centralizado. Modelo que inicialmente facilitaba la labor de la comunidad internacional —desde el momento que es más sencillo tener que gestionar los múltiples asuntos de la reconstrucción con un solo nivel de la Administración del Estado, en lugar de tener que hacerlo con varios de ellos—, pero que presentaba serias dificultades de futuro. Probablemente esto no se quiso ver, a pesar de las advertencias de los propios afganos, en el sentido de que las estructuras político-administrativas y los procedimientos burocráticos seguían siendo los mismos que treinta años atrás (Malikyar y Rubin, 2002).

Conocemos que, durante la Conferencia de Bonn (diciembre de 2001), el acuerdo para reponer la monarquía fue prácticamente unánime, incluyendo a los propios representantes de la Alianza del Norte. Fue la comunidad internacional, liderada por Estados Unidos y

Naciones Unidas, la que no aceptó esta propuesta y, desoyendo las voces y consejos de los afganos, decidió la construcción de un nuevo modelo para el Estado, sin antecedente histórico alguno, poniendo el énfasis en crear *ex novo* los nuevos órganos de soberanía, en lugar de centrarse en la gobernanza del país (Partlow, 2016).

El resultado fue la apertura de un proceso constituyente por el que se establecería una república islámica presidencialista, con un nivel de poder en la figura del presidente que la convertiría de facto en una de los más centralizadas del mundo (Biddle, Christia y Thier, 2010). La división de poderes del Estado quedó truncada desde el momento que el presidente de la república era, además de jefe del Estado, jefe de las Fuerzas Armadas y cabeza del Poder Ejecutivo, y tener la potestad de designar a los jueces del Tribunal Supremo, órgano que ejercía también la función de Consejo del Poder Judicial. El resultado fue un sistema presidencialista en la que el jefe del Estado controlaba de manera efectiva, al menos, el Poder Ejecutivo y el Poder Judicial, a lo que se le unirían especiales prerrogativas en el Poder Legislativo.

LA FALTA DE LEGITIMIDAD DE LAS NUEVAS INSTITUCIONES ESTATALES

El déficit inicial de legitimidad

Partiendo de la base de que la democracia es el sistema de gobierno que más estabilidad ha brindado a la sociedad, desde el momento que ha permitido el control de los órganos de soberanía y la participación ciudadana en el proceso de decisiones sobre asuntos públicos (United Nations Development Programme, 2002), sabemos que el Acuerdo de Bonn pretendió establecer el proceso interno necesario para la implantación de un verdadero régimen democrático en el país afgano, por primera vez en su historia.

El primer gobierno, que se estableció de manera interina, estuvo formado por miembros de la Shura-e Nazar. De la que sus miembros de Jamiat-e Islami llegaron a constituirse en una corriente política interna formada por las nuevas generaciones seculares de comandantes muyahidines y sus seguidores, que se habían aglutinado alrededor del comandante Massoud y desafiaron el liderazgo político del propio profesor Rabbani, que encabezada el núcleo islamista modernista. En él también hubo una escasa participación de realistas que tuvieron que renunciar a la reimplantación de la monarquía, a cambio de que los Zirak Durrani[60] recuperasen un cierto poder en la Administración del Estado —entre estos últimos se encontraría el propio Hamid Karzai—. Esta división interna de la Alianza del Norte proporcionaba la ventaja táctica a Hamid Karzai, de

---

[60] La confederación Abdali o Durrani, después de que el fundador del Estado afgano la rebautizase con este último nombre, está conformada por seis tribus: Popalzai, Barakzai y Alikozai que juntas conforman el grupo Zirak Durrani; y el grupo Panjpai Durrani, compuesto por los Noorzai, Ishakzai y Alizai. Más allá de la rivalidad consustancial a la competencia tribal, existe la reclamación histórica de este último grupo frente al primero, pues han sido aquellas los que siempre han copado los puestos de poder del Estado.

manera que le permitió aumentar la presencia de realistas pastunes en el gobierno y en los niveles más altos de la Administración, una vez que las tensiones originadas por la decisión de no restaurar la monarquía se fueron asumiendo entre los propios pastunes como el mal menor (Giustozzi, 2008).

También conocemos que Naciones Unidas y Estados Unidos estimaron que la necesaria legitimidad de las nuevas instituciones se debía obtener por medio del propio sistema de votación directa para elegir al presidente y los miembros de la Asamblea Nacional, consejos provinciales y consejos de distrito. Sin tener en consideración la falta de cultura democrática del pueblo afgano y sin dar la debida prioridad a resolver las raíces profundas del conflicto, ente las que citamos a las siguientes: la violenta rivalidad por el poder entre las facciones que componían el liderazgo político de la Alianza del Norte y los comandantes muyahidines de la Shura-e Nazar; la no reintegración de una parte importante de la población que seguía viendo como más legítimo al régimen talibán; y por último, los confrontados intereses de sus patronos internacionales vecinos.

La razón para este grueso error estuvo en que el proceso militar para el derrocamiento del régimen talibán precedió al necesario proceso político para la definición de la situación final deseada, tal y como se deduce del análisis del informe de la comisión oficial establecida por el gobierno estadounidense para la investigación del 11S y las decisiones posteriores inmediatas adoptadas por este gobierno. De manera que el Acuerdo de Bonn se convertiría en el mejor acuerdo posible ante una Shura-e Nazar que había ocupado la capital y retomado el poder político en la figura del presidente Burhanuddin Rabbani (C. Johnson, Maley, Their y Wardak, 2003; National Commission on Terrorist Attacks, 2004).

Es por ello por lo que podemos afirmar que las operaciones de castigo al régimen talibán para su derrocamiento se iniciaron sin un acuerdo político previo sobre el nuevo tipo de Estado que se pretendía construir, ni sobre quién ostentaría inicialmente el poder, ya que la decisión del uso de la fuerza para el derrocamiento del régimen precedió al necesario proceso político para la definición de la situación final deseada. El diseño de una hoja de ruta así concebida presuponía que el establecimiento de unos nuevos órganos de gobierno democráticos borraría la conflictividad social prexistente, así como la ambición de poder de las facciones políticas que habían provocado la guerra civil, cosa altamente improbable cuando ni tan si quiera se había pretendido el acuerdo entre esas mismas facciones.

Lo cierto es que, durante los años 2002 al 2004, la necesaria legitimidad del gobierno de transición debía obtenerse a través de la gobernanza, ya que no se preveía celebrar elección alguna y el propio Zahir Shah había tenido que renunciar a su candidatura, a pesar de que aproximadamente dos tercios de los miembros de la Loya Jirga de Emergencia habían pretendido que fuese el presidente interino (Sedra, 2003). Renuncia que fue motivada por la presión estadounidense y del representante especial de Naciones Unidas, junto a la manipulación ejercida por la Shura-e Nazar y el ambiente de miedo y amenaza que impuso en la primavera del 2002. Notorios fueron los arrestos en masa realizados por el Departamento de Seguridad Nacional[61] (NDS), bajo las acusaciones de pertenecer a Hezb-e Islami; así como el asesinato de líderes bajo la sospecha de haber cambiado de bando político (Noelle-Karimi, 2003; Ruttig, 2006). Finalmente Hamid Karzai saldría elegido por una suficiente mayoría en el transcurso de una votación secreta, pero la designación de los miembros de su gabinete se hizo en medio de un proceso caótico con el que la mayoría de los delegados resultaron defraudados y en el que se consolidó el poder de los excomandantes muyahidines (C. Johnson *et al.*, 2003; McColl y Kakar, 2004).

Con estos antecedentes se comprende que se hacía incluso más necesario subsanar ese déficit inicial de legitimidad con una adecuada prestación de servicios públicos, primigeniamente seguridad y justicia, tan necesarios en un país desbastado por la guerra y con una población que no alcanzaba a cubrir las necesidades básicas para la supervivencia. Pero esta seguridad se mostraría esquiva desde el momento que se tomó la decisión de desplegar las fuerzas de la ISAF sólo en la capital, y la seguridad en las provincias se dejó en manos de las mismas milicias islamistas que habían impuesto un régimen de caudillaje antes de la llegada del Movimiento Talibán.

En enero de 2004, se aprobó la nueva Constitución en la denominada Loya Jirga Constitucional. Procedimiento decidido en Bonn, pero que distaba de ser el adecuado para una nueva democracia como la que se pretendía construir. No nos cabe la menor duda de que una asamblea de este tipo es muchísimo más manipulable que un referéndum, comenzando por la propia selección de los asistentes. Lo cierto es que se llegó a la *jirga* con los aspectos más importantes de la futura Constitución sin resolver y sin acuerdo previo alguno en temas como la forma de gobierno, el papel del islam, la estructura político-administrativa del Estado, el grado de descentralización de poder, las lenguas oficiales, el papel de las etnias, los derechos de la mujer... Ante el caos que se produjo por la falta de acuerdo, el presidente interino Hamid Karzai tuvo que recurrir a la mediación del enviado especial de Naciones Unidas, Lakhdar Brahimi, y del representante especial de Estados Unidos, Zalmay Khalilzad, para que ayudasen a

---

[61] Heredero del KhAD, asumió los cometidos de un centro de inteligencia nacional, pero con una panoplia tan amplia de misiones, entre las que se incluían las de eliminación física de agentes enemigos o combate contra elementos que amenazasen la seguridad nacional, que le hacían ser más parecido a la antigua KGB o la actual CIA.

desbloquear la situación. A ello se le unió el hecho de que Hamid Karzai comenzó a usar con gran habilidad política el enfrentamiento étnico existente (Suhrke, 2011), de manera que obtuvo el apoyo a su propuesta por parte de la mayoría de los delegados pastunes, lo que unido al claro apoyo estadounidense y el temor de muchos a la escisión del Estado llevó a definir un modelo tan centralista que ni tan si quiera contemplaba la figura del primer ministro[62]. Finalmente, la nueva Constitución fue aprobada el 4 de enero de 2004 con la mediación esencial de Lakhdar Brahimi y Zalmay Khalilzad (McColl y Kakar, 2004).

En un proceso como el descrito se cumplía a la perfección la máxima de que «cuando el proceso es apresurado, la Constitución que emerge probablemente reflejará el interés de las élites, a costa del interés general, y puede sufrir la falta de la legitimidad popular necesaria para sobrevivir a las inevitables vicisitudes de los tempranos periodos posconflicto» (Stromseth, Wippman y Brooks, 2006). Esta manera de proceder llevó a un modelo de Estado constitucional que no tenía legitimidad histórica alguna y que era desconocido por la mayoría de la población, ya que no había circulado borrador alguno en el proceso de consultas previas llevado a cabo en las provincias y en los campos de refugiados en Pakistán e Irán.

Fraude en los procesos electorales

En octubre de 2004, se celebraron las primeras elecciones presidenciales en las que de nuevo resultó elegido Hamid Karzai. En ellas Karzai resultó confirmado en su cargo y han constituido las elecciones de mayor participación y más transparencia de todas las realizadas durante el régimen democrático, aunque tampoco estuvieron exentas de polémica porque muchos afganos creyeron que el resultado estaba predeterminado por los Estados Unidos (C. Johnson *et al.,* 2003). A pesar de la victoria de Hamid Karzai, lo más preocupante fue que de las 21 provincias en las que salió vencedor, 19 estaban ubicadas en el sur dominado por pastunes, lo que significaba una poderosísima *etnización* del voto; al igual que ocurriría con Yunus Qanuni, que recogería el voto tayiko, turkmeno y *aimaq*[63]. Por su parte, Abdul Rashid Dostum recogería el voto uzbeko y Mohammad Mohaqiq haría lo propio con el voto hazara. Quedando por lo tanto confirmada la división del voto por líneas étnicas, lo que constituyó la mayor debilidad del Estado democrático

---

[62] Al parecer el borrador inicial elaborado por la comisión constitucional designada en la *loya jirga* de junio del año 2002 contemplaba un modelo de Estado más cercano a una república parlamentaria, donde el primer ministro tenía que rendir cuentas ante el Parlamento, pero el borrador entregado por la comisión y elaborado con ayuda de expertos internacionales fue modificado en la oficina del presidente, proponiendo finalmente el actual modelo vigente. Comunicación personal, Wali Wali, exasesor presidencial de Hamid Karzai (Kabul, 15.11.2016).

[63] Los *aimaqs* o *chahar-aimaqs,* literalmente «las cuatro tribus» (Jamshidi, Firozkohi, Timuir y Taimani), constituyen el grupo de hazaras *heratíes* y tienen continuas fricciones con el resto de las tribus hazaras que son chiíes.

durante su corta existencia (Carnegie Endowment for International Peace, 2009; Islamic Republic of Afghanistan Joint Electoral Management Body, 2004).

Tras ellas, se llevaron a cabo las elecciones legislativas de 2005 que permitieron la designación de los diputados de la Cámara Baja (Wolesi Jirga) por elección directa. La ley electoral de 2004 establecía que los candidatos sólo se podían presentar a título individual, con lo que su profusión resultó exageradamente alta. Además, los gastos de campaña corrían a sus expensas, lo que motivó una gran desigualdad de oportunidades entre candidatos pobres y ricos, beneficiando de esta manera a los excomandantes muyahidines que se habían enriquecido en los años precedentes (Baqués, 2013). De resultas de todo ello, las elecciones estuvieron plagadas de problemas y con una muy baja participación, con una media de votos de sólo el 35 % de los contados como válidos en cada provincia.

Por otro lado, muchos candidatos fueron descalificados por tener antecedentes de abusos cometidos contra los derechos humanos, pero sin embargo se permitió que los exmuyahidines, que eran los verdaderos caudillos en las provincias, se presentasen (Larson y Coburn, 2017). Todo esto lo que hizo fue aumentar el déficit de legitimidad de las elecciones, a lo que se añadió que sólo se llevaron a cabo las correspondientes para la elección de los consejos provinciales y no se desarrollaran las correspondientes a los consejos de distrito, ni las municipalidades, que nunca se llegaron a realizar.

Como resultado de todo ello, las elecciones reflejaron un reparto de escaños muy fragmentado con un parlamento dividido e igualado en cuanto a miembros pro Karzai, aproximadamente un tercio, otro tercio en contra, y un tercero formado por independientes y de izquierdas, antiguos comunistas que harían decantar la balanza en un sentido u otro, por lo que se verían sometidos a presiones de todo tipo, cada vez que se debatía un asunto de interés nacional (Wilder, 2005). En relación con la división étnica, la situación quedó de la siguiente manera: los pastunes estaban representados por los nuevos partidos herederos de Ittihad-e Islami[64], Mahaz-e Milli[65] y Hezb-e Islami; los tayikos por Jamiat-e Islami; los aimaqs por Hezb-e Islami y Harakat-e Inqilab[66]; los hazaras por Hezb-e Wahdat[67] y Harakat-e Islami[68]; y finalmente, los uzbekos y turkmenos

---

[64] El partido Ittihad-e Islami (Unión Islámica) fue fundado a principio de la década de los ochenta, y era un partido fundamentalista rigorista dirigido por el salafista Abdur Rab-er-Rasul Sayyaf.

[65] Mahaz-e Milli-e Islami-e Afghanistan (Frente Nacional Islámico de Afganistán) estaba liderado por el ulema Sayed Ahmad Gailani de la orden Qadiriyya, con una gran presencia entre la población rural sureña.

[66] Harakat-e Inqilab-e Islami (Movimiento de la Revolución Islámica), fundado bajo el liderazgo del ulema Nabi Mohammadi, era un partido islamista rigorista durante la Guerra de Resistencia.

[67] La fundación de Hezb-e Wahdat (Partido de la Unidad) en 1989 supuso un claro avance en la unificación de los muchos movimientos chiíes afganos.

[68] Partido chií, encabezado por Asif Mohseni, y que destacó por ser el que combatió con mayor intensidad contra los soviéticos. Estaba formado por hazaras, *qizilbash* y pastunes chiíes.

por Junbesh-e Milli[69] de Dostum (Giustozzi, 2008). Como el balance de fuerzas en el Parlamento no reflejaba la composición del Gobierno, el enfrentamiento entre ambas instituciones estaba servida.

Es cierto que durante el año que transcurrió entre las elecciones presidenciales y las correspondientes a la Asamblea Nacional, se habían establecido los organismos de más alto nivel de cada uno de los tres Poderes del Estado: el Gobierno como cabeza del Poder Ejecutivo, la Asamblea Nacional como Poder Legislativo y el Tribunal Supremo como máximo órgano del Poder Judicial y órgano gestor del propio sistema judicial. Pero los diputados de la Wolesi Jirga (Cámara Baja) no representaban a los partidos mayoritarios nacionales, debido a la implantación del sistema de voto individual no transferible para la elección de los miembros de los consejos provinciales y los diputados de esta Cámara. Por su parte, el Tribunal Supremo estaba en manos de jueces conservadores, formados en derecho islámico y desconocedores del derecho positivo, que tamizaban los principios generales del derecho desde su perspectiva religiosa y conservadora, con lo que muchos de los valores de la nueva Constitución quedaban sin posibilidad de aplicación efectiva, amén de una corrupción rampante que hacía de la judicatura un sistema preso de los poderosos.

En resumen, podemos afirmar que las primeras elecciones presidenciales de Afganistán no constituyeron un adecuado indicador de éxito en el proceso de construcción de las nuevas instituciones nacionales de gobierno, en contra de lo que se había establecido en el proceso de Bonn. Lo que vendría de nuevo a confirmar el error cometido por Naciones Unidas, en la década de los noventa y comienzos de este siglo, al dar erróneamente por concluidos procesos de recuperación de Estados fallidos mediante la celebración de elecciones, desarrolladas en escenarios donde no existían las mínimas garantías para considerarlas democráticas.

Las segundas elecciones presidenciales se celebraron en agosto de 2009 con una comunidad internacional defraudada con la manera clientelista de ejercer el poder que el presidente Hamid Karzai había demostrado. Es por ello por lo que el propio Estados Unidos, aunque oficialmente neutral, mostró su preferencia por los nuevos candidatos mediante su apoyo a algunos de ellos, proporcionándoles fondos para la campaña e incluso ofreciendo alguno de sus aviones para sus desplazamientos a las provincias (Partlow, 2016: 19-22).

La presidencia afgana ya había mostrado su continuo rechazo a cuantas propuestas de mejora del sistema electoral se habían realizado. Las elecciones se llevaron a cabo en un escenario de inseguridad en el que el gobierno afgano prohibió la asistencia de

---

[69] Partido secular y de izquierdas que aglutinaba a la etnia uzbeka, casi en su totalidad.

observadores extranjeros a los centros de voto, argumentando razones de seguridad —el 2 de agosto de 2009, día de las elecciones, resultó ser el de mayor número de ataques sufridos en los últimos siete años— (OSCE Office for Democratic Institutions and Human Rights Election Support Team, 2009). Por parte de la Misión de Observación Electoral de la Unión Europea se determinó que gran parte de los candidatos femeninos habían sido excluidos de las listas por la Comisión Independiente Electoral (IEC) sin razones claras, en lo que parecía una clara discriminación de género, junto a que la gran mayoría del voto femenino en las provincias del sur había sido depositada por los varones cabezas de familia. De igual manera, la misión de observación estableció que más de 1,6 millones de votos a favor del candidato Hamid Karzai habían sido fraudulentos o sospechosos de serlo, a lo que se unió la acusación de que la IEC no reunía los requisitos mínimos para acreditar la consideración de independiente, desde el momento que había sido elegida por el propio presidente Karzai que se presentaba a la reelección (European Union Election Observation Team, 2009).

Finalmente, Hamid Karzai resultó reelegido, aunque en esta ocasión no obtuvo la mayoría requerida en la primera ronda. El candidato Abdullah Abdullah[70] quedaría en segundo puesto pero finalmente no se presentó a la segunda vuelta, alegando fraude generalizado —lo cierto es que no le faltaba razón, pues tanto el jefe de UNAMA como el director del equipo de observadores de la UE, compartían esta misma opinión y así lo expresaron en sus informes oficiales— (Tavernise, 2009). El nivel de fraude detectado fue masivo y se contabilizaron más de un millón de votos inválidos para Hamid Karzai, la mayoría de ellos precisamente en las provincias menos seguras y de mayoría pastún (T. H. Johnson, 2018; Larson y Coburn, 2017). El procedimiento más habitual de fraude consistió en la elaboración de tarjetas de votación falsas, en un registro de votantes no integrado y donde cada elector podía depositar su papeleta en cualquiera de los colegios electorales de la provincia donde estuviera registrado, amén de la venta de tarjetas electorales por parte de sus legítimos propietarios (Gopal, 2008; Shalizi, 2013).

Cuando Karzai fue reelegido presidente mediante unas elecciones fraudulentas (Abdul-Ahad, 2009; European Union Election Observation Team, 2009), el siguiente error cometido por la comunidad internacional fue validar los resultados y dar por bueno lo que ante los ojos de los afganos era una autoridad ilegítima. Naciones Unidas se limitó

---

[70] Antiguo miembro de Jamiat-e Islami, posteriormente fue jefe de gabinete de Ahmad Shah Massoud cuando lideraba la Shura-e Nazar. Participó como uno de los representantes de la Alianza del Norte que firmaron el Acuerdo de Bonn en 2001. Posteriormente sería designado ministro de Asuntos Exteriores por Hamid Karzai. En 2005 renunció a su cargo por desavenencias con el presidente Karzai.

a subrayar la necesidad de implementar las lecciones extraídas de las elecciones que quedarían reflejadas en su resolución de marzo de 2010[71].

Estas elecciones constituyeron las primeras elecciones que fueron organizadas y supervisadas por los propios órganos del Estado y resultaron ser un fraude masivo a la ciudadanía por el nivel de corrupción política reinante, con sólo 4,5 millones de votos recogidos sobre un total de 15 millones de votantes registrados (Partlow, 2016), y con casi un tercio de los votos recibidos declarados nulos por la comisión electoral (T. H. Johnson, 2018; Katzman, 2011).

Las segundas elecciones legislativas se llevaron a cabo en septiembre de 2010 y el esperpento fue todavía mayor cuando la comisión electoral tardó dos meses en proclamar la asignación de escaños, con varios muertos de esta comisión asesinados en el entreacto. El nivel de fraude fue considerado masivo y de tal calibre que hasta los propios afganos no aceptaron los resultados y el presidente Karzai decidió establecer tribunales especiales para resolver la gran cantidad de disputas habidas sobre la descalificación de candidatos por sus conexiones con milicias armadas, desdiciendo los poderes legales de la IEC y la Comisión de Apelación (International Center for Transitional Justice, 2010; T. H. Johnson, 2018). Todo el crédito que se había ganado el nuevo régimen con la celebración de las primeras elecciones democráticas quedó consumido en las presidenciales de 2009 y las legislativas de 2010. Prestigio que nunca llegaría a recuperar por las continuas sospechas de fraude que todas las siguientes elecciones sufrieron.

Ante tal situación, la comunidad internacional fue incapaz de presentar soluciones viables y se vio desbordada por los acontecimientos, con una ciudadanía que veía a esa misma comunidad internacional como el único actor que podía poner remedio a la situación y con un recién elegido presidente con el que se había roto cualquier posibilidad de entendimiento en el futuro (Bijlert, 2009a; Partlow, 2016).

En las elecciones presidenciales celebradas en 2014 no se presentaba Hamid Karzai porque agotaba su segunda legislatura y, de acuerdo con la Constitución, no podía optar a una tercera reelección[72]. La primera ronda se llevó a cabo en la primavera y fueron claramente ganadas por el candidato Abdullah Abdullah, con un segundo puesto para el candidato Ashraf Ghani[73]. Debido a que ninguno de ellos obtuvo la mayoría necesaria para ser declarado vencedor en primera vuelta, pues era necesario obtener la mitad más uno de los votos emitidos, se tuvo que acudir a una segunda vuelta. En ella, de manera

---

[71] United Nations, Security Council, Res. 1917/2010, 22.03.2010.
[72] The Constitution of…, art. 64, 26.01.2004.
[73] Economista y académico, iniciaría su carrera política en 2002 como ministro de Finanzas del gobierno de Afganistán. Tras su dimisión en 2004, pasaría a ser rector de la Universidad de Kabul, presentándose en 2009 a las elecciones presidenciales. En 2014 sería elegido presidente.

sorpresiva, el candidato que había quedado segundo en la primera vuelta, por un amplio margen, resultó ganador.

A pesar de que Ashraf Ghani defendiera su honorabilidad y la completa transparencia de las elecciones, lo cierto es que el nivel de fraude fue más que considerable. Los informes del equipo de observadores de la Unión Europea hablaron de un fraude generalizado (European Union Election Assessment Team Afghanistan 2014a; 2014b), confirmado por los pocos oficiales de policía que abiertamente hablaban de ello[74]. Bajo la presión estadounidense y con la presencia en Kabul del secretario de Estado norteamericano John Kerry, el 21 de septiembre de 2014, se firmó el acuerdo entre ambos candidatos para formar un gobierno de unidad nacional (Jeong, 2014). El 22 de septiembre, Ashraf Ghani fue declarado ganador tras el correspondiente reparto de poder entre ambos contendientes y negociado por Estados Unidos (Katzman, 2015b).

En las elecciones de 2019, el candidato Ashraf Ghani fue declarado ganador con sólo 923.522 votos, lo que supuso sólo el 9,4 % de un censo total de votantes de 9,6 millones, en unas elecciones donde acudieron a las urnas menos del 20 % de los censados —con el consiguiente déficit de legitimidad democrática que esto suponía—. Su oponente Abdullah Abdullah presentó alegaciones a los resultados tildándolos de fraudulentos, lo que hizo necesario un nuevo acuerdo para la repartición del poder. En esta ocasión, se creó el Alto Consejo para la Reconciliación Nacional y se puso bajo el liderazgo del candidato Abdullah Abdullah, que también recibió el control de la mitad de los ministerios (Nasiri, 2021).

Una corrupción sistémica

Entre los años 2003 y 2006, se llevó a cabo el proceso DDR. Al objeto de incentivarlo, se impulsó el ofrecimiento de puestos en la Administración del Estado a aquellos comandantes de más dudosa reputación de entre los principales, con el fin de evitar que actuasen como bloqueadores del proceso (Gossman, 2009). Con esta medida se obtuvo un falso éxito inmediato, pues si bien se presentaron los resultados como tal —recogida de armas pesadas y número de personal desmovilizado de las milicias de la Shura-e Nazar—, el resultado a medio plazo fue un estrepitoso fracaso, en tanto que los comandantes más poderosos y corruptos se consiguieron infiltrar en la nueva Administración y los nuevos partidos políticos legalizados. De esta manera, se pudieron hacer con puestos en la nueva estructura política y militar desde los que siguieron ejerciendo el control de sus redes clientelares mediante la corrupción política y policial.

---

[74] Comunicación personal, Hashimi Hashimi, oficial general de policía y responsable de la seguridad durante la segunda ronda electoral en la provincia de Khost (Kabul, 30.06.2014).

En las primeras elecciones parlamentarias y de consejos provinciales celebradas en 2005, quedó clara la integración de un importante número de comandantes que voluntariamente habían facilitado la entrega de armas de sus milicias para que se les permitiese su ingreso en la política. Estos nuevos diputados nacionales y miembros de consejos provinciales facilitaron el nombramiento de exmilicianos como jefes de policía y gobernadores, quienes a cambio no persiguieron su implicación en redes criminales y de tráfico de drogas, además de recibir una parte de las tasas ilegales que se generaban. En suma, estas redes criminales se hicieron más ocultas y para poder operar corrompieron con suma facilidad a los nuevos líderes provinciales y nacionales, quienes ya procedían de esta economía subterránea y por lo que sólo tuvieron que *laissez-faire* sin tener que implicarse directamente a cambio de recibir dinero —según declaraciones de oficiales senior de policía «la mayoría de los jefes de policía están envueltos en la protección de las organizaciones criminales»— (Buddenberg y Byrd, 2006).

En 2007, el nivel de corrupción en las instituciones era tan evidente que la propia ISAF decidió activar oficinas de asesores legales militares, para ayudar en la reforma del sector judicial y la lucha contra la corrupción en las estructuras afganas de seguridad, utilizando para ello a los asesores legales de los PRT. Lo cierto fue que su efectividad generó serias dudas por la falta de conocimiento de las estructuras judiciales afganas, pues los cortos periodos de presencia en el país del personal jurídico militar hacía imposible este conocimiento con la necesaria profundidad (Kouvo, 2009; United Nations Secretary General, 2007). La deslegitimación a la que habían llegado las instituciones gubernamentales era de tal calibre que había empezado a afectar a las propias fuerzas internacionales, que comenzaron a ser consideradas como parte del sistema de corrupción por apoyar y mantener a un gobierno deslegitimado. En 2009 y según la Agencia Estadounidense para el Desarrollo Internacional (USAID), Afganistán estaba sumido en una profunda y sistémica corrupción que había alcanzado niveles sin precedentes (Wyler y Katzman, 2010).

Los diferentes Gobiernos del presidente Karzai dieron carta de oficialidad a una corrupción similar que era la constituida por los llamados *fondos de hospitalidad*. Fondos que no eran otra cosa que partidas oficiales de los presupuestos de los diferentes ministerios, por los que se asignaban cantidades a altos cargos de la Administración para su libre disposición, acorde con su nivel de responsabilidad e inestabilidad de la zona donde prestaba sus servicios. Y no debemos pensar que eran gastos menores pues, en 2008, la cantidad entregada mensualmente por el Ministerio del Interior a los gobernadores provinciales podía alcanzar la cifra de 200.000 dólares mensuales, lo que suponía una media de casi 6.000 dólares por gobernador, en tanto que su sueldo mensual no alcanzaba los 1.000 dólares[75]. Hallazgo que, por otro lado, vendría a confirmar la tesis de otros expertos del organismo académico independiente Unidad de Investigación y Evaluación de Afganistán (AREU), en el sentido de que era necesario relacionar el altísimo nivel de corrupción existente en el país con el sistema de voto individual no transferible. Sistema que propiciaba la necesidad de aumentar las redes clientelares de diputados y senadores para poder renovar el puesto en las próximas elecciones, lo que provocaba un nivel de competitividad y de exigencia de sobornos cada vez mayor (Nijat, 2014; Nixon, 2008).

Otro hecho significativo tenía que ver con el nivel de corrupción y sobre cómo eran vistos los puestos de cierta responsabilidad en la Administración del Estado. Mientras el tiempo medio de permanencia de un oficial en alguna de las oficinas ministeriales de distrito era de veintiséis meses, en el caso de los gobernadores de distrito y jefes de policía era de sólo ocho. Lo que estaba relacionado con el hecho de que estos cargos eran asignados como compensación por favores y apoyos políticos, y no por méritos, ya que el alto nivel de rotación se correspondía con la necesidad de repartir los beneficios entre muchos —sólo debemos considerar, a modo de ejemplo, que el gobernador y el jefe de policía eran los directos responsables de la lucha contra el cultivo y tráfico de opio en su distrito— (Nixon, 2008). Cargos que eran cubiertos por candidatos propuestos por el gobernador provincial y que, como ocurriría con la alcaldía de Kabul, se ponían a la venta como si de una subasta se tratara[76].

Ante la presión y el apoyo internacional, el presidente Karzai iría haciendo concesiones a la creación de diferentes organismos para la lucha contra la corrupción en el más alto nivel, si bien estas concesiones se tornaban a la contra cuando sus investigaciones afectaban a alguno de sus familiares o colaboradores directos. Entre estos organismos, destacamos: la Alta Oficina de Control para la implementación de la estrategia anticorrupción[77], el Tribunal Antinarcóticos, el Tribunal y la Unidad Anticorrupción, la Fuerza de Tarea contra Crímenes Mayores y la Unidad de Investigación Sensible (Partlow, 2016; Wyler y Katzman, 2010). Es por ello que la eficacia de todos estos nuevos órgano se vio comprometida desde sus mismos inicios, y Afganistán acabaría el quinquenio siendo clasificado por Transparency International en el puesto 176 de entre 178 países listados (2010).

---

[75] Islamic Republic of Afghanistan, Civil Servants Law, art. 33, 01.06.2008.

[76] Comunicación personal, Akhunzada Akhunzada, empresario kabulí que asistió a una reunión donde uno de los hermanos del presidente Karzai ofreció la alcaldía de Kabul a tres empresarios, asignándola al que mayor cantidad de dinero entregase (Kabul, 12.07.2016).

[77] La más importante entre las enumeradas. Fue establecida en 2008 con una importante agenda, aunque sufriría de la falta de independencia requerida para su correcto funcionamiento, así como de la adecuada asignación de fondos (Wardak, 2011).

De igual manera, fueron significativas las declaraciones efectuadas por el propio presidente Karzai al confirmar la recepción periódica de fondos estadounidenses no sometidos a control parlamentario alguno. Fondos procedentes de la CIA y que eran canalizados a través del Consejo Nacional de Seguridad, para premiar a los líderes de facciones políticas afines (Rosenberg, 2013), de manera que el propio país que lideraba la lucha contra la corrupción en Afganistán estaba por otro lado favoreciéndola.

En resumen, esta corrupción sistémica quedaba reflejada por dos vías diferentes: la tolerancia del presidente Karzai hacia los graves casos de corrupción de sus más directos colaboradores envueltos en casos de narcotráfico y otras actividades ilícitas, entre ellos un hermano del propio presidente en el Banco de Kabul y llegando incluso a cesar a los funcionarios que investigaban estos casos[78]; en segundo lugar, por el continuo goteo de sobornos que el ciudadano medio había de pagar a los funcionarios públicos para ser atendido en cualquier órgano de la Administración —sólo en 2009, las estimaciones elevaban la cantidad total de sobornos a 2.500 millones de dólares— (Katzman, 2011; Partlow, 2016; Wyler y Katzman, 2010). Situación que no hizo sino empeorar, pues en 2013, el coste de la corrupción había subido a casi 4.000 millones de dólares (United Nations News, 2013). Antes del colapso del gobierno democrático, Afganistán todavía permanecía en el puesto 165 de un total de 180 países listados en el Corruption Perceptions Index (Transparency International, 2021).

LA REFORMA PARA LA MEJORA DE LA GOBERNANZA

La tarea legislativa por acometer y sus obstáculos

La hoja de ruta de Bonn se dio por finalizada sin haberse establecido los necesarios órganos de participación democrática a nivel local —provincia, distrito, pueblo o aldea y ciudad o municipalidad— y con una Constitución aprobada pero imposible de implementar, por la falta de leyes de desarrollo e instituciones de control y gobernanza. Más si cabe teniendo en cuenta que, en el modelo de Estado que se había consolidado en la década de los sesenta en Afganistán, siempre coexistieron estructuras informales de gobernanza tribal con las propias de un Estado centralizado y que, en muchas de las regiones, las primeras eran las que proporcionaban la necesaria legitimidad a las segundas, por lo que el pacto entre ambas se hizo siempre necesario para mantener la paz social (T. H. Johnson, 2018; Kouvo, 2009).

Durante los treinta años anteriores a la caída del régimen talibán, el desarrollo legislativo afgano había sufrido dramáticos reveses por los continuos cambios de modelo

---

[78] Como el caso del segundo fiscal general del Estado, Fazel Ahmed Faqiryar, que fue cesado por el presidente Hamid Karzai al negarse repetidamente a cerrar inconclusas investigaciones abiertas por corrupción contra altos cargos del gobierno (Filkins y Rubin, 2010).

de Estado. Durante las dos últimas décadas, Afganistán ha sido una república islámica en donde la Constitución se basaba en la que fue aprobada en 1964, durante el reinado de Zahir Shah, pero en la que el derecho positivo y la *sharía* definían sus principios con preeminencia de esta última[79]. Todo el cuerpo legislativo que había sido aprobado antes de 2004 continuaba en vigor, en tanto no contradijese la Constitución, el derecho islámico —procedente de la escuela Hanafí, complementado por el derecho Yafarí—, los tratados internacionales suscritos o el desarrollo legislativo aprobado.

Evidentes contradicciones contenidas en la Constitución eran las referidas a la supremacía de la sharía, prevista en el artículo 3, y la observancia de la Declaración Universal de Derechos Humanos, prevista en el artículo 7, junto a la declaración de la igualdad legal de mujeres y hombres del artículo 22 que contradecía la desigualdad de ambos géneros establecida en el Corán (Inbal y Lerner, 2007; Stromseth *et al.*, 2006). Contradicciones que Barnett R. Rubin glosaba al definir la Constitución como «un acuerdo global que contenía contradicciones potenciales para hacer estallar futuros conflictos» (2004a: 15).

La aplicación de un cuerpo legislativo, así formado, entrañaba serias dificultades para los jueces, pues la gran mayoría procedía de escuelas de derecho islámico —desde la década de los sesenta hasta la llegada al poder de los gobiernos islamistas, la formación de los jueces se podía llevar a cabo indistintamente en la Facultad de Derecho Islámico o en la Facultad de Derecho Civil de la Universidad de Kabul—. A lo que se unía el poder de influencia social que tenía el denominado Consejo Nacional de Ulemas[80], que emitía continuas fetuas sobre actitudes y conductas sociales que consideraba contrarias al islam —en particular, sobre el papel de la mujer en la familia y la sociedad, así como sobre los medios de prensa escrita y televisión— (Katzman, 2015a).

Los desafíos eran inmensos, pues la aprobación de la Constitución y la celebración de las primeras elecciones presidenciales y legislativas sólo habían supuesto el primer paso de una tarea que básicamente consistía en volver a construir todo el entramado legislativo de un Estado de nueva planta. Ante esta situación, se pretendió potenciar e impulsar la tarea legislativa del Parlamento a fin de corregir muchas leyes que habían quedado desfasadas y que, en muchos casos, eran contrarias a los principios establecidos en la Constitución de 2004. El objetivo era que en 2010 hubiese un nuevo código civil, y otro penal, plenamente elaborados y operativos, de acuerdo con los principios contenidos en

---

[79] Un mes más tarde de la caída del régimen democrático, la Constitución de 2004 fue oficialmente abolida. En su lugar, el nuevo gobierno del Segundo Emirato talibán restableció, de manera temporal y sin clarificar qué artículos no eran de aplicación, la Constitución de 1964 como una nueva Carta Magna otorgada (Lalzoy, 2021).

[80] Órgano que representaba más de 3.000 clérigos y que databa del reinado de Nadir Shah (1932).

la Constitución —no debemos olvidar que el castigo físico está recogido en el derecho consuetudinario afgano y su aplicación ha seguido siendo habitual contra mujeres y niños durante las dos últimas décadas— (Save the Children, 2017).

Se pretendió disponer de juzgados profesionales en cada provincia, juzgados que actuarían en primera instancia ante los delitos penales, y como segunda instancia en el caso de delitos civiles. Los juzgados de distrito actuarían como juzgados de primera instancia para los delitos civiles y, a finales de 2007, deberían haber sido capaces de hacerse cargo de la gran cantidad de conflictos existentes sobre propiedad de la tierra.

Con respecto a la estructura administrativa existente, se hacía necesario una nueva ley de organización básica del Estado que no presentase contradicciones con lo contenido en la nueva Constitución —en la que se hablaba de los niveles nacional y local, incluyendo en este último a los consejos provinciales, de distrito, de pueblo y municipalidad[81]—, con claros cometidos para cada nivel, así como los adecuados recursos para cada uno de ellos. Se pretendía tener elaborado un nuevo registro y censo de la población para finales de 2008[82]. Para finales de 2010, todos los puestos senior de la Administración, tanto en la administración central como en la provincial, deberían haber sido sometidos a un proceso de selección mediante concurso de méritos, al objeto de evitar el clientelismo político (Islamic Republic of Afghanistan Ministry of Finance, 2005).

En 2008, el gobierno dio a conocer su nueva Estrategia Nacional de Desarrollo, que resultó ser fundamentalmente un documento de planeamiento y previsiones económicas. En él, se fiaba la estabilidad al desarrollo económico, en lugar de hacerlo al Estado de derecho. Las guías estratégicas para la seguridad quedaron relegadas a un documento clasificado denominado Política de Seguridad Nacional que, a su vez, contenía la Estrategia de Seguridad Nacional y la Estrategia de Reforma del Sector de Seguridad (Islamic Republic of Afghanistan Ministry of Finance, 2008).

En este nuevo documento, se expresaba que la legitimidad y apoyo al gobierno se alcanzarían cuando se consiguiese unos mínimos estándares en seguridad humana (Islamic Republic of Afghanistan Ministry of Finance, 2008). La estrategia establecía que se habían elaborado los planes de desarrollo para cada provincia, conteniendo cada uno de ellos hasta ochenta proyectos priorizados, teniendo en cuenta las particularidades y especificidades de cada una de ellas. Sin embargo, cometía olvidos imperdonables como el de la necesaria participación ciudadana en un gobierno democrático para poder ejercer el control de sus órganos de gobernanza política y económica, porque «la legitimidad a

---

[81] The Constitution of …, capítulo 8, 26.01.2004.
[82] Censo que debía haber sido elaborado por Naciones Unidas, antes de las primeras elecciones de 2004. Agreement on Provisional Arrangements…, Annex III, 05.12.2001.

través de la prestación de servicios y la seguridad humana tiene sus límites» (McLoughlin, 2015: 342).

Con respecto al pilar de gobernanza y Estado de derecho, la estrategia de desarrollo establecía un gran número de áreas sobre la que ejercer el esfuerzo, pero en relación con la lucha contra la corrupción sólo se mencionaba la creación de una comisión de alto nivel que, como sabemos, fue repetidamente bloqueada por el propio presidente Karzai en el momento que sus investigaciones supusieron un obstáculo al clientelismo político que practicaba. Más desalentador resultó que, cuando se hablaba de reforma del marco legal, se hiciera mención únicamente a que se habían hecho progresos en las reformas legales que tuvieran que ver con la inversión y la economía, pero que las leyes contra el narcotráfico y la lucha contra la corrupción sólo estaban en revisión (Islamic Republic of Afghanistan Ministry of Finance, 2008; Partlow, 2016).

En los siguientes apartados, se presentan los aspectos más conflictivos del cuerpo legislativo vigente en 2014 cuando la mayoría de los asesores civiles internacionales abandonaron Kabul.

Partidos políticos y sistema electoral

Ley de Partidos Políticos

Tras la caída del régimen talibán, los nuevos partidos políticos establecidos al abrigo de la recién estrenada democracia fueron los herederos de los antiguos partidos islamistas, comunistas y tradicionalistas, que se habían enfrentado anteriormente entre sí. El hecho de que Hezb-e Islami Hekmatyar no fuese invitado al reparto de poder acordado en Bonn, provocó que declarase la yihad contra Estados Unidos y que este incluyese a su líder en la lista de terroristas internacionales más buscados de Naciones Unidas (Ruttig, 2006).

Junto a los anteriores, aparecería una nueva corriente denominada Nueva Democracia, formada por partidos moderados de derechas e islamistas, de izquierdas y etno-nacionalistas que, a última hora, tampoco fueron invitados a la conferencia de Bonn como consecuencia del cambio de representante de Naciones Unidas[83] —Lakhdar Brahimi en lugar de Francesc Vendrell—. Nueva Democracia[84] abogaba por la secularización de la vida pública y la restauración de la monarquía, esta vez en forma de monarquía parlamentaria. Pretensiones que fueron aplastadas, primero en la Loya Jirga de Emergencia donde defendieron un candidato monárquico y, posteriormente, en la Loya Jirga Constitucional donde propusieron un sistema parlamentario (Ruttig, 2006). Esta situación puso de relieve que la comunidad internacional y, en particular Estados Unidos,

---

[83] Finalmente, asistirían en calidad de observadores, sin voz ni voto.
[84] El líder de este movimiento moderado y promonárquico era el clérigo maestro de la orden Qadiriyya Sayed Ishaq Gailani. Aglutinaba a socialdemócratas, liberales y promonárquicos.

no era neutral en su apoyo al proceso democrático y que las diferentes instituciones internacionales respaldaban diferentes opciones políticas —como sería el caso del National Democratic Institute, ligado al partido demócrata estadounidense, y el Firederich Ebert Stiftung, ligado al partido socialdemócrata alemán— (C. Johnson *et al.*, 2003). Finalmente, el presidente Karzai optó por formar sus propias bases clientelares sobre los partidos islamistas, admitiendo que tampoco le quedaban muchas opciones políticas si pretendía seguir ocupando la silla presidencial.

La primera Ley de Partidos Políticos de la democracia fue elaborada por la Autoridad Transicional en 2003[85] y se trató de un decreto ley que estuvo en vigor hasta el año 2009. Fue elaborada siguiendo lo preceptuado en el artículo 32 de la Constitución de 1964 y, además de anular la ley de partidos políticos de 1990, establecía la necesidad de que «los partidos políticos no incitasen a la violencia étnica, religiosa o sectaria[86]».

El decreto ley de 2003 estableció que se podían constituir partidos políticos y ser reconocidos como instituciones oficiales una vez registrados en el Ministerio de Justicia. Entre las condiciones que debían cumplir en sus estatutos se resaltaban las siguientes: aquellas referidas a asegurar el cumplimiento de los principios del islam; que no incitasen a la violencia entre los diferentes grupos étnicos y religiosos; que no usaran o propagasen el uso de la fuerza; el no tener afiliación con las instituciones armadas del país; por último, no recibir fondos de origen exterior. De igual manera, bastaba con disponer de 700 miembros para poder ser registrado. En su capítulo cuarto, se establecían las condiciones para que un partido político pudiera ser disuelto por el Tribunal Supremo, único órgano del Estado capacitado para ello.

Más tarde, la Constitución de 2004 estableció que no se permitía el funcionamiento de los partidos políticos en base al tribalismo[87] o provincialismo[88], cosa que nunca llegó a implementarse, pues la ley de partidos políticos de 2009 contenía iguales prevenciones que la de 2003, quedando por lo tanto reducido el precepto constitucional del «tribalismo» al de «no incitación a la violencia étnica o religiosa». Es así como la comunidad internacional aceptó como legítima una ley de partidos que sorteaba las propias limitaciones establecidas en la Constitución recién aprobada, al aceptar el etnicismo como elemento de organización y divisionismo político, en lugar de haber establecido estrictos

---

[85] Transitional Authority of Afghanistan, Presidential Decree on Political Parties Law, 18.10.2003

[86] *Ibidem*, art. 6, 18.10.2003.

[87] Teniendo presente que la Constitución de 2004 no diferenciaba entre tribalismo y *etnicismo*, pues utilizaba el término *tribes* para referirse a las etnias. The Constitution of..., art. 4, 26.01.2004.

[88] El término provincialismo es la traducción realizada de *parochialism,* tal y como consta en la versión oficial en inglés del texto legal. The Constitution of..., art. 35, 26.01.2004.

condicionantes, como por ejemplo, porcentajes máximos y mínimos por etnias en cada partido.

En septiembre de 2009, un año antes de las segundas elecciones parlamentarias, se publicó una nueva ley de partidos políticos[89] en la que como novedad más importante se estableció que un partido político debía tener al menos 10.000 afiliados procedentes de todas las provincias para poder ser registrado (artículo 9), lo que supuso la reducción de los partidos registrados desde más de 100 a 63 (Larson, 2015). Con el éxito de este segundo registro obligatorio de partidos políticos, su existencia se mostró muy consolidada, pero no como instrumentos efectivos de participación política, sino como la mejor forma de un rápido ascenso en las estructuras de la Administración, consecuencia del régimen clientelista mediante el que se autorregulaban.

En la segunda década democrática, se formó una nueva generación de jóvenes veinteañeros que constituían el eslabón social más débil, en su gran mayoría hijos de emigrantes afganos en Pakistán e Irán que habían perdido sus escasas propiedades durante la guerra y que a su vuelta no habían podido reclamar lo que les pertenecía. Sería en esta generación donde, a partir de las elecciones parlamentarias de 2010, irían arraigando unos nuevos partidos políticos islamistas sin tradición previa en la sociedad afgana. Partidos que propugnaban una sociedad islámica más conservadora y fundamentalista que la actual y que se oponían abiertamente a los valores sociales occidentales, particularmente en lo concerniente a la tolerancia y respeto a la diversidad, así como a los principios democráticos[90]. Partidos que resultaron muy atrayentes para la juventud porque presentaban un mensaje bien elaborado, cercano a las autoridades religiosas, y hacían un uso extensivo de los medios de comunicación social (redes sociales, chats en páginas web…), a lo que se unía el ofrecimiento gratuito de clases de religión y derecho islámico. Entre ellos destacaban Jamiat-e Islah y Hizb ut-Tahir[91], este último todavía más radical que el anterior —aunque ninguno de ellos defendía el uso de la violencia, ambos compartían objetivos políticos con Al Qaeda y los talibanes— (Nijat, 2014; Osman, 2014).

Ley Electoral

Hasta la celebración de las elecciones presidenciales en 2014, estas habían sido reguladas por el decreto aprobado por la Autoridad Transicional en 2004[92]. Finalmente,

---

[89] Islamic Republic of Afghanistan, Political Parties Law, 01.09.2009.

[90] Comunicación personal, Mohammad Shah Farhoed, exlíder universitario retenido en prisión durante doce años sin juicio previo (Zwijndrecht, Países Bajos, 27.10.2018).

[91] Para ampliar información sobre este partido político islamista radical que ha aparecido en el escenario afgano con inusitada fuerza acudir a *Hizb ut-Tahrir, Ideology and Strategy* de H. Ahmed y H. Stuart (2009).

[92] Transitional Authority of Afghanistan, Presidential Decree on the Adoption of Electoral…, 27.05.2004.

en 2013 una nueva ley electoral fue aprobada[93], ley que sólo duraría dos años, pues en 2016 vería la luz una nueva.

En la Ley Electoral de 2004, se establecía que cada candidato se presentaba a título personal e individual (artículo 13), contraviniendo lo establecido en la ley de partidos, en donde se establecía que «los partidos políticos registrados tenían el derecho de presentar candidatos en todas las elecciones» (artículo 12). El sistema sería el recomendado por Naciones Unidas para las primeras elecciones presidenciales con la excusa del escaso tiempo disponible para su organización, pero lo cierto es que no sólo el Gobierno transicional de Hamid Karzai, sino la propia comunidad internacional vio con buenos ojos un sistema electoral en el que los partidos políticos eran obviados en beneficio de los candidatos, teniendo en cuenta el pasado violento de aquellos y pensando que sería más sencillo controlar individuos que organizaciones.

La tradicional conflictividad competitiva entre las tribus, probablemente llevaron a Naciones Unidas a aconsejar el sistema de voto individual no transferible en la ley electoral que se aprobó al año siguiente, continuando la estela marcada por la Ley Electoral de 2004, al objeto de evitar el fortalecimiento de los partidos políticos que, en su mayoría, habían sido establecidos siguiendo criterios étnicos y tribales, pero con la consecuencia negativa de la falta de representatividad de los candidatos elegidos para el Parlamento. Sistema que también apoyó Estados Unidos, bajo la pretensión de limitar el poder de los partidos políticos y aumentar la capacidad de control político de la propia presidencia afgana (Reynolds y Carey, 2012). Esta decisión fue tomada por el presidente Karzai, con la consecuencia negativa de que los miembros del Parlamento tuvieran una escasísima representatividad democrática, ya que normalmente eran elegidos con un número de votos muy bajo —en 2005, hasta un total de 21 candidatos de los 33 elegidos como miembros de la Wolesi Jirga por la provincia de Kabul, lo fueron con menos del 1 % de los votos emitidos en ella— (T. H. Johnson, 2018). Por otro lado, esta debilidad de los diputados propició la búsqueda de apoyos políticos a través de la etnicidad, como principal factor de alianza en el Parlamento, al ser el elemento identitario más importante entre diputados de tan diversa procedencia.

En resumen, esta decisión cortoplacista supuso uno de los mayores obstáculos para el posterior desarrollo democrático afgano, tal y como los expertos en sistemas electorales vaticinaron, pues conocían que acabaría favoreciendo a los partidos más cohesionados y mejor organizados, ya que el procedimiento resultaba oscuro e incompresible para la mayoría de la población e incluso para muchos de los candidatos (Bjornlund, Cowan y Gallery, 2007; Giustozzi, 2008; Rubin, 2005). Por otro lado, los partidos formados sobre

---

[93] Islamic Republic of Afghanistan, Election Law, 20.07.2013.

las antiguas milicias muyahidines le brindaron todo su apoyo, conocedores de que saldrían perjudicados los nuevos partidos que no tenían tradición alguna en el escenario político (International Crisis Group, 2005b).

Entre los aspectos más interesantes de la Ley Electoral de 2013 es que se mantuvo como primer órgano regulador y garante de las elecciones a la comisión electoral y a la comisión de apelaciones como órganos de recurso, pero estableciendo que las decisiones de la última sólo serían consideradas por la primera como no vinculantes, y que las últimas decisiones de la comisión electoral eran inapelables. Junto a ello, es de destacar que se suprimió la presencia de expertos internacionales en la comisión de apelaciones —lo que fue una decisión personal del presidente Karzai con la excusa de la independencia y soberanía afganas—, lo que permitió la consolidación de un sistema electoral fraudulento.

Durante su elaboración hubo tres claros grupos de presión. El primero estuvo formado por los partidos políticos y las organizaciones civiles que pretendían una mayor transparencia en todo el proceso, así como la modificación del sistema electoral, para abandonar el voto individual no transferible —al que se responsabilizaba de la fragmentación política existente—; postura que ahora sí contaba con el apoyo mayoritario de la comunidad internacional. Un segundo grupo que contaba con el mayor poder de influencia en la escena política afgana en el momento de la aprobación de la ley y que era contrario a la modificación del sistema de voto; estaba compuesto por los miembros del Gobierno y los asesores del equipo de Karzai, así como por sus correspondientes redes clientelares, que justificaban la supresión de cualquier presencia internacional en el proceso y defendían la institución de un tribunal de apelación especial designado por el propio presidente —tal y como ya había ocurrido en las elecciones parlamentarias de 2010— (Bijlert, 2013; Foschini, 2010). El tercer grupo de presión estaba constituido por los propios diputados, que también eran contrarios a su modificación, pues una vez elegidos, les proporcionaba una mayor libertad de acción con respecto a sus propios partidos políticos al no existir cláusula alguna de compromiso con ellos; esto les permitía aumentar sus redes clientelares personales desde el momento que la propia Constitución establecía que los proyectos de inversión y desarrollo habían de contar con la aprobación previa parlamentaria, favoreciendo por lo tanto la competitividad interna en el Parlamento para intentar llevarse proyectos a sus provincias de origen (artículo 90).

En 2016 y bajo la presidencia de Ashraf Ghani, fue aprobada una nueva Ley Electoral[94] con importantes innovaciones en relación con el espinoso asunto del registro de votantes y las correspondientes bases de datos. Hasta esa fecha, los diferentes gobiernos

---

[94]Islamic Republic of Afghanistan, Election Law, 25.10.2016.

democráticos habían sido incapaces de establecer un censo electoral con una base de datos común en todo el país, donde se reflejasen los datos correspondientes a cada votante, aduciendo para ello razones de imposibilidad técnica. La nueva ley entró en vigor a principios de 2017 y pretendió acabar con este gravísimo problema, ligando cada registro de votante a un determinado colegio electoral, en lugar de a una provincia como hasta la fecha de su publicación ocurría. Con respecto a los posibles candidatos, la nueva ley reintrodujo la pertenencia a grupos armados ilegales como motivo de veto, cosa que había desaparecido en la ley de 2013 (Adili y Bijlert, 2017).

La organización político-administrativa

El entramado administrativo del Estado se desarrolló a lo largo de la segunda mitad del siglo pasado con diferentes culturas —un régimen monárquico absolutista, un régimen comunista, un régimen islamista y por último un emirato—. Todo ello había provocado las lógicas contradicciones e ineficiencias en la propia organización político-administrativa y las instituciones que la componían (Koetz y Ghafoori, 2017).

Durante los regímenes comunista, muyahidín y talibán, la gestión de los recursos humanos de la Administración se hacía de manera descentralizada en diferentes ministerios, lo que provocó la inexistencia de iniciativa alguna de reforma y modernización (Hashimi y Lauth, 2016). A pesar de que el artículo 159 de la Constitución de 1964 establecía que el trabajo para la elaboración de una ley de organización básica del Estado debía haberse iniciado durante el primer año tras su aprobación, la ley nunca llegó a ser aprobada por la confrontación existente en lo que se entendía como una repartición de poder entre los partidos y las tribus. De manera que los recursos humanos de toda la Administración se gestionaban por una norma que databa de 1965.

El proyecto de nueva ley fue aprobado en la Wolesi Jirga en 2007 y remitido a la Meshrano Jirga (Cámara Alta) para su aprobación, donde quedó bloqueado y devuelto de nuevo a la Cámara Baja, donde permanecería ante la falta de acuerdo para su aprobación. Más allá de las consideraciones de tipo técnico y jurídico, queda claro que no existió la voluntad ni el acuerdo político necesario para ello, teniendo presente que la creación y asignación de puestos de alto rango fue moneda de cambio en todos los gobiernos del periodo democrático. A esto se añade que, desde amplios sectores de la sociedad y del propio Estado, veían esta reforma como la mejor oportunidad para llevar a cabo una descentralización de poder que distaba mucho de estar consensuada. El borrador de esta ley orgánica trataba sobre las estructuras y funciones de los ministerios, la Asamblea Nacional, el Poder Judicial y la administración local.

Según la Constitución (artículo 60), el presidente de la República se constituía en cabeza de los tres Poderes del Estado, siendo la única autoridad para designar a vicepresidentes y ministros, fiscal general y miembros del Tribunal Supremo. Además de ser el jefe supremo de las Fuerzas Armadas, tenía la potestad para ratificar leyes y firmar decretos legislativos[95], designaba los altos cargos del Estado, declaraba las situaciones de emergencia nacional, supervisaba las políticas nacionales y las modificaba, en su caso. Además, tenía la potestad de reducir las sentencias impuestas por los tribunales y conceder el perdón, en su caso.

El Poder Legislativo era bicameral y tenía la capacidad de vetar los presupuestos y emitir el voto de confianza contra los componentes del Gobierno designados por el presidente (artículo 92), así como la capacidad de decisión sobre los programas de inversión y desarrollo. Al objeto de paliar esta capacidad de influencia sobre el ejecutivo, los sucesivos presidentes optaron por el mantenimiento en el cargo de ministros interinos, cuando así les interesaba. En el nivel central, existían más de veinte ministerios que estaban sujetos a control parlamentario, más la oficina del presidente y la de los vicepresidentes que quedaban fuera de este control. Al objeto de zafarse de la rendición de cuentas al Parlamento, lo que hacían los sucesivos presidentes era impulsar la creación de órganos dependientes directamente de su propia oficina con categoría ministerial. En 2016, su número ascendía a treinta (Hashimi y Lauth, 2016), lo que provocó una hipertrofia en la cúspide de la Administración que la hacía ingobernable[96]. Por su lado, la organización del Poder Judicial se encontraba desarrollada en la Ley de Organización y Autoridad de los Tribunales[97].

Los ministerios eran organizaciones anquilosadas, en las que el prestigio de un jefe de departamento ministerial se basaba en la cantidad de funcionarios que poseía en plantilla y no en la eficiencia, ya que un mayor número de puestos permitía satisfacer a un mayor número de seguidores, mediante la asignación directa de cargos. A esto se le sumaba el hecho de que, durante estas dos últimas décadas, cuando un departamento o subdepartamento ministerial no ofrecía los resultados esperados, se creaba uno nuevo con la misma función, pero sin deshacer el anterior. Conocido es el caso del Ministerio de Antinarcóticos que se creó para subsanar las deficiencias del Viceministerio de Antinarcóticos del Ministerio del Interior, pero sin anular este último; o cuando, a petición de organizaciones internacionales y países donantes, se establecieron oficinas de proyecto en el Ministerio de Rehabilitación y Desarrollo Rural, al objeto de acelerar y mejorar la

---

[95] De manera que cuando un proyecto de ley no era aprobado en el Parlamento, el presidente aprovechaba el periodo vacacional de las cámaras para emitir el correspondiente decreto ley con eficacia permanente, en tanto no existiese una ley aprobada en sede parlamentaria que lo derogase. Otro ejemplo fue la duración de la segunda legislatura del Parlamento (2010-2018), en tanto que la Constitución establecía que su tiempo máximo sería de cinco años, duraría casi nueve prorrogados por un decreto presidencial.

[96] Comunicación personal, Dra. Smith Smith, asesora internacional en el gabinete del ministro de Rehabilitación y Desarrollo Rural (Kabul, 15.05.2016).

[97] Islamic Republic of Afghanistan, Law of the Organization and Authority of the Courts, 20.08.2008.

gestión de los fondos donados, pero creando una sobresaturación de funcionarios —en este ministerio, el número de oficiales de proyecto contratados eventuales, según las condiciones impuestas por las organizaciones donantes, llegó a ser similar al número total de funcionarios— (Koetz y Ghafoori, 2017).

Según la Constitución, toda la autoridad descansaba en el propio presidente. Sin embargo, tras el bloqueo político provocado por el fraude detectado en las elecciones presidenciales de 2014 y bajo la presión de Estados Unidos, se llegó al acuerdo político para la formación de un gobierno de unidad nacional y el establecimiento de una Oficina Ejecutiva[98]. Esta oficina de apoyo al primer ministro tendría como misión la coordinación y gestión que hasta ese momento había realizado la oficina del presidente. Por lo que teóricamente el jefe del Estado quedaría a cargo de la supervisión y control de las políticas nacionales, de la jefatura de las Fuerzas Armada y de la representación exterior (Stars and Stripes, 2014). Lo cierto es que, a pesar del acuerdo, el presidente Ashraf Ghani ejerció, desde la toma de posesión de su cargo, un nivel de centralización inusual en comparación con el estándar establecido por su predecesor Hamid Karzai, al mismo tiempo que la confrontación política y el divisionismo estaban servidos con la repartición de ministerios entre ambos candidatos presidenciales.

La Ley de Hacienda Pública y Gestión del Gasto era la ley en la que mejor se visualizaba el altísimo nivel de centralización de la Administración afgana[99]. Databa de la época de la República Popular y en ella, las dos únicas entidades a la que se les otorgaba capacidad de planeamiento y gestión presupuestaria eran el propio Ministerio de Hacienda y las municipalidades. La Ley de Municipalidades[100], que databa de la época del Emirato, definía como tales a la ciudad de Kabul y a todas aquellas con más de 5.000 habitantes; su número ascendía a 33 capitales de provincia y 120 capitales de distrito (Nijat, 2014). El presupuesto de las municipalidades quedaba integrado en el presupuesto general del Estado, una vez aprobado por el Ministerio de Hacienda. A excepción de las dos instituciones anteriormente citadas, ninguna otra, tanto a nivel central como local, tenía capacidad de tasación y, por lo tanto, se habían de limitar a efectuar las propuestas de gasto necesarios para los corrientes y los de inversión.

La gobernanza local

El nivel subnacional de la Administración estaba definido en la Constitución como el formado por las provincias, en las que se incluían los consejos provinciales, los de distrito

---

[98] Figura inexistente en la Constitución y que, de nuevo, sería creada por un decreto presidencial, para ser suprimida en la primavera de 2020 con ocasión del inicio de la segunda legislatura del presidente Ashraf Ghani.

[99] Popular Republic of Afghanistan, Public Finance and Expenditure Management Law, 21.11.1983.

[100] Islamic Emirate of Afghanistan, Municipal Law, 07.10.2000.

y los de comunidades locales (pueblos), además de las municipalidades (artículos 136, 138, 140 y 141 de la Constitución). En su artículo 137, establecía que el Gobierno transferiría los poderes necesarios al nivel subnacional para mejorar la economía, así como los asuntos culturales y sociales. Asunto que nunca llegó a resolverse mediante ley, lo cierto es que el establecimiento y desarrollo de la estructura de gobernanza local democrática se hizo: por una parte, aprovechando la cadena política de gobierno y seguridad, heredada de los sucesivos modelos vividos durante los últimos treinta años del siglo XX; y por otra, estableciendo una nueva cadena de órganos técnicos encargados de la prestación de servicios públicos. Es por ello que se sufría de una dicotomía con dos sistemas paralelos de gobernanza en el nivel provincial y de distrito —un sistema para el ejercicio del poder político y la prestación de la seguridad y orden público; y otro técnico, compuesto por las delegaciones de los diferentes ministerios con sus funciones propias—, a los que añadiremos una serie de nuevos órganos de tipo representativo (consejos o *shuras*) que fueron sucesivamente capados en su desarrollo y funciones (Nixon, 2008).

En el fondo de este espinoso asunto se encontraba el modelo de Estado definido en la Constitución y el grado de descentralización en el nivel local, donde se plasmaban dos visiones diferentes de la organización político-administrativa: por un lado, el modelo presidencialista y centralizador pretendido desde Kabul; por el otro, un modelo parlamentario con una importante descentralización territorial en las provincias. El presidente Hamid Karzai aprobó en el año 2007 la creación de la llamada Dirección Independiente de Gobernanza Local, al objeto de calmar las tensiones existentes y elaborar una norma que resultó ser de imposible implantación[101].

Los órganos políticos de gobierno y seguridad

La cadena de los órganos de gobierno y seguridad era prácticamente la misma que existía en 1964. Venía definida por un gobernador designado por el presidente de la República, y dependía, a través del Ministerio del Interior, de la Oficina Presidencial —a partir de 2007, dependió de la Dirección de Gobernanza Local—. Estos gobernadores provinciales eran los responsables de la coordinación de las oficinas delegadas ministeriales que pudieran existir, a lo que sumaba ser el representante de la Oficina Presidencial con el consiguiente poder que eso les otorgaba. A través de los gobernadores, discurría la prestación de la seguridad por la relación de dependencia existente del jefe de policía con aquel[102].

---

[101] Islamic Republic of Afghanistan, Presidential Decree on Independent Directorate of Local Governance (IDLG), 30.08.2007.

[102] Si bien y conforme el régimen democrático se consolidaba, el Ministerio de Interior era cada día más celoso de sus competencias y recordaba permanentemente a los gobernadores que no debían inmiscuirse en asuntos operativos (Nixon, 2008).

Del gobernador provincial dependían los gobernadores de distrito, que eran designados asimismo desde Kabul, normalmente con el asesoramiento del gobernador provincial. Los gobernadores de distrito eran los responsables del control y funcionamiento de las oficinas delegadas que pudieran existir —normalmente encontrábamos un juzgado y una comisaría de policía, a los que se les unían representantes de los Ministerios de Educación, Sanidad, Desarrollo Rural...—. Los gobernadores de distrito se relacionaban con los líderes tradicionales de las comunidades locales (*maliks, qaryadars* y *arbabs*[103]), que eran los que representaban el último eslabón en la cadena de gobierno ante el ciudadano. Aunque su función y autoridad no estaba recogida en normativa alguna, lo cierto era que en la mayoría de las comunidades locales se les seguía reconociendo la autoridad necesaria para el ejercicio de sus cometidos: registro de nacimientos, bodas y defunciones; cobro de tasas; y resolución de conflictos intracomunales y con la Administración. Los propios gobernadores de distrito y provinciales los utilizaban como representantes de las comunidades en sus relaciones con ellas. Desde 2002, muchos de estos puestos fueron copados por los excomandantes muyahidines (Islamic Republic of Afghanistan Independent Directorate for Local Governance, 2010).

Los órganos técnicos

De forma paralela, se fue instituyendo la cadena técnica formada por las delegaciones de los diferentes ministerios existentes en la provincia: del Ministerio de Justicia con un juzgado que actuaba en primera instancia para los posibles delitos penales, y en segunda para los delitos civiles, así como una prisión; del Ministerio de Educación, de la que dependían institutos y escuelas, así como, en su caso, la universidad; del Ministerio de Sanidad, de la que dependía el hospital provincial, clínicas y ambulatorios públicos; del Ministerio de Rehabilitación y Desarrollo Rural, de la que dependía la mayoría de los proyectos de desarrollo existentes; del Ministerio de Infraestructura, de la que dependían las obras mayores de inversión existentes en la provincia; del Ministerio de Finanzas, etc.

De manera oficial, esta cadena no tenía dependencia del gobernador, al contrario de lo que ocurría con la policía, por lo que sólo tenían la obligación de coordinación con la oficina de aquel. Es aquí donde entraba en juego la capacidad de liderazgo y la personalidad del gobernador, amén de su influencia en el nivel central y en la propia Oficina Presidencial, para ejercer un papel más intrusivo en su labor de coordinación (Koetz y Ghafoori, 2017).

---

[103] Los *arbabs* son los cabezas de familia y propietarios de tierras que, según el derecho consuetudinario afgano, son los que tienen voz y voto en las *shuras* o *jirgas*, junto a otras figuras como los *maliks* o *qaryadars*, kanes y mulás.

Una segunda línea técnica era la formada por las oficinas delegadas ministeriales existentes en cada uno de los 398 distritos, repartidos en las 34 provincias y dependientes del respectivo gobernador de distrito. Curiosamente, la capacidad de influencia del gobernador provincial sobre los órganos de la Administración en los distritos era mayor que en los existentes en el nivel provincial, desde el momento que él proponía al candidato para este puesto, y toda la administración técnica del distrito dependía de estos últimos, a diferencia de la provincial (Habib, 2013).

Una serie de órganos no contemplados en la Constitución, pero de evidente éxito en la gobernanza local fueron los denominados Consejos de Desarrollo de Comunidad (DCC). Establecidos en el marco del Programa de Solidaridad Nacional (NSP), este articulaba un procedimiento para que fueran las propias comunidades locales las que seleccionasen los proyectos de interés social que pudiesen ser financiados a través de este programa, proyectos que una vez aprobados eran dotados de la correspondiente financiación. Como eran las propias comunidades las encargadas de su ejecución y control del gasto, el programa exigía la constitución de estos DCC, cuyos miembros eran elegidos mediante un proceso de voto secreto en el que debían participar los miembros adultos de los hogares de un mismo vecindario. Los así elegidos entraban a formar parte del consejo —la participación femenina se aseguraba siguiendo un procedimiento común para ambos sexos o, en su defecto, estableciendo elecciones por separado para elegir los miembros femeninos—. Sus cometidos fundamentales en el área de la gobernanza eran la gestión del trabajo comunitario (*ashar*), la protección social de los más desfavorecidos y la resolución de conflictos civiles (Nixon, 2008).

A la vista de los buenos resultados obtenidos, el Ministerio de Rehabilitación y Desarrollo Rural decidió establecer los Comités Provinciales de Desarrollo (PDC), al objeto de proporcionar una mayor coordinación a nivel provincial. Estos comités se constituyeron como el órgano superior a los Consejos de Desarrollo de Comunidad, operando como órganos segregados del consejo provincial. Fueron utilizados para poner un cierto orden en la caótica situación vivida durante esos años en el campo del desarrollo en las provincias, con la específica misión de coordinar los proyectos de su área con el correspondiente PRT (Stapleton, 2007; The World Bank, 2007).

El artículo 141 de la Constitución estipulaba que se establecieran los órganos de gobierno de las municipalidades, así como que el alcalde y los concejales debían ser elegidos mediante elecciones directas. La ley, que databa del año 2000, establecía su capacidad de cobrar impuestos y elaborar su propio presupuesto como órgano con autonomía presupuestaria limitada, bajo la aprobación del Ministerio de Hacienda[104].

---

[104] Islamic Emirate of Afghanistan, Municipal Law, art. 10, 07.10.2000.

Sorprendentemente, las elecciones establecidas en la Constitución (artículo 141) para la elección de alcaldes y concejales nunca se llevaron a cabo en el periodo democrático. En su lugar, todos ellos fueron designados por la Dirección de Gobernanza Local, con el asesoramiento del gobernador provincial afectado, excepto para el caso de Kabul que era designado directamente por el presidente y tenía rango ministerial (Habib, 2013; Popal, 2014).

Los órganos de participación democrática

Con ocasión de la aprobación de la Constitución de 2004 no se definió una nueva estructura política de gobernanza local, pero en ella se determinó la existencia de unos consejos provinciales y consejos de distrito, entre cuyos miembros serían elegidos dos tercios de los miembros de la Meshrano Jirga. Cuando en 2005 se llevaron a cabo las elecciones para la Wolesi Jirga, simultáneamente se llevaron a cabo las correspondientes a las de los consejos provinciales (Shura-e Wolayati) que eran imprescindibles para completar la Cámara Alta. Es así como la nueva versión de los consejos provinciales, pues ya estaban previstos en la Constitución de 1964 (artículo 109), fue establecida para poder cumplir con la exigencia constitucional de elección de los miembros de la Meshrano Jirga, pero sin ambición alguna de representatividad ciudadana ante la administración provincial.

Más dramático fue el caso del resto de consejos previstos en la Constitución en el nivel de distrito, ya que ni tan si quiera se llegó a plantear su establecimiento. Durante 2005, no se llevaron a cabo las elecciones correspondientes a los consejos de distrito, aludiendo razones técnicas que tenían que ver con la falta de concordancia de los límites de cada distrito con los de los asentamientos de las diferentes comunidades locales, en esta confusión tan generalizada en la cultura política rural afgana, donde el ciudadano se niega a ser integrado en otra comunidad política que no sea la correspondiente a su tribu y clan.

Al objeto de cumplir el mandato constitucional para la elección de un tercio de los representantes de la cámara alta entre los miembros de los consejos de distrito, lo que suponía uno por provincia, el presidente Karzai decidió la aportación de un segundo miembro por parte de los consejos provinciales. Esta decisión provocó que fueran los propios consejos provinciales los que posteriormente presentaron objeciones al establecimiento de los consejos de distrito, por lo que de pérdida de poder suponía para ellos, con el agravante de que muchos distritos no se sentían ni tan si quiera representados en los consejos provinciales.

En el decreto ley sobre los consejos provinciales aprobado en 2007[105], se estableció la función de monitorización y control de las actividades de la oficina del gobernador y de las oficinas provinciales de los respectivos ministerios, pero no se les asignaba personal ni recursos financieros para ello, por lo que dependían de los órganos a inspeccionar para recibir los apoyos necesarios para cumplir con su misión —con el consiguiente compromiso de ésta—.

Tampoco fueron constituidos los consejos de las comunidades locales (pueblos y aldeas) estipulados en el artículo 140 de la Constitución y que, siguiendo los datos de la Oficina Central de Estadística, ascendían a 40.020. En su lugar y debido a la buena aceptación que tuvieron, estuvieron funcionando los precitados Consejos de Desarrollo de Comunidad, cuyo segundo objetivo declarado era «establecer los cimientos para fortalecer la gobernanza a nivel de comunidad». Lo cierto es que, en 2010, existían unos 17.000, cubriendo algo más de la mitad de las aldeas, y con el objetivo de llegar a establecer hasta 32.769 (Nijat, Gosztonyi, Feda y Koehler, 2016; Nixon, 2008). Algunos expertos opinaban sin falta de razón que, más allá del buen trabajo realizado por estos consejos de desarrollo, sirvieron de excusa para no llevar a cabo la elección democrática de los consejos de gobierno de comunidad, lo que permitió fortalecer la estructura autocrática de gobierno, propiciando la radicalización de las comunidades locales en su oposición a las instituciones estatales (T. H. Johnson y Mason, 2008).

Mención especial merecen las *jirgas* que se establecen en las comunidades pastunes, donde se convierten en órganos no sólo de gobernanza, sino también de justicia. De acuerdo con el *pashtunwali,* estos consejos tienen capacidad legislativa, ejecutiva y judicial en su área. Durante todo el periodo democrático siguieron ejerciendo estas funciones y debían reportar de sus decisiones a los gobernadores de distrito, aunque la realidad distaba mucho de ser así[106] (Nixon, 2008).

El proyecto inacabado de una norma integradora

Cuando en 2007 se estableció la Dirección Independiente de Gobernanza Local, se determinó que su misión fuera la de servir de correa de transmisión entre la Oficina Presidencial y los órganos políticos de gobernanza local, así como elaborar una propuesta de norma que aclarase el maremágnum de órganos y conflictos existentes relacionados con este nivel de gobierno. Maremágnum debido a la coexistencia de un sistema tradicional, con otro constitucional y *ex novo,* junto a los órganos preconstitucionales de consulta y gobernanza establecidos al inicio de la intervención internacional —nos

---

[105] Islamic Republic of Afghanistan, Ministry of Justice, Decree 1 on Provincial Councils, 19.04.2007.
[106] En el año 2008 y para la provincia de Nangarhar, el 90 % de delitos y el 70 % de asesinatos fueron juzgados y sentenciados por medio de *jirgas.*

referimos a la estructura de gobernanza y seguridad, a la técnica de servicios públicos y a la de participación ciudadana desarrollada a partir de 2002—.

La norma que debía regular y establecer las responsabilidades, funciones y relaciones de coordinación entre los diferentes órganos de gobernanza local fue la conocida como Norma de Gobernanza Subnacional (Islamic Republic of Afghanistan Independent Directorate for Local Governance, 2010). Finalizada en la primavera de 2010, nunca llegó a ser presentada al Parlamento. Un documento denominado *Hoja de Ruta para la Reforma Subnacional* fue presentado por el presidente Ghani en 2018, al objeto de marcar la guía para desbloquear la situación en la gobernanza subnacional. Lo cierto es que el documento desafortunadamente mezclaba preceptos sobre instituciones de gobernanza local contenidas en la Constitución, con otras no reconocidas en norma legal alguna, por lo que no dejó de constituir un desiderátum presidencial, pero sin eficacia jurídica alguna (Islamic Republic of Afghanistan, 2018).

Junto a ella, de las tres leyes esenciales para la gobernanza local —Ley sobre Municipalidades, Ley de la Administración Local y Ley de los Consejos Provinciales— sólo la última de ellas fue aprobado en la época democrática[107] y las otras entraron en un ciclo indefinido de revisiones y nuevas enmiendas legislativas, como consecuencia de la falta de acuerdo político sobre las capacidades y funciones de estos órganos. Esta situación de bloqueo fue debida a las posiciones políticas enfrentadas que se vivían en la Asamblea Nacional y, por ende, en el Gobierno, en la que se dirimían no sólo las posibles instituciones de gobernanza local, sino sobre todo una posible y, por muchos deseada, desconcentración de poder en este nivel subnacional.

El proyecto de norma establecía que los consejos provinciales, de distrito, de comunidad y de municipio, así como el resto de instituciones de gobernanza en el nivel subnacional, debían rendir cuentas ante sus propios ciudadanos, pero iba más allá y establecía que los consejos provinciales tendrían la capacidad de exigir a los gobernadores y a las oficinas provinciales de los ministerios que rindiesen cuentas de las tareas realizadas, así como de cualquier reclamación o queja que se les pudiera presentar por los ciudadanos bajo su jurisdicción.

Por su parte, los consejos de distrito tendrían en su territorio de jurisdicción las mismas prerrogativas y autoridad que los consejos provinciales a su nivel, de manera que los gobernadores de distrito y las oficinas ministeriales que pudieran existir en él (juzgado, destacamento de policía, oficina de proyectos…) responderían ante los citados consejos.

---

[107] Y posteriormente revisada mediante un decreto administrativo del presidente de marzo de 2015, en el que se trataba de clarificar la autoridad de control del consejo sobre la oficina del gobernador (Qaane y Ruttig, 2015).

En el proyecto de norma, se justificaba esta capacidad de control en el nivel provincial y distrito porque achacaba la ineficacia de los servicios públicos, en las distritos y municipalidades, al hecho de que no existía órgano alguno elegido democráticamente ante el que tuvieran que rendir cuentas (Islamic Republic of Afghanistan Independent Directorate for Local Governance, 2010).

Las instituciones de gobernanza y participación ciudadana

En el ámbito académico se utilizan una serie de indicadores para llegar a determinar el nivel de buena gobernanza de una sociedad[108]. En el caso de Afganistán y durante estas dos últimas décadas, de los seis indicadores que el Banco Mundial refiere para calificar la gobernanza de un país —participación democrática de la ciudadanía y rendición de cuentas de los gobernantes (*voice and accountability*); estabilidad política y ausencia de violencia (*political stability and absence of violence*); efectividad del gobierno (*government effectiveness*); elaboración e implementación de normativa legal que favorezca el desarrollo económico de libre mercado (*regualtory quality*); Estado de derecho (*rule of law*); y control de corrupción política (*control of corruption*)—, sólo en dos de ellos fue capaz de salir de entre los diez países con peor gobernanza en el mundo —control de la corrupción y Estado de derecho—, para ocupar el puesto número décimo primero, manteniéndose en esa decena de cola para todos los demás (Worldwide Governance Indicators, 2017).

Estos malos resultados tuvieron que ver con la falta de eficacia que presentaba la administración central, pero también por una enorme falta de gobernanza en el nivel local (Katzman, 2015b). Estudios realizados en 2008 ya citaban a la pésima calidad de la gobernanza local como uno de los principales instigadores de la insurgencia (Jones, 2008a), a lo que añadimos una corrupción que infectaba todos los niveles de la Administración.

Los gobernadores provinciales sólo respondían ante el presidente de la República y la propia Dirección de Gobernanza Local, quien a su vez lo hacía ante el anterior, actuando en la provincia como los representantes del Ejecutivo. Sus funciones principales tenían que ver con la coordinación de las oficinas delegadas de los diferentes departamentos ministeriales. Junto a ello, los gobernadores presidían las reuniones de las Asambleas Administrativas Provinciales (PAA), que operaban desde 1964 y en las que participaban representantes de todas las oficinas ministeriales existentes en la provincia. En estas

---

[108] Los elaborados por el Banco Mundial son los más comprensivos entre una inmensa mayoría de organizaciones que aportan indicadores demasiado subjetivos, si bien entre las instituciones que están realizando grandes esfuerzos para refinarlos destacan, además del citado Banco Mundial, las siguientes organizaciones: Transparencia Internacional, Freedom House y The Centre for International Development and Management (Besançon, 2003).

asambleas provinciales también participaban, desde 2005, representantes de los Consejos Provinciales de Desarrollo (Islamic Republic of Afghanistan Independent Directorate for Local Governance, 2010).

Los gobernadores de distrito (*woleswal*) constituían el representante más cercano de la Administración del Estado a los ciudadanos, representando su último eslabón. Eran de una importancia capital por el aislamiento físico al que están sometidos gran parte del año muchos distritos, debido a la complicada orografía y la dureza extrema del clima. Representaban el escalón básico y fundamental en la resolución de conflictos y disputas de carácter civil. Una vez aprobado el conocido como Decreto sobre la Reforma Administrativa de 2012[109], la designación de gobernadores de provincia y de distrito mejoró considerablemente al tener un mayor peso los méritos de los candidatos, si bien siempre teniendo en consideración otros factores prioritarios como la proporcionalidad étnica en el reparto de altos cargos. En el año 2014, aproximadamente la mitad de los gobernadores provinciales habían sido designados teniendo en cuenta sus méritos académicos y profesionales, y del total de gobernadores de distrito, 231 ya pertenecían al cuerpo de funcionarios de carrera del Estado —con anterioridad al citado decreto, no se requería requisito previo alguno para ser designado gobernador provincial o de distrito, y eran directamente designados por el presidente— (Brown, 2012; Katzman, 2015a).

La situación de centralización política y de recursos en el nivel nacional provocaba que, aunque la prestación de servicios se llevase a cabo mediante unidades establecidas en las provincias, fuese el nivel central quien tomaba las decisiones sobre su ejecución, con las consiguientes distorsiones en su implantación. Las provincias no tenían capacidad alguna para la recaudación de impuestos ni para la elaboración de presupuestos, y se limitaban a elevar sus propuestas de gastos corrientes para que fuesen incluidas en los presupuestos del correspondiente departamento ministerial, único con capacidad de recibir la correspondiente asignación de fondos, vía presupuesto nacional. En una segunda fase, los fondos recibidos para las provincias habían de ser transferidos a la oficina provincial del Ministerio de Hacienda (*mustafiat*), desde donde se libraban al órgano de gasto correspondiente y se ejecutaban.

De igual manera, las delegaciones provinciales proponían aquellos proyectos de inversión y desarrollo que juzgaban convenientes, a la espera de que fuesen incluidos en el presupuesto anual del Estado —cosa que con frecuencia no ocurría por la incapacidad de las sedes centrales ministeriales para gestionar bases de datos con detalles de los proyectos, de manera que permitiesen la selección por criterios objetivos y no sólo políticos— (Nijat, 2014). En esta extensa estructura, donde el alejamiento físico

---

[109] Islamic Republic of Afghanistan, Presidential Decree No. 45 on Administrative Reform, 26.07.2012.

implicaba falta de sensibilidad para conocer las realidades más acuciantes de las comunidades locales, es donde entraba en juego el papel de conseguidores que desempeñaban los diputados parlamentarios, con su extensa red de contactos en las oficinas centrales de los ministerios en Kabul.

Precisamente, era la estructura de órganos de participación ciudadana prevista en la Constitución la que debería paliar la situación descrita en el párrafo anterior, pero al haber sido desarrollada de una manera tan deficiente no fue capaz de cubrir esta función de control. En el año 2005 no se habían llevado a cabo las elecciones necesarias para la constitución de los consejos de distrito. Como los informes previos de expertos habían alertado, se consideraba esencial haber llevado a cabo la constitución de los diferentes consejos previstos en la administración local[110]. De entre todos ellos —consejos provinciales, consejos en municipalidades de más de 5.000 habitantes, consejos de distrito y consejos de comunidades locales—, los considerados más importantes para la gobernanza eran los consejos provinciales y los de distrito, para de esta manera poder contrarrestar el alineamiento de las comunidades locales por lazos étnicos y el clientelismo a los comandantes exmuyahidines (International Crisis Group, 2004). Precisamente, estos últimos jamás llegaron a constituirse.

El decreto de 2007 sobre los consejos provinciales establecía su función supervisora, pero no se estableció en ley alguna la obligatoriedad de la oficina del gobernador y las delegaciones ministeriales de someterse a estos controles, por lo que no facilitaron su trabajo (Islamic Republic of Afghanistan Independent Directorate for Local Governance, 2010). Mas tarde y con ocasión de la nueva Ley de Consejos Provinciales, la propia Wolesi Jirga bloquearía las enmiendas al proyecto de ley por las que se les otorgaba capacidad de supervisión sobre los órganos de la administración provincial (The Daily Outlook of Afghanistan, 2014). Posteriormente, el decreto administrativo de 2015 sobre los consejos provinciales no vino a solucionar el problema, sino a volverlo a dejar tal y como estaba en 2007. Esto que puede parecer un contrasentido a primera vista, ha de ser entendido como una maniobra para evitar la pérdida de poder e influencia de los diputados como representantes de las provincias.

LA REFORMA PARA LA MEJORA DE LA SEGURIDAD

La priorización de la respuesta militar a la política

En 2006, el Pacto por Afganistán pretendió ser la tabla de salvación ante un escenario enrarecido, en el que era necesario introducir un giro radical para que las instituciones del Estado se ganaran una legitimidad tan necesaria ante una población desafecta. En él se

---

[110] De forma general denominados *shuras* en la legislación afgana.

establecieron las pautas para la gobernanza del país y se definió una serie de objetivos a alcanzar en el horizonte temporal de 2010 (The Afghanistan Compact, 2006). Estos objetivos eran concordantes con los establecidos por el Ejecutivo afgano en su Estrategia Interina de Desarrollo de 2006 (Islamic Republic of Afghanistan Ministry of Finance, 2005), y se encontraban alineados con los establecidos como Objetivos del Milenio (Islamic Republic of Afghanistan, 2005) —documento elaborado una vez que el presidente afgano firmó en 2004[111] la Declaración de Objetivos de Desarrollo del Milenio de Naciones Unidas[112]—.

En el inicio de esta nueva fase, se evidenció lo que aparentaba ser una dicotomía entre los asesores internacionales que apoyaban al gobierno afgano en el país y los propios representantes diplomáticos de la comunidad internacional. Por un lado, la velocidad a la que operaba la reconstrucción sobre el terreno y por otro la que pretendían imponer desde el exterior los países intervinientes. Esto provocó un falso cierre del pacto desde el momento que el documento presentado por el Ejecutivo afgano, la Estrategia Interina de Desarrollo Nacional, no satisfizo a los representantes internacionales presentes en la conferencia y se cerró con el compromiso de redacción urgente de un nuevo documento. El documento presentado contenía importantes modificaciones conceptuales sobre cómo articular el esfuerzo de reconstrucción en comparación a cómo había quedado establecido en el anterior Marco Estratégico de Desarrollo Nacional (2002), ya que sacaba la reforma del sector de seguridad del pilar de seguridad y Estado de derecho (Afghanistan Interim Administration Authority, 2002), y lo jerarquizaba como un pilar independiente, al mismo nivel que el pilar de desarrollo y el nuevo pilar de gobernanza que ahora también incluía al Estado de derecho. Esta estructura se contraponía a la que el mundo académico preconizaba como idónea, incluyendo la reforma del sector de seguridad, la reforma del sector judicial y algunos aspectos de la gobernanza política en el pilar dedicado al Estado de derecho (Besançon, 2003; Kouvo, 2009; Stromseth *et al.*, 2006).

La única razón que se alcanza a ver para que la comunidad internacional optase por esta decisión fue la asignación de la reforma del sector de seguridad al liderazgo militar, de manera aislada al resto de sectores del pilar de Estado de derecho, que quedaban en manos civiles. Esta nueva jerarquía de pilares supuso priorizar la respuesta militar a la vía política, de manera que se decía que la falta de buena gobernanza, en particular la ausencia de Estado de derecho, era corolario de una situación de inseguridad rampante (Islamic Republic of Afghanistan Ministry of Finance, 2005). La realidad era muy

---

[111] Precisamente este retraso en la firma de la declaración justificaba que en ella se estableciese como objetivo temporal alcanzar esos objetivos en 2020, en lugar de en 2015 que era el año establecido en la declaración del milenio de Naciones Unidas.

[112] United Nations, General Assembly, Res. A/RES/55/2, 18.09.2000.

diferente ya que, incluso en áreas con suficiente nivel de seguridad, la prestación de servicios era muy deficiente, como lo demostraba el hecho de que eran las ONG y los PRT los principales proveedores de aquellos. La principal causa de esta deficiencia de legitimidad se encontraba en el colapso que sufría el Poder Legislativo, el clientelismo político en el Poder Ejecutivo y la corrupción que se sufría en este y en la propia judicatura (Suhrke, 2011). El segundo coralario de esta decisión serían que las acciones u omisiones cometidas en el pilar de seguridad contra el Estado de derecho serían mucho más difíciles de detectar y controlar, pues este último sector pasaba al pilar de gobernanza.

Desarme, desmovilización y reintegración

En la construcción del nuevo Estado afgano, el monopolio de la violencia era fundamental pues se venía de una larga serie de guerras civiles, además de que el régimen derrocado por la fuerza de las armas no había sido invitado a negociación de paz alguna. El escenario, en cuanto a las armas sin control y el personal dispuesto a utilizarlas, se completaba con toda una serie de excomandantes que no estaban dispuestos a disolver sus milicias locales, en tanto en cuento no se les asegurase un medio de vida mejor.

Las unidades muyahidines que componían las milicias de la Shura-e Nazar bajo el mando del ministro de Defensa ascendían a unos 45.000 y, según las estimaciones hechas por UNAMA, las milicias fuera del control del ministerio ascendían a unos 65.000 combatientes organizados en no menos de 850 grupos que desafiaban la autoridad del propio ministro de Defensa (International Crisis Group, 2005a). Cifra que posteriormente sería corregida al alza por el propio gobierno afgano con una estimación de casi 2.000 grupos armados ilegales y entre 100.000 a 125.000 combatientes (Islamic Republic of Afghanistan Ministry of Finance, 2005).

El territorio afgano presentaba las características esenciales de un escenario posconflicto durante el primer quinquenio de presencia internacional, no así con posterioridad cuando una gran parte del territorio se convirtió en el escenario de una lucha abierta contra la insurgencia. Era por lo tanto urgente un profundo programa de desarme, desmovilización y reintegración de excombatientes (DDR), al objeto de contribuir a la seguridad y estabilidad social. Según Naciones Unidas, estos programas son procesos complejos con dimensiones políticas, militares, humanitarias, socio-económicas y de seguridad (United Nations Disarmament Demobilization and Reintegration Resource Center, 2019b), y son esenciales para conseguir un adecuado control de los medios de violencia por los agentes estatales autorizados para ello.

El denominado Programa Afgano de Nuevos Comienzos (ANBP) constituyó el proceso DDR diseñado por Naciones Unidas. La agencia encargada de su implementación sería el UNDP, bajo el liderazgo de Japón, como país del G-8 que había asumido esta responsabilidad en la primavera de 2002. Inicialmente, el programa sólo contemplaba el desarme y desmovilización de las fuerzas militares bajo la autoridad del ministro de Defensa, pero no incluía las milicias locales que no reconocían su autoridad. El ANBP fue iniciado en abril de 2003 como un proceso voluntario, lo que provocó la necesidad de activar incentivos para que el programa no fuera un fracaso. Uno de estos incentivos fue la propia Ley de Partidos Políticos de 2003, en la que se establecía la denegación de la autorización para constituirse como partido político a todas las asociaciones que tuvieran lazos con organizaciones paramilitares[113]. A pesar de que sobre el papel las cifras fueron muy buenas, aproximadamente 62.000 combatientes milicianos, 36.000 armas ligeras y casi todo el armamento pesado (Jalali, 2006); lo cierto es que la medida no tuvo los efectos deseados, pues Estados Unidos y el propio presidente Karzai apoyaron que conocidos comandantes de milicias pasaran a ocupar puestos de gobernador y jefe de policía en las provincias, recolocando a continuación a sus milicianos como patrulleros (International Crisis Group, 2005a). Del total de milicianos reintegrados, sólo un 2 % lo hicieron al nuevo ejército nacional o a la policía, ya que prefirieron alistarse a las nuevas compañías de seguridad privada creadas por los excomandantes muyahidines (Waldman, 2010a), donde seguían manteniendo sus redes de lealtad personal y cobrando suculentos salarios, lo que además les permitía mantener sus redes de control y extorsión, ahora enmascaradas como instituciones oficiales o empresas legales.

En las provincias, la ausencia de Estado de derecho era de tal envergadura que el propio Lakhdar Brahimi con ocasión de la Loya Jirga Constitucional (diciembre 2003 y enero de 2004) aprovechó su despedida como representante especial de Naciones Unidas para decir que «el pueblo de Afganistán está temeroso de las armas en poder de la gente equivocada y que no son usadas para su defensa ni para hacer la yihad, porque el tiempo de la yihad ha finalizado, sino para aterrorizar a la gente en su propio provecho y aquellos que están cerca de ellos» (L. Miller y Perito, 2004: 3).

En 2004, se lanzó la segunda fase del proceso DDR, en este caso dirigida a las milicias armadas no encuadradas en el Ministerio de Defensa, y que fue denominado Disolución de Grupos Armados Ilegales (DIAG). La novedad principal consistió que, en este caso, el sometimiento al desarme era obligatorio bajo la amenaza de severos castigos a aquellos que no lo cumplieran, aunque lo cierto es que las amenazas nunca llegaron a materializarse (International Crisis Group, 2005a).

En la Estrategia Interina de Desarrollo de finales de 2005, al hablar de la mejora de la seguridad se hacía hincapié en la reforma del sector de seguridad, confiando esta responsabilidad de manera primigenia a la ISAF y a las fuerzas estadounidenses de la

---

[113] Transitional Authority of Afghanistan, Presidential Decree on Political Parties Law, art. 6, 18.10.2003.

operación Libertad Duradera. En ella se citaba expresamente a los PRT como los responsables de promover la seguridad y la estabilidad en las provincias, apoyando las capacidades afganas. Pero lo cierto era que no se dispusieron de estas capacidades hasta finales de 2010, materializadas por 70.000 miembros de las nuevas fuerzas armadas y 62.000 de la policía.

En el informe del secretario general de Naciones Unidas de 7 de marzo de 2006, se significaba que las fases de desarme y desmovilización del proceso DDR habían finalizado, pero no así la de reintegración. A ello hay que sumar que el programa DIAG acababa de comenzar hacía sólo un mes, determinándose su finalización para 2007 (United Nations Secretary General, 2006). Sin embargo, la fase de reintegración de personal en la vida civil, mediante programas de formación laboral, nunca llegó a implementarse (Courage Services Inc., 2008), lo que provocó que unos 100.000 excombatientes pasaran a engrosar las filas de potenciales bandas criminales o insurgentes. Por último, se estableció un esfuerzo en desminado que, como mínimo, debía comprender el desminado del 70 % de las áreas minadas y la total destrucción de los depósitos de minas para finales de 2010 (Islamic Republic of Afghanistan Ministry of Finance, 2005).

La inevitable consecuencia de estas graves faltas de coordinación fueron una mayor vulnerabilidad en las provincias, ante la falta de unidades militares y policiales afganas —las pocas existentes estaban desplegadas en los núcleos urbanos de Kabul, Gardez, Kandahar, Herat y Mazar-e Sharif— (Day, 2007), y unos PRT que no estaban organizados ni adiestrados para hacer frente a esta nueva tarea de seguridad, frente a una insurgencia talibán que ese año desafió en combate abierto a las tropas internacionales[114].

En 2010, todavía estaba en marcha el programa DIAG que al parecer había conseguido la desmovilización de unos 500 grupos armados ilegales de un total de 2.000, a través de incentivos a las comunidades locales donde estaban ubicados (construcción de escuelas, clínicas, infraestructuras…). En relación con el proceso DDR y según las encuestas llevadas a cabo por Naciones Unidas, hasta el 80 % de los acogidos no eran combatientes regulares (Waldman, 2010a), y del 20 % restante, una buena parte volvería a las armas al no producirse una adecuada reintegración, tomando incluso partido por la insurgencia[115].

---

[114] La muestra más evidente de este desatino sería el riesgo real de sufrir una importante derrota operacional que se vivió en el sur durante el desarrollo de la Operación Medusa, en septiembre de 2006.

[115] Tal sería el caso del conocido comandante Fazel Rabi de Jamiat-e Islami que acabaría incorporándose a la insurgencia, como combatiente muy activo en la provincia de Wardak (Elias, 2009).

La reforma de la Policía

Hasta el reinado de Abdur Rahman, la vigilancia y cumplimiento de la ley por los ciudadanos estaba en manos de los notables de cada comunidad local. Abdur Rahman crearía un cuerpo policial que asumió también las funciones de cuerpo de seguridad interior. Este cuerpo sería apoyado en las zonas rurales por una especie de milicias armadas llamadas *khassadars*. Este sistema compuesto por oficiales de policía, apoyados en campo abierto por milicias, comenzaría a declinar con la muerte de Abdur Rahman, debido a la imparable extensión de la corrupción, problema que se acentuó durante el reinado de su nieto Amanullah. Nadir Shah asumió el empeño de reconstruir este cuerpo desde el más absoluto desmembramiento en el que se encontraba, compromiso que fue asumido a su muerte por el primer ministro Muhammad Hashim.

La instrucción de este cuerpo comenzó con asesores alemanes, y continuaría hasta la caída de Najibullah —durante la década de los ochenta los asesores provendrían de la Alemania Democrática Popular—. Desde sus inicios, el modelo adoptado fue el de un cuerpo sometido a la disciplina militar, pero dependiente del Ministerio de Interior, en el que las plazas de los operativos patrulleros eran cubiertas mediante un sistema de conscripción que llegaba hasta el nivel subdistrito. Por las declaraciones de numerosos turistas durante los años sesenta y setenta, este cuerpo de policía estuvo funcionando bastante bien, de acuerdo a los estándares de aquellos años (Giustozzi, 2008).

El régimen comunista mantendría durante toda la década de los ochenta un buen control de la policía, que mantuvo su prestigio ante la población, posiblemente debido a que las labores de represión fueron asumidas por el ejército y la agencia de inteligencia del Estado (Khadamat-e Aetela'at-e Dawlati, KhAD). Tras la firma de los Acuerdos de Ginebra y el fin de la presencia de las tropas soviéticas en 1989, el presidente Najibullah inauguró la primera academia de policía con sede en Kabul, pero sería cerrada con la caída de su régimen en 1992. Con la llegada de los muyahidines al poder no se activó cuerpo de policía civil alguno, pues el existente había sido disuelto y fueron las propias milicias muyahidines las que asumieron el control territorial y la supuesta defensa de los derechos de los ciudadanos. La realidad fue que los abusos cometidos por los milicianos y sus líderes hacia los derechos básicos de los ciudadanos fueron clamorosos, cosa que empeoró con la llegada de los talibanes al poder en 1996, momento en el que el control del territorio y la vida de los ciudadanos recayó en el nuevo Ministerio para la Promoción de la Virtud y Prevención del Vicio (Amnesty International, 2003).

El Acuerdo de Bonn sólo trataba la reforma del sector de seguridad de manera tangencial, desde el momento que hablaba de la necesidad de una fuerza internacional de asistencia a la seguridad en tanto que se desarrollasen las nuevas fuerzas de seguridad afganas, pero al mismo tiempo sólo situaba esta fuerza de asistencia en Kabul —además de no tratar la policía, ni departamento alguno de seguridad nacional—. Sabemos que el mariscal Fahim, líder de la Shura-e Nazar tras la muerte de Ahmad Massoud y primer ministro de Defensa, pretendió que la totalidad de sus milicias fueran integradas en el nuevo ejército nacional. Ante el fracaso de sus pretensiones, trató de bloquear al máximo la integración de otras milicias, principalmente en las provincias, al objeto de evitar el empoderamiento de comandantes locales en el nuevo ejército, ya que podían representar un desafío a su propio liderazgo. De esta manera y con la anuencia de su socio estadounidense bloqueó la tan necesaria creación del nuevo ejército nacional. Ante esta situación, urgió crear algún tipo de fuerza de seguridad en las provincias, ya que la formación de un ejército nacional de nueva planta estaba llevando un tiempo del que no se disponía, por los desmanes y abusos que se estaban cometiendo fuera de Kabul.

En el año 2002 y según el Acuerdo de Bonn, la estructura de la Autoridad Interina comprendía un Ministerio de Interior que, de acuerdo con la Ley de Policía y Gendarmería de 1974, integraba a la policía de fronteras y la policía civil en las provincias, así como a la policía local en los distritos[116], bajo la dependencia de los gobernadores provinciales y de distrito. Las prisiones pasaron a depender del Ministerio de Justicia en enero de 2003. La estimación era que en ese año los miembros del cuerpo de policía ascendían a unos 50.000, pero eran oficiales analfabetos y mal pagados, procedentes de las milicias muyahidines vencedoras y sin experiencia policial alguna (Giustozzi, 2008). Junto a estas fuerzas de policía, operaban los agentes del Departamento de Seguridad Nacional que en la práctica ejercían un poder mayor que el de la policía civil y la gendarmería, ya que dependían directamente del presidente y su poder de intimidación era enorme, tal y como fue evidenciado durante el proceso de selección de miembros de la Loya Jirga de Emergencia y su celebración para la elección de la Autoridad Transicional (C. Johnson *et al.*, 2003). En el año 2003, no existía registro alguno en las oficinas de policía sobre las armas y otros equipos que se utilizaban, ni de los arrestos e incidentes en los que se intervenía. Los jefes provinciales de policía habían sido seleccionados según su proximidad personal a los líderes muyahidines que ejercían el control político y militar en las regiones, de entre sus propias milicias o de entre antiguos oficiales de policía de los años ochenta (Amnesty International, 2003).

Esta situación, junto al hecho de que en el Acuerdo de Bonn se estableciese el compromiso de todos los participantes afganos a replegar las unidades milicianas allí donde se desplegase la ISAF[117], dejaba como única alternativa de futuro a las milicias desmovilizadas su integración en la nueva fuerza de policía. Este proceso se llevó a cabo

---

[116] Republic of Afghanistan, Law on Police and Gendarmes, art. 4, 19.01.1974.
[117] Agreement on Provisional Arrangements…, Annex I, 05.12.2001.

con una urgencia que comprometió su neutralidad política y el sometimiento a un sistema judicial todavía sin reformar. Su liderazgo fue doble: Estados Unidos para la formación de los agentes de patrulla y Alemania para los oficiales. En el caso alemán, su liderazgo en la formación de oficiales se vio facilitado por la buena experiencia previa a la ocupación soviética que las unidades de policía afganas habían tenido con asesores alemanes. El primer equipo de instructores llegó a Kabul en mayo de 2002 y comenzó su trabajo para poner en funcionamiento la academia de policía. El primer curso se inició en agosto de ese año, con 1.500 cadetes residentes en las propias instalaciones de la academia, para seguir un programa de formación de cinco cursos anuales y alcanzar el empleo de oficial, así como un programa de tres meses para los suboficiales. Esto implicaba una estrategia de formación a medio plazo de un cuerpo de oficiales bien formados en técnicas policiales, Estado de derecho y derechos humanos —precisamente, para el programa formativo en Estado de derecho y derechos humanos se contó con la inestimable ayuda del gobierno noruego que se hizo cargo de esta parte del proyecto— (Amnesty International, 2003; L. Miller y Perito, 2004).

Esta estrategia no satisfizo lo que Estados Unidos pretendía para el cuerpo de policía, por lo que, de modo unilateral, decidió lanzar su propio programa de entrenamiento al objeto de proporcionar unos mínimos conocimientos en técnicas de combate a los oficiales y agentes de patrulla que en aquellos momentos ya estaban prestando sus servicios. Con esta finalidad, Estados Unidos lideró la apertura de un centro de entrenamiento para policías en Kabul y otros siete en diferentes capitales de provincia. El objetivo era disponer de unos 50.000 policías entrenados en 2005, mediante cursos de formación que duraban tres semanas (Jones, 2008a; L. Miller y Perito, 2004).

A lo largo de 2002, se estableció el fondo fiduciario para organización y entrenamiento de la policía (LOTFA). El retraso de los países donantes en completar los fondos mínimos necesarios llevó a que los policías no recibieran sus salarios desde mayo a noviembre de 2003, problema que se sumó al ya existente de falta de liquidez, pues con anterioridad sólo se habían cubierto los salarios de los 7.000 policías que operaban en la ciudad de Kabul, pero no de los que operaban en las provincias. Esta inexplicable situación condujo, como era de esperar, a un aumento de la corrupción. Entre los métodos que utilizaron los policías para sobrevivir, se convirtieron en frecuente las detenciones ilegales que funcionaban a modo de secuestros con su correspondiente requerimiento de rescate. Junto a esto, también se convirtió en práctica habitual el establecimiento de controles en las carreteras para obtener dinero de los viajeros, bajo amenaza de requisa de mercancías o detenciones. Esto supuso la reaparición de los mismos procedimientos de extorsión que se habían utilizado por las milicias muyahidines durante el gobierno del profesor Rabbani, y que acabaran en el apoyo a la toma del poder por parte de los talibanes. Amén del uso indiscriminado de una violencia excesiva y desproporcionada ante situaciones de desórdenes públicos —como fue el caso de las manifestaciones ocurridas durante la noche del 11 de noviembre de 2002, en la que la policía tiroteó a los estudiantes alojados en el colegio mayor de la Universidad de Kabul, porque protestaban por las pésimas condiciones de sus dormitorios, con un saldo final de seis fallecidos y quince heridos— (Amnesty International, 2003; Griffiths *et al.*, 2004; L. Miller y Perito, 2004).

Al dar por finalizada la hoja de ruta de Bonn, se pudo constatar la ineficacia e incompetencia del nuevo cuerpo de policía, pues no sólo era corrupto, sino que la gran parte de sus unidades ni tan si quiera eran capaces de llevar a cabo operaciones de contrainsurgencia, patrullas, protección de infraestructuras u operaciones antidroga. Esto propició la búsqueda de soluciones alternativas, que finalmente se plasmaron en el establecimiento de un cuerpo de policía paramilitar denominado Policía Nacional Auxiliar (ANAP). La recluta de esta nueva policía auxiliar fue local, de manera que se dio la posibilidad a los jóvenes desempleados de luchar contra la insurgencia, y así evitar verse abocados a ella por el desempleo existente y los buenos sueldos que ofrecían los talibanes —incluso el doble de lo que pagaba el ejército afgano en aquellos momentos— (Jones, 2008a). Los aspirantes a policía auxiliar eran elegidos por los *ancianos*[118] de las aldeas y, tras recibir un corto entrenamiento de un par de semanas por parte de unidades de operaciones especiales estadounidenses, asumieron misiones de apoyo a las unidades militares de la ISAF, protección de infraestructuras críticas y policía rural.

Este proyecto fue lanzado en 2006 y fueron muchas las veces críticas internacionales que se alzaron en su contra, pues suponía una nueva forma de empoderar a los excombatientes opositores al régimen talibán. Lo cierto es que finalmente el proyecto salió adelante y, a pesar de las dudas iniciales, el nuevo cuerpo se mostró más eficaz que el cuerpo nacional de policía para hacer frente a la insurgencia en campo abierto. Sin embargo, la multitud de problemas internos por los que pasó, debido a un procedimiento de recluta y desarrollo sin tener en cuenta la idiosincrasia de las comunidades locales entre las que tenían que convivir, darían pronto al traste con el nuevo cuerpo y acabaría clausurándose dos años más tarde de su puesta en marcha.

Aparte de esta nueva fuerza de policía auxiliar, Estados Unidos llevó adelante un programa de contratación de milicias locales fuera de cualquier sistema de control por parte del gobierno afgano o la ISAF. La justificación para su establecimiento fue que eran necesarias para servir de guías a las fuerzas combatientes, por su mejor conocimiento del terreno. Además, realizaban labores de apoyo en las operaciones de registro o captura que

---

[118] Según la primera acepción del sustantivo en el DLE (Actualización 2021), como «miembro de un sanedrín».

se llevaban a cabo —las conocidas como *operaciones de cerco y batida,* en las que las milicias afganas harían la función de cerco, creando el perímetro exterior de cierre de una zona, mientras que las unidades estadounidenses llevaban a cabo la batida y caza de insurgentes—. La situación descrita facilitó el empoderamiento de los excomandantes muyahidines que no habían obtenido puestos en la administración pública, ahora reconvertidos en jefes de milicias (Jones, 2008a).

En 2010 y bajo el impulso del general Petraeus se consiguió la aprobación del presidente Karzai para el restablecimiento de un cuerpo de policía auxiliar, esta vez denominado Policía Local Afgana (ALP), para que completase las carencias que en combate presentaba el nuevo cuerpo de policía nacional (ANP). Comenzó con una plantilla de unos 10.000 miembros que pronto se expandieron hasta alcanzar los 29.000, desplegadas en 29 de las 34 provincias. En esta ocasión, el establecimiento de las nuevas unidades de policía local se hizo con la opinión y el consentimiento de las comunidades locales en donde vivían y operaban, de manera que el vínculo con estas era mayor y más intenso que con el Ministerio de Interior del que dependían (International Crisis Group, 2015). Este proyecto estaba en línea con la estrategia estadounidense de empoderamiento de las autoridades locales que estaba implantándose ese año, esquivando el sistema completamente corrupto que imperaba en el nivel central de la Administración afgana.

En 2018, el presidente Ashraf Ghani tomó la decisión de crear un nuevo cuerpo encuadrado en el Ministerio de Defensa, cuerpo que tendría como misión asumir las tareas y cometidos que en esos momentos estaba realizando la policía local (Townsend, 2019). Con esta decisión, se pretendía empoderar al Ministerio de Defensa en detrimento del Ministerio de Interior, además de reducir la estrecha relación existente entre las unidades de la policía auxiliar y las comunidades locales, al vivir entre ellas e incluso tener voz en la recluta del personal que las formaba. De esta manera se preparaba la decisión de cierre del cuerpo de policía local, cosa que se produjo en septiembre de 2020. La decisión supuso un absoluto fracaso desde el punto de vista de la defensa contra la insurgencia, pues al reducir la relativa capacidad de defensa de las comunidades locales, estas se vieron todavía más expuestas a la agresiva acción de ganancia territorial y control de la población ejercido por las milicias talibanas.

EL FRACASO DE LA GOBERNANZA TRAS DOS DÉCADAS DE LIMITADA DEMOCRACIA

La hoja de ruta de Bonn priorizó el establecimiento de unas nuevas instituciones de gobierno en el nivel central, en detrimento del necesario esfuerzo para conseguir aumentar la legitimidad. Inicialmente, esta debería venir de la mano de unas elecciones libres y transparentes, junto a un sistema de control democrático de las mismas, y por último de la buena gobernanza y el Estado de derecho.

La falta de desarrollo de la estructura de gobierno en el nivel local, junto al establecimiento de un sistema fragmentado y clientelista de hacer política entre las élites, llevó al fracaso de una democracia capada y al consiguiente incremento de la inseguridad, alentada por una insurgencia que supo aprovechar de manera brillante los grandes errores cometidos en el diseño estratégico de la reconstrucción del Estado. La comunidad internacional no supo comprender que la buena gobernanza requiere de la participación ciudadana en la gestión de los asuntos públicos, sobre todo en el nivel local por ser el más cercano al ciudadano. En Afganistán el poder absoluto ejercido por el sah siempre estuvo basado en la participación ciudadana en el nivel de gobierno local —a través de *shuras, maliks* y mulás—, en particular durante la última dinastía Musahiban (Biddle, Christia y Thier, 2010). En su lugar, la comunidad internacional se empeñó en implantar un modelo de gobierno ajeno a la historia y cultura del país. Posiblemente, habría sido mejor recuperar el Estado con sus propias instituciones tradicionales, ayudándoles a madurar en el proceso de construcción nacional como democracia, pero de una manera y a una velocidad mucho más lenta.

Esta situación de debilidad en la gobernanza local, exacerbada por las informaciones expandidas por la prensa sobre las ingentes cantidades de ayuda internacional y la bonanza de vida en las ciudades, provocó la frustración en gran parte de las comunidades rurales por un profundo sentimiento de injusticia comparativa. En un estudio realizado por el Instituto Afgano de Estudios Estratégicos, se reflejaba que más de la mitad de la población era partidaria de modificar la Constitución para que la primera prioridad fuera garantizar la igualdad de derechos de todos los ciudadanos, en lugar de focalizarse en las tribus y etnias, mejorando los órganos de gobernanza en el nivel local (Ahmadi, Mohammadi y Erfani, 2016).

Si bien es cierto que las primeras elecciones presidenciales fueron un éxito debido al voto de confianza que la mayoría de la población dio al proceso de reconstrucción del Estado, este voto de confianza fue malgastado, desde el momento que el recién elegido presidente no fue capaz de ganarse la necesaria legitimidad ante su pueblo (International Center for Transitional Justice, 2010), debido, entre otras razones, a la política partidista que ejerció, bloqueando el acceso a los órganos de poder a determinadas tribus, al mismo tiempo que priorizaba las de sus redes clientelares.

Esa falta de legitimidad se vio agravada tras las fraudulentas elecciones en las que fue reelegido. Hecho que se hizo todavía más evidente cuando, en su primera intervención en el Parlamento, se limitó a culpabilizar de todas las anomalías ocurridas a la presencia internacional, sin hacer autocrítica alguna y sin reformar ninguno de los puntos problemáticos de la Ley Electoral. A lo que se añadió el que, en febrero de 2010, aprovechando el periodo vacacional del Parlamento, el presidente Karzai firmase un decreto con el que no sólo consolidó el procedimiento de voto individual no transferible, sino que desposeyó a las Naciones Unidas de la capacidad de seleccionar a la mayoría de los miembros afganos de la Comisión Electoral de Reclamaciones, dejando esta prerrogativa en manos del propio presidente.

La inadecuación del sistema electoral elegido favoreció las tensiones entre las diferentes facciones y, tal y como muy bien predijo William Maley (2006), acabó provocando un reforzamiento del etnicismo, al ser este utilizado como elemento de confrontación política. Este refuerzo del etnicismo provocó un refuerzo de los temores de las fuerzas políticas democráticas ante una posible negociación con la insurgencia talibana, ya que su integración en la política provocaría un desequilibrio en el balance de fuerzas existente, a favor de los pastunes.

Para su relevo en la presidencia, siguiendo el mandato constitucional que limitaba a dos legislaturas la posibilidad de ser reelegido, se celebraron unas nuevas elecciones a lo largo de la primavera y verano de 2014. En ellas, se declaró ganador en segunda vuelta al candidato Ashraf Ghani, pero resultaron ser totalmente fraudulentas. En ellas y según las estimaciones del Centro Naval de Análisis de Estados Unidos, siguiendo modelos matemáticos, se concluyó que «era matemáticamente imposible que Ghani ganase» (T. H. Johnson, 2018). Su segunda reelección en 2019 tendría un escenario no menos desalentador cuando ganó las elecciones con un nivel de abstención de más del 80 % del censo electoral, lo que suponía que una mayoría aplastante de la población había perdido la confianza en el experimento democrático, y ansiaba volver al sistema de gobierno pactista y autoritario tradicional de la historia afgana.

CAPÍTULO 4

LA REFORMA DEL SECTOR JUDICIAL

La falta de comprensión de la realidad política y social afgana

De igual manera que el Estado de derecho es esencial para alcanzar una buena gobernanza, lo es el funcionamiento de las instituciones y actividades que conectan al ciudadano con la ley —tribunales y jueces, fiscales, abogados defensores, policía y sistema de prisiones—. Para el presente estudio, englobaremos todas estas instituciones y actividades bajo la denominación de sector judicial, sector que ha de ser transparente y cercano al ciudadano, sin el que sería imposible la implantación del Estado de derecho. Y el Estado de derecho es la base sobre la que se asienta el modelo de Estado democrático, ya que asegura el control de las instituciones de gobierno y el de sus miembros que ostentan el poder. Como se verá en los siguientes apartados, en Afganistán ha sido precisamente esa falta de Estado de derecho, la causa fundamental que ha provocado la carencia de la legitimidad necesaria del gobierno y sus patrocinadores internacionales, unida a las deficiencias existentes en los mecanismos de participación democrática y la prestación de servicios básicos[119].

Mediante el Acuerdo de Bonn se otorgó el poder político a la Shura-e Nazar, como lo demuestra el hecho de que se hicieran con el control de los ministerios que dirigen las unidades militares y de policía, además del Ministerio de Asuntos Exteriores. A ellos se unieron una serie de grupos políticos, a los que no se les permitió desempeñar el papel de futuro que la propia sociedad afgana reclamaba, como fue el caso del rey Zahir Shah y sus seguidores —que se habían unificado bajo el nombre de Nueva Democracia—, junto a los islamistas del Frente Nacional Unido. Amén de aquellos otros que no se les permitió participar, a pesar de que lo habían solicitado —como fue el caso de Hezb-e Islami Hekmatyar—, o el depuesto Movimiento Talibán que fue directamente excluido, sin darle opción a que alguna fracción disidente pudiera haberse integrado en la reconstrucción nacional. Con estas condiciones de base es fácil concluir que no existió la voluntad política para remediar las causas primigenias del conflicto, al no pretender la búsqueda activa de la reconciliación nacional.

---

[119] El presente capítulo se ciñe al sistema judicial, así como a aquellos aspectos de la legislación que regulan su actividad y organización.

Esta situación de anulación voluntaria de la comprensión social y política del país llevaría al desarrollo de escenarios idealizados e inalcanzables, entre los que hay que incluir el del Estado de derecho. Es por ello por lo que en 2002 la posibilidad de acordar una estrategia de reforma y desarrollo del sector judicial se convirtió en tarea imposible, pues no se había llegado al acuerdo necesario sobre la situación de partida —la imprescindible coexistencia entre un sistema judicial formal y otro tribal—, ni sobre las raíces del problema político y social existente—el faccionalismo político aglutinado sobre la competitividad interétnica y el acceso a los escasos recursos—.

LAS CONTRADICCIONES INTERNAS DEL SISTEMA JUDICIAL

En el momento del fallecimiento del emir Abdur Rahman, los ulemas eran los que impartían justicia de manera exclusiva en todo el territorio afgano. Su estructura estaba subordinada directamente al emir, y así continuó durante el reinado de su hijo Habibullah. Esta dependencia se quebraría con el rey Amanullah, y de hecho los clérigos jueces se pusieron por encima de la propia autoridad real, ya que eran los que juzgaban según la sharía y, por lo tanto, sus sentencias eran irrefutables. Es así como los monarcas Musahiban llevaron adelante una política de contento con los clérigos, a cambio de que el derecho positivo elaborado e implantado por el Estado fuera ganando espacio.

Durante la mayor parte del siglo XX, los sucesivos gobernantes fueron reclamando de manera continua el derecho del Estado para elaborar leyes y controlar su implementación mediante el nombramiento de jueces. El resultado final fue una acomodación, no exenta de fricciones, entre tres fuentes de derecho distintas y sus correspondientes modelos de implementación: el sistema tradicional[120] con un derecho oral basado en la tradición, que se impartía a través de *jirgas* y *shuras*, y que era anterior a la formación del propio Estado afgano moderno; un sistema basado en la sharía que se implantaba a través de las autoridades religiosas (ulemas y mulás), y que ha sido la base del actual modelo de Estado moderno; por un último, un sistema de derecho positivo que se implementaba a través de una judicatura seglar y que alcanzaba su escalón más bajo en las comunidades locales por medio de los *maliks* y *ardabaqs,* como los representantes del Estado más cercanos a la ciudadanía (Barfield, 2003; Wardak, 2004; 2019).

A diferencia de lo que ha ocurrido en la mayoría de los Estados actuales, donde el sistema basado en el derecho positivo ha sido capaz de imponerse sobre el resto, en Afganistán el derecho tradicional se ha mantenido con una fuerza y vitalidad sorprendentes, en gran parte debido a la propia incapacidad del Estado de imponerse en

---

[120] El sistema tradicional de justicia representa un proceso de mediación y reconciliación entre los disputantes que busca el perdón y el acuerdo, en lugar del castigo. La resolución acordada entre los miembros de la *shura* o *jirga* es de aceptación obligatoria por las partes o, en caso contrario, someterse a ser excluido de la comunidad.

la mayoría de los territorios rurales del país, así como a la imperante necesidad de mantener un cierto orden en estos territorios que escapaban al control del Estado, donde la justicia ha sido tradicionalmente impartida por *ancianos* de reconocida reputación y vida piadosa.

Es precisamente en estos territorios donde la autoridad judicial de los mulás ha sido frecuentemente más contestada, ya que han pretendido desplazar el orden tradicional seglar en beneficio de su propia autoridad, intentando islamizar unas tradiciones que iban en contra de los preceptos islámicos. Tal es el caso de las enormes restricciones de libertad y derechos que el *pashtunwali* impone a las mujeres, restricciones que empequeñecen las que la sharía establece para ellas, como ocurre con las siguientes: la reclusión de la mujer al ámbito familiar; su incapacidad para ser titular de propiedad; y las llamadas deudas de sangre, por las que la familia de un fallecido en acto violento tiene el derecho y deber de compensar la pérdida, matando al homicida, a no ser que reciba a cambio una joven virgen de la familia del homicida en compensación de la pérdida sufrida. Esta tensión ya se había agudizado durante el reinado de Abdur Rahman, porque utilizó en exclusividad la sharía como derecho positivo del Estado, proclamándose él mismo como emir y, por lo tanto, ostentando el poder de elaborar leyes y designar jueces, así como la revisión o confirmación de las sentencias emitidas por los clérigos jueces. Los jueces o cadíes tenían que seguir de manera obligatoria el primer manual estatal en el que se estableció el procedimiento para impartir justicia, el denominado *Asas ul-Quzat* (C. Johnson *et al.*, 2003; Jones-Pauly y Nojumi, 2004), a lo que se añadió un mayor control sobre la formación de los candidatos a juez y su nombramiento. Este procedimiento le proporcionó al emir un poder absoluto, no exento de enfrentamiento con aquellos cadíes díscolos que finalmente tuvieron que someterse, o fueron expulsados o ejecutados.

El rey Amanullah comenzó su reinado intentado integrar el derecho tradicional en el derecho estatutario que, en aquel momento, estaba identificado con el derecho islámico. Esta integración se visualizó mediante la creación de los denominados *tribunales de reconciliación* que no eran otros que las *jirgas, shuras* o *marakas*[121] tradicionales. Sin poder efectivo de coerción, cualquier ciudadano podía acogerse a ellas, pero, si no quedaba satisfecho con la resolución, podía acudir a los juzgados de primera instancia para reclamar el derecho a una decisión judicial exigible por ley (Barfield, 2003).

Las revueltas que en 1929 derrocaron a Amanullah tuvieron su origen en la elaboración, por primera vez en la historia afgana, de un sistema de derecho positivo

---

[121] *Maraka* es un tipo de *jirga* menor que se constituye para dirimir asuntos de poca trascendencia, normalmente a nivel familiar o clánica. La *jirga* que dirime asuntos de tribu o subtribu es la *qaumi jirga* y que puede ser de varios niveles. Por encima de las anteriores sólo queda la *loya jirga* que reúne a los grandes líderes tribales para dirimir asuntos de toda una confederación.

secular ajeno a las tradiciones rurales y el otorgamiento de derechos fundamentales a las mujeres; junto a la colusión de las tribus sediciosas con los ulemas y cadíes que habían visto disminuir drásticamente su influencia y prestigio social en la corte, precisamente al tener que compartir el espacio jurídico con un nuevo sistema secular que se había convertido en la base de la regulación estatal —se había regulado la formación de los cadíes mediante un manual obligatorio de instrucción para jueces llamado *Tamasok al Qudat*— (Christensen, 2011). En esta pugna saldría perdiendo el Estado y el derecho secular positivo, por lo que la nueva dinastía reinante, los Musahiban, se cuidaron de no socavar el poder de los ulemas, integrándolos en la estructura política y estableciendo la supremacía de la sharía y la escuela Hanafí de derecho islámico (artículos 87 a 94 de la Constitución de 1931[122]), pero emprendiendo un largo y lento camino hacia la modernización del sistema judicial, haciendo que el derecho positivo fuera paulatinamente reemplazando a la sharía.

El mayor impulso se vivió durante los años 1950 y 1960, décadas en las que el derecho positivo llegó a instituirse como la fuente primaria para el derecho civil y penal, un derecho secular influenciado por la escuela de jurisprudencia francesa y la otomana. Este periodo puede ser considerado como la edad de oro del sistema judicial afgano, en el que los juristas formados en la facultad de derecho de la Universidad de Kabul debían seguir cursos específicos de preparación en derecho islámico si pretendían ejercer como jueces. De igual manera, los juristas formados en la facultad de derecho islámico o en las dos madrasas oficiales del Estado (Dar ul-Ulum-e Arabi y Abu Hanifa) tenían que seguir cursos de preparación en derecho secular. Este proceso de modernización llevó a que el derecho secular del Estado se convirtiese en la fuente primaria del derecho, si bien la sharía permaneció como fuente secundaria[123]. Pero si, a primera vista, la cohabitación entre los tres sistemas de derecho —el tradicional, el islámico y el estatutario— se estaba llevando a cabo de una manera adecuada, sin llegar a producir conflictos sociales, lo cierto fue que la población rural siguió confiando en el derecho tradicional y sus propios tribunales (*shuras* y *jirgas*), ante un sistema de justicia estatal elitista y corrupto, en tanto que en el nivel central era el derecho estatutario el que iba ganando la partida al derecho islámico (C. Johnson *et al.,* 2003; Jones-Pauly y Nojumi, 2004; Wardak, 2004).

Este nuevo equilibrio establecido por la dinastía Musahiban sería tensado por el que fue su último representante, el golpista príncipe Daud Khan, al establecer una nueva Constitución donde las referencias a los principios marxistas eran constantes, manteniendo sólo las referencias mínimas necesarias a los principios islámicos como

---

[122] The Constitution of Afghanistan, Fundamental Principles of the Government of Afghanistan, 31.10.1931.
[123] The Constitution of Afghanistan, art. 69, 01.10.1964.

fuente secundaria. Como la demuestra el hecho de que no hiciese referencia alguna a la religión entre sus principios fundamentales (artículos 1 al 12) y sí a la Carta de Naciones Unidas sobre Derechos Humanos[124]. En este caso, el consecuente enfrentamiento con los ulemas no provocó la caída del régimen, ya que el factor sustancial era contar con el apoyo de la población rural, cosa que se consiguió respetando el derecho tradicional, al mismo tiempo que se contaba con una poderosa herramienta militar. Esta cohabitación con el derecho tradicional se produjo tras un primer intento por imponer el sistema judicial estatal, tentativa que fracasó por la saturación de los nuevos juzgados de primera instancia, en parte debido a la falta de cualificación del personal y la falta de medios. Finalmente, se crearon los denominados *tribunales de conciliación* que estaban formados por *ancianos* respetables de las propias comunidades locales donde se establecían, y que recordaban a los *tribunales de reconciliación* establecidos a principios de siglo por el rey Amanullah, si bien sólo tenían competencia sobre los casos de derecho civil. El régimen del presidente Daud supuso el punto culminante de décadas de integración del derecho positivo y del islámico, junto al tradicional. Los códigos civil y penal, que fueron editados, supusieron una afortunada integración del derecho positivo junto al derecho islámico y las tradiciones afganas, siempre avanzando hacia el predominio del derecho estatutario (Jones-Pauly y Nojumi, 2004; Suhrke y Borchgrevink, 2009).

Finalmente, la situación acabó por romperse cuando el Partido Democrático Popular se hizo con el poder, derrocando a Daud Khan e intentado instituir el sistema de derecho secular positivo como único, pretendiendo desplazar no sólo al derecho islámico, sino también al tradicional, lo que provocó a la postre su caída. La posición de los ulemas y los nuevos movimientos islamistas se radicalizó ante un nuevo derecho secular impregnado de ideas marxistas revolucionarias que no dejaba espacio para la concordia con otros principios que no fueran los suyos. No sólo se habían suprimido los tribunales de conciliación, sino también los consejos asesores provinciales y de distrito que existían desde la Constitución de 1923. En su lugar, se habían establecido unos nuevos *grupos de vecindad* con la misión de apoyar la implementación de los decretos aprobados por el consejo revolucionario y obtener información sobre la vida y opiniones de cada ciudadano. Sería esto último lo que finalmente provocó las revueltas populares en las zonas rurales. Revueltas que, tal y como había ocurrido en 1929 con los ulemas, serían aprovechadas, en este caso por los islamistas, para retomar una insurgencia que había fracasado por falta de apoyo popular cinco años antes —nos referimos a la revuelta violenta protagonizada por Jamiat-e Islami en el año 1975 y que tuvo su origen en el valle del Panjshir, organizado y apoyado por el Servicio de Inteligencia Militar pakistaní (ISI)

---

[124] The Constitution of the Republic of Afghanistan (English version), art. 12, 24.02.1977.

y el Gobierno de Zulfikar Ali Bhutto— (C. Johnson *et al.*, 2003; Jones-Pauly y Nojumi, 2004).

Tras el periodo de ocupación soviética y, en particular, durante el periodo de guerra civil muyahidín, se produjo un cambio de estructura social en las comunidades locales, donde los *arbaqs* y *maliks* fueron sustituidos por las jóvenes élites constituidas por los comandantes de las guerrillas de la Resistencia. Ante esta nueva situación y la consiguiente ausencia de elites formadas en jurisprudencia secular, los cadíes salieron reforzados y con ellos el derecho islámico que de nuevo se convirtió en el derecho estatutario, junto a un derecho tradicional administrado por *shuras* que eran lideradas por las nuevas élites muyahidines. Esta preponderancia adquirida por el derecho islámico llegó a ser generalizada en todo el país, excepto en aquellas zonas donde el *pashtunwali* seguía siendo el derecho tradicional dominante, jugando un loable papel de contrapoder y freno a posibles desmanes cometidos por las nuevas élites (Roy, 1990).

Con el establecimiento del Primer Emirato talibán y, en contra de lo que a primera vista podría esperarse, el derecho islámico no salió fortalecido, sino más bien lo contrario. Los nuevos cadíes eran en su mayoría mulás provenientes de *hujras* y *maktabs*[125] y, por lo tanto, no contaban con formación universitaria en derecho islámico, lo que llevó a una confusión entre sharía y *pashtunwali* que no sólo aisló a la población no pastún de las provincias ocupadas, sino que las propias comunidades pastunes también se vieron afectadas ante imposiciones de la sharía que no concordaban con el tradicional *pashtunwali*. Las *jirgas* y *shuras,* que habían sido todas ellas renombradas como *shuras,* se convirtieron en órganos de control político del régimen en lugar de focalizarse en la resolución de disputas en las comunidades locales (Christensen, 2011; Jones-Pauly y Nojumi, 2004).

Como consecuencia de todas estas experiencias, los gobernantes han sido vistos desde las comunidades locales como elementos ajenos que intentaban romper un orden social que las propias comunidades habían sido capaces de mantener durante siglos. Cosa que no ocurrió con tal intensidad con los ulemas y los cadíes, pues estos han sabido conectar mejor con el derecho tradicional al integrarlo a conveniencia como parte del derecho islámico, junto al hecho de que los juzgados de primera y segunda instancia se han regido fundamentalmente por la sharía desde su institución en 1923. A esto habría que añadir que el sistema judicial formal afgano se ha forjado a lo largo del siglo XX, siguiendo los principios de la escuela francesa e integrando los principios del derecho islámico, junto a

---

[125] En Asia Central, se denomina *hujras* a las dependencias contiguas a la mezquita donde residen y se imparte educación a los estudiantes del Corán y la Sunna. En ellas se imparte un nivel de estudios similar a la educación secundaria, a diferencia de las *maktabs*, en donde sólo se imparte la educación más elemental.

principios marxistas, consecuencia de su historia reciente, y las ideologías de los diferentes regímenes que han gobernado (C. Johnson *et al.*, 2003; Kamali, 1985).

LA REFORMA DEL SECTOR JUDICIAL

El modelo de liderazgo

El modelo de intervención de huella ligera escogido por Naciones Unidas limitaba sus propios temores por la que en ese momento iba a ser la mayor empresa de reconstrucción nacional, temores que se centraban en su falta de capacidad para dirigir y coordinar una empresa de esta envergadura, así como forzar a las principales naciones participantes a asumir un papel de liderazgo en ámbitos específicos. Este modelo de liderazgo compartido supuestamente favorecería la consecución de los fondos necesarios para la reconstrucción, al repartir la carga entre diferentes países. Es así como en la conferencia de donantes de Ginebra de abril de 2002, Italia decidió asumir el liderazgo de la reforma del sector judicial (Sedra, 2003).

Este tipo de liderazgo en el sector de justicia fue interpretado por Italia de forma muy diferente a cómo se hizo en el resto de las áreas del sector de seguridad. Mientras el resto de los países, en particular Estados Unidos, lo hacían de manera amplia, asumiendo durante los primeros años la mayor carga del liderazgo en su correspondiente sector, Italia lo interpretó de manera restrictiva, al objeto de que fueran los propios afganos quienes llevasen la iniciativa, reservándose como nación líder el papel de facilitador y coordinador de ayudas, así como los contactos con las agencias internacionales para la localización de expertos. Este liderazgo minimalista estaba en consonancia con la huella ligera impulsada por el representante especial de Naciones Unidas Lakhdar Brahimi. El resultado fue que ni tan si quiera se entró a negociar con la recién nombrada Comisión Judicial Afgana el modelo de estrategia más adecuada para la reforma de este sector (Suhrke, 2011). En septiembre de 2002, el grupo de donantes para la reforma judicial se reunió en Roma y posteriormente de nuevo en diciembre, hasta alcanzar la cifra de 30 millones de dólares.

A esta situación se le sumó el hecho de que inicialmente Italia delegó su función de coordinación en la Organización Internacional de Desarrollo Legal (IDLO), organización que abriría una oficina en Kabul para esta función, pero que se limitó a una labor de compilación de legislación, sin que hubiera un verdadero compromiso en la labor sustancial de analizar y modificar aquellas leyes que no cumpliesen con los acuerdos internacionales sobre derechos humanos. Asunto espinoso que, por otro lado, estaba siendo sistemáticamente evitado por los expertos afganos y la propia comunidad internacional en las diferentes conferencias internacionales desarrolladas a lo largo de 2002. De manera que el Ejecutivo afgano ratificó la convención para la eliminación de toda discriminación contra las mujeres, sin ni tan si quiera analizar qué partes del sistema judicial resultaban comprometidas con la firma de ese tratado (Lau, 2003).

La decisión de nombrar a Italia como país líder en la reforma del sector de justicia de un país islámico como Afganistán, donde el poder había estado en manos de regímenes islamistas durante los últimos diez años, no tenía mucho sentido, a no ser que pensemos en un modelo de liderazgo restringido al papel de coordinador y facilitador de donaciones, en aras de evitar fricciones con el control que los socios afganos en el poder pretendían seguir ejerciendo en el sistema judicial. Esta decisión supuso una absoluta falta de sensibilidad política hacia los ciudadanos del Estado a reconstruir, provocando la pronta desilusión entre la mayoría de la población, porque implicaba no molestar a los excomandantes muyahidines y que el sistema judicial subvertido por ellos continuase vigente. A su vez, este modelo de liderazgo por países propició el retraimiento de UNAMA que, a pesar de ser consciente de la magnitud del desafío, no hizo nada para mejorar la situación (Christensen, 2011; Wardak, 2004).

La situación durante los primeros años de intervención

El Acuerdo de Bonn estableció como parte de la Autoridad Interina un Tribunal Supremo (artículo I-2), dedicando su segundo apartado a definir el marco legal de referencia y el sistema judicial (artículos II-1 y II-2). En él se determinaba la vigencia de la Constitución de 1964, excepto en aquellos preceptos opuestos al propio acuerdo y aquellos referidos a la institución monárquica y los referidos a los órganos del Poder Ejecutivo y del Legislativo en ella contemplados. Así como la vigencia de las leyes y regulaciones que no fueran inconsistentes con la Constitución, el propio acuerdo y las obligaciones internacionales asumidas por el país. Por último, añadía que la Autoridad Interina tendría la capacidad de modificar o cancelar cualesquiera de estas leyes y regulaciones[126].

Según la Constitución de 1964, el Poder Judicial debía ser independiente y al mismo nivel que los otros poderes del Estado. El Tribunal Supremo sería el de mayor rango jerárquico en la estructura de este poder y su jurisdicción abarcaba todo el territorio nacional, con las limitaciones impuestas en la propia Constitución y en las leyes que la desarrollasen, entre las que se encontraban la necesidad de justificar las sentencias y la transparencia en los juicios[127]. Aunque la realidad fue diferente, debido a los obstáculos que representaron la preeminencia del poder del monarca —que era quien designaba al Ejecutivo al completo, sin participación parlamentaria alguna, así como a los jueces del

---

[126] Agreement on Provisional Arrangements…, art. II-1, 05.12.2001.
[127] The Constitution of…, art. 102, 26.01.2004.

Tribunal Supremo—, la práctica en las comunidades locales del sistema judicial tradicional y la escasez de juristas cualificados.

En el Acuerdo de Bonn, se reconoció el pluralismo en el sistema judicial afgano desde el momento que establecía como normativa de referencia para cualquier reforma legal y judicial: los principios islámicos, los acuerdos internacionales, el Estado de derecho y las tradiciones legales afganas[128]. Es decir, estaba admitiendo como sistemas a integrar: el tradicional afgano, el islámico y el derecho secular estatutario —sistemas que incluían no sólo principios y normativa, sino también la forma de impartir justicia, formación de los jueces, estructura de juzgados y tribunales, y órganos de gobierno de los propios jueces—. A ello, se le sumaban los acuerdos internacionales y con ellos su parte más sensible a implantar, la compuesta por todo lo relativo al derecho humanitario.

De igual manera se determinaba el establecimiento de una comisión de justicia encargada de reconstruir y reformar todo el sistema judicial. La tarea se presumía ingente desde el momento que, tras veinticinco años de conflictos civiles violentos, el sistema judicial era prácticamente inexistente —con escasísimos profesionales de la justicia, la infraestructura destruida y la inexistencia de un archivo nacional de leyes del Estado—. En mayo de 2002, se estableció la citada comisión judicial —formada por dieciséis expertos afganos—, pero ante su bloqueo por el enfrentamiento e ineficacia de sus miembros, así como por la falta de guía y apoyo por parte del país líder y de UNAMA, se decidió su anulación cuatro meses más tarde. El enfrentamiento entre sus miembros fue debido a que representaban corrientes opuestas dentro del sistema judicial: por un lado, el ala conservadora y extremista del Tribunal Supremo; y por otro, el ala moderada y reformista del Ministerio de Justicia.

En esta disputa por el poder, ambos bandos querían disponer de la facultad de nombrar a los jueces, además de que el ministerio pretendía controlar la oficina del fiscal general. Junto a ello, la mayoría de los jueces del Tribunal Supremo estaban a favor de integrar el sistema de justicia tradicional en el del Estado, cosa a la que se opusieron rotundamente los actores clave del Ministerio de Justicia, negando la realidad de los hechos en los distritos, donde este sistema seguía siendo el más popular y prioritario. Este episodio representó el signo más evidente del enfrentamiento interno existente en las propias estructuras del Estado y de la falta de preparación de la comunidad internacional, así como de los expertos por ella designados, para abordar un problema tan complejo como definir el papel de cada uno de estos dos sistemas de justicia y la búsqueda de mecanismos de integración. Finalmente, la Comisión Judicial fue sustituida por la denominada Comisión para la Reforma Judicial que duraría hasta mediados de 2005, pero que finalmente sería

---

[128] Agreement on Provisional Arrangements…, art. II-2, 05.12.2001.

también suprimida por la falta de resultados (Bassiouni y Rothenberg, 2007; International Crisis Group, 2003a; C. Johnson *et al.*, 2003; Suhrke y Borchgrevink, 2009; Wardak, 2011; Wyler y Katzman, 2010).

El primer presidente del Tribunal Supremo en el periodo postalibán fue Fazi Hadi Shinwari, un aliado del líder fundamentalista Abdul Rasul Sayyaf. Shinwari había sido nombrado en diciembre de 2001 por el presidente Rabbani antes de que entregara el poder a la Autoridad Interina. Hamid Karzai, como presidente de la Autoridad Interina, lo confirmó en el cargo en junio de 2002, a pesar de que la Constitución de 1964 establecía en su artículo 105 que no podía sobrepasar los 60 años y Shinwari sobrepasaba los 80, así como su falta de preparación en legislación secular[129]. Por si esta serie de abusos de poder fueran insuficientes, el Tribunal Supremo estableció tribunales de seguridad nacional, encargados de tratar casos de terrorismo y atentados contra la seguridad del Estado, cosa que estaba expresamente prohibida en la Constitución de 1964 (artículo 98), lo que facilitó enormemente el abuso de poder y las detenciones ilegales llevadas a cabo sistemáticamente durante estos primeros años por el Departamento de Seguridad Nacional (International Crisis Group, 2003a; Reed, Foley y Hamed, 2008; Ruttig, 2006; Sarwari y Crews, 2008).

El cuerpo legislativo que la Autoridad Transicional afgana se encontró a principios de 2002 estaba formado por leyes elaboradas bajo muy diferentes regímenes y no exentas de sus correspondientes sesgos ideológicos, de ahí la dificultad para su aplicación. Este cuerpo legislativo había comenzado a elaborarse desde la Constitución de 1964 y se desarrolló bajo las Constituciones de 1977, 1980, 1987, 1990 y 1992, cada una modificando y desarrollando las anteriores. Todas ellas eran válidas en tanto no se opusieran a lo establecido en la Constitución de 1964 y las prevenciones expuestas al principio de este apartado. La consecuencia era un cuerpo legal con evidentes contradicciones, lo que requería de una gran iniciativa y conocimientos legales por parte de los jueces. Esta labor se vio dificultada no sólo por la inadecuada formación de los jueces y los fiscales, sino también por la falta de archivos donde acudir para el estudio y el análisis de las leyes ya promulgadas.

El punto de partida era que ni tan siquiera existían en soporte físico los códigos penal y civil que teóricamente debían ser exigidos, de manera que hubo que acudir a liberarías y archivos existentes en el extranjero para recuperarlos. Una edición especial de los principales códigos fue elaborada en 2002 por el Instituto Estadounidense para la Paz

---

[129] Fue presidente del Tribunal Supremo hasta 2006 y se distinguió por ser un juez islámico extremadamente conservador, sin formación en derecho positivo, y por su falta de comprensión de la que era su función constitucional como cabeza del Poder Judicial, así como por la sistemática violación de los derechos humanos en sus controvertidas sentencias.

(USIP) y el Colegio Americano de Abogados (ABA), para posteriormente ser distribuida en las provincias. Pero lo cierto es que más allá de la disposición de códigos, existieron serias dudas sobre la posibilidad real de su aplicación debido a la falta de jueces preparados para ello, ya que, durante los últimos veinte años, la sharía se había convertido en la fuente casi exclusiva de derecho, incluso para el derecho estatutario, más allá de que el derecho positivo elaborado desde la Constitución de 1964 no había tenido aplicación práctica en el nivel provincial y de distrito. A todo ello se sumaba la falta de interés de los jueces por su conocimiento y aplicación, alegando que con el Corán tenían más que suficiente para impartir justicia (Lau, 2003; Reed *et al.*, 2008).

La Ley sobre Jurisdicción y Organización de Juzgados databa de 1968 y había sido desarrollada por una ley de 1977. En ellas se establecían los tribunales generales que incluían los sigueintes: el Tribunal Supremo (*Mahkama-e Tamiz*); el Tribunal de Casación y el Tribunal Central de Apelación (*Mahkama-e Ista´naf*); los juzgados provinciales (*Mahkama-e Morafa´a*) con jurisdicción sobre delitos penales y civiles, en segunda instancia, y sobre delitos contra la seguridad pública, la administración y derecho comercial, en primera instancia; los juzgados de primera instancia de distrito (*Mahkama-e Ibtedala*), con jurisdicción sobre ilícitos penales y civiles; así como los juzgados especializados de lo laboral y menores. Durante el periodo talibán, todos estos tribunales y juzgados no desaparecieron oficialmente, pero en la práctica fueron apartados, limitando el número de casos que instruían, ya que en su gran mayoría eran juzgados por tribunales islámicos (C. Johnson *et al.*, 2003; Jones-Pauly y Nojumi, 2004; Lau, 2003).

La Ley sobre la Fiscalía General (*Saranwali*) databa de 1966 y la colocaba bajo la autoridad del Ministerio de Justicia. En ella se establecía que la policía y la fiscalía eran los responsables de la investigación y persecución de delitos. La oficina de la fiscalía había sido abolida bajo el régimen talibán y fue una de las primeras instituciones restituidas por la Autoridad Interina. A consecuencia de ello, las oficinas provinciales de la Fiscalía General estaban prácticamente desmanteladas y sus funciones habían sido asumidas por las milicias de los comandantes muyahidines. Con respecto a la figura del abogado defensor, una ley de 1972 regulaba esta función y establecía el derecho del acusado a contar con su apoyo y asesoramiento. Lo cierto es que nunca en la historia reciente de la judicatura afgana esta figura había tomado su debida preeminencia. El Colegio de Abogados existente en Afganistán desde 1985, y que había llegado a contar con 5.000 miembros, había sido clausurado por el régimen talibán en 1996 (Lau, 2003).

Todo ello constituía un sistema judicial muy fragmentado, con muy poca interacción entre jueces, fiscales, policía y sistema de prisiones, debido en gran medida a que la policía era en su gran mayoría corrupta y las prisiones estaban completamente influenciadas si no dependientes de los líderes muyahidines, que las seguían utilizando como prisiones políticas (Amnesty International, 2003; C. Johnson *et al.*, 2003).

El Código Penal databa de 1976 y establecía casi en su totalidad un sistema de penas basadas en el derecho positivo, si bien reservaba penas comprendidas en el Corán para los delitos considerados contra la sharía como eran el robo, asalto, adulterio, secuestro y prostitución. Siguiendo el Corán, las penas para los declarados culpables de estos delitos podían llegar hasta la muerte por apedreamiento, a pesar del claro conflicto legal que este hecho presentaba con el artículo 31 de la Constitución de 1964[130], lo que obligaba a una urgente reforma del código penal.

Otra área que requería de urgente modificación era la contenida en la Ley de Enjuiciamiento Criminal de 1965, modificada en 1979 y 1981, en la que se daban desmesurados poderes a la fiscalía y los servicios secretos, responsables de la investigación de crimenes contra la seguridad interna y externa —incluyendo los denominados crímenes políticos contra el régimen—, y en donde no se establecía un tiempo máximo de detención de los sospechosos.

La reforma judicial tras la aprobación de la Constitución

A principios de 2004, no existía un sistema judicial funcionando en el país. Existían jueces y fiscales, leyes y juicios ocasionales, pero la gestión de todo ello era cuanto menos arcaica o inexistente. No existía un sistema de relación entre las autoridades centrales y las provinciales, amén de la ausencia de medios técnicos y equipo. El presidente del Tribunal Supremo había nombrado a jueces sin atenerse a legislación alguna, además de no cumplir con los requisitos mínimos legales de formación y edad. Los jueces dictaban sentencia sin hacer referencia alguna a las leyes y la figura del abogado defensor era prácticamente inexistente —oficiales judiciales senior eran de la opinión que el derecho a abogado defensor sólo existía cuando el acusado era analfabeto— (International Crisis Group, 2003a; L. Miller y Perito, 2004).

En la nueva Constitución no sólo se establecía que los principios del islam serían la referencia del derecho estatutario, sino que ninguna ley podría ser repugnante a la sagrada religión del islam y que la impartición de justicia se haría de acuerdo con ella (artículos 3, 35, 54 y 119). En la Constitución quedaba dividida la capacidad de decisión sobre la organización y funcionamiento del sistema judicial entre el Poder Legislativo y el Poder Judicial, asignando a la Asamblea la tarea de legislar sobre la jurisdicción y

---

[130] The Constitution of..., art. 31, 01.10.1964: «La tortura del ser humano está prohibida. Nadie puede torturar o dar órdenes de tortura contra una persona, incluso con motivo de descubrir hechos, aun si la persona está bajo persecución, arresto o detención o es condenada por sentencia. El castigo físico es incompatible con la dignidad humana y está prohibido».

administración interna de los tribunales y juzgados (artículo 123), dejando la selección y nombramiento de jueces al propio Tribunal Supremo, así como las necesarias medidas internas disciplinarias en caso necesario (artículo 124) —lo que implicaba una clara interferencia a la necesaria autonomía de los jueces, ya que su carrera funcionarial dependía del mismo órgano procesal que es la más alta instancia de apelación, en lugar de asignar esas competencias a un consejo judicial independiente— (Christensen, 2011).

El resultado era un sistema judicial con tres instituciones de rango similar en el peldaño más alto de la pirámide jerárquica (el Ministerio de Justicia, el Tribunal Supremo y la Fiscalía General) y con competencias distribuidas entre cada una de ellas e íntimamente interrelacionadas —los mismos órganos que dos años antes se habían enzarzado en un conflicto de competencias, poder e intereses que había bloqueado el desarrollo de un sistema unitario de justicia—. A estos tres se había unido la Comisión de Justicia prevista en el Acuerdo de Bonn, con un teórico papel de facilitador y guía de la necesaria reforma, pero que actuaría como la cuarta facción en este enfrentamiento. Por último, al cuatripartito anterior se le unió Italia como país donante líder para el sector y que, en lugar de coordinar las ayudas e iniciativas de los países donantes y las instituciones de justicia afganas, se convirtió en la quinta facción del conflicto.

Sabemos que la estructura de órganos del sistema judicial desplegada en el territorio databa de la época del presidente Najibullah, con las modificaciones y el desarrollo llevado a cabo durante el periodo de gobierno muyahidín. El presidente Karzai se limitó a confirmar la estructura y los nombramientos hechos por el presidente del Tribunal Supremo, a sabiendas de que eran claramente inconstitucionales, como fue el caso del establecimiento del Consejo de Fetuas y de multitud de jueces que no cumplían con los requisitos constitucionales mínimos para el ejercicio. A ello se unió el hecho de que, en lugar de los nueve jueces miembros del Tribunal Supremo que establecía la Constitución de 1964[131], el presidente del Tribunal Supremo llegó a nombrar hasta 139 sin que nadie lo objetase (L. Miller y Perito, 2004).

Con respecto a la priorización de necesidades del sector, desde luego una de las primeras fue la constituida por la formación del personal, más si cabe teniendo presente la falta de cualificación de jueces y fiscales, nombrados durante las últimas décadas atendiendo a su bagaje político más que jurídico. En estos años iniciales de la operación de reconstrucción, la corrupción política entre los jueces era considerada muy alta, con sólo la mitad de la población afgana que consideraba a los jueces imparciales, por lo que la mayoría prefería acudir a las *shuras* para la resolución de sus conflictos (Afghanistan Independent Human Rights Commission, 2005; Asia Foundation, 2006; Griffiths *et al.*,

---

[131] The Constitution of…, art. 105, 01.10.1964.

2004). Aspecto que fue confirmado por el International Crisis Group al afirmar que los jueces se encontraban bajo intensa presión y control de los excomandantes muyahidines, y que sólo podían ejercer su actividad profesional de una manera transparente, si contaban con el favor de aquellos que ostentaban el poder real en las provincias y distritos (2003a). En relación con los fiscales, la situación no era mucho mejor, pues si en la oficina del fiscal general estaban registrados 3.274 fiscales que desarrollaban su labor con una ratio de condenas del 85 %, la realidad era que en la provincia de Kabul sólo había 600 personas en prisión con 341 fiscales operando en ella, lo que proporcionaba una ratio de dos condenas por fiscal en un plazo de dos años.

Con respecto a la existencia y funcionamiento de los órganos tradicionales de resolución de conflictos, lo cierto es que seguían funcionando en todo el territorio fuera de las grandes ciudades. En 2005, la situación era que sólo el 10 % de los casos se resolvían a través de los escasos órganos judiciales del Estado, el 90 % restante se solucionaban mediante el sometimiento voluntario de las partes a los órganos de justicia tradicionales (*shuras* y *jirgas*). Órganos que, además de ser físicamente más cercanos al ciudadano, también lo eran desde el punto de vista jurídico, ya que aplicaban el derecho consuetudinario, si bien en un gran número de casos su aplicación resultaba ajena a los principios del derecho islámico, la Constitución y los derechos humanos.

Los órganos tradicionales de justicia, a pesar de que seguían siendo los órganos preferidos para solucionar las disputas, no tenían reconocimiento explícito en la Constitución que, ni tan si quiera, los mencionaba, llegando incluso a negar la validez de cualquier tipo de decisión que pudiesen tomar al prohibir su jurisdicción por no estar contemplados en la ley (artículo 122 de la Constitución). Aunque su composición y procedimientos variaban según las regiones, todos tenían en común su esfuerzo en la restitución de los daños producidos, ya fueran materiales o al honor, siguiendo ritos y tradiciones que, en muchas ocasiones, violaban los mínimos derechos fundamentales de la persona —como ocurría con las penas de muerte por adulterio—. Era necesario, por lo tanto, trabajar sobre ellos con la doble finalidad de integrar tradiciones y procedimientos, para que no fueran contrarios a los estándares internacionales y suprimir aquellos que fueran contra los derechos humanos, con especial sensibilidad al derecho de género y las minorías por su posible colisión con los preceptos de la sharía. La consecuencia fue la incapacidad de la comunidad internacional para comprender la extensión y profundidad con la que los órganos tradicionales de justicia actuaban en Afganistán, lo que llevó a minusvalorar su importancia, centrando su atención en los órganos formales, la elaboración de normativa y la asistencia técnica para mejorar la capacidad del personal, lo que a su vez produjo el fracaso inicial de la reforma por su falta de legitimidad (Cebada Romero, 2011; Stromseth *et al.*, 2006).

Pero si analizamos la comunidad de donantes internacionales en 2004 para la reforma del sector de justicia, la situación tampoco era mucho mejor. Ante la falta de estrategias en los diferentes sectores y la falta de capacidad de UNAMA, la comunidad internacional se decidió por una estructura de grupos consultivos en la que cada uno era dirigido por su correspondiente nación líder, con la misión de apoyar al respectivo organismo del gobierno y coordinar la ayuda internacional. Ante esta situación, resultaba imposible que Italia, como país líder para la reforma del sector judicial, pudiese poner de acuerdo visiones tan diferentes como las de Alemania (responsable de policía), Estados Unidos (de policía y más tarde antinarcóticos) y Reino Unido (antinarcóticos). De entre los diferentes grupos consultivos que se establecieron para coordinar las donaciones y definir estrategias de acción entre los países donantes, precisamente el de justicia fue el único que no funcionó, reflejándose no sólo en la falta de estrategia, sino también en la escasez de fondos que inicialmente se desembolsaron —sólo 19 millones de dólares que quedaron reducidos a 14,3 por la falta de proyectos identificados en 2003—. A ello se unió que ni la propia UNAMA había sido capaz de designar al asesor senior en el ámbito de justicia, lo que debilitaba enormemente su papel moderador e integrador. Especialmente grave fue que en la estructura de grupos consultivos no existió un organismo de coordinación e integración de todos aquellos relacionados con el Estado de derecho —los grupos consultivos referidos a Justicia, Interior, Defensa y Administración civil—. A ello se añadió la inadecuada transferencia de competencias del sistema de prisiones, desde el Ministerio de Interior al de Justicia, llevada a cabo a mediados de 2003 con una evidente falta de planeamiento y preparación (Griffiths *et al.,* 2004; International Crisis Group, 2004; Islamic Republic of Afghanistan Ministry of Justice, 2005; L. Miller y Perito, 2004).

La confrontación entre modelos judiciales

En 2005, las instituciones judiciales comenzaron a consolidarse y con ellas el grupo consultivo del sector judicial que se había establecido a mediados de 2003, al objeto de coordinar las donaciones y proyectos. En ese año vio la luz la primera estrategia comprensiva de reforma del sector judicial denominada *Justice for All. A comprehensive needs analysis for Justice in Afghanistan* (Tondini, 2009).

Ninguno de los documentos que hasta esa fecha se habían elaborado tratando la reforma del sector judicial (*National Solidarity Program, Priority Investment Program y Securing Afghan Future*) había sido capaz de establecer una estrategia comprensiva, por lo que *Justice for All* pretendía ser el primer documento que cubriera esta necesidad. En él se establecía que la reforma habría de ser llevada a cabo sobre cuatro principios: el liderazgo de la reforma recaería en las manos del gobierno afgano quien sería responsable ante sus ciudadanos; la comunidad internacional asumiría el papel de patrocinador necesario; la reforma debería ser respetuosa con las tradiciones afganas; y las instituciones judiciales afganas debían ser capaces de respetar los estándares internacionales en derechos humanos[132]. La estimación inicial de costes ascendía a 600 millones de dólares que comenzaron a ser aportados principalmente por Italia, Reino Unido, Canadá y Estados Unidos (Islamic Republic of Afghanistan Ministry of Justice, 2005; Tondini, 2009).

La estructura que se estaba construyendo estaba centrada en Kabul, con escasa presencia en las provincias y los distritos o su completa ausencia en muchos de estos últimos. Ante la falta de graduados en derecho con la preparación mínima imprescindible para asumir responsabilidades —solo un tercio de los jueces y fiscales eran titulados universitarios—, el Tribunal Supremo asumió el papel de crear una base de datos para registrar los existentes y poner en marcha un sistema de preparación y aprendizaje. Sin embargo, la falta de instituciones con capacidad para definir necesidades y elaborar un programa de perfeccionamiento se hizo evidente —lo que justificaría el proyecto de crear un centro nacional de perfeccionamiento judicial—. Lo cierto fue que el perfeccionamiento de los graduados en derecho se estaba haciendo de manera descoordinada y sin ningún tipo de programa nacional. Se estaban desarrollando proyectos por varias organizaciones: The Rule of Law Project que estaba siendo desarrollado por el bufete Chechii Consulting y financiado por USAID; The Justice Sector Support Program, implementado por el Departamento de Estado estadounidense; y otros desarrollados por The Max Plank Institute, The International Institute for Higher Studies in Criminal Science, L′Institute International de Paris La Defence, The Bar Association of England and Wales, The International Bar Association y The Norwegian Refugee Council. Al objeto de crear sinergias, Estados Unidos e Italia unieron fuerzas para crear el Centro Nacional de Perfeccionamiento Jurídico que estaría ubicado en la Universidad de Kabul. Sin embargo, el proyecto sólo sirvió para reforzar las tensiones existentes entre la Facultad de Derecho y Ciencia Política y la Facultad de Derecho Islámico, pues ambas representaban modelos diferentes de formación de juristas y competían por la asignación de recursos (Reed *et al.*, 2008; Suhrke y Borchgrevink, 2009).

Por último, quedaban dos aspectos muy sensibles relacionados con la reforma: implementar un sistema alternativo de resolución de conflictos, más eficiente y menos costoso que los juzgados estales, formado sobre la base de expertos en áreas específicas

---

[132] Lo cierto es que el documento sólo sirvió para formar parte de la Estrategia Interina de Desarrollo Nacional y la firma del Pacto por Afganistán. El grupo consultivo fue disuelto después de la conferencia de Londres de enero de 2006, y sustituido por la nueva estructura de coordinación que en él se diseñó —el Grupo de Coordinación Internacional para la Reforma de la Justicia— (Islamic Republic of Afghanistan Ministry of Justice, 2008a).

y que permitiese que los litigantes pudiesen escoger entre los órganos judiciales o los mediadores; por otro lado, quedaba la necesaria pero difícil integración del sistema de justicia tradicional en el formal, haciendo respetar los derechos humanos. Junto a ellos, quedaban por solucionar aspectos transversales tan importantes como la lucha contra el narcotráfico, la corrupción y el sempiterno problema de la múltiples titularidades de las parcelas de tierra cultivable (Bassiouni y Rothenberg, 2007; Islamic Republic of Afghanistan Ministry of Justice, 2005; Reed *et al.*, 2008).

Durante el primer quinquenio de la intervención internacional, la reforma del sector judicial había sido liderada por los patrocinadores internacionales y la visión occidental de cómo debía ser el nuevo sistema judicial afgano. Esto conllevaría un error de gran calado que consistió en considerar la reconstrucción del sector como una posibilidad de reforma, sin tener en cuenta las instituciones tradicionales y sus procedimientos basados fundamentalmente en sus tradiciones y la sharía. Es por ello por lo que se hizo necesario un nuevo impulso con principios renovados que incluyesen de manera más efectiva, junto al derecho estatutario, el derecho islámico y el derecho tradicional —lo que se conoce entre los juristas afganos como *islamiyat* y *afghaniyat*—. Esta confrontación dialéctica acabaría transformándose en una falta de legitimidad de la pretendida reforma ante los juristas y la sociedad afgana en general. El caso más evidente se correspondió con la pretensión del experto italiano designado por su gobierno para dirigir la reforma del nuevo código penal en 2003, código que databa de los años sesenta y que había sido reformado en las décadas de los setenta y ochenta, pues los expertos italianos decidieron utilizar como modelo estricto su propio código penal nacional, sin consultar la opinión de sus colegas afganos. El resultado fue un código que no seguía los preceptos islámicos y que provocó la negativa del propio presidente Karzai a su firma. Situación que se agravó cuando el gobierno italiano amenazó con retirar los fondos de ayuda si aquel no lo refrendaba. Por si estas complicaciones no fueran pocas, este nuevo código supuso una complicación añadida a las ya de por sí difíciles relaciones entre la oficina del Fiscal General y el Cuerpo de Policía, pues en él se modificaban las responsabilidades de cada uno de ellos durante la investigación y posterior proceso judicial (Kouvo, 2009; Lau, 2003; L. Miller y Perito, 2004; Suhrke y Borchgrevink, 2009).

Dos casos públicos ocurridos en los años 2005 y 2006 evidenciaron la fractura existente entre el sistema judicial que se estaba pretendiendo crear y la percepción ciudadana de su legitimidad. El primero correspondió con la apertura de juicio contra el editor de una revista de derechos de la mujer que fue acusado de blasfemia. El segundo caso correspondería con un ciudadano que declaró públicamente en televisión que se había convertido al cristianismo, lo que constituía un delito de apostasía que según la sharía debía ser castigado con la pena de muerte. Ambos casos atrajeron muchísima atención mediática, tanto interna como externa, y mostraron claramente la división existente entre el modelo de sistema de justicia deseado por la mayoría de la población, posicionada con el Tribunal Supremo; y, por otro lado, las ONG y la comunidad internacional que apoyaban a los reformistas y los derechos humanos. En este sentido, es necesario señalar que uno de los motivos por los que se llegó a esta situación de claro enfrentamiento, entre juristas afganos de formación religiosa y expertos internacionales, fue la falta de juristas internacionales musulmanes, carencia que fue puesta de relieve de manera insistente por los ulemas afganos[133] (Suhrke y Borchgrevink, 2009).

El resultado de todo ello fue un sistema formal de justicia que era citado entre la población rural como la principal razón para que abrazasen la insurgencia, en tanto que lo consideraban antiislámico e impuesto por el extranjero infiel. Ante esta situación, la reacción de la comunidad internacional fue la equivocada, pues, en lugar de buscar las raíces del problema y tratar de recomponer el sincretismo entre islam y derecho positivo, decidió aumentar el número de expertos occidentales y la cantidad de dinero para recomponer la situación (Bassiouni y Rothenberg, 2007; Suhrke y Borchgrevink, 2009).

La aprobación de la Constitución de 2004 había supuesto un retroceso desde el punto de vista del derecho positivo, ya que la sharía no sólo se convertía en una ley supletoria para aquellos casos no contemplados en la ley estatutaria, sino que directamente invalidaba cualquier ley que repugnase al derecho islámico, lo que conllevaba que si el Gobierno y el Parlamento eran los que elaboran las leyes (*qanun*), sin embargo eran los ulemas los que tenían la última palabra para su correcta aplicación (*fiqh*) o incluso su rechazo. Este principio ya había existido en la Constitución de 1964, pero había sido anulado del texto constitucional por Daud en la versión aprobada durante su mandato en 1977. La Constitución de 1987, aprobada durante el régimen de Najibullah, lo restablecería, pero al mismo nivel que los principios de la Carta de Naciones Unidas y la Declaración Universal de los Derechos Humanos. Cosa que no hizo la Constitución de 2004, ya que colocaba a la ley islámica como único principio superior a cualquier derecho positivo. Es por ello por lo que se puede afirmar que, en el ámbito de los derechos humanos, la Constitución de 2004 supuso un claro retroceso sobre la Constitución de 1987 e incluso la de 1977.

Esta situación de bloqueo, propiciada por la falta de una estrategia comprensiva para la reforma del sector y la falta de atención prestada por Naciones Unidas, exigió una doble

---

[133] Estados Unidos e Italia fueron los países más activos en el asesoramiento de los expertos afganos para la reforma, y ninguno de ellos tenía la necesaria experiencia previa en derecho islámico. De entre los expertos internacionales, M. Cherif Bassiouni fue el primero que aportó una visión factible del necesario sincretismo entre el derecho positivo occidental y el derecho islámico, así como la integración del sistema de justicia tradicional —aunque este último aspecto era también rechazado por la propia corte suprema afgana— (Suhrke y Borchgrevink, 2009).

acción coordinada, interna y externa, para su neutralización. Acción que comenzó, en el ámbito interno, por el cambio del ministro de Justicia en 2005, el relevo del presidente del Tribunal Supremo en 2006 —a pesar de la oposición de Hamid Karzai— y el relevo del Fiscal General en ese mismo año; seguida por la preparación y organización de una conferencia al más alto nivel para desbloquear la situación en el ámbito internacional y mejorar la necesaria coordinación de los países líderes donantes. Como preparación a esta conferencia internacional para lograr el definitivo nuevo impulso a una estrategia consensuada por todas las partes, afganos y comunidad internacional, se celebró la conferencia internacional de donantes para el sector de justicia en Dubái (diciembre de 2006), preparada por el Grupo de Coordinación Internacional para la Reforma de la Justicia —este grupo tomó el relevo en 2005 al modelo de liderazgo individual por naciones implantando tras el Acuerdo de Bonn y que tan desastrosas consecuencias había tenido— (Wyler y Katzman, 2010).

A principios de 2007, el sistema judicial formal adolecía de una grave falta de eficiencia y cobertura nacional, pero lo más preocupante era la percepción que la población tenía de él como corrupto y falto de legitimidad, además de que, tras cinco años de proyectos y reformas, todavía no se había acometido el necesario análisis del papel del derecho islámico en el cuerpo legislativo afgano, ni el necesario compromiso con las autoridades islámicas afganas para llevarlo a cabo. En relación con los sistemas tradicionales de resolución de disputas, tampoco se habían acometido estudios serios para su inclusión en el sistema formal y, en los pocos casos en los que se había hecho, todavía no se habían presentado opciones viables para ello, con el agravante de que estos órganos tradicionales seguían atendiendo el 80 % de los casos judiciales (Bassiouni y Rothenberg, 2007; Kouvo, 2009; Reed *et al.*, 2008; Suhrke y Borchgrevink, 2009).

Otro aspecto de la reforma que todavía no había sido abordado era la necesaria transparencia y sometimiento al Poder Judicial del Departamento de Seguridad Nacional. Los estatutos bajo los que operaba databan de 1987, y le otorgaban amplios poderes para investigar, detener y decidir los casos que debían ser tratados en exclusividad por ellos —todos aquellos que de manera amplia supusieran un riesgo para la seguridad del Estado—. Un decreto de 2004 le proporcionaba la necesaria cobertura jurídica con la existencia de un tribunal especial que pertenecía al propio departamento, lo que le permitía quedar fuera del control público y parlamentario. Mientras tanto, denuncias de serias violaciones de derechos humanos seguían produciéndose de manera habitual, allí donde el NDS operaba (Bassiouni y Rothenberg, 2007).

La conferencia de Roma sobre el Estado de derecho

Si el documento *Justice for All* había servido para la elaboración de la Estrategia Interina de Desarrollo, ninguno de estos documentos llegó a incluir todas las necesidades que urgían para la reforma del sector, a pesar del gran paso adelante que su elaboración supuso.

En julio de 2007, se desarrolló en Roma la conferencia internacional sobre Estado de derecho en Afganistán, lo que significó un paso fundamental para acordar una estrategia de reforma del sector de justicia, entre el gobierno afgano y la comunidad internacional, y en la que se establecieron las bases para las políticas y estrategias necesarias para ello. En ella, los donantes internacionales comprometieron la cantidad de 360 millones de dólares, a lo largo de los próximos cinco años, para la implementación de las decisiones adoptadas sobre una estrategia del sector de justicia que integrase las diferentes estrategias parciales existentes y el establecimiento de un mecanismo de coordinación del sector a nivel provincial. Era precisamente en este nivel donde se acumulaban las mayores disfunciones en el área de justicia. El proyecto para su puesta en marcha fue aprobado en 2008 y gestionado por UNAMA con el apoyo del personal de UNDP. Su establecimiento comenzó en seis provincias y en 2010 ya se había extendido a treinta. En ese año el proyecto fue cerrado, y sus funciones se traspasaron a la Unidad de Estado de Derecho de UNAMA (Bassiouni y Rothenberg, 2007; Tondini, 2009; United Nations, 2007; United Nations Department of Peacekeeping Operations, 2011; Wyler y Katzman, 2010).

La Estrategia Nacional del Sector Judicial cubría un periodo de cinco años. Describía al Tribunal Supremo como el órgano cabeza del Poder Judicial, con cinco salas especializadas, 34 juzgados de apelación (uno por provincia) y 408 juzgados de primera instancia (uno por distrito), en los que trabajaban 1.700 jueces y otros 4.426 funcionarios. Establecía que el Ministerio de Justicia era el responsable de redactar las propuestas de leyes y decretos, así como de su impresión y publicación una vez aprobadas. De igual manera, era el responsable de la protección de los derechos fundamentales de los ciudadanos y de adoptar las medidas necesarias para la implementación de las sentencias judiciales. De este ministerio dependían las prisiones, centros de detención y los centros de rehabilitación de menores —el Departamento de Prisiones era el mayor de los once que componían el ministerio con un total de 5.000 funcionarios—. La Fiscalía General contaba con oficinas en las provincias y distritos, así como 45 oficinas especializadas en las Fuerzas Armadas y 38 en al Departamento de Seguridad Nacional. Esta estrategia también incluía objetivos para el Ministerio de Interior y el Departamento de Seguridad Nacional, con lo que conseguía integrar elementos de seguridad y de control e implementación de las leyes. Sin embargo, no prestó la necesaria atención a las implicaciones que suponían operar en un país considerado en estado de guerra en importantes zonas del mismo, de manera particular las referidas a las relaciones entre el sistema judicial y el sometimiento a la ley de las fuerzas de seguridad (Islamic Republic of Afghanistan Mininstry of Justice, 2008b; Kouvo, 2009).

Como coralario de esta estrategia se elaboró un programa nacional de justicia con el apoyo a unidades especializadas en la investigación y persecución de delitos contra el narcotráfico, corrupción, de género y menores.

La deslegitimización alcanzada por los órganos judiciales estatales

En el informe elevado por Transparencia Internacional en 2007 se afirmaba que: «Los jueces normalmente solicitan dinero a los acusados, y los jueces y los fiscales normalmente aceptan sobornos por el no procesamiento de los casos. No es infrecuente la desaparición de pruebas y normalmente se les solicita dinero a los detenidos para su puesta en libertad» (Chêne, 2007).

El propio Lakhdar Brahimi volvería a entonar el *mea culpa,* admitiendo la falta de atención prestada y la escasa asignación de fondos para la reforma del sistema judicial: «Nuestros esfuerzos fueron solamente limitados y mayormente inadecuados..., para asegurar el adecuado alineamiento con las prácticas y reglas legales que *de iure* y, más importante, *de facto* existían» (2007).

Así las cosas, se puede comprender que, en 2007, Naciones Unidas reportase que el 80 % de la población había perdido la confianza en los órganos estatales de justicia y la había depositado en los órganos tradicionales. Lo que justificaría la propuesta hecha por UNDP, en el sentido de establecer un sistema mixto de justicia donde se integrasen los órganos formales y los tradicionales. Propuesta que había sido incluida en la Estrategia Nacional de Desarrollo (2008), pero que debido a sus numerosos detractores entres las propias autoridades afganas, grupos pro derechos humanos y la propia comunidad internacional, había quedado bloqueada (United Nations Development Programme, 2007; Wardak, 2011).

En 2009, las instituciones del sistema formal de justicia escasamente funcionaban en la mayor parte del país. En su lugar, eran los órganos tradicionales los que resolvían la mayoría de las disputas civiles y muchas de las de carácter criminal —palabras del general McChrystal con ocasión de la apertura del seminario impartido por expertos del Instituto Estadounidense para la Paz—. Los datos de las encuestas llevadas a cabo por organismos internacionales independientes en 2010 seguían dando la razón a la propuesta realizada por Naciones Unidas, de manera que el porcentaje de ciudadanía que seguía confiando en los órganos tradicionales era abrumadoramente mayor (72 %) frente a los que confiaban en los órganos estatales que sólo alcanzaba el 50 %. Este estado de cosas provocó que gran parte de la población no acudiese a los órganos formales de justicia, sino que cuando no se llegaba a un acuerdo por las las partes implicadas, acudiesen a los jueces talibanes para obtener una justicia directa, fiable e impositiva (Dempsey y Coburn, 2010; Wardak, 2011; Wyler y Katzman, 2010).

En 2010, jueces y policía eran catalogados como los cuerpos más corruptos de la Administración (Bisogno, Alvazzi y Davis, 2010; International Center for Transitional Justice, 2010). Fue entonces cuando la comunidad internacional comenzó a concienciarse de lo que el mundo académico venía advirtiendo desde los comienzos de la intervención: la necesidad de reforzar los mecanismos de subordinación y transparencia de la reforma del sector de seguridad a la reforma del Estado de derecho, en especial al sistema judicial.

En junio de 2010 se celebró la segunda conferencia de Londres sobre Afganistán. En ella, la comunidad internacional dio por concluido la fase de liderazgo compartido (Pacto por Afganistán) con las autoridades afganas, para iniciar la fase de transición (Inteqal o Proceso de Kabul). Durante esta fase, las autoridades afganas acabaron asumiendo por completo el control de todas las funciones de gobierno, lo que se materializó en la plena asunción de competencias en seguridad, así como aquellas en gobernanza y Estado de derecho que todavía restaban en manos internacionales. Este nuevo compromiso del gobierno afgano quedó plasmado en la Estrategia Nacional de Desarrollo, donde se actualizaron los objetivos establecidos en 2008, así como aquellos que no habían sido alcanzados y sus correspondientes programas. Por su parte, el programa *Law and Justice for All* significó un esfuerzo por simplificar las leyes procesales, civil y penal, la creación de las unidades de policía judicial y el desarrollo de una ley para la regulación de cometidos y competencias de los órganos tradicionales de justicia y su integración con el sistema formal (Islamic Republic of Afghanistan, Ministry of Finance, 2013).

Junto a ello, en la nueva estrategia militar de contrainsurgencia, se reconocía que para acabar con la violencia no era suficiente una estrategia contraterrorista, sino que era necesario actuar contra las raíces del problema, tratando de anular las causas que generaban la voluntad para el enfrentamiento violento. Es en este momento cuando, por fin, se reconoció la importancia de un sistema judicial legítimo ante la población y compuesto por: un subsistema formal que fundamentalmente operaba en las ciudades, además de hacerse cargo de los delitos cometidos en todo el territorio; junto a un sistema tradicional, *jirgas* y *shuras*, que se hacía cargo de resolver la mayoría de las disputas civiles y criminales fuera de las ciudades. También se decía que, en aquellas áreas menos seguras, los órganos tradicionales de justicia habían sido manipulados por los líderes locales, de manera que se habían convertido en órganos deslegitimados ante la población. Es por ello que cualquier procedimiento que se escogiese para la integración de los órganos tradicionales de justicia en el sistema formal, tendría que hacer frente a un doble reto: el del cumplimiento de los estándares internacionales en derechos humanos; y el de facilitar la participación en los órganos tradicionales de justicia sólo a aquellos líderes locales que no estuvieran acusados de crímenes de lesa humanidad (Christensen, 2011).

Sin embargo, la situación no mejoraría a pesar de los esfuerzos realizados durante los últimos años del Proceso de Kabul. Las encuestas realizadas por UNODC establecieron que la cantidad total de los sobornos realizados durante 2012 habían ascendido a 3.900 millones de dólares, lo que supuso un aumento de 1.400 millones sobre los realizados en 2010. Igualmente, el estudio reveló que la práctica masiva del soborno se había extendido a otros sectores públicos como la enseñanza y la gobernanza local, de manera que, en 2014, el 62,4 % de los afganos consideraban la corrupción uno de sus mayores problemas con un incremento del 7 % con respecto al año anterior (SIGAR Office, 2015b; United Nations Office on Drugs and Crime, 2013).

La situación descrita en los párrafos precedentes fue aprovechada por la insurgencia para ofrecer un sistema tradicional de justicia independiente de los poderes fácticos locales. Por su parte, el nuevo esfuerzo internacional se materializó en la ya conocida *oleada civil*, lo que se tradujo en un aumento de expertos judiciales en el nivel provincial y una saturación de éstos en Kabul. Al mismo tiempo, se reconoció no poder llevar esta oleada a todos los lugares donde era necesario potenciar los órganos de justicia y gobernanza, porque un tercio de los distritos ya se encontraban bajo control talibán —en el caso estadounidense, este incremento de expertos supuso pasar de unos 400 en 2009 a más de 1.300 en 2014— (Dempsey y Coburn, 2010; Katzman, 2015b; Wyler y Katzman, 2010).

LA JUSTICIA TRANSICIONAL

La cantidad de atrocidades cometidas por las diferentes facciones durante los cuarenta años ininterrumpidos de guerra, entre ellas las que en 2002 ostentaban el poder, presagiaban un duro proceso para gestionar el reciente pasado y llevar ante la justicia aquellos que las habían cometido. El Acuerdo de Bonn no mencionaba la justicia transicional ni la responsabilidad por los crímenes cometidos en el pasado. Sí decía que Naciones Unidas investigaría los abusos cometidos contra los derechos humanos, pero no decía qué agencia sería la responsable (United Nations General Assembly Security Council, 2001). El obstáculo principal para que esto se pudiese llevar a cabo vino de las principales figuras de la Shura-e Nazar, que estuvieron implicadas en estos abusos, y de UNAMA que tomó la errónea decisión de priorizar la paz social sobre la justicia, lo que supuso pretender un objetivo de paz a corto plazo, pero sin la legitimidad necesaria para que fuera duradero.

A pesar del establecimiento de una comisión específica para ello (Comisión Independiente sobre Derechos Humanos en Afganistán), Naciones Unidas no mostró especial interés en llevar adelante este compromiso, a lo que se unió el interés estadounidense en paralizar cualquier acción que supusiese llevar ante los tribunales a sus socios políticos, así como el claro desinterés afgano en ello —el presidente Karzai llegó a calificar como «lujo» una justicia transicional—. Durante 2002 a 2004, la Comisión Independiente de Derechos Humanos cifró en un 69 % la cantidad de población que había sufrido, directamente o sus familiares inmediatos, graves violaciones contra los derechos humanos. Pero lo verdaderamente perturbador era que, en aquellas fechas, todavía se seguían cometiendo un importante número de estas violaciones sin que la presencia de la comunidad internacional fuese capaz de detenerlas. Muchas veces una misma persona o familia había sufrido violaciones bajo los tres diferentes regímenes —comunista, muyahidín y talibán—, al que hubo que añadir el periodo postalibán en el que las violaciones seguían cometiéndose por los excomandantes muyahidines, ahora bajo los entorchados de autoridad del Estado (Afghanistan Independent Human Rights Commission, 2005; International Crisis Group, 2003a).

Lo cierto fue que la mayoría de la población encuestada, durante los tres primeros años de la presencia internacional, se mostraba mayoritariamente partidaria del veto a los principales responsables de estos abusos para ocupar cargos en la nueva Administración, junto a los juicios contra aquellos que habían cometido los crímenes más graves, la compensación y atención institucional a las víctimas y, en último lugar, las comisiones de búsqueda de la verdad (Afghanistan Independent Human Rights Commission, 2005).

Sin embargo, todo esfuerzo por la implementación de mecanismos para la exigencia de responsabilidades políticas y judiciales fue completamente infructuosa. Si durante la conferencia de Bonn, Naciones Unidas fue capaz de evitar una cláusula de amnistía general que la Alianza del Norte pretendía incluir, sin embargo, no consiguió incluir otra cláusula con la imposibilidad del nuevo gobierno de aprobarla. De manera que, durante la organización de la Loya Jirga de Emergencia en junio de 2002, se trató de evitar la inclusión de delegados que fueran conocidos perpetradores de crímenes contra los derechos humanos, pero finalmente el proceso fue bloqueado cuando Hamid Karzai, como presidente de la Autoridad Interina, añadió personalmente a cincuenta excomandantes muyahidines como delegados, entre los que se encontraban los peores perpetradores de crímenes contra los derechos humanos durante las pasadas guerras. Más tarde, con ocasión de la organización de la Loya Jirga Constitucional, los excomandantes consiguieron los apoyos necesarios en los distritos que controlaban para su participación en la misma, evitando de esta manera incluir cualquier referencia a los crímenes contra los derechos humanos y la prohibición de amnistía en la nueva Constitución.

Finalmente, el hecho de que el sistema electoral elegido permitiese presentar los candidatos a título personal, sin apoyo de partido político alguno, permitió que candidatos conocidos por sus crímenes, y con partidos que habían sido prohibidos por el Ministerio de Justicia por su relación con la violencia étnica, pudieran presentarse a las elecciones presidenciales y posteriormente a la Asamblea Nacional. Estos mismo candidatos, una vez elegidos diputados, aprobaron en 2007 una ley de amnistía general de cualquier abuso cometido en el pasado, lo que propició el cierre en falso de uno de los temas que más desasosiego había producido en la ciudadanía afgana, y que probablemente represente la mayor burla del Estado a sus compromisos internacionales durante el régimen democrático. Esta norma denominada Ley de Estabilidad Nacional y Reconciliación fue publicada en el boletín oficial en 2008, pero no fue sometida a debate por los medios de comunicación hasta 2010, año en el que la Comisión Independiente sobre Derechos Humanos denunció que no cumplía con los mínimos estándares exigidos por Naciones Unidas y rubricados por Afganistán.

De igual manera que tampoco cumplían estos mínimos estándares una buena parte de las fuerzas internacionales de la coalición, cuando detenían a ciudadanos afganos por colaborar con la insurgencia y los encarcelaban en la base militar de Bagram sin comunicación de cargos, sin derecho a visitas ni a proceso judicial alguno[134]. A las que se unían el Departamento de Seguridad Nacional, que con un nivel de secretismo impropio de un país democrático, llevaba a cabo sus acciones de combate y detenciones, sólo sometidas a sus propios tribunales y mediante procesos completamente opacos a los familiares del detenido, sin aportar las razones para la detención, ni su lugar y duración (Afghanistan Independent Human Rights Commission, 2005; Cebada Romero, 2011; Kouvo, 2009; Synovitz, 2007).

El nuevo tejido político afgano se estaba construyendo de una forma tan imbricada con los abusos y torturas, cuando no genocidios por parte de sus nuevos líderes, que hacía imposible cualquier opción real de progreso en este campo, a pesar del aplastante apoyo ciudadano por remover de sus cargos a todos aquellos que habían cometido abusos graves contra los derechos humanos durante los años de guerra. Es cierto que en determinados casos se llegaron a juzgar y sentenciar hasta con pena de muerte a determinados líderes acusados de graves crímenes[135], pero con esos casos se extendió la creencia de que, entre aquellos que habían cometido crímenes de lesa humanidad, precisamente los que no

---

[134] La norma operativa sobre detenidos de la ISAF estipulaba un plazo máximo de custodia de 96 horas antes de ser transferidos obligatoriamente a autoridades afganas. Un importante número de naciones participantes en la ISAF acordaron de manera bilateral sus propios memorándums de entendimiento con el gobierno afgano, otras optaron por no detener a personal afgano al considerar que sólo las ANSF tenían esta potestad y eran estos quienes llevaban a cabo las detenciones durante las operaciones conjuntas (Kouvo, 2009).

[135] Tal fue el caso de Abdullah Shah, un excomandante de segundo nivel acusado de asesinar a más de veinte personas, y el caso de Asadullah Sarwary, jefe del servicio de inteligencia durante la ocupación soviética.

contaban con los contactos políticos necesarios o el dinero para corromper el sistema se convertían automáticamente en prescindibles, en tanto que aquellos que habían sido capaces de integrarse en la política salían lo suficientemente reforzados como para sentirse intocables hasta por el propio presidente —tal sería el caso del intento de arresto del General Dostum que finalizó con la destrucción de pruebas llevadas a cabo en las fosas del desierto de Dasht-e Laili, donde reposaban los restos de miles de prisioneros talibanes asesinados en 2001 por orden suya, y supuestamente protegidas bajo la custodia de las fuerzas de seguridad afganas— (Bassiouni y Rothenberg, 2007; Kouvo, 2009; Stromseth *et al.*, 2006).

LOS DERECHOS DE GÉNERO Y LAS MINORÍAS

A pesar de que ya la Constitución de 1964 establecía la igualdad de hombres y mujeres ante la ley (artículo 25), el derecho tradicional de familia es el que ha prevalecido en el sistema legal afgano, por lo que las mujeres han seguido desposeídas de sus derechos naturales durante todo el periodo democrático. Esta desigualdad alcanzó sus mayores cuotas durante el régimen talibán, sin olvidar que las restricciones que procedían de una interpretación conservadora del islam y la tradición afgana fueron desarrolladas precisamente en la época muyahidín y por los mismos líderes que han ostentado el poder desde 2002 a 2021.

Durante el Primer Emirato talibán, la práctica religiosa pasó de ser un asunto individual y privado a ser considerado un asunto público, con lo que el sistema formal entendía de todos los casos relacionados con ella. Por el contrario, la función de la mujer en la sociedad quedó anulado y reducido al ámbito privado, por lo que la mayoría de los casos quedaron bajo la autoridad del cabeza de familia o de los órganos tradicionales de justicia. Ni el sistema formal ni el tradicional reconocían la Declaración Universal de los Derechos Humanos y la Carta de las Naciones Unidas por entender que eran contrarias a los principios del islam (Suhrke y Borchgrevink, 2009).

Desde los inicios de 2002, la comunidad internacional había decidido tratar los derechos de género y la participación de la mujer en la vida política como un indicador de cambio. La realidad fue que el trabajo en este campo ni tan si quiera se inició durante los primeros años de intervención internacional, como lo muestra el hecho de que una treintena de mujeres siguieran confinadas en la cárcel de Poli-Charkhi (Kabul), acusadas de delitos de familia —como rehusar mantener relaciones sexuales con su marido, negarse a contraer matrimonio con el hombre escogido por sus padres o haber escapado del domicilio conyugal—; a ello se le sumaba la diferente edad legal para poder contraer matrimonio, de 16 años para la mujer y 18 para el hombre; y el que la poligamia fuera admitida por ley, desde el año 1977, con la sola condición de que el esposo fuese capaz de mantener adecuadamente a sus esposas y su descendencia (C. Johnson *et al.*, 2003; Lau, 2003; McColl y Kakar, 2004). Se hacía por lo tanto necesario una urgente modificación del cuerpo legislativo para integrar y garantizar los derechos de las mujeres, tal y como el Estado afgano se había comprometido al haber ratificado numerosos tratados internacionales sobre la materia.

El trato dado a las mujeres en Afganistán es muy diferente según la región donde se viva y, en contra de la opinión generalizada, el factor determinante no es la etnia a la que se pertenezca, sino las costumbres de la zona y la tribu, en su caso. Es posible afirmar que las mujeres hazaras son las menos desfavorecidas, ya que en sus tribus y antes de la ocupación de sus territorios por el régimen talibán en 1996, ya era posible encontrarlas participando en las *shuras,* tanto sólo de mujeres como incluso mixtas. Pero de igual forma, es posible afirmar que la cultura de reclusión femenina en Afganistán no es exclusiva del *pashtunwali,* como lo atestigua la prohibición de trabajar fuera de su comunidad local impuesta a las mujeres de las comunidades tayikas en la provincia de Badakhshan, o la obligatoriedad de portar el burka en Kabul y Herat impuesta por el régimen muyahidín en 1992.

Las violaciones de derechos humanos ocurrieron de forma rutinaria y sin posibilidad alguna de erradicación por parte de los primeros gobiernos de Hamid Karzai, pues su capacidad de control y gobernanza se limitaba a Kabul y sus alrededores. Es aquí donde se evidenciaba de manera más dramática la incapacidad de un Estado fallido para imponer la ley y el Estado de derecho. Las diferencias existentes entre las exigencias establecidas en el Acuerdo de Bonn y la realidad sólo podían ser consideradas de dramáticas. Durante los primeros años de intervención internacional, el legado de más de dos décadas de guerra, junto al fanatismo religioso, había hecho de la sociedad afgana una de las más violentas del mundo y donde las desigualdades se cebaban sobre los sectores más desfavorecidos —pobres, mujeres y niños—.

Todavía en 2014, la Ley de Eliminación de la Violencia Contra las Mujeres (EVAW), que había tenido que ser aprobada en 2009 mediante un decreto presidencial[136] porque el Parlamento nunca se puso de acuerdo para hacerlo, presentaba serias deficiencias en su implementación —según OXFAM, en 2005, continuaba la práctica frecuente del *baad*[137]—. Esta ley, basada en los artículos 24 y 54 de la Constitución, condenaba el matrimonio con menores, el matrimonio forzado, el secuestro, la violación y otras formas de violencia contra la mujer. Además, garantizaba el derecho a abogado defensor, a

---

[136] Islamic Republic of Afghanistan, Presidential Decree on Endorsement of Law on Elimination of Violence against Women (EVAW), No. 91, 20.07.2009.
[137] Entrega de una mujer joven a la familia de la víctima que ha sufrido un acto criminal.

servicios médicos gratuitos, casas de acogida y a la confidencialidad en caso de denuncia[138].

Pero lo cierto ha sido que durante todo el periodo democrático las mujeres han seguido sufriendo agresiones sexuales permitidas por ley, como el hecho de que el adulterio, en el caso de la esposa, era considerado delito según el código penal[139], no así en el caso del marido —delito que incluía: escapar del domicilio conyugal o desafiar la elección de futuro esposo por parte del cabeza de familia—. El código penal afgano vigente exculpaba al marido del delito de asesinato de la esposa, si esta era sorprendida en acto de adulterio, y únicamente lo castigaba con una pena máxima de dos años (artículo 398). De igual manera, se considera agravante el hecho de quedar embarazada tras el acto de adulterio (artículo 427). La ley de violencia contra las mujeres fue rechazada hasta en dos ocasiones en el Parlamento, en 2010 y 2013, por el temor de los cabezas de familia a perder la capacidad de control sobre los miembros femeninos de la familia.

Más impactante resulta el análisis de la Ley de Estatus de Personal Chií[140], aprobada en 2009. Fue celebrada como un logro por los líderes políticos y religiosos de la comunidad chií cuando, en realidad, era un texto humillante para la dignidad de la mujer, desde el momento que suprimía derechos fundamentales de la persona y los sometía a regulación —tales como el número de veces que la esposa había de someterse sexualmente al marido, o que el no sometimiento sexual al varón y la ausencia del domicilio del esposo sin autorización fuesen considerados actos de desobediencia, por los que la mujer perdía el derecho de manutención[141]—. Prestigiosos juristas defendieron la necesidad de retomar la senda de la justicia transicional, y acabar con el pacto de silencio e impunidad que se había impuesto en la sociedad afgana con el acuerdo de la comunidad internacional, reconociendo la labor que la Comisión Independiente de Derechos Humanos realizaba e imponiendo sanciones cuando se aprobasen leyes como la del estatus del personal chií.

Por último, citar que, en relación con la libertad de religión, las minorías religiosas quedaron prácticamente suprimidas durante el régimen talibán. La Constitución democrática establecía el islam como la religión oficial del Estado y al mismo tiempo declaraba la libertad religiosa, pero determinando que los rituales religiosos del resto de religiones estarían regulados por ley (artículo 2). En la práctica no existió la libertad de culto en el país: las cuatro sinagogas existentes permanecieron cerradas y los tres templos

---

[138] Islamic Republic of Afghanistan, Presidential Decree on… (EVAW), No. 91, art. 5, 20.07.2009.
[139] Republic of Afghanistan, Penal Code No. 13/347, 21.09.1976.
[140] Islamic Republic of Afghanistan, Shiite Personal Status Law, 11.02.2009.
[141] *Ibidem,* art. 177-178.

sijes eran discretamente usados por los extranjeros de esta religión. No existieron iglesias cristianas y sólo se permitía el culto en casas particulares sin difusión pública[142].

EL SECTOR JUDICIAL AL FINAL DE LA INTERVENCIÓN INTERNACIONAL

El principal error cometido por la comunidad internacional en lo referente al sistema judicial fue olvidar que el establecimiento del Estado de derecho en un determinado país no sólo supone el desarrollo de una normativa que cumpla con los estándares internacionales, así como la consolidación de las instituciones judiciales que aseguren su implantación, sino que, sobre todo, supone un cambio cultural en la sociedad. La mera presencia de leyes e instituciones judiciales no presupone que los ciudadanos consideren justas a las primeras y fiables a las segundas, de manera que utilicen aquellas instituciones para denunciar su incumplimiento. En el caso afgano no se ha tenido en consideración que casi el 80 % de la población acudía a las instituciones tradicionales de justicia en los años sesenta y que, tras la serie de guerras civiles que asolaron el país, esta cifra no había hecho sino aumentar. La Constitución hubiera constituido el lugar idóneo para afrontar este asunto, pero en su lugar se ocultó el problema, tal y como se hizo con el grado de descentralización política del Estado.

En relación con la falta de coordinación inicial entre los países donantes y la incapacidad italiana para conseguirla, es de justicia reconocer que la inhibición de Naciones Unidas para asumir su responsabilidad de liderazgo llevó a la comunidad internacional a asumir este cometido mediante la distribución de responsabilidades, lo que ineludiblemente provocó la compartimentación que llegó a constituir otro de los factores clave del fracaso. Esta compartimentación no sólo se produjo entre las naciones intervinientes, sino incluso con las propias autoridades afganas. Lo que se tradujo en una clara confrontación dialéctica que sólo condujo al desprestigio de las instituciones judiciales y de la comunidad internacional, lo que, a su vez, provocó que comenzase a ser vista como extraña e insensible a la cultura tradicional afgana —como ocurrió en el caso de la redacción del código penal, ley de procedimiento criminal, código juvenil y ley de prisiones y centros de detención—.

Naciones Unidas optó por incluir la reforma del sector judicial dentro de la reforma del sector securitario. Sin embargo, documentadas voces del mundo académico argumentaron la conveniencia de que la reforma de este sector se incluyese desde un inicio en el pilar de gobernanza y Estado de derecho, al objeto de evitar que quedase absorbida dentro del pilar securitario como un elemento secundario. Posteriormente fue reubicada en el pilar de gobernanza en la Estrategia Nacional de Desarrollo, pero posiblemente fue demasiado tarde y la hipotrofia del sector ya se había producido. De

---

[142] Comunicación personal, James, sacerdote jesuita en Afganistán (Bamiyan, 02.11.2015).

manera que no se pudo evitar el desmesurado esfuerzo realizado para el entrenamiento de la policía como fuerza de combate, en lugar de como fuerza civil de orden público y seguridad. Otra consecuencia no deseada de esta integración inicial en el sector securitario fue la falta de transparencia y responsabilidad de las fuerzas armadas y de policía ante los órganos de justicia (Ponzio, 2005; Mani, 2003).

En 2006 y con ocasión del Pacto por Afganistán, se hizo evidente no sólo la necesidad de darle mayor importancia al desarrollo del Estado de derecho, sino que este conceptualmente debía incluir la reforma del sector securitario y la reforma del sector judicial, junto a algunos aspectos de la gobernanza política. Finalmente, no se hizo así y la reforma del sector de seguridad se constituyó en un pilar independiente, al mismo nivel que el de gobernanza y el de desarrollo, bajo la argumentación de que se estaba construyendo un ejército al mismo tiempo que se combatía. En consecuencia, la reforma del sector judicial quedó minusvalorada y sin el debido apoyo, en comparación con las reformas en el resto de los sectores, lo que facilitó el empoderamiento de las élites, al acometerse la reforma de las instituciones de gobierno sin el adecuado control por parte de un reformado y desarrollado sistema judicial.

Precisamente, esto es lo que ocurrió con la reforma de la policía y el ejército sin el paralelo desarrollo de las instituciones de control político y securitario. El que fuera ministro de Interior, Ali Ahmad Jalali, ya predijo en 2005 la imposibilidad de establecer una estrategia comprensiva referida al sector de seguridad desde el momento que cada uno de los diferentes elementos a reformar (ejército, policía, justicia, lucha contra el narcotráfico y desarme) estaba liderado por un país diferente del G8, con su propia estrategia nacional. Como ejemplo citaba el caso de la policía que, incluso siendo convenientemente reformada y desarrollada, no podría convertirse en un cuerpo al servicio del Estado de derecho, desde el momento que la reforma de las instituciones judiciales siguiera bloqueada.

Todavía en 2009, prácticamente los jueces estatales eran inexistentes y los pocos oficiales de policía estaban mal formados y pagados, con tendencia clara a la corrupción. En la provincia de Kunduz, donde sabemos de la gran cantidad de abusos cometidos sobre las comunidades pastunes allí asentadas, el número de policías en plantilla ascendía a unos 1.000, de los que el número de presentes no superaba la cifra de 500, con una población en la provincia de aproximadamente un millón de habitantes. El resultado de este dislate no fue otro que el recurso sistemático a las *shuras* tradicionales para la resolución de conflictos mediante la aplicación de la sharía, junto al hecho de que era precisamente esta provincia una de las zonas donde la insurgencia se mostraba con más poder y violencia.

Ambas realidades siguieron abiertas durante las dos décadas y sin solución alguna en el horizonte. Autores como Cebada Romero propusieron la integración de los órganos de justicia tradicionales (*jirgas* y *shuras*) en el sistema formal, en tanto que se ajustasen a los preceptos constitucionales y los tratados internacionales firmados sobre derechos humanos, sometiéndose a instancias superiores judiciales de apelación y control. Otros autores como Maren Christensen fueron más allá, y vieron el desdén con el que inicialmente se trató al sistema tradicional de justicia como una forma más de expresión del centralismo avasallador con el que los propios afganos establecieron su modelo centralista de Estado. Este mismo autor llega a relacionar la falta de legitimidad del sistema formal de justicia con el hecho de que, en el sistema tradicional, la legitimidad se basa no sólo en el prestigio y confianza depositada en el juez o miembros del jurado, sino también en el acuerdo mayoritario de la audiencia con la propia sentencia emitida —una especie de jurado popular—. Hecho que dificultaba sobremanera la legitimidad de los órganos formales de justicia, en tanto que sólo los jueces eran los que dictaban sentencia —una posible solución habría sido instaurar algún modelo de jurado popular en el que sus miembros fuesen elegidos entre los componentes de la *shura* o *jirga* del distrito, dejando al juez la función de determinar si la sentencia se ajustaba a la normativa legal vigente—.

Otra consecuencia de esta falta de atención a la reforma del sector judicial fue la imposibilidad de exigencia de responsabilidades civiles y penales a una élite que había cometido graves delitos de abuso económico e incluso contra los derechos humanos. El problema de base residió en el empoderamiento político de las primeras figuras de la Shura-e Nazar, lo que impidió el desarrollo de un adecuado sistema judicial, ya que eran los primeros interesados en que esto no ocurriese. A ello se unió la permisividad de la comunidad internacional con esta situación, al considerar potencialmente desestabilizador el adecuado desarrollo de un sistema judicial independiente.

No podemos dejar de citar uno de los mayores obstáculos que, a nuestro juicio, existieron para la legitimización de la presencia internacional: la falta de sometimiento de una importante parte de las fuerzas internacionales y de las propias fuerzas de seguridad locales a los tratados internacionales sobre derechos humanos, ya fuera de manera premeditada o facilitando esta situación mediante la falta de apoyo para el desarrollo del Estado de derecho. Esta afirmación la corrobora el hecho de que hubiera personal afgano retenido en prisiones afganas o estadounidenses en suelo afgano durante años y sin sometimiento a proceso judicial alguno, algunas de las cuales llegaron a formar parte de la red de centros estadounidenses secretos de detención para la lucha contra el terror, centros que no estuvieron sometidos a control alguno por parte de Cruz Roja Internacional o Naciones Unidas.

En 2014, Afganistán fue incluido por vez primera en el Índice de Estado de Derecho de países del mundo que es elaborado por el World Justice Project. El puesto que se le asigna a cada país de los evaluados está en relación a los siguientes factores: efectividad en los sistemas de control de los poderes del Estado, en particular los órganos del Poder Legislativo y Judicial; nivel de corrupción en tres formas diferentes (sobornos, prevaricación y cohecho); transparencia en la elaboración y aplicación de las leyes; protección de los derechos fundamentales; nivel de violencia y criminalidad común y política; eficacia del sistema público administrativo; y nivel de eficacia del sistema judicial civil y penal. Afganistán quedó situado en el penúltimo lugar, sólo por delante de Venezuela (World Justice Project, 2014). Desgraciadamente, tras casi dos décadas de democracia, la situación no había mejorado mucho, quedando el país colocado en el número 122 de entre 128 países listados en 2020 (World Justice Project, 2020).

PARTE III

LOS OBSTÁCULOS A LA NECESARIA EQUIDAD ECONÓMICA Y SOCIAL

En esta Parte, se analiza la complejidad del sistema económico afgano durante estos últimos veinte años, así como los obstáculos que fueron surgiendo y que no se supieron atajar, bloqueando de esta manera la necesaria transformación desde una economía de guerra a otra de libre mercado con acceso a la mayoría de la población. En su lugar, se consolidó un sistema cleptocrático sobre un modelo de libre mercado, basado en la economía informal y la economía ilegal que llegaron a convertirse en su columna vertebral, liquidando cualquier atisbo de desarrollo y estabilidad social.

En un segundo capítulo, se describe cómo las grandes sumas de dinero entregadas en concepto de donaciones o contratos a los líderes locales, para la prestación de servicios o la ejecución de proyectos de desarrollo, no hicieron sino reforzar los circuitos informales económicos existentes, consolidando unas redes clientelares que propiciaron el resurgimiento y la consolidación de la violencia.

CAPÍTULO 5

CLEPTOCRACIA Y NEPOTISMO

LA ECONOMÍA AFGANA PREVIA A LA INTERVENCIÓN INTERNACIONAL

La economía previa al golpe de Estado comunista

La modernización económica afgana y su incipiente industrialización comenzaron en los años treinta, con unos proyectos de infraestructura estatales, seguidos por la emergencia de una serie de pequeñas y medianas empresas. Todo ello facilitó una cierta acumulación de capital que fue reinvertido en expandir el naciente tejido industrial. Las élites políticas fueron las que lideraron esta naciente economía con unos cuantiosos réditos, resultado de la posición de privilegio con la que habían partido, al haber recibido del gobierno los correspondientes derechos de explotación, a través del sistema de concesiones denominado *sherkat* —sistema de monopolio por el que el 45 % del capital de cada compañía pertenecía a la aristocracia, a pesar de que el 100 % de la inversión procedía de capital privado—. Resultaba ser así un sistema de corrupción legalizada que aseguraba pingües beneficios a la familia real y los altos funcionarios.

Esta situación comenzaría a cambiar con la llegada de Daud Khan al cargo de primer ministro, momento en el que se inició un proceso de nacionalización al objeto de facilitar un mayor ritmo de crecimiento y modernización, que llegase a las clases sociales más desfavorecidas. Todo este esfuerzo modernizador se llevó a cabo a través de una serie de planes quinquenales, entre 1956 y 1972, con el primero de la serie centrado en el desarrollo de las infraestructuras, las empresas estatales y la industria pesada[143] (L. Dupree, 1979; Nyrop y Seekins, 1986).

A pesar de estos esfuerzos modernizadores y debido a unos Ejecutivos incapaces, los modelos económicos no llegaron a cambiar y la economía seguiría basada en una agricultura que no llegaba a cubrir las necesidades básicas de la población, si bien algunos de sus productos se constituyeron en la base de las exportaciones.

---

[143] La ausencia de datos referidos a la época de los regímenes comunista, muyahidín y talibán en los archivos del Banco Mundial, Naciones Unidas y Banco Asiático de Desarrollo han hecho necesario acudir a fuentes secundarias de datos que, en la mayoría de los casos, han utilizado como fuente primaria los archivos de la Oficina Central de Estadística del gobierno de Afganistán, fuente no disponible en su página web y de la que sólo algunos documentos son accesibles en páginas web de fundaciones u organizaciones multinacionales. A partir de 2002, la mayoría de los datos económicos y de población se encuentran disponibles en los archivos electrónicos de las organizaciones anteriormente citadas.

Por otro lado, el porcentaje de impuestos que la población rural aportaba a la Hacienda pública era realmente escaso, a pesar de que representaba casi el 60 % de la población laboral total y que este sector aportaba el 50 % del PIB (Guimbert, 2004; Pain y Goodhand, 2002; The World Bank, 1978). De manera que, si en la década de los cincuenta, la población rural aportaba alrededor del 7 % del total recaudado por la Hacienda pública, esta aportación bajaría hasta el 1 % en la década de los setenta. Sin embargo, durante toda esta treintena, la mitad del total de los impuestos cobrados por el Estado provenía de los indirectos al comercio. Es decir, las comunidades rurales no aportaban ingresos al Estado, pero a cambio este tampoco aportaba servicios a aquellas. En esta situación de consenso entre el gobierno y la sociedad urbana, de una parte, y el mundo rural, de la otra, es como se mantuvo la estabilidad social y política durante las décadas anteriores al golpe de Estado incruento de Daud Khan. Una situación de aislamiento entre ambas comunidades que ha llegado hasta nuestros días.

Tabla 2. Principales productos de los diferentes sistemas agropecuarios afganos.

Región	Altitud Media	Cultivos	
		De Campo	**De Huerta**
Montañas del Este	2.000-3.000 mts	Patatas, trigo, arroz, cebada, maíz, alubias, cebollas, caña de azucar, trébol y alfalfa	Manzanas, albaricoques, ciruelas, cítricos y viñedos
Montañas y colinas del Sur	1.000-1.500 mts	Trigo, patatas, maíz, alubias, trebol y alfalfa	Albaricoques, ciruelas, almedras, nueces y viñedos
Planicies y colinas del Norte	500-1.000 mts	Trigo, patatas, maíz, alubias, cebada, trebol y alfalfa	Albaricoques, ciruelas, nueces y viñedos
Valle del río Helmand y Llanura del Sistan	500 mts	Trigo, maíz, alubias, verduras y hortalizas	Viñedos, granadas, almendras, nueces y albaricoques

Fuente: elaborado con datos proporcionados por P. Sloane (Swedish Committee for Afghanistan, 1993, Farming Systems in Afghanistan Volumes I-VIII *apud* Sloane, 2001).

Las tasas que llegaban a las arcas del Estado provenían mayoritariamente de la exportación y éstas llegaron a suponer más del 50 % a lo largo de la treintena referida (1950-1979). Los productos principales para el comercio exterior eran los agropecuarios que representaban casi el 60 % (la piel de la oveja caracul, frutos secos, pasas y algodón). Por otro lado, la constante disminución de la capacidad recaudatoria del Estado sobre los productos agropecuarios se veía compensada con la llegada de ayuda extranjera procedente de la URSS y los Estados Unidos. Ayudas que en la década de los sesenta llegaron a alcanzar entre el 40 y el 45 % del presupuesto anual (Pain y Goodhand, 2002; Rubin, 2000; The World Bank, 1978). En los años setenta, el declive de las ayudas extranjeras por parte de Estados Unidos sería suplido esencialmente por la exportación a la URSS de gas natural, extraído de los pozos en las provincias del norte.

La economía se modernizaría gracias a la ayuda internacional que recibió procedente de los Estados Unidos y la URSS, lo que permitió la ejecución de proyectos con ayuda tecnológica extranjera para su diseño e implementación. Lo cierto es que estos proyectos, que también apoyaron el nacimiento del sistema educativo universitario, serían la semilla del adoctrinamiento político que aconteció en la Universidad de Kabul en aquellos años, y que facilitó el florecimiento de ideas radicales contrapuestas. Precisamente, entre estos profesores y sus estudiantes, surgieron más tarde los líderes de los partidos políticos que acabaron enfrentándose a partir de los años sesenta y que han llegado hasta nuestros días (Rubin, 2002) —sus diferentes facultades fueron apadrinadas por los Estados Unidos (Agricultura, Arquitectura y Educación), la URSS (Escuela Politécnica), Francia (Medicina, Derecho y Relaciones Internacionales), Alemania Federal (Económicas y Antropología) y Egipto (Ley Islámica)—.

Tabla 3. Distribución porcentual de los ingresos de la Hacienda pública afgana 1952-1973.

Años	Impuestos Directos			Impuestos Indirectos			Ventas			Otros Ingresos
	Agricultura	Otros	Total	Comercio Exterior	Otros	Total	Gas Natural	Otros	Total	
1952-1956	11,8	11,6	23,4	41,4	5,4	46,8		11,2	11,2	18,6
1957-1961	6,2	10	16,2	46,8	3	49,8		14,5	14,5	10,5
1962-1966	4,2	10,2	14,6	55,8	3,6	59,4		22	22	4
1967-1971	1,8	7	8,8	49,6	1,6	51,2	8,6	22,8	31,4	8,6
1972-1973	1	7	9	44,5	2,5	47	12	22	34	10

Fuente: elaborado con datos proporcionados por Pain y Goodhand (2002).

A principios de la década de los setenta, la mitad de las transacciones económicas interiores se hacían mediante el sistema de trueque (Rubin, 2000), consecuencia de que el mercado interior estaba basado en un sector agrícola y pastoril que cubría las necesidades de supervivencia del 85 % de la población. Junto a un sector secundario basado en la industria agropecuaria con productos que eran exportados a Reino Unido, India, Pakistán, Irán y la URSS (frutos secos, piel de caracul y alfombras), a los que se les unía la exportación de gas natural a este último país. Todo ello aportaba los escasos ingresos que el Estado conseguía y que a duras penas eran suficientes para cubrir los gastos corrientes de la Administración. A partir del golpe de Estado de Daud Khan, las relaciones con Pakistán se enfriaron, aunque el presidente Daud se preocupó de mantener encubierto su apoyo a los secesionistas pakistaníes de origen pastún y baluchi. No obstante, el comercio con Pakistán decreció alarmantemente, así como las ayudas norteamericanas, por lo que las relaciones comerciales con la URSS y sus ayudas al desarrollo tuvieron que crecer para compensarlo.

La economía de guerra durante la ocupación soviética

El golpe de Estado por el que un grupo de oficiales del ejército se hizo con el poder en abril de 1978, en lo que finalmente ha quedado denominado como la Revolución de Abril (*Saur Revolution*), fue consecuencia del adoctrinamiento que la URSS había comenzado después de la Segunda Guerra Mundial y que conseguiría que la mayoría de los jóvenes oficiales del ejército fueran de ideología comunista —los mismos que en 2014 componían la mitad de la cúpula militar y que eran precisamente los mejor formados, a pesar de que durante todo el periodo de presencia de la ISAF, la comunidad internacional focalizó su esfuerzo en formar a los excomandantes muyahidines—. El nuevo régimen implantaría con urgencia una serie de nuevos decretos sobre la regulación de impuestos directos e indirectos, confiscación y redistribución de la tierra cultivable, casamiento y regulación de las dotes, … todo ello en línea con la ideología comunista (Foley, 2005). El problema surgió con la repentina modernización a la que la sociedad rural se vio sometida, lo que dio lugar a que el conflicto modernismo-conservadurismo se reiniciase una vez más en la sociedad, tomando en este caso el carácter de enfrentamiento entre modernismo-comunismo contra conservadurismo-islamismo, pues las élites promonárquicas habían desaparecido exiliadas en los Estados Unidos y Europa o asesinadas.

Tras el golpe de Estado y asesinato de toda la familia de Daud Khan, en abril de 1978, el Partido Democrático Popular se hizo con el poder, pero el derrocamiento y posterior asesinato del presidente Mohammad Taraki mediante un nuevo golpe de Estado encabezado por el que fuera su primer ministro Hafizullah Amin, lo único que hizo fue empeorar la situación de rechazo unánime en las provincias al nuevo presidente y su cruenta política de represión. Esta situación de inestabilidad propició un nuevo golpe de Estado, esta vez con la implicación de las tropas soviéticas en su planeamiento y ejecución.

La implicación de las tropas soviéticas lo único que hizo fue empeorar lo que debería haber quedado resuelto con un nuevo contragolpe —tal y como había ocurrido con los presidentes Daud Khan y Mohammad Taraki en los años precedentes—, pues internacionalizó un conflicto que era interno y lo convirtió en una Guerra de Resistencia por delegación de poderes, pagada por Estados Unidos y Arabia Saudí, y llevada a cabo por los muyahidines islamistas, entrenados por las fuerzas militares pakistaníes, contra las tropas soviéticas y comunistas afganas.

El tipo de guerra convencional llevada a cabo por las fuerzas soviéticas contra la guerra irregular que presentaron las guerrillas muyahidines provocó la destrucción de una parte importante de las escasas tierras de cultivo existentes en el país —sus sistemas de riego, el minado de las parcelas y su consiguiente abandono por parte de los agricultores—, como consecuencia de una estrategia operacional basada en la protección de los grandes núcleos de población y las infraestructuras de comunicaciones, junto a combates de devastación en el resto del territorio. Todo ello supuso la destrucción del 50 % de la tierra de secano cultivable, más de mitad de la de regadío (56 %) y entre la mitad y un tercio de la cabaña ovina y bovina. Además, todo el tejido manufacturero y su correspondiente infraestructura que tanto había costado levantar durante las tres décadas precedentes quedaría destruido. Esto provocó, a su vez, la aniquilación de la economía de subsistencia con la que Afganistán había alcanzado el final de la década de los setenta. Las transacciones mediante el trueque desaparecieron y se hizo acuciante la necesidad de conseguir alimentos de primera necesidad, adquisición que se tenía que hacer en metálico y a través de unas redes comerciales de importación que fueron las grandes beneficiadas de este nuevo sistema. Todo ello llevó a la monetización de la economía (Gul, 1988; Rubin, 2000; United Nations Food and Agriculture Organization, 2002) con la consiguiente necesidad de conseguir el dinero en metálico necesario para la compra de alimentos y bienes de primera necesidad.

De manera paralela, el régimen universalizó las cartillas de racionamiento[144] para hacer frente a las masivas necesidades de alimentación de una población urbana que aumentaba de forma exponencial, debido a la escasez de alimentos en las zonas rurales y a la búsqueda de protección ante los combates que se libraban en campo abierto. La única opción posible para la población rural fue buscar la protección de las tropas soviéticas en las grandes ciudades u optar por la emigración a Pakistán o Irán. Emigración que se organizaba en torno a las comunidades de refugiados en los campos de acogida y que eran el semillero de las filas de la Resistencia muyahidín. Cuando se produjo el repliegue de las tropas soviéticas, prácticamente la totalidad de la población de Kabul recibía alimentos básicos y combustible mediante cupones. Todo lo demás tenía que ser cubierto mediante la compra de bienes en el mercado negro. Fuera de los circuitos oficiales del dinero que llegaba al gobierno, el dinero negro fluía a través de los canales ilegales —principalmente por la insurgencia que lo recibía de los Estados Unidos, Arabia Saudí y Pakistán— y con los que se pagaba comida, armas y municiones.

Como consecuencia del modelo económico intervenido soviético, la mayoría del empleo existente en las ciudades provenía del sector público, por el contrario, el mundo rural desarrolló una economía informal de subsistencia y apoyo a la Resistencia. La agricultura era el sector que mantenía a la guerrilla islamista junto con el flujo de ayuda internacional y el tráfico ilegal de mercancías con el exterior, donde se incluían todo tipo de artículos de consumo, armas, municiones y drogas. La economía del Estado se volvió

---

[144] Comunicación personal, Massoud Massoud (profesor de la Facultad de Lenguas Extranjeras de la Universidad de Kabul), durante la visita realizada al área kabulí del Silo, nombre con el que se conoce a la que había sido la panadería central de la ciudad de Kabul. Construida con el apoyo soviético, contaba con grandes silos para el almacenaje del trigo (Kabul, 12.11.2015).

más dependiente de la ayuda exterior y hasta un 60 % del presupuesto anual estaba destinado a cubrir los gastos de la guerra (Pain y Goodhand, 2002). La tradicional autarquía alimentaria afgana desapareció, dando pie a una situación de emergencia alimentaria.

Fue en esta década cuando las nuevas élites sociales surgieron en las provincias, en ese mundo rural donde no llegaba el control de las tropas soviéticas. Élites formadas por los llamados comandantes muyahidines que recibían dinero, armas y municiones, a través de las redes de apoyo a la insurgencia, y comida y apoyo sanitario, a través de las redes de ayuda humanitaria. Las élites comunistas habían sido expulsadas o asesinadas, tal y como había ocurrido previamente con las élites monárquicas. Estos comandantes muyahidines, que se habían forjado en el campo de batalla, se convirtieron en los gestores de toda la ayuda que llegaba a sus áreas de control, convirtiéndose no sólo en los líderes militares sino en los nuevos detentadores del poder local, desde donde controlaban los escasos recursos que llegaban a estas áreas y decidían su distribución. Si esto ocurría en Afganistán, serían los líderes de los partidos políticos afganos en el exilio y sus estructuras jerárquicas los que controlaban la distribución de los recursos y dinero en los campos pakistaníes de refugiados.

La economía tras el repliegue soviético

Si en los apartados anteriores hemos hablado de la necesidad de dinero en metálico para sobrevivir ante la falta de producción agrícola, también hemos de citar que el repliegue de las fuerzas soviéticas trajo consigo un considerable aumento del dinero que recibía el régimen comunista de Najibullah. Dinero que se utilizó para comprar voluntades en las tribus que habían apoyado a la insurgencia, todo ello enmascarado como un programa de reconciliación nacional (Rubin, 2002). Esto se hizo reclutando milicias populares mediante la compra de sus comandantes, a través de la asignación de importantes cantidades para uso personal y pagos a sus combatientes. Esta política de reintegración nacional, que no de desmovilización, se desplomó en el momento que la URSS dejó de existir y los flujos monetarios se cortaron sorpresivamente.

Tras la destrucción de las zonas cultivables y teniendo en cuenta que, tras el repliegue soviético, no se comenzó programa alguno para el desminado de rutas y zonas de combate, ni de recuperación de sistemas de irrigación, la alimentación de la población continuó siendo dependiente de la ayuda humanitaria que se recibía o de la compra de alimentos a precios elevadísimos[145]. Fue también en este momento cuando los comandantes muyahidines vieron decrecer la ayuda que recibían, ya que Estados Unidos cortó el flujo de dinero que enviaba a través del ISI, por lo que tuvieron que desarrollar

---

[145] Comunicación personal, Massoud Massoud (Kabul, 21.01.2016).

sus propios sistemas de autofinanciación como: el cultivo y tráfico de opio, principalmente en las provincias del sur —en 1991, Afganistán se convirtió en el mayor productor de opio en el mundo— (United Nations Office on Drugs and Crime, 2002b); la extracción y venta de piedras preciosas y semipreciosas, en el noreste; el corte y venta ilegal de madera, en el este; y el tráfico ilegal de todo tipo de artículos que entraban procedentes de Pakistán y de Irán. Otros recursos como el gas natural fueron abandonados por la falta de infraestructura, ya que la existente había sido destruida o se encontraba inoperativa por la falta de mantenimiento, debido a la fuga de los ingenieros soviéticos que la realizaba. Esta nueva economía de guerra llevó al empoderamiento de los comandantes muyahidines que controlaban estas redes de tránsito en sus territorios y, como corolario, a una mayor debilidad del Estado que no contaba con fuentes propias de financiación, más allá de las ayudas recibidas de Irán, Rusia e India. Todo ello propició la subsiguiente fragmentación política que sufrió el país, ante un poder central inexistente que sólo era capaz de mantener los combates para no entregar Kabul a las otras facciones enfrentadas con él[146].

Cuando en 1992 se estableció el nuevo gobierno muyahidín, la severa inflación que se sufría y el hecho de seguir dependiendo de las importaciones para cubrir las necesidades básicas provocó que la impresión de dinero se hiciera con billetes de hasta 10.000 *afghanis*[147]. Si el cambio del *afghani* había sido de 50 por dólar, en la época del presidente Najibullah, llegaría a ser de 17.800 por dólar en el periodo final del presidente Rabbani, antes de abandonar Kabul a los talibanes (Rubin, 2000).

El resultado de todo ello fue una nueva estructura donde las élites estaban formados por los comandantes muyahidines islamistas, a los que posteriormente se ha renombrado como *señores de la guerra*, y una base social mucho más politizada que en las décadas precedentes. Una población organizada sobre la antigua comunidad rural, donde las antiguas comunidades formadas por clanes aislados del poder central, que no deseaban implicarse en política, habían desaparecido. En su lugar había surgido una nueva base social constituida por las redes clientelares de los nuevos líderes sociales que se habían implicada en la guerra hasta niveles inimaginables con anterioridad, lo que les proporcionaba la necesaria legitimidad para reclamar su correspondiente cuota de poder. El liderazgo político de estas nuevas élites surgidas de la guerra puede ser clasificado en dos tipos compatibles entre sí: aquellos que ambicionaban el poder nacional como medio para regular políticamente la sociedad e implantar un determinado modelo social; y

---

[146] En este periodo, el papel desempeñado por las ONG y Naciones Unidas sería esencial en los sectores de sanidad y educación, ya que el colapso del Estado fue completo. Las redes de las ONG y agencias de Naciones Unidas que operaron durante este periodo y el siguiente acabarían generando más de 25.000 empleos directos (Pain y Goodhand, 2002).

[147] Moneda oficial de la República Islámica de Afganistán (N. H. Dupree y Petronov, 2019).

aquellos otros líderes locales que veían el poder como el medio de mantener su nueva posición social y económica. Ambos tipos de liderazgo eran compatibles desde el momento que cada grupo ambicionaba el poder en niveles diferentes, nacional y regional-local, y con diferentes objetivos.

La economía durante el régimen talibán

El colapso del Estado en las regiones durante el régimen del presidente Rabbani, junto a una insaciable economía predatoria a cargo de las elites locales, provocó que la población rural diese la bienvenida a un régimen talibán que al menos fue capaz de restablecer un entorno de seguridad a nivel nacional, lo que facilitó el retorno de la economía agropecuaria —de hecho el cultivo de cereales en 1998 alcanzó los niveles de 1981— (Guimbert, 2004), y un floreciente sector de servicios basado en el comercio informal y el tráfico ilegal de drogas y mercancías con el exterior. Todo ello provocó que una importante parte de la población no se opusiese a la llegada del régimen talibán. Además, este utilizó como elemento de cohesión el resentimiento existente en la mayoría de las tribus pastunes por haber perdido el control del poder nacional, y con ello el acceso a los recursos, junto al miedo de que su identidad quedase diluida en otras entidades étnicas. El producto no deseado de esta política de polarización étnica como factor de unión intertribal, deshaciendo de esta manera el histórico enfrentamiento existente entre las confederaciones pastunes Durrani y Ghilzai, fue el enfrentamiento interétnico, lo que constituyó un elemento nuevo a incluir en la ecuación del conflicto.

La fragmentación del sistema económico llevó aparejada la fragmentación del poder social y político, y viceversa. Un sistema económico quebrado a nivel nacional había provocado la aparición y desarrollo de sistemas locales que permitían a sus élites el acceso privilegiado a los escasos recursos, creando a su alrededor estructuras clientelares en tanto que su lealtad les permitía participar del acceso a los mismos. Por el contrario, un sistema económico bien articulado y controlado a nivel nacional hubiera provocado que esas élites locales fueran dependientes del centro, con lo que las hubiera debilitado. Precisamente esto fue lo que el régimen talibán se comprometió a realizar, mediante un control exhaustivo de los escasos medios de producción de los sectores primario y terciario —preferentemente sobre los medios de transporte y sus puntos de entrada y salida del país, así como sobre las producciones agrícolas mediante el impuesto sobre sus ingresos directos a precio de venta en finca—, complementado con las ayudas que inicialmente recibían de Arabia Saudí, Pakistán y Emiratos Árabes Unidos, para posteriormente recibirlas sólo de estos dos últimos, una vez que se negaron a romper los lazos que mantenían con Osama Ben Laden cuando el primero lo solicitó. El sistema económico del régimen talibán evolucionó, de esta manera, desde una economía predatoria local a cargo de los comandantes muyahidines, y por lo tanto inexistente como tal sistema nacional, hacia una economía estatal basada en el comercio ilegal de todo tipo de artículos, incluidas las drogas (Pain y Goodhand, 2002; Rubin, 2000).

Los impuestos sobre la producción y comercio del opio se repartían entre los generados por el impuesto directo sobre las cosechas —el *ushr* estimado en unos quince millones de dólares, en 1999— y los indirectos sobre la venta de la droga —el *zakat* que generó unos treinta millones de dólares en ese mismo año— (Rubin, 2000).

Tabla 4. Sinopsis de los impuestos islámicos.

Tipo de impuesto	Zakat			Ushr	
Bien o actividad gravada	Bienes muebles (excepto ingresos procedentes de recursos minerales)	Recursos minerales	Comercio y Servicios	Tierras con natural al agua	Tierras con acceso al agua de depósitos o pozos
Quién	Todo musulmán con bienes superiores al *Nisab** Cualquier no musulmán residente en un país islámico (*dhimmi*) Cualquier no musulmán y no residente en un país islámico (*harbi)*			Propietario**	
Cuánto	2,50%	Hasta el 20% de su valor,	2,5% para musulmanes 5% para *dhimmis* 10% para *harbis*	10%	5%
Cuándo	Anual coincidiendo con el Ramadán	Al hacerse con la propiedad	En el momento de su tránsito por país islámico	Al acabar la cosecha	Al acabar la cosecha
Precepto legal	Corán 9:60 Sahih Bukhari 2.24.534	Sahih Bukhari 2.24.575	Sura 106	Corán 6:142 Sahih Bukhari 2.24.559 Sahih Muslim 5.2143	

* *Nisab* corresponde al valor de 20 dinares de oro o 200 dírhams de plata.
** Teniendo presente que en Afganistán los no musulmanes no pueden ser propietarios de bienes inmuebles, sólo arrendatarios.

Fuente: elaboración con datos procedentes de Money Jihad (2010).

El gobierno pakistaní, bajo el liderazgo de Benazir Bhutto, vio la posibilidad de conectar con los países centroasiáticos y sus ricos pozos de gas natural como la vía más factible para paliar el fuerte déficit de energía que históricamente ha sufrido Pakistán, de manera que le dio una dimensión económica a la ya conocida doctrina de la profundidad estratégica. Por su parte Estados Unidos consiguió que las nuevas repúblicas centroasiáticas fueran rompiendo amarras de Rusia y afianzasen su recién estrenada independencia económica, mediante una política de *laissez-faire* hacia el régimen talibán.

Junto a ello, se obstaculizaba el posible uso de estos territorios por un Irán sujeto a importantes sanciones económicas.

El régimen talibán pretendió que se construyese el gaseoducto Turkmenistán–Afganistán–Pakistán–India (TAPI) como medio de ingresar unos importantes impuestos por metro cúbico de gas que atravesase su territorio. Pero fue imposible llevar a cabo este proyecto debido a la guerra y la situación generalizada de inseguridad —proyecto que ha seguido parado y en la cartera de asuntos pendientes durante todo el periodo democrático—.

Se estima que en 1999 el comercio representaba la mitad del PIB afgano, aproximadamente 2.500 millones de dólares, y que el 80 % correspondía a la reexportación ilegal de artículos hacia Pakistán. El hecho de que Afganistán sea un país sin salida al mar y que el puerto más cercano sea el de Karachi, lo convierte en dependiente de Pakistán para las transacciones comerciales de productos con el exterior[148]. El Acuerdo para el Comercio y el Transporte con Afganistán (ATTA) permitía la importación de una serie de artículos exentos de impuestos, a través de territorio pakistaní en contenedores sellados. Estos mismos contenedores eran posteriormente aprovechados para la exportación ilegal de productos a los mercados de Quetta y Peshawar, donde se procedía a su venta ilegal a precios más bajos que los del propio mercado interior pakistaní. Productos que, en su mayoría, eran electrodomésticos o piezas de repuesto de vehículos, importados a Afganistán por vía aérea desde Arabia Saudí y Emiratos, o incluso desde Karachi por vía terrestre, utilizando los precitados contenedores sellados. A cambio, también existía un tráfico ilegal de productos no autorizados para la exportación desde Pakistán a Afganistán —de entre ellos destacaba la harina que constituía la cuarta parte de todo el tráfico ilegal hacia Afganistán, junto al arroz y la mantequilla para cocinar que le seguían de cerca—. La estimación de ingresos por los impuestos a este comercio ilegal ascendería a unos setenta y cinco millones de dólares en el año 1997 (Naqvi, 1999; Pain y Goodhand, 2002).

Los talibanes fueron capaces de controlar todo el comercio por carretera y vía aérea, lo que representaba el mayor volumen económico en esa época. Por su parte la Alianza del Norte controlaba fundamentalmente el negocio de las gemas y lapislázuli. Sobre el negocio del cultivo y tráfico de opio, ambas facciones participaban, aunque indudablemente las mayores áreas de cultivo y el control de la venta y tránsito hacia el exterior estaban en manos del régimen talibán —en 1999, el 97 % de la producción de

---

[148] En 2019, se pondría en marcha el corredor de libre comercio desde el puerto iraní de Chabahar hasta la frontera con afgana de Zaranj (Nimroz) con financiación india.

opio se daba en los territorios controlados por los talibanes— (United Nations Press Release, 1999).

A pesar de las evidencias anteriormente expuestas, y bien conocidas en aquellos momentos por Estados Unidos, la Administración Clinton se mostró partidaria de negociar con el régimen talibán la construcción de gaseoductos e infraestructuras de energía eléctrica que unieran Asia Central con Asia del Sur, para de esta manera reducir la dependencia de las nuevas repúblicas centroasiáticas de los gaseoductos y oleoductos existentes a través de Rusia, así como el mantenimiento de las sanciones contra Irán. Lo cierto es que hubo dos obstáculos que finalmente impidieron que estos proyectos se llevaran a cabo y facilitaran la consolidación de un Estado delincuente: la anulación de los mínimos derechos de las mujeres —con la activa campaña que realizó sobre este asunto la entonces secretaria de Estado estadounidense Madeleine Albright— y el acogimiento y protección del terrorista Osama Ben Laden.

Finalmente, lo que sí consiguió el régimen talibán con el sistema económico descrito fue que la población fuera cada vez más dependiente de su capacidad de alcanzar dinero en metálico para la adquisición de productos de primera necesidad, ya que la mayoría de estos productos eran importados. El agricultor ya no cultivaba para alimentarse, sino para vender el opio producido y poder tener acceso a cuantos más artículos de importación pudiera. El agricultor prefería el cultivo de opio porque era el que más beneficio le reportaba por su alto valor en el mercado, incluso sin haber sido sometido a refino alguno, a lo que se unía la seguridad de su cosecha por su adaptación al clima afgano, al ser un producto estacional que no requiere de tierras irrigadas. En este contexto, los agricultores ya no ahorraban dinero, en su lugar almacenaban kilos de resina de opio por su facilidad de conservación y valor de mercado en cualquier momento del año.

Tabla 5. Crecimiento del PIB en Afganistán 1960-2001.

	1960	1973	1980	1992	2001
PIB (millones dólares)	537	1.733	3.641	s. d.	2.461
Población (millones)	8,996	12,027	13,248	17,822	20,966
Renta per cápita (dólares)	59,78	144,11	274,88	s.d.	117,41

Nota: Excepto el primero de la serie de años que se corresponde con los datos más antiguos registrados en la base de datos del Banco Mundial, el resto corresponde con los siguientes eventos: revolución de abril, régimen prosoviético, régimen muyahidín, caída régimen talibán.

Fuente: elaborado con datos procedentes de The World Bank (2003; 2019b).

LA ECONOMÍA DURANTE LA INTERVENCIÓN INTERNACIONAL

Al inicio de la intervención

La renta per cápita afgana a precios de mercado al final de 2001 era de 117,4 dólares, lo que suponía que el país había comenzado el siglo XXI con casi el 70 % de su población en condiciones de extrema pobreza, menos de un dólar al día (Asian Development Bank, 2002). Cosa que no había ocurrido en las décadas previas a la Guerra de Resistencia. Renta que además era la más baja de toda Asia del Sur continental, cuya media era de 482 dólares.

Lo más relevante de la aportación al PIB por sectores es que, en contra de lo que a primera vista se podría pensar, con la llegada del régimen talibán se había recuperado una parte importante del tejido industrial afgano, fundamentalmente la pequeña y mediana empresa dedicada a la manufactura de artesanía y productos agropecuarios, tal y como se puede ver en la Tabla siguiente.

Tabla 6. Producto Interior Bruto por sectores.

Sectores PIB (%)	1985	1990	1995	2001
Agropecuario	51,2	35,7	65,7	53,1
Industria	24,9	23,7	10,5	24
Servicios	23,9	40,6	23,8	22,9
Nota. Los años elegidos refieren sucesivamente a: el primero de la serie en la fuente; el primer año tras la salida de las tropas soviéticas; el primer año de combates en el sur y este por el régimen talibán y el año de su caída.				

Fuente: elaborado con datos procedentes de Asian Development Bank (2003).

Sector primario

Según lo expuesto en los apartados anteriores, la evolución de la economía afgana puede ser descrita siguiendo la evolución de su sector agropecuario. El país había conseguido la autosuficiencia alimentaria en trigo a mediados de los años setenta, pero los sucesivos años de conflicto destruyeron la mayor parte de esa capacidad. Según los datos del Banco Mundial, si el año 2001 finalizó con un PIB de 2.461 millones de dólares, el siguiente año finalizaría con un PIB de 4.128 millones, sobre todo debido a lo siguiente: el cómputo de lo aportado por la economía informal; la reactivación del comercio exterior, tras la finalización de los embargos establecidos por Naciones Unidas contra el régimen talibán; la puesta en marcha de los sectores de producción ubicados en las provincias del norte, que habían estado en guerra contra los talibanes durante el último quinquenio; así como a la cantidad de dinero procedente de la ayuda internacional.

Los productos y formas de cultivo varían de una región a otra, debido a las grandes diferencias de clima que son determinantes –del desierto a los cultivos de regadío, y de éstos a los de montaña–. En la década de los ochenta, se había originado una importante controversia alrededor de la producción de algodón entre el gobierno comunista, que impulsaba su producción para abastecer la industria manufacturera, y los líderes de la Resistencia, que pretendían que los agricultores asentados en las zonas bajo su control sólo cultivasen alimentos para consumo directo de los combatientes y la población civil (Rubin, 2002).

Durante el régimen muyahidín, la agricultura volvió a recuperar el pulso y se mantuvo así durante el régimen talibán, sólo con un ligero descenso que fue compensado principalmente por la industria manufacturera. En 2002, la economía afgana seguía basada en la agricultura y ganadería, sin grandes industrias modernas (Barfield, 2010).

Tabla 7. Producción anual de cereales (2002).

Producción anual de cereales en millones de Tm (2002)	
Trigo	2,691
Arroz	0,261
Maíz	0,298
Cebada	0,345

Fuente: elaborado con datos procedentes de United Nations Food and Agriculture Organization (2002).

A lo largo del primer año de presencia internacional y, a pesar del incremento de la cosecha de cereales en un 82 % sobre la producción del año anterior, que había sido un excepcional mal año debido a la sequía, el Programa Mundial de Alimentos estimó las necesidades de cereales para ese año en 1,38 millones de toneladas (United Nations Food and Agriculture Organization, 2002), porque la productividad de los cultivos de cereales seguía siendo la más baja de la región.

Tabla 8. Comparativa de producción de cereal en Afganistán y países vecinos 2001-2002.

	Año	Afganistán	Irán	Pakistán	Uzbekistán	Turkmenistán	Tayikistán
Producción de cereales (millones de toneladas)	2001	2,108	14,944	27,048	4,056	1,832	0,477
	2002	3,373*	19,861	27,172	5,535	2461	0,687
Rendimiento (kg/ha)	2001	1.006	1.931	2.230	2.919	2.319	1.397
	2002	1.669	2.274	2.261	3.609	2.921	1.889

Fuente: elaborado con datos procedentes de The World Bank (2018). *Se evidencia una diferencia de 220 toneladas con la cantidad total aportada por United Nations Food and Agriculture Organization (2002).

Sector secundario

Cuando la comunidad internacional desembarcó en Afganistán, las últimas estadísticas recogidas sobre el sector secundario databan de 1991. De las décadas anteriores habían subsistido la mayoría de las empresas estatales (140), pero en unas condiciones que las hacían inoperativas y sin reunir las condiciones para su reactivación. En cualquier caso, es relevante citar que el sector industrial antes del comienzo de la serie de guerras daba empleo a unos 37.000 personas, de los que 30.000 estaban empleados en el sector textil, llegando a cubrir el 40 % de las necesidades en ropa de la población (Kennedy y Jones, 2002).

Afganistán tiene una amplia variedad de recursos minerales —hierro, cromo, cobre, plata, oro, barita, azufre, talco, magnesio, mica, mármol, lapislázuli, así como amianto , níquel, mercurio, plomo, zinc, bauxita, litio y rubíes— que en su conjunto están valorados en 3 billones de dólares (Dutta, 2015; Nyrop y Seekins, 1986). Dentro de este sector, la minería pertenecía al sector público desde la Constitución de 1977 donde se estableció que «las grandes industrias, la energía, las minas... y los bancos son propiedad nacional[149]». La nueva Constitución del 2004 estableció que sólo los recursos subterráneos eran propiedad del Estado[150].

Tradicionalmente, el tallado y pulido de piedras preciosas y semipreciosas ha sido una industria importante —el 80 % del lapislázuli comercializado a nivel global proviene de Afganistán—. Aunque había disminuido desde la invasión soviética, es más correcto decir que se había convertido en parte del comercio ilegal y seguía permaneciendo en el mismo —su lugar principal de extracción es el sur de la provincia de Badakhshan que durante todo el periodo democrático siempre permaneció bajo control de la insurgencia—.

Tabla 9. Recursos energéticos (2002).

	Ubicación	Reservas	Producción		
			Máxima	Año 2002	Distribución
Gas Natural	Jowzjan	150.000 millones m^3	3.000 millones m^3/día (final años ochenta)	240 millones m^3/día	Local, principalmente a Mazar-i Sharif
Carbón	Provincias fronterizas norteñas	73 millones de toneladas	1 millón toneladas netas (principio años noventa)	1.000 toneladas netas anuales	Local, 158eneración de energía
Petróleo	Sar-i Pol	95 millones de barriles	s. d.	300 barriles /día	Consumo interno
Uranio	Kabul, Herat y Kandahar	s. d.	s. d.		Todo enviado a la URSS (años ochenta)

Fuente: elaborado con datos procedentes de Energy Information Administration (2019) y Afghanic e. V. (2002).

El gas natural como el recurso natural más importante comenzó a explotarse en 1967 en el norte (provincia de Jawzjan), y su producción se había dedicado principalmente a la exportación. Sólo en 1975 comenzó a dedicarse un 2 % para la generación y consumo interno de energía térmica. Con ocasión de la invasión soviética, la producción aumentó considerablemente y llegó a convertirse en una importante fuente de ingresos fiscales, con exportaciones anuales de unos 300 millones de dólares y unos ingresos fiscales que cubrían hasta el 33 % de los gastos presupuestarios. Sin embargo, este comercio fue ventajoso para la URSS, pues el precio estaba fijado por debajo de los niveles del mercado mundial —la URSS pagaría por este gas la mitad del precio que cobraba por su suministro a Europa occidental— (Nyrop y Seekins, 1986). Al inicio de la operación internacional,

---

[149] The Constitution of..., art. 13, 24.02.1977.
[150] The Constitution of..., art. 9, 26.01.2004.

sólo se explotaba el gas natural para consumo interno, ya que el mercado internacional se encontraba saturado gracias a los nuevos depósitos localizados en Asia Central.

En 1984, se hizo público un informe del Servicio Geográfico Afgano donde se daba cuenta de la localización de depósitos de uranio en las montañas al norte de Kabul. La producción comenzó en 1984 y toda ella fue enviada a la URSS. Las minas quedaron agotadas antes de la caída del régimen de Najibullah.

La producción de electricidad en 2002 era de 26 kWh per cápita, muy baja en comparación con el consumo de electricidad de los países vecinos; alrededor de 350 kWh per cápita en Pakistán y en el rango de 1.000-2.000 kWh en el resto de los países vecinos.

Sector terciario

Los servicios representaban casi la mitad del PIB en 1978 y fueron bastante dinámicos en comparación con el resto de la economía (Asian Development Bank, 2003), pero cayeron casi a la mitad durante la década de los noventa.

Tabla 10. Comercio exterior por tipo de artículos y países (transacciones ilegales excluidas).

		1960	1970	1978	1990	2002
Exportación (millones de dólares)		**49,9**	**84,6**	**269,2**	**131,1**	**100**
Porcentajes a países destino	URSS/Rusia	28	39	44	7	4
	Países industrializados	46	28	24	67	23
	India	14	16	14	10	27
	Irán	s. d.	1	s. d.	s. d.	s. d.
	Pakistán	9	7	15	4	26
	Otros	3	9	3	12	20
Productos de exportación por tipos (%)	Gas Natural	s. d.	17	14	s. d.	s. d.
	Algodón	10	10	14	1	s. d.
	Lana	14	8	2	4	1
	Alfombras	14	8	11	19	47
	Frutas y nueces	26	34	39	40	46
	Pieles de oveja caracul	28	12	5	1	1
	Otros	9	10	14	35	5
Importación (millones de dólares)		**80,9**	**109,5**	**450,5**	**479,3**	**2.322**
Porcentajes por países origen	URSS/Rusia	51	35	53	1	s. d.
	Países industrializados	31	37	35	43	50
	India	10	12	8	13	2
	Irán	s. d.	3	s. d.	s. d.	s. d.
	Pakistán	3	3	4	0	9
	Otros	6	11	0	41	40
Productos de importación por tipos (%)	Maquinaria y equipo					37
	Gasolinas y derivados					1
	Materias primas					10
	Alimentos					9
	Artículos de consumo doméstico					44

Fuente: elaborado con datos procedentes de International Monetary Fund (2003).

Con respecto al transporte, los sucesivos gobiernos comunistas no invirtieron significativamente en infraestructura, aunque los soviéticos mantuvieron las comunicaciones necesarias en el norte para garantizar sus suministros militares. La infraestructura de carreteras había sido construida durante el transcurso de los dos primeros planes quinquenales (1956-1966). En 1975, se habían finalizado los grandes proyectos con más de 17.000 km de carreteras construidos, de los que 9.200 eran de macadam y sólo 2.500 de asfalto. Durante la guerra civil muyahidín y la guerra contra los talibanes, la infraestructura fue completamente olvidada por lo que su estado de destrucción al final de 2001 era casi total.

En relación con el comercio exterior, tal y como puede verse en la Tabla anterior, la exportación seguía correspondiendo principalmente a productos agropecuarios, de igual manera a como había sucedido en las décadas precedentes. A principio de la década de los setenta, la mayoría de las exportaciones procedían de la industria agropecuaria — artículos de comida (frutos secos y nueces) y derivados (piel de caracul, algodón, lana y alfombras)—, con una cantidad significativa durante la década de los setenta y primera mitad de los ochenta.

Algunas líneas de telecomunicaciones sobrevivieron a bombardeos y sabotajes —el ejército pakistaní tendió y conservó líneas de teléfonos con Kabul y Kandahar—, sin embargo, al final de 2001 sólo existían 2 teléfonos por cada 1000 habitantes —en comparación con 24 en Pakistán, 83 en Turkmenistán, 35 en Tayikistán y 68 en Uzbekistán— (Guimbert, 2004; Nyrop y Seekins, 1986).

La economía opaca

Se sabe que, de manera paralela a la economía oficial que contaba para la estimación del PIB, existía una economía sumergida que según las estimaciones del año 2002 podía llegar a alcanzar la cifra de 4.000 millones de dólares, aunque no existe organismo oficial que aporte datos concretos sobre la cantidad de ese dinero que acababa integrándose en los circuitos formales, las últimas estimaciones la situaban en torno al 80 y 90 % del total de la economía nacional (Ghiasy, Zhou y Hallgren, 2015; Goodhand, 2003). En ella estaban presentes tres componentes:

i. La economía del opio que, procedente de un régimen como el talibán que había hecho de ella una de sus fuentes de ingresos para su esfuerzo de guerra, generaba unos ingresos estimados en unos 2.300 millones de dólares en el primer año de presencia de la comunidad internacional. A la pregunta de qué parte de esta economía ilegal pasaba a los circuitos formales y por lo tanto a la economía legal, UNODC afirmaba desconocer la cantidad de *dinero sucio*[151] que pasaba a la

---

[151] Se entiende por tal aquel que procede de actividades ilegales (Asesoría y Empresa, 2012).

economía informal y por lo tanto se integraba en los circuitos formales, pero es razonable concluir que la mayor parte de los beneficios de los agricultores pasaban al sistema formal (Bjelica, 2017; Rubin, 2004). Cantidad que se correspondía con el monto económico resultante del pago del opio bruto producido por los agricultores y comprado por los traficantes a pie de finca.

ii. Históricamente, la producción de minerales sólidos en Afganistán ha supuesto unos ingresos del 1 % del PIB y consistía principalmente en la extracción de carbón, materiales de cantera para la construcción, mármol, algunos metales y piedras semipreciosas. Las infraestructuras de producción existentes habían sufrido dramáticamente durante las sucesivas guerras y la producción oficialmente declarada había disminuido casi a cero. La realidad era que se extraían minerales —carbón, materiales de cantera y piedras preciosas—, pero la producción estaba fuera del control del gobierno. No existían estadísticas fiables sobre la producción de minerales y la Administración no recibía impuestos sobre las explotaciones existentes. El comercio ilegal de gemas proporcionó cuantiosos ingresos a los muyahidines durante la década de los ochenta, pero en cualquier caso en cantidades mucho más pequeñas si las comparamos con las proporcionadas por el negocio de la droga, unos tres millones de dólares al final del periodo talibán (Andrews *et al.*, 2004).

iii. A esto le hemos de añadir el tráfico ilegal de mercancías con Pakistán, con una estimación monetaria de aproximadamente 2.500 millones de dólares, más los ingresos procedentes de inmigrantes mediante el sistema *hawala*[152] que podían suponer otros 1.000 millones de dólares (Guimbert, 2004; Naqvi, 1999).

En suma, el Ministerio de Finanzas afgano, en el año 2002, tuvo que hacer frente a la tarea de gestionar una economía que procedía fundamentalmente de transacciones con dinero generado en actividades ilegales e informales.

Al final de la intervención

Un sistema de libre mercado desbordado por la economía informal e ilegal

En los capítulos precedentes, hemos visto como la reconstrucción nacional de un país va más allá de la reconstrucción institucional, y requiere de un desarrollo social sostenible y las políticas que lo determinen. Dentro de ese desarrollo social que ha de alcanzar a todas las capas sociales, el desarrollo económico es su parte esencial y vertebradora,

---

[152] Sistema de transacción de dinero y su cambio a otras monedas oficiales, principalmente usado en países en vías de desarrollo que se basa en la confianza y opera con muy bajas comisiones de gestión. Este sistema queda fuera de los sistemas de financiación bancario y por lo tanto con un riesgo especial por el dinero negro o sucio que puedan mover. En el caso afgano, incluso gran cantidad de ONG han llegado a utilizarlo ante la dificultad de uso del sistema bancario tradicional durante los primeros años de la intervención internacional (El Qorchi, Maimbo y Wilson, 2003).

dejando por tanto de lado aquellas visiones que centran la ayuda a la cooperación sólo en las consideraciones de tipo humanitario, que no por ser necesarias son suficientes. Igualmente, será necesario convenir con el Estado anfitrión el tipo de sistema de mercado sobre el que habrá de basarse este desarrollo social. Hoy en día, todo parece indicar que habrá de ser un sistema de libre mercado con un importante nivel de intervención pública, al menos en sus inicios, hasta que se consiga romper la economía predatoria característica de las épocas de guerra.

En el caso afgano, posiblemente ha sido esta falta de definición la que permitió el desarrollo de un sistema cleptocrático en forma de libre mercado que benefició en exceso a las élites, en detrimento de las capas sociales más desfavorecidas, permitiendo la consolidación de un sistema económico basado en las redes clientelares creadas durante la guerra. El desarrollo económico y social en Afganistán durante el periodo democrático constituye un caso paradigmático de aquello que no se debe hacer en la reconstrucción económica de sociedades fallidas, pues su fracaso se convirtió en una muestra más de la falta de legitimidad de las nuevas instituciones democráticas ante la ciudadanía.

Tabla 11. Producto Interior Bruto 2014.

Producto Interior Bruto (PIB)	
PIB (millones de dólares)	20.750
PIB per cápita (dólares)	584,03
Distribución por Sectores (%)	
Agricultura	23,5
Industria	22,3
Servicios	54,2
Otros datos	
Población (millones)	32,758
Tasa de inflación	4,60%
Déficit público (% PIB):	37,90%
Tipo de cambio	58 afganis/dólar

Fuente: elaborado con datos procedentes de The World Bank (2017).

Admitiendo que el punto de partida de la Hacienda afgana era muy débil o inexistente, por su escasísima capacidad recaudatoria, un registro catastral y un sistema de tasación casi inexistentes, junto a una presencia administrativa en los distritos y comunidades locales que era realmente escasa, cuando no nula. Hemos de convenir que el trabajo a acometer no era de reconstrucción, sino en buena medida ex *novo,* ya que, junto al modelo de participación de los partidos políticos en la gobernanza del país, había que establecer un modelo económico sostenible y equilibrado que era la gran asignatura pendiente en la historia reciente del país. En consecuencia, junto a una transición securitaria y sociopolítica, habría sido necesaria una estrategia específica para la transición económica, cosa que no existió. El liderazgo fue asumido por Naciones Unidas en la conferencia de Tokio de 2002, lo que nos sugiere, a la vista de los resultados, cuestionarnos si ha sido el adecuado o debería haberse confiado esta responsabilidad a otro tipo de organismos económicos especializados. Lo importante en este caso, y lo que hemos de retener para el futuro, es que el desarrollo económico es un aspecto tan complejo que requiere de los mejores especialistas en este campo, y que poco tiene que ver con el humanitarismo y sí más con el control de la economía y los mercados internos.

Este enfoque no es ajeno a las tesis sobre el exceso de donaciones realizadas al gobierno, junto a la falta de capacidad en su gestión, lo que llevó a unos niveles de corrupción nunca vistos anteriormente en Afganistán. Sin negar la realidad de que las inversiones en los primeros años en Afganistán por los países comprometidos en la conferencia de Tokio no cubrieron los compromisos adquiridos, el verdadero problema en el sector económico durante las dos últimas décadas no vino definido por la falta de fondos, sino por la falta de voluntad para afrontar una reforma económica en profundidad, que afrontase la recuperación de la agricultura y la ganadería autóctonas, junto a un tejido industrial integrado en la economía formal.

En resumen, al desembarcar en Afganistán la comunidad internacional estableció la economía de libre mercado como pilar del nuevo desarrollo económico, sin embargo, fue incapaz de adoptar las medidas necesarias para que se implantara un desarrollo económico sostenido en el marco de una economía mixta de libre mercado. Faltaron los elementos reguladores y de control necesarios para facilitar la inclusividad de los sectores sociales más desfavorecidos, además de que no se supo estimular la agricultura y la explotación de recursos naturales que constituyen las fuentes primarias de riqueza afgana.

Tabla 12. Comercio exterior (2014).

Comercio Exterior	
Importación (millones dólares)	8.724
Exportación (millones dólares)	514,97
Principales países destino (%)	
Pakistán	49
India	32
China	2,8
Irán	2,3
Principales proveedores (%)	
Pakistán	34
China	11
Irán	7
India	6,8

Fuente: elaborado con datos procedentes de Observatory of Economic Complexity (2019a, 2019b), The World Bank (2019) y Trading Economics (2019a, 2019b).

En 2014, la economía informal supuso entre el 80 y el 90 % del total de la economía del país computada para el cálculo del PIB. Esta situación provocó la incapacidad del sistema fiscal para recolectar impuestos y el consiguiente colapso de la Administración para proporcionar los servicios más básicos, lo que favoreció la percepción ciudadana de un gobierno corrupto e ineficaz, donde año tras año, los ministerios eran incapaces de aportar al ciudadano un mínimo de servicios básicos. Pero estos mismos ministerios tenían que devolver parte del presupuesto anual asignado por su incapacidad de gasto. Por otro lado, sólo entre el 10 y el 30 % del presupuesto anual era cubierto con los ingresos fiscales, por lo que existía la tendencia gubernamental a justificarse y rendir cuentas exclusivamente ante los donantes, que eran los que mantenían la estructura estatal, y no ante sus propios ciudadanos que son los que proporcionan la legitimidad (Bertelsmann Stiftung´s Transformation Index, 2016; Galtung y Tisné, 2009; Ghiasy, Zhou y Hallgren, 2015).

La fragmentación del mercado interior y las buenas conexiones desde las regiones a la periferia provocó que las mayores capitales provinciales (Herat, Mazar-e Sharif, Kandahar y Jalalabad) estuvieran mejores conectadas con los países limítrofes que con la capital del país. Este condicionante geográfico, junto con el hecho de que se asignasen los puestos de dirección de la policía y los gobernadores de distrito a los excomandantes muyahidines, propició la colusión de los sistemas económicos, legal e ilegal, a modo de mafias, facilitando el tráfico ilegal de todo tipo de mercancías. La mayoría de la explotación ilegal de piedras precisas en Afganistán se canalizaba a través de la frontera pakistaní[153], mientras que la de opio lo hacía fundamentalmente a través de las fronteras con las repúblicas centroasiáticas, de modo particular Tayikistán. Por este país, se canalizaba el 80 % de la producción de opio (Giustozzi, 2008; Parkes, 2016; Transparency International, 2016; United Nations Office on Drugs and Crime, 2012).

Resultaba imposible que la economía legal pudiera competir con la ilegal que generaba el cultivo de opio. Se estima que el beneficio por hectárea podía llegar a ser veinte veces mayor que con cualquiera de sus alternativas (trigo, pistacho o azafrán). La realidad es que el cultivo del opio en Afganistán llegó a convertirse en parte esencial de la economía del país, representando, según algunas fuentes, hasta un 27 % del PIB, lo que suponía un negocio anual de no menos de 4.000 millones de dólares. Según el Banco Mundial, este volumen de negocio ilícito suponía el 18 % del PIB, cantidad nada desdeñable pues, en este caso, hablaríamos de casi 2.700 millones de dólares. Cantidad que continuaría oscilando a lo largo del periodo, pero sin sufrir reducciones significativas, lo que suponía, en el mejor de los casos, la entrada en el sistema económico afgano de entre 2.000 a 3.000 millones dólares, y representaba en el comercio internacional una cantidad no menor de

---

[153] Comunicación personal, Sayaf Sayaf, comerciante afgano dedicado a la exportación (Kabul, 10.04.2017).

61.000 millones de dólares ((Buddenberg y Byrd, 2006; Lacouture, 2008; Noorzoy, 2014; Schweich, 2008).

Además, debemos tener presente que la droga no sólo había corrompido la economía, haciendo del Estado prácticamente un narcoestado, donde la corrupción ha permeado todas las capas sociales, sino que había convertido Afganistán en uno de los países con mayores tasas de drogodependientes per cápita del mundo, alrededor de 2,9 millones (Chao y Nam, 2015). Otro de los aspectos más preocupantes es que, al convertirse la economía del opio en parte consustancial de la economía del país, aquella ha llegado a modificar las conductas individuales, y ya no es sólo un problema económico de las clases más desfavorecidas, de la falta de seguridad en determinados distritos, de jefes políticos y policiales corruptos, sino que ha generado unas redes clientelares, entre agricultores y narcotraficantes, que ha alineado a importantes sectores de la población. Todos ellos conforman una nueva clase corrupta que se justifica a sí misma por la corrupción existente en las altas esferas sociales, pero que en muchos casos ya no requiere de los beneficios de la droga para cubrir sus necesidades básicas. Es así como cualquier programa de erradicación que se quiera implantar tendrá que lidiar no sólo con aspectos securitarios, de desarrollo y gobernanza, sino también con aspectos sociales para reintegrar los colectivos afectados[154] (consumidores, agricultores y traficantes).

La dependencia de las donaciones exteriores

Al final del periodo de transición de responsabilidades al gobierno afgano, la economía tenía una compleja mezcla de formal, informal e ilegal y era mantenida por las ayudas exteriores. La economía había crecido al ritmo de 10,5 % anual entre 2005 y 2012, pero este crecimiento se debió gracias a la permanente llegada de ayuda internacional y no gracias a la demanda y la producción interna. La ayuda internacional creció desde los modestos 404 millones de dólares durante el periodo 2002-2003 hasta los 15.700 millones en 2010-2011, lo que supuso que el monto total de la ayuda internacional igualase el PIB del país.

Durante el periodo 2006-2011, los donantes financiaron el 90 % del gasto público total. De 2009 a 2012, Afganistán fue el país que recibió mayor cantidad de ayuda internacional al desarrollo del mundo (Ghiasy, Zhou y Hallgren, 2015; United States Government Accountability Office, 2013). En la conferencia internacional de Tokio en 2012, los países donantes se comprometieron a seguir apoyando la economía afgana. Este compromiso se volvería a renovar en la conferencia de Londres de 2014.

---

[154] Un estudio sobre la economía del opio y sus consecuencias ha sido publicado como el artículo «The Blunders in The Western Cross-Cutting Policies in Afghanistan: The Opium Economy as a Case of Study» en la *Revista UNISCI* (Berenguer López, 2018).

A lo largo del periodo 2006–2011, los ingresos de la Hacienda pública afgana crecieron desde los 600 a los 2.000 millones de dólares, lo que supuso un aumento de más de 230 %. El problema fue que también lo hizo el gasto público, que creció desde los 5.800 millones de dólares a los 17.400 millones, un aumento de más del 200 %, manteniendo la brecha existente entre ingresos y gastos. Esta dependencia continuaría durante el periodo 2013-2014, periodo en el que las donaciones extranjeras representaron más del 70 % del presupuesto, situación que continuaría durante el siguiente lustro con un porcentaje del 75 % en 2020 (Bertelsmann Stiftung´s Transformation Index, 2016: 4; The World Bank, 2021).

Tradicionalmente la sociedad afgana no ha contado con el Estado o con la economía formal para alcanzar o mejorar su nivel de bienestar, consecuencia de una sociedad fragmentada, con características aislacionistas entre los elementos que la componen y que sufren de la carencia de una red de comunicaciones que facilite la integración. La llegada de la comunidad internacional en 2002, a pesar de las grandilocuentes declaraciones hechas, no supo romper con los elementos característicos tradicionales (actores, procesos y modelos). La Administración Karzai facilitó el establecimiento de modelos económicos basados en las ingentes cantidades de dinero de ayuda controladas por una emergente oligarquía, lo que impidió el desarrollo de las instituciones y normas reguladoras necesarias para facilitar la emergencia de un nuevo modelo mixto de libre mercado, integrador con todas las capas sociales.

En 2002 se aprobó el Marco de Desarrollo Nacional (NDF), donde se determinaba que la estrategia para el desarrollo económico se basada en tres pilares: la asistencia humanitaria y la política social; la utilización de la ayuda exterior para construir la infraestructura física que habría de ser la base de un sector privado que encabezase el crecimiento económico; y un sector privado que fuera el motor de un desarrollo económico sostenido, como instrumento de inclusión social. Ya en 2006, la corrupción se hizo tan evidente en la Administración que más del 90 % de la ciudadanía opinaba que la corrupción era mayor que durante el régimen talibán, el muyahidín y el comunista. En este sentido, fueron numerosas las denuncias efectuadas, incluso por alguno de sus propios ministros. En otros casos, se trató de dinero negro que la propia Administración estadounidense hacía llegar al presidente Karzai y a su entorno más inmediato (Afghanistan Interim Administration Authority, 2002; Galtung y Tisné, 2009; Mashal, 2013; Rosenberg, 2013). Todo ello con la firme voluntad del propio presidente Karzai de impedir cualquier investigación sobre estos casos.

Como resultado de todo ello, el sector privado formal sólo fue capaz de contribuir con un escaso 12 % al PIB, y no fue ni el motor de crecimiento económico ni un elemento de inclusión social. Esta cantidad asciende a entre el 80 y 90 % si se incluye la economía informal.

La imposibilidad de cumplimiento de los objetivos marcados

La Estrategia Interina de Desarrollo justificaba su propia existencia en la evolución del escenario económico interno, lo que requería una nueva priorización de objetivos orientados a la reconstrucción nacional del país. En 2002, este escenario había quedado definido por el Marco de Desarrollo Nacional, en el que su principal prioridad era hacer frente a una probable crisis humanitaria ante la prolongada sequía que se sufría, los años de guerra y el retorno masivo de refugiados. Ya en 2004, había quedado claro que las prioridades y costes estimados en el documento marco de desarrollo habían sido demasiado optimistas, y que una nueva repriorización y sobre todo una nueva estimación de costes se hacía necesario. Esto se llevó a cabo mediante un nuevo documento titulado *Asegurando el futuro de Afganistán: los logros y la estrategia*, en donde el objetivo era un desarrollo económico suficiente que permease a las capas más desfavorecidas de la sociedad, facilitando la reconversión de tierras y la mano de obra empleada en la economía ilegal del opio para la economía legal. La estimación de costes para este nuevo objetivo era de 27.600 millones de dólares, librados a lo largo de los siguientes 12 años (2004-2015). Estimación de costes que quedó plasmado en la nueva Estrategia Interina de Desarrollo Nacional (Afghanistan Interim Administration Authority, 2002; 2004; Islamic Republic of Afghanistan Ministry of Finance, 2005).

La Estrategia Interina de Desarrollo (I-ANDS) era un buen documento de planeamiento, pero no fue válido para su implementación desde el momento que no presentaba programas específicos de ejecución donde se detallaran las acciones a acometer y los indicadores de éxito para cada caso. Se aventuraba a aportar una cifra anual de casi 4.000 millones de dólares durante los próximos cinco años —incluyendo seguridad—, aportando el gobierno afgano la cantidad total de 4.489 millones de dólares procedentes de impuestos, lo que habría supuesto casi el 23 % de los costes (Carvalho *et al.*, 2006; Islamic Republic of Afghanistan Ministry of Finance, 2005). En la parte de desarrollo económico y social, señalaba que todas las acciones a acometer estarían orientadas a dos objetivos paralelos y complementarios entre sí: el desarrollo económico y la reducción de la pobreza. Para ello se establecía un entramado de programas que cubrían la práctica totalidad de sectores económicos, pero que adolecían de graves errores en la estimación de costes, la previsión de ingresos y la consiguiente programación, poniendo en relación ambas y los tiempos para su implementación.

Como el propio documento recogía «se hacía necesario un estudio detallado del coste de toda la Estrategia Nacional de Desarrollo». Aún con todo, esta estrategia interina se atrevía a hacer una estimación del coste total en 19.829 millones de dólares durante los cinco próximos años para colocar los estándares de vida en Afganistán en términos similares a las del resto de países subdesarrollados. Esto implicaba una reducción de casi 8.000 millones sobre las previsiones hechas en 2004 (Afghanistan Interim Administration Authority, 2004; Islamic Republic of Afghanistan Ministry of Finance, 2005), lo que a su vez suponía un claro contrasentido con el incremento de necesidades en fondos de desarrollo que durante los años 2005 y 2006 se habían mostrado necesarias.

Esta grave deficiencia detectada en el capítulo de costes y recursos disponibles quedaría subsanada en la elaboración de la definitiva Estrategia Nacional de Desarrollo, en la que se establecieron las estrategias específicas para cada grupo sectorial de objetivos, con las acciones concretas para cada uno de ellos y los recursos necesarios. Este documento no fue aprobado hasta 2008 durante la conferencia internacional de Londres. En él quedaron claramente establecidos los tres pilares que habían sido diseñados en el Pacto por Afganistán —seguridad; gobernanza y Estado de derecho; y desarrollo económico y social—; cada uno de ellos con una serie de sectores que comprendían su correspondiente grupo de objetivos y un periodo temporal para alcanzarlos (Islamic Republic of Afghanistan Ministry of Finance, 2008).

Cuando finalmente se aprobó la Estrategia Nacional de Desarrollo en 2008, el plazo establecido de cinco años para alcanzar los objetivos marcados en el Pacto por Afganistán se desplazó a ese año y quedó establecido entre 2008 y 2013. En ella se determinaba que el objetivo principal era la de reducir substancialmente la pobreza, mejorar las condiciones de vida del pueblo afgano y establecer los cimientos de un país seguro y estable (Islamic Republic of Afghanistan Ministry of Finance, 2008). Además, establecía que este crecimiento sostenido debía ser liderado por el sector privado, acorde con el modelo neoliberal que se preconizaba.

En la nueva estimación de costes que se realizó, la necesidad de fondos de inversión procedentes del exterior era de 24.500 millones de dólares, incluyendo el sector de seguridad. Previsión que quedó desfasada en su primer año de implementación, desde el momento que no se tuvo en cuenta el impacto económico que el deterioro de la seguridad estaba teniendo y, en particular, la mayor necesidad de inversión en la reforma del sector de seguridad, no sólo para hacer frente a las operaciones en curso, sino también a las sucesivas ampliaciones en personal y equipo necesarias para hacer frente a una insurgencia cada vez más potente. En los años fiscales 2012 y 2013, la inversión extranjera en seguridad no descendió de los 6.000 millones de dólares anuales.

Lo cierto es que la realidad fue muy diferente a los documentos elaborados y todo este alambique burocrático se vino abajo desde el momento que no se fueron cumpliendo ni los objetivos ni los plazos marcados. Todavía a finales de 2014, los compromisos adquiridos por el gobierno afgano seguían vigentes y en proceso de desarrollo, compromisos que se fueron trasladando a los sucesivos acuerdos firmados con la comunidad internacional en la conferencia de Kabul de 2010 y en la de Tokio de 2012. La última de la serie se celebró en Ginebra en 2020, con un compromiso de ayuda internacional para el desarrollo tasado en 3.300 millones de dólares para el periodo 2021-2024 (Byrd, 2020).

El desarrollo económico y el aumento de la desigualdad social

La realidad ha sido que la implantación de la Estrategia Nacional de Desarrollo se dio de bruces con gobiernos incapaces y minados por la corrupción, según un informe del Banco Asiático de Desarrollo, Afganistán era el país más corrupto de toda Asia en 2012. En lugar de crear instituciones y regulaciones sólidas, continuó con fuerza inusitada la economía informal e ilegal, lo que impidió el desarrollo de un sistema de libre mercado que fuera propulsor del crecimiento y de la erradicación de la pobreza. En su lugar, el mercado informal siguió siendo el preponderante, donde la pequeña y mediana empresa se movía desde la actividad legal no controlada a la ilegal, con el cultivo y tráfico de opio como su principal componente (Asian Development Bank, 2014; Ghiasy, Zhou y Hallgren, 2015).

Ante la ausencia de un sistema de libre mercado con las normas e instituciones reguladoras necesarias, aquel sólo benefició a una oligarquía política y económica que tenía la llave de acceso a los recursos y los mercados locales. El teórico libre mercado afgano tenía como característica que la participación en el mercado no estaba abierta a todos, los beneficios se distribuían desigualmente y las estructuras del mercado nacional socavaban la gobernanza y el desarrollo de las instituciones estatales. Esto suponía que las tradicionales estructuras económicas oligárquicas seguían en pie y sólo habían cambiado de dueño, pues eran estas oligarquías las que se hicieron con los monopolios de sectores tan rentables como la distribución de combustible y la construcción. Sus consecuencias fueron que, si en 2004 un 44 % de la población estaba considerada en condiciones de inseguridad alimentaria, algo más de 10 millones de personas, en el año 2014 seguía siendo del 39,1 %, lo que suponía más de 12,2 millones de personas teniendo en cuenta el incremento de población ocurrido durante el periodo referido (Giustozzi, 2008; Islamic Republic of Afghanistan Central Statistics Organization, 2016; Islamic Republic of Afghanistan Ministry of Rehabilitation and Development Central Statistics Office, 2007; Lister y Pain, 2007; United Nations Development Programme, 2004; United Nations Development Programme, 2015).

Además, en el mismo informe sobre vulnerabilidades de la población de 2014, se decía que la desigualdad entre los sectores de población había aumentado: «los resultados también indican que los sectores más pobres de población sufren más por el decremento de consumo per cápita…, lo que sugiere un aumento de la desigualdad» (Islamic Republic of Afghanistan Central Statistics Organization, 2016). Hechos que no quedaban reflejados cuando se analizaban las medias de crecimiento, donde sólo se apreciaba un crecimiento constante del PIB y de la renta per cápita, excepto en los dos últimos años de la serie, esto último debido al repliegue de la presencia militar internacional.

El Índice de Desarrollo Humano (HDI) que anualmente elabora Naciones Unidas mide tres aspectos básicos de la situación personal de los habitantes de un país: su esperanza de vida; el acceso a la educación y la formación; por último, el acceso a los recursos que le permitan llevar una vida digna (United Nations Development Programme, 1990). De esta manera, este concepto y sus correspondientes indicadores trascienden del desarrollo económico de las sociedades, para reflejar de una manera más fehaciente las verdaderas necesidades de las personas.

Tabla 13. Evolución del PIB y renta per cápita 2002-2014.

Años	2002	2003	2004	2005	2006	2007	2008	2009	2010	2011	2012	2013	2014
PIB (millardos de dólares)	4,12	4,53	5,28	6,27	7,05	9,84	10,19	12,48	15,93	17,93	20,53	20,04	20,05
Renta per cápita (dólares)	187	198	219	250	272	369	373	445	553	603	669	631	612

Fuente: elaborado con datos procedentes de The World Bank (2018).

La primera vez que Afganistán fue listado en el HDI fue en 1990 y se situó en el puesto 158 de entre 160 países listados, para situarse en 1996 en el puesto 169 de entre 174 países.

Tabla 14. Evolución del Índice de Desarrollo Humano en Afganistán (1990-2015).

Años	Esperanza de Vida	Renta per cápita (dólares a precios constantes 2017)
1990	50,3	2.478
1995	53,4	1.344
2000	55,8	904
2005	58,3	1.390
2010	61,0	1.917
2015	63,4	2.128
2019	64,8	2.229

Fuente: elaborado con datos procedentes de United Nations Development Programme (2020).

A partir de ese año desaparecería del informe anual de desarrollo humano para volver a aparecer en 2004, año en que fue publicado el *Informe de desarrollo humano nacional de Afganistán*. En él se hace una presentación de los principales objetivos conseguidos durante los últimos años, así como los innumerables desafíos existentes. En él se decía que el país pasaba a ocupar el puesto 173 de entre 178 países (United Nations Development Programme, 2004). En 2015, fue listado en el puesto 171 de un total de 188 países (United Nations Development Programme: 2015), el más bajo de todo Asia. En el año 2019, ocupaba el puesto 169 de entre 189 países listados.

Como parte del informe de desarrollo humano de 2019, Naciones Unidas publicó el documento *Desigualdades en el desarrollo humano en el siglo XXI* (United Nations Development Programme, 2019). En él se presentaron nuevos datos sobre Afganistán, tras una revisión de todos los disponibles en la serie y que resultaron muy interesantes.

Como se puede observar en la Tabla anterior, resulta clarificador que la capacidad adquisitiva media del ciudadano afgano en el año 2015 todavía no hubiese igualado la de sus antecesores en 1990, a pesar de todas las donaciones e inversiones realizadas, y todavía en 2021, la renta per cápita se situaba por debajo de la de 1990. A lo que se unía que, según sus datos referidos al periodo 2015-2016, el 55,9 % de la población era considerada pobre[155], a lo que se sumaba un 18,1 % adicional que era considerada vulnerable.

Si ponemos en relación estos datos con el aumento de la esperanza de vida, así como de la escolarización, habremos de poner el foco precisamente en la desigual distribución de los recursos y del acceso a unas condiciones de vida dignas, junto a otros datos referidos a las dificultades para la buena gobernanza y la participación democrática (Bertelsmann Stiftung's Transformation Index, 2016), como única hipótesis plausible para justificar que el país no hubiera conseguido salir de los puestos de cola del índice de desarrollo humano. De manera que, a pesar del excelente comportamiento que la renta per cápita media obtuvo durante la serie 2002-2013, la desigualdad acabó convirtiéndose en el principal obstáculo a un desarrollo social justo y equilibrado.

Un sector primario deficiente en un país eminentemente agrícola

En particular la agricultura no fue adecuadamente apoyada, en un país donde en 2014 más del 74 % del total de la población vivía de la agricultura y más del 50 % de la población activa era dependiente de ella. Su productividad en el cultivo de cereales, el esencial para la mayoría de la población, era la segunda más baja de la región, sólo por detrás de la de Irán que en ese año fue anómalamente bajo debido a la sequía. A pesar de que el sector agropecuario es el más relevante para la reducción de la pobreza y la creación de empleo, este sector sólo representaba la cuarta parte del PIB tras casi trece años de intervención internacional. Tradicionalmente en Afganistán, el valor agregado de la

---

[155] Según Naciones Unidas, la situación de pobreza implica no sólo la falta de ingresos y recursos para garantizar la subsistencia. Sus manifestaciones incluyen el hambre y la malnutrición, la falta e acceso a la educación y los servicios básicos, así como la discriminación y la exclusión social (United Nations. Peace, 2021).

agricultura al PIB siempre ha sido mayor, pero al final de la intervención incluso se tenían que importar productos básicos del vecino Pakistán, como la harina de trigo, que lidera el ranking por tipos de productos con un 18 % del total (Joya, Haque, Nassif y Farahi, 2016; Observatory of Economic Complexity, 2019a).

Si durante el periodo 2002-2005, el sector agrario y el de servicios proporcionaban el 40 % del PIB, a partes iguales, la situación fue cambiando hasta que, en el periodo 2012-2013, los servicios proporcionaron más de la mitad del PIB, lo que provocó una situación insostenible ante el repliegue de la mayor parte de presencia internacional en 2014.

La persistente falta de autosuficiencia alimentaria tenía que ver con el escaso aprovechamiento de los abundantes recursos hídricos, de los que sólo se aprovechaba el 30 % para regadío por la falta de adecuadas infraestructuras. Este déficit tenía que ser compensado mediante la compra exterior o la ayuda internacional. A lo que se unía que la Administración había sido incapaz de establecer un registro nacional unificado de propietarios de parcelas de cultivo, sólo el 34 % de las parcelas de cultivo habían sido registradas al final de 2014. Se estima que, durante los años 2005 a 2014, no menos de 240.000 hectáreas habían sido usurpadas de sus legítimos propietarios (SIGAR Office, 2015b; United Nations Food and Agriculture Organization, 2012).

Tabla 15. Comparativa de producción de cereal en Afganistán y países vecinos.

		Afganistán	Irán	Pakistán	Uzbekistán	Turkmenistán	Tayikistán
Producción de cereales (millones de toneladas)	2002	3,737	19,861	27,172	5,535	2,461	0,687
	2014	6,748	17,645	38,394	7,891	1,411	1,249
Rendimiento (kg/ha)	2002	1.669	2.274	2.261	3.609	2.921	1.889
	2014	2.017	1.868	2.750	4.831	2.627	3.167

Fuente: elaborado con datos procedentes de The World Bank (2018).

Finalizado 2014, casi el 80 % de la población vivía en áreas rurales subdesarrolladas y las áreas urbanas no tenían la capacidad de creación de empleo que generaba la presencia masiva internacional. La agricultura podría haber absorbido gran parte del más de medio millón de nuevos desempleados que se incorporaban al mercado de trabajo anualmente, desempleados que provenían del retorno de refugiados o del cierre de empresas de servicios, creadas al rescoldo de la presencia internacional y los suculentos contratos ofrecidos (Ghiasy, Zhou y Hallgren, 2015; Noorzoy, 2014). Lo peor ha sido que con el paso de los años, la Administración no fue capaz de corregir este desequilibrio entre sectores, de manera que todavía en 2020 la agricultura seguía representando sólo el 23 % y los servicios el 55 % del PIB (Ghiasy, Zhou y Hallgren, 2015; Index Mundi, 2020; Noorzoy, 2014).

Impulsar la expansión agrícola habría requerido centrarse en los subsectores con mayor potencial: trigo de regadío, ganado y horticultura. Las principales prioridades de cualquier futura política de inversiones en este sector deberán incluir la rehabilitación de la infraestructura de riego y la mejora de la gestión del agua, así como el apoyo a la implantación de variedades de mayor rendimiento. Según el Banco Mundial, con un coste anual de unos 300 millones de dólares, la estimación de creación de nuevos empleos podría haber llegado a los 1,2 millones a lo largo de la segunda década del régimen democrático (Joya, Haque *et al.*, 2016; Joya y Khan, 2015).

Un sector secundario infravalorado

Tradicionalmente, la industria ha representado poco más del 20 % del PIB, donde el sector manufacturero de productos derivados de la agricultura representaba más del 90 %. Sin embargo, nunca se llegaría a recuperar un sector secundario basado en la manufactura de productos agropecuarios, tal y como había ocurrido en los años sesenta y setenta, con la necesaria adaptación a los mercados actuales[156]. No sería hasta el año 2011 cuando el gobierno identificó las áreas prioritarias para el desarrollo de este sector, áreas que resultaron ser, sin sorpresa alguna, el procesado de alimentos, pieles, alfombras, materiales para la construcción, mármoles y piedras preciosas (Ghiasy, Zhou y Hallgren, 2015).

A pesar de los importantes depósitos de minerales que contiene el subsuelo afgano, en la actualidad sólo oro, plata, cobre, berilio y lapislázuli son explotados en pequeñas cantidades en las áreas montañosas, así como los depósitos de carbón y gas natural para consumo interno. Sin embargo y debido a sus numerosos conflictos internos, en el año 2014 la explotación del subsuelo sólo aportaba un 0,8 % del PIB (Joya, Nassif, Farahi y Haque, 2016), situación que empeoraría a lo largo del quinquenio siguiente, debido a la creciente inseguridad vivida en las provincias.

Entre sus recursos naturales destaca el agua procedente de los abundantes cursos fluviales provenientes de las montañas del Hindu Kush. Sin embargo, este recurso no ha sido tratado en plan quinquenal alguno, lo que ha impedido su adecuada explotación como productor de energía, así como su distribución para la agricultura de un país semiárido como Afganistán. Todavía en el año 2012, el Banco Mundial informaba de la falta de infraestructuras hídricas, en un país con una media anual de recursos hídricos disponibles de 57.000 millones de metros cúbicos, pero donde sólo se aprovechan un tercio. Donde 3,2 millones de hectáreas son de tierra de cultivo de regadío, pero un tercio de ella se ha tenido que dejar en barbecho por la falta de agua para el riego (United Nations Food and

---

[156] Se da la circunstancia de que incluso para el enlatado de productos alimenticios, éstos son transportados a Pakistán donde se los somete al proceso industrial de preparación y embotellado o enlatado y posterior comercialización. Se da la paradoja de que la mermelada o la leche que se consume en Kabul proviene en su mayoría de Pakistán, pero la materia prima es afgana. De manera que el comercio agroalimentario afgano es subsidiario del paquistaní, hecho que la comunidad internacional no ha sabido modificar a pesar de la ingente ayuda al desarrollo invertida.

Agriculture Organization, 2012). En su lugar y ante la falta de una adecuada gestión de este recurso esencial, el agua ha sido generador de problemas fronterizos con sus vecinos, en especial Pakistán e Irán. Al ser un bien escaso para estos últimos, se hace necesario con urgencia una estrategia del agua, al objeto de guiar su diplomacia y aprovechar el agua como el recurso más preciado en el país, junto a la tierra.

La comunidad internacional fue incapaz de impulsar un adecuado plan hídrico nacional, donde se estableciesen embalses para regadíos en las zonas rurales, así como para el abastecimiento de agua potable y energía en las ciudades, pues los todavía existentes datan de la década de los sesenta y son claramente insuficientes, exceptuando la presa de Salma o Afghan-Indian Friendship en la cuenca del río Herat, subvencionada y proyectada por India.

En relación a la generación de energía, Afganistán produce alrededor de 600 MW, principalmente en centrales hidroeléctricas, seguida de los combustibles fósiles y la energía solar. Más de cuatro décadas de guerra han dejado la red eléctrica del país gravemente dañada, dónde sólo accede a la energía eléctrica alrededor del 20 % del total de la población y con sólo el 6 % de entre la población rural (Ghiasy, Zhou y Hallgren, 2015; Hessami, 2017).

Un sector terciario descompensado y un mercado laboral de subempleo

Ya conocemos que el ritmo notablemente alto, con el que se desarrolló la economía tras la caída del régimen talibán, se debió principalmente a la ingente presencia internacional que llegó a representar más de 280.000 expatriados —sumando la presencia de militares estadounidenses y del resto de países participantes en la ISAF (más de 140.000), de contratistas extranjeros (Peters *et al.,* 2016) y personal de ONG y OG operando en el país—, así como a la ingente ayuda internacional al desarrollo. Esta cantidad llegó a suponer más de 134.000 millones de dólares a lo largo de los 13 años de operación de reconstrucción nacional.

Durante el periodo 2003-2009, el 59 % del PIB provenía del sector servicios que fueron los que sufrieron el impacto mayor del repliegue de las tropas internacionales. En 2014, este sector suponía el 49 % del PIB, pero la reducción de la presencia internacional se inició sin un solo plan económico que previese alternativas a la burbuja económica creada. De manera que fue inevitable que la burbuja estallase, provocando un aumento del desempleo que ya se estimaba, en 2014, entre el 40 y el 60 % de la población laboral. Ese año, el PIB creció sólo un 1,3 %, en tanto que, durante el periodo 2003 al 2012, la media había sido de 9,4 %. Sin embargo, resultaba todavía más preocupante que el crecimiento per cápita del PIB fuese del -1,7 %. Bajo estas condiciones económicas, se estima que en 2014 más del 90 % del mercado laboral era opaco y en condiciones de subempleo, ya que sólo el 9 % de ese mercado laboral estaba formado por puestos de trabajo regularizados, de los que el 20 % pertenecía al sector público (Ghiasy, Zhou y Hallgren, 2015; Joya y Khan, 2015; The World Bank, 2016; 2019).

Los servicios bancarios prácticamente no se utilizaban, debido principalmente a la desconfianza que generaban casos tan sonados como el desfalco cometido por los directivos y componentes del gobierno en el Banco de Kabul (Banco Nacional de Afganistán), los altos intereses que cobraban, cercanos al 20 %, y la preferencia por utilizar el sistema de préstamo islámico *salam*[157]. La consecuencia final fue que sólo el 2 % de las empresas utilizaban en 2014 el sistema bancario oficial (Bertelsmann Stiftung´s Transformation Index, 2016; Boone, 2011).

La parte del sector terciario que cosechó el mayor éxito corresponde, sin lugar a duda, a las telecomunicaciones, con una cobertura en el territorio del 90 % y una penetración del 80 % de mercado. Este éxito no ha sido sólo desde el punto de vista económico —sólo este subsector de las telecomunicaciones proporcionaba más de 200 millones de dólares en impuestos a la Hacienda pública—, sino también como elemento estratégico de desarrollo nacional e integrador del país (Ghiasy, Zhou y Hallgren, 2015). El número de líneas móviles llegó a ser de unos 23 millones en una población de unos 16 millones de adultos, si bien el acceso a internet todavía estaba limitado a las principales capitales de provincia y sólo un tercio de la población tenía la posibilidad de usarlo. Sus principales empresas eran Afghan Telecom, Afghan Wireless, Roshan, MTN Group y Etisalat. Por su parte, los canales de radio y televisión eran múltiples y en su mayoría privados, en manos de los oligarcas del país.

LA PROPIEDAD DE LA TIERRA COMO FACTOR DE CONFLICTO

La tierra cultivable en Afganistán nunca ha alcanzado el 12 % del total, debido a lo abrupto del terreno y a la existencia de desiertos salinos. Ese 12 % supone aproximadamente 7,9 millones de hectáreas. Durante la Guerra de Resistencia, la destrucción de superficie cultivable que sufrió el país supuso que, al principio de la década de los noventa, sólo 3,2 millones de hectáreas constituyesen la tierra cultivable, de las que 1,5 millones eran de regadío. Por lo tanto, el 40 % de la tierra de cultivo había dejado de ser utilizable debido a las tácticas de *tierra quemada* empleadas por los soviéticos. Más interesante resulta conocer que esta superficie volvió a reducirse en un 37 %, debido a su abandono en las comunidades rurales, como consecuencia de las dos guerras civiles posteriores que sufrió sin solución de continuidad. Lo que supone que, durante dos décadas (1980-2000) y debido al encadenamiento de tres guerras sucesivas, la reducción

---

[157] *Salam* según la ley islámica no debe ser considerado como un crédito en el sentido del sistema financiero occidental, sino el pago por anticipado de un bien a un precio ya convenido, bien que se espera recibir más tarde (Financial Islam, 2019).

global de tierra cultivable puede estimarse en casi 5,7 millones de hectáreas, quedando la superficie cultivable reducida a unos 2 millones de hectáreas.

Conocemos que la propiedad de la tierra cultivable siempre ha constituido uno de los principales factores de conflicto, debido precisamente a su escasez. Desde el comienzo de la presencia internacional en la época postalibán, este factor no ha hecho sino crecer en importancia por el incremento de la población y el retorno de refugiados con derechos de propiedad, lo que ha producido su continuo aumento de valor de mercado, a lo que se unió la usurpación de tierras ocurrida a manos de los excomandantes muyahidines — estimada en 1,2 millones de *jeribs*[158], lo que supuso unas 240.000 hectáreas—.

Las primeras acciones tomadas por la Administración para establecer un registro catastral datan de 1920 cuando el rey Amanullah Khan decidió establecer la Oficina Nacional del Catastro (AMLAK), al objeto de imponer las primeras tasaciones sobre la propiedad —hasta ese momento los impuestos habían sido sobre la producción y a las comunidades locales en su conjunto—.Pero la incapacidad del Estado para gestionar adecuadamente la titularidad de la tierra y poder resolver las disputas sobre ella llevó a que las comunidades locales asumieran el papel de arbitraje y certificación de la titularidad, así como la resolución de conflictos. Esto se hizo sin registro alguno y mediante documentos de carácter privado con la presencia de testigos (preferentemente *maliks* y *ancianos*). Algo más tarde, todavía en la década de los sesenta, se dio un nuevo impulso al catastro, esta vez con el apoyo de USAID, para crear un catastro gráfico de las zonas urbanas y algunas provincias. En estas últimas, el mapa catastral no contenía coordenadas debido a la imprecisa localización de las parcelas y en las zonas urbanas quedó reducido al 20 % del total (Gaston y Dang, 2015). De manera que, ante la falta de un registro nacional, históricamente han sido los sistemas tradicionales de justicia, en las propias comunidades locales, los encargados de resolver este tipo de disputas, situación que ha llegado hasta nuestros días.

Con la llegada de Daud Khan al poder comenzaría una serie de procesos de expropiaciones con criterios diferentes que se convirtieron en un nuevo factor de violencia, a unir a la interminable lista de los ya descritos. Una de las primeras leyes en implantar fue la de expropiación y redistribución de las tierras (Hakami Hakami, 2010), al objeto de dar acceso a ella al 30 % de la población rural que la trabajaba en régimen de aparcería, y donde además el 45 % del total de la tierra arable estaba en manos de sólo el 5 % de esa población (Foley, 2005; Nyrop y Seekins, 1986). Sin embargo, esta redistribución resultó un absoluto fracaso debido a la oposición de los mulás y de los propios terratenientes. A la expropiación efectuada por Daud Khan, le seguiría la

---

[158] Medida tradicional afgana de superficie con una equivalencia aproximada a la quinta parte de una hectárea.

anárquica expropiación y redistribución de tierras comenzada y no acabada por el régimen comunista Khalq. Tras el golpe de Estado y asesinato de toda la familia de Daud Khan en abril de 1978, una de las primeras acciones puestas en marcha por el PDPA fue la expropiación y redistribución de la tierra arable, al objeto de dar acceso a ella a los aparceros que la trabajaban —más del 70 % de la población—. Estos aparceros sólo recibían en compensación por su trabajo la séptima parte de los beneficios anuales. Esta expropiación de tierras supuso la redistribución de 740.000 hectáreas: 665.000 para los campesinos, 40.000 para el gobierno nacional y 35.000 para los ayuntamientos. Sin embargo, se enfrentó a la oposición generalizada de los mulás y de los propios terratenientes, unido a unos noveles gobernadores de distrito que no supieron gestionar el procedimiento y que además beneficiaron a los miembros de sus clanes, lo que finalmente provocó su fracaso (Foley, 2005; Wily, 2004).

Tabla 16. Reducción de tierra cultivable en las principales provincias agrícolas (1990-2000).

Provincia	Al principio década 1990	Al final década 1990	Diferencia en hectáreas	Tanto por ciento
Badakhshan	270.000	103.000	- 167.000	- 62%
Helmand	238.000	181.000	- 57.000	- 24%
Uruzgan	59.000	29.000	- 30.000	- 51%
Kandahar	202.000	137.000	- 65.000	- 32%
Kunar	22.000	16.000	- 6.000	- 27%
Laghman	21.000	21.000	0	0%
TOTAL	908.000	576.000	- 332.000	- 37%

Fuente: elaborado con datos procedentes de United Nations Office on Drugs and Crime (2002a) *apud* Berenguer López (2018).

Los criterios seguidos en estas redistribuciones han ido variando con cada nuevo régimen. El techo máximo establecido por el presidente Daud para poder poseer una parcela de tierra cultivable fue de 20 ha, si era de regadío, y 40 ha, si era de secano. Con la llegada del régimen comunista, el número máximo cambiaría a 6 ha (30 *jeribs*). A continuación, el régimen muyahidín priorizó los derechos de las tribus que le habían apoyado en la lucha contra el régimen comunista, pero continuando con la política establecida en los regímenes comunistas de permitir el acceso a la propiedad de aquellos que la cultivaban. De manera que se había podido cambiar, después de siglos de dominio pastún, la prioridad de los pastores nómadas de esta etnia y sus ganados sobre las tierras altas de Hazarajat, en contra del derecho de los agricultores sedentarios hazaras a cultivar estas tierras altas fértiles. Precisamente en la época del año —primavera, verano y otoño— en la que es posible su cultivo, pues en invierno las gélidas temperaturas del Hindu Kush lo hacen imposible, siendo frecuentes las hambrunas si la cosecha del verano no ha sido buena.

Al llegar el Emirato, este prometería la recuperación de sus tierras de pasto a las tribus pastunes. Pero no sólo fueron pastunes, muchas de las tribus tayikas del norte del Hindu Kush, que habían sido desposeídas de lo que entendían como sus derechos ancestrales de uso de los pastos de las tierras altas, también se unieron al Movimiento Talibán, bajo la promesa de volver a recuperarlos para su ganado. A día de hoy, aunque existen algunos clanes tayikos asentados en las tierras altas de Hazarajat, el recuerdo de las luchas ocurridas durante las dos últimas décadas del siglo XX todavía produce terror entre los hazaras y las recuerdan como luchas de exterminio[159].

Con respecto a las tierras bajas de Herat y Kandahar, debemos de remontarnos al régimen comunista para entender que los terratenientes, desposeídos de sus tierras, perdieron el control sobre sus aparceros y por lo tanto de sus cuantiosos ingresos anuales. Como eran los que tenían la capacidad económica y estaban en mejores condiciones para emigrar al objeto de evitar la guerra, así lo hicieron hacia Pakistán u Occidente, abandonando definitivamente las que habían sido sus posesiones ancestrales. Cuando el régimen comunista perdió el control de las áreas rurales, fueron los mulás y los consejos o *shuras* locales quienes asignaron estas tierras a sus aparceros que, de esta manera, se convirtieron en propietarios. Durante el gobierno muyahidín, los terratenientes que se habían refugiado en Pakistán volvieron para reclamar sus tierras con lo que el conflicto económico y tribal estaba servido. Cuando los talibanes llegaron al poder, aprovecharon estos conflictos para mantener los nuevos derechos de los antiguos aparceros y otorgarles carta de naturaleza en los tribunales locales, de manera que se ganaron su adhesión al movimiento, pero se enfrentaron a las antiguas familias de terratenientes. Con la llegada del nuevo orden impuesto por la comunidad internacional, estos terratenientes buscaron su apoyo con el fin de recuperarlas.

Con la llegada del régimen democrático y las fuerzas internacionales, el problema se agravaría por un doble motivo: por un lado, los excomandantes muyahidines convertidos en nuevos líderes locales desplazaron a la autoridad tradicional de los *ancianos*, con el agravante de que la utilizaron para la usurpación sistemática de parcelas comunales o de familias con combatientes en la insurgencia, o de refugiados y desplazados; la segunda vía de conflictividad fue el Decreto Presidencial sobre Propiedad de la Tierra de 2003[160], que determinaba la propiedad del Estado de todo aquellos inmuebles cuya titularidad individual no pudiese ser demostrada con documentos certificados según la ley y la sharía (artículos 2, 3 y 7).

A esto se le unió el hecho de que este decreto presidencial no reconocía la titularidad comunal de las tierras y bosques, que eran de uso común para pastos y explotación

---

[159] Comunicación personal, Ali Ali, profesor de la universidad de Bamiyan (Bamiyan, 01.11.2015).
[160] Transitional Authority of Afghanistan, Presidential Decree on Immovable Property Land, 09.11.2003.

forestal. Este decreto no hizo sino tensar las relaciones entre la naciente Administración y los ciudadanos —según los estudios realizados por Asia OXFAM en 2008, entre el 50 y 70 % de las disputas existentes entre ciudadanos y comunidades locales, o entre ambos y el Estado, se debían a la titularidad sobre las tierras de cultivo y las comunales—. Todo ello supuso que una gran cantidad propietarios que no disponían de los pertinentes documentos sobre sus parcelas perdieran su propiedad, aun cuando contasen con el testimonio de sus vecinos afirmando la pertenencia de la parcela a una determinada familia. Además de suprimir de raíz los derechos ancestrales de las comunidades locales sobre pastos y bosques comunales, que de forma automática pasaban a ser propiedad del Estado —lo que significó la pérdida de unos ingresos que eran esenciales para la vida de las familias más empobrecidas de esas comunidades locales[161]—.

Según la Estrategia Interina de Desarrollo, se debían establecer registros de propiedad de la tierra y procedimientos de resolución de las múltiples reclamaciones existentes. En el año 2009 se estableció la Autoridad Afgana de la Tierra —se la conocía con el nombre de *Arazi* (tierra en darí)—, con la misión de elaborar y gestionar el catastro nacional, actuando como una agencia independiente que reportaba directamente al gobierno. Arazi contaba con oficinas en los niveles provincial y de distrito, en las que se incluía una unidad de resolución de conflictos. Estas oficinas de resolución de conflictos tenían la misión de relacionarse con las comunidades locales para tratar de solucionar las disputas, evitando de esta manera los sistemas formales de justicia.

En 2014, Asia Foundation determinó que los conflictos por la posesión de las tierras habían pasado de representar el 27 % del total en 2007 al 52 % en 2014. El quebrantamiento de las estructuras tribales producido en la época muyahidín fue el segundo en un periodo de doce años, tras el ocurrido a principio de los ochenta durante el régimen comunista prosoviético. A este le siguió un tercero, ocurrido durante el periodo talibán, y posteriormente un cuarto cuando los muyahidines se hicieron cargo de nuevo de estos liderazgos locales. El resultado final ha sido unas estructuras sociales muy débiles, sin la autoridad moral necesaria para imponer el cumplimiento de las resoluciones adoptadas por *shuras* y *jirgas*, lo que llevó a la necesidad de acudir a los órganos formales de justicia, pero ante la ineficacia de estos, se optó por acudir a los órganos judiciales establecidos por la insurgencia.

Ante tanto cambio ocurrido en menos de una década —con agricultores que habían sido expropiados, sus tierras donadas a una segunda persona, para de nuevo recuperarlas, junto al abandono y ocupación ilegal de las parcelas de cultivo como consecuencia de la guerra—, el régimen talibán ha usado exclusivamente la sharía para la resolución de estos

---

[161] Por ejemplo: la recogida de pistacho en los bosques comunales de la provincia de Badghis.

conflictos en los tribunales, si bien con el sesgo político anteriormente citado, al dar preferencia a los pastores nómadas en lugar de a los agricultores, tal y como se había hecho en los tres regímenes anteriores.

El problema de la redistribución de la tierra cultivable constituye todavía hoy un asunto pendiente, agravado por las grandes cantidades apropiadas ilegalmente por los comandantes muyahidines durante la última década y las anteriores redistribuciones efectuadas por los diferentes regímenes.

CAPÍTULO 6

LA AYUDA AL DESARROLLO COMO FACTOR DE INESTABILIDAD

AYUDA AL DESARROLLO Y AYUDA HUMANITARIA

La ayuda al desarrollo como elemento de transformación social

En una muy interesante comunicación, el profesor Jonathan Goodhand plantea una serie de consideraciones sobre el papel que la ayuda económica internacional a la reconstrucción y desarrollo ha desempeñado durante los últimos cuarenta y cinco años en Afganistán. Comienza afirmando algo que todo aquel que ha tenido la oportunidad de tener contacto directo con la sociedad afgana llega a comprender más pronto o más tarde: el conflicto afgano tiene su origen en las relaciones Estado-sociedad. De manera más precisa, en la necesidad de articular esas relaciones en una sociedad que hasta el año 2002 no tuvo la oportunidad de establecerlas, ya que nunca en su historia las instituciones estatales habían tenido la necesidad de justificarse ante la sociedad que gobernaban, pues desde que Afganistán perdió sus ricos territorios del Indo se convirtió en un monarquía subvencionada por la corona británica (Goodhand, 2002; Tapper, 1983), para a continuación, con motivo de su independencia y la pérdida de estas ayudas, buscar desesperadamente nuevos países patrocinadores que le nutriesen del metálico necesario para mantener la necesaria administración civil y militar.

Ha sido precisamente la búsqueda de un país patrocinador, lo que ha definido la historia del país durante el medio siglo que discurre entre la caída de Amanullah Khan y la de Zahir Shah, teniendo presente que ese periodo de estabilidad se fraguó en clave interna, mediante una inteligente política conservadora de contento para las élites y la clase religiosa que les apoyaba, junto a un aislamiento de la sociedad rural que, en aquel entonces, constituía casi el 90 % de la población. Esta búsqueda de país patrocinador se tradujo en lo que, a primera vista, parecía lo más conveniente: intentar sacar réditos de las dos mayores potencias de la época, los Estados Unidos y la URSS. Sin embargo, esto se hizo con una miopía estratégica que acabó enfrentando a tribus y etnias alrededor de ideologías políticas contrarias —liberales contra comunistas, conservadores contra revolucionarios, islamistas contra tradicionalistas, sociedad rural contra sociedad urbana...—, pues el error cometido por las propias élites fue su incapacidad para advertir que no existe ayuda al desarrollo sin un programa político que lo soporte. Más allá de la ayuda humanitaria de urgencia, lo que hay son programas de ayuda con la finalidad de estabilizar sociedades según el propio modelo de aquellas sociedades patrocinadoras, que prescinden de parte de su propio bienestar para modificar a aquellas a las que ayudan.

En suma, hablamos de que la ayuda al desarrollo requiere de transformación social y es precisamente en cómo ha de ser esta transformación, lo que puede obstaculizar la necesaria integración social. A lo que se une el interés de las élites del país anfitrión por el control de la mayor cantidad de los recursos que llegan del exterior. En consecuencia, se fomenta el desarrollo de instituciones de gobierno maestras en el arte de la acomodación con las potencias extranjeras que las mantienen, pues su existencia no depende de la sociedad a la que sirven, sino de una comunidad internacional que las subvenciona (Rubin, 2000; 2002).

Junto a este sistema económico propio de un Estado subvencionado, en Afganistán encontrábamos las características propias de una economía que podemos denominar de guerra, donde las actividades económicas surgidas al rescoldo de las necesidades de aquella proliferaron. Y dónde se hacía necesario romper estos patrones económicos —cultivo y tráfico del opio, tráfico ilegal de bienes de consumo escasos, apropiación de las ayudas para crear y mantener las redes clientelares— para crear unos nuevos que los sustituyeran, cosa que nunca llegó a ocurrir.

La politización de la ayuda humanitaria

Pero si hasta ahora nos hemos referido a la ayuda al desarrollo como un elemento de clara influencia política en el país receptor, ahora debemos referirnos al sensible sector de la ayuda humanitaria. Por principio, nadie cuestiona la ayuda humanitaria a sociedades en extrema necesidad, ya sea causada por la guerra o desastres naturales, como herramienta imprescindible para mitigar parcialmente y de manera inmediata la situación de sufrimiento extremo que atraviesan.

Quedarnos sólo con esta afirmación nos lleva a visiones demasiados simplistas y por lo tanto erróneas. En el caso afgano, durante el masivo apoyo internacional llevado a cabo en la década de los ochenta por parte de países enfrentados al Bloque Soviético, lo primero que salta a la vista es que la ayuda humanitaria a la Resistencia fue un acto también político. No fue sólo humanitario, desde el momento que los países donantes se posicionaron junto a un bando del conflicto, en función de su propia ideología política. Pero más allá de este hecho, la ayuda humanitaria procedente del bloque occidental se canalizó fuera de los canales oficiales del gobierno comunista afgano, no sólo porque las ONG eran vistas con sospecha por el gobierno en Kabul, sino porque agencias internacionales de ayuda humanitaria y reconocido prestigio, como el Comité Internacional de la Cruz Roja (CICR) y la Organización Mundial de la Salud (OMS) habían sido expulsadas del país. Es por ello por lo que se vieron obligadas a utilizar canales alternativos que favorecieron el empoderamiento de los comandantes muyahidines, quienes recibían estas ayudas y las distribuían según sus propios criterios y afinidades, minando de esta manera la propia legitimidad del gobierno comunista. Pero la mayor prueba de esta politización es que, desde el primer momento, se aceptó el hecho de que la ayuda a los refugiados afganos debía ser canalizada a través de los campos de refugiados levantados en Pakistán, donde sólo eran admitidos aquellos refugiados que previamente habían sido registrados a través de uno de los siete partidos de la Resistencia conocidos como los *Siete de Peshawar*[162].

Pero es que incluso el hecho de que las ONG apoyadas por Naciones Unidas utilizaran el programa denominado Dinero para Comida[163] (CFF) es cuestionable, desde el momento que las propias ONG afectadas llegaron a admitir que hasta un 40 % del dinero donado era considerado como pérdida aceptable. Con todo ello, habremos de aceptar que el citado programa de ayuda no sólo propiciaba las redes de tráfico ilegal, desde el momento que los comandantes muyahidines receptores de las ayudas debían recurrir a esta práctica porque estaban luchando contra el nuevo régimen establecido en Kabul, sino que existía la fundada sospecha de que parte de ese dinero se utilizaba para la compra de armas y para financiar operaciones militares de la propia insurgencia muyahidín. Programa que comenzó en 1985 y que un año más tarde suponía la modesta cantidad de 33 millones de dólares, pero que en 1990 llegó a alcanzar los 300 millones de dólares (Nicholds y Borton, 1994).

Con el repliegue de las tropas soviéticas, Naciones Unidas tomó un papel predominante, a través de su Oficina para la Coordinación de la Asistencia (UNOCA), y los programas de ayuda pasaron de estar centrados en la distribución de recursos a la prestación de servicios esenciales para la población, con lo que el empoderamiento de los líderes muyahidines cesó. Las grandes ciudades se convirtieron en bolsas de población dependientes de la ayuda en alimentos para su propia subsistencia, recursos que les llegaban a través del Programa Mundial de Alimentos (WFP). Fue entonces cuando las críticas llegaron de mano de la supuesta distribución arbitraria de alimentos que se hacía, sirviendo para mantener las redes clientelares de los *maliks* en los núcleos urbanos. Por otro lado, se consiguió un cierto grado de estabilización de la economía rural, en

---

[162] En 1980, los siete partidos suníes que luchaban contra el régimen comunista afgano y las tropas soviéticas que le apoyaban se organizarían bajo la presión de Pakistán como la Alianza de los Muyahidines de Afganistán. Este grupo sería conocido como los *Siete de Peshawar* y el gobierno pakistaní no permitiría la consolidación de ningún otro movimiento político de la Resistencia.

[163] Programa donde en lugar de hacer llegar bienes y servicios de primera necesidad a los receptores de la ayuda, se decidió la entrega directa de metálico a los líderes de los grupos sociales necesitados —los comandantes muyahidines— y que fueran ellos los que se hicieran cargo de proveer de recursos a las familias necesitadas.

comparación con la economía urbana, gracias a los acertados programas de ayuda a la agricultura desarrollados en las provincias.

Durante el Emirato, un nuevo concepto para la distribución de ayuda se acabó implantando, el denominado Marco de Referencia Estratégico (SF) junto al Programa Común de Principios (PCP), por los que la entrega de la ayuda humanitaria se comenzó a condicionar a la consecución de determinados hitos por parte de las instituciones estatales —hitos referidos a derechos humanos, respeto a las minorías e implementación de un efectivo proceso de paz—. Herramientas de coordinación que, sin embargo, no tuvieron éxito y fueron rechazadas por las propias ONG que los veían como restrictivas y comprometedoras de los principios humanitarios (Currion, 2010).

Sin embargo, el resultado de esta nueva estrategia humanitaria con el régimen talibán fue de absoluto fracaso, desde el momento que no consiguió doblegar al régimen y, sin embargo, ayudó a su aislamiento con los resultados de sobra conocidos —no reconocimiento internacional, dependencia de Pakistán y Arabia Saudí, aumento del sufrimiento de la población por las escasez de alimentos, promoción del cultivo y tráfico del opio, así como del tráfico ilegal internacional de todo tipo de bienes, y por último, a una mayor radicalización de la clase dirigente—. Para comprender este fracaso basta comparar la cantidad de ayuda anual —unos 300 millones de dólares— con la cantidad generada por el tráfico interfronterizo de mercancías con Pakistán que no descendería de los 2.500 millones de dólares.

A pesar del fracaso del Marco de Referencia, no cabía la menor duda sobre la necesidad de mejorar la coordinación dentro de la propia Naciones Unidas, entre el Consejo de Seguridad, la Asamblea y las diferentes agencias, admitiendo que la labor de la ONU en Afganistán no había sido apoyada durante las décadas de conflicto por sus vecinos ni las organizaciones regionales[164], a diferencia de lo que había ocurrido en otros conflictos en Europa o Sudamérica. Y que el primer condicionante de cualquier tipo de ayuda es que no provoque mayores tensiones que puedan alargar el conflicto presente, cosa que sí ocurrió en el caso afgano, ya que los llamados dividendos de la paz acabaron en manos de reducidos grupos de población, creando de esta manera mayores tensiones sociales. Como excepción, se deben citar los buenos resultados obtenidos por Noruega y sus programas de construcción de la paz llevados a cabo durante esa década (Atmar y Goodhand, 2002; Goodhand, 2002).

---

[164] Esta deficiencia intentaría ser subsanada a través de las conversaciones «Six plus Two» (los seis países vecinos junto a Rusia y Estados Unidos).

La ingente inversión económica en la reconstrucción afgana

Hasta 2014, las donaciones estadounidenses al gobierno afgano ascendieron a un total de 104.100 millones de dólares, la mayoría de los cuales (66.000 millones) procedían del Departamento de Defensa, y 18.000 millones en ayuda al desarrollo y la gobernanza —a través de USAID—. Otros adicionales 10.100 millones fueron canalizados a través de los fondos fiduciarios internacionales: el Fondo Fiduciario de Naciones Unidas para la Ley y el Orden que estaba dirigido a la policía (LOTFA) y el Fondo Fiduciario de la OTAN para el Ejército (ANATF). Por último, 7.700 millones de dólares fueron donados directamente al Ejecutivo afgano.

De los 29.970 millones de dólares dedicados a gobernanza y desarrollo, un 16 % se dedicó al denominado Programa de Respuesta de Emergencia del Comandante[165] (CERP) y al Programa de Apoyo a la Libertad en Afganistán (AFSA). Estos fondos se correspondieron en la OTAN con los denominados Proyectos de Respuesta Rápida (QIP), y ambos tuvieron por objeto facilitar las relaciones con la población local donde actuaban las fuerzas militares, aportando seguridad de manera indirecta a las tropas propias, facilitando colaboradores, informadores, etc. (Lutz y Desai, 2014; SIGAR Office, 2011). Fondos CERP y QIP que han sido muy criticados, desde el momento que su distribución creaba, como efecto colateral indeseado, una inestabilidad interclánica e intertribal, a medio y largo plazo, al romper los equilibrios de poder existentes.

Según los datos expuestos en la siguiente Tabla, se observa el gasto exponencial dedicado a seguridad, coincidiendo con el esfuerzo militar en la lucha contra la insurgencia llevada a cabo durante los años 2010 al 2012. En la parte positiva, hemos de señalar que la mayoría de las donaciones en las áreas del desarrollo y la gobernanza se canalizaron a través del denominado Fondo Fiduciario para la Reconstrucción de Afganistán (ARTF). Este fondo era administrado por el Banco Mundial y un tercio de él fue aportado por Estados Unidos. A través de él, se canalizaron los fondos para el Programa de Solidaridad Nacional —ya citado en el capítulo dedicado a legitimidad y gobernanza—, programa que fue el de mayor éxito en la época reciente afgana, porque implicó a las comunidades locales, alcanzando un nivel de transparencia, participación y ausencia de corrupción digno de alabanza. El programa se estableció como uno de los componentes de un programa de mayor alcance —el denominado Programa de Emergencia de Trabajos Públicos y Empoderamiento de las Comunidades— que, en 2003, acabó convirtiéndose en uno de los seis programas nacionales prioritarios del Marco de Desarrollo Nacional. El programa se dio por cumplido en 2017, seguido por

---

[165] El denominado CERP fue la herramienta jurídico-financiera por la que la OTAN asignaba fondos de ayuda al desarrollo y la gobernanza a los comandantes militares desplegados sobre el terreno. Normalmente nunca desciende del nivel jefe de PRT o unidad independiente de similar entidad.

una nueva versión denominada Carta de los Ciudadanos (Crouch, 2013; Nixon, 2008; SIGAR Office, 2011; The World Bank, 2020).

Tabla 17. Fondos estadounidenses para la reconstrucción de Afganistán (2002-2014).

Categoría	Año Fiscal							Total por Categoría
	2002	2004	2006	2008	2010	2012	2013	
Seguridad	57,4	264,8	1.909,10	2.751,70	9.168,50	9.201,20	4.947,60	58.839,40
Gobernanza y Desarrollo	195,6	1.655,50	950,7	2.161,60	4.577,70	2.952,10	2.340,20	29.970,10
Antinarcóticos	195,9	1.355,50	364,4	546,4	1.000,50	800,4	907,2	7.545,90
Ayuda Humanitaria	595,5	204,9	150,2	281,1	1.69,7	215,9	145,2	2.835,10
Operaciones Civiles	155,6	212,4	131,9	449,3	1.796,10	1.487,40	1.347,60	8.914,30
Total (millones dólares)	1.065,10	2.633,10	3.506,40	6.172,20	16.712,50	14.658,90	9.690,40	104.104,80

Fuente: elaborado con datos procedentes de SIGAR Office (2014b).

Con relación al impacto de todas estas masivas donaciones a la economía y desarrollo local, las estimaciones nos indican que entre el 50 y 60 % de las donaciones retornaron a los países donantes en forma de salarios, contratos, etc. Es significativo la ingente cantidad de millones de dólares que retornaron a los Estados Unidos en forma de salarios y de contratos de servicios a empresas estadounidenses, teniendo presente que el promedio de personal contratado a lo largo de la campaña militar contrainsurgente fue del 50 % del total dependiente del Departamento de Defensa y que, en 2013, llegó a representar el 62 % del total de personal de ese departamento operando en territorio afgano[166]. Como consecuencia de todo ello, se estima que el impacto económico final de estos proyectos internacionales en Afganistán no sobrepasó el 10 o 15 % de su monto total (Carvalho *et al.,* 2006; Lutz y Desai, 2014; Schwartz, Church y Ave, 2013; Waldman, 2008).

Más del 58 % del total de la ayuda canalizada a través de USAID fue contratada con diez empresas que cargaron precios y sobrecostes desorbitados. Conocido es el caso de la planta de generadores diésel para la producción de energía eléctrica en la ciudad de Kabul, que con un sobrecoste del 200 % no se consideró rentable, pues los gastos de mantenimiento y funcionamiento anual casi igualaban los de construcción (300 millones de dólares), y sólo proporcionaba electricidad para el 2 % de la población de la capital.

---

[166] Estas empresas proporcionaron una amplia gama de servicios al Departamento de Defensa: desde transporte, construcción y apoyo básico hasta análisis de inteligencia, traducción-interpretación y apoyo en seguridad.

Pero la falta de previsión de los costes de mantenimiento y del planeamiento de sostenibilidad de las infraestructuras construidas las convertiría en testimonios vivos de la falta de compromiso internacional por construir infraestructuras sostenibles. Infraestructuras que alcanzaban al sector sanitario, con grandes hospitales construidos, pero sin capacidad alguna de mantenimiento por los costes que conllevaban en personal, calefacción, material, etc. Tal fue el caso del hospital provincial de Gardez y el hospital turco de Jawzjan. Incluso, se constataron bastantes casos en los que las supuestas construcciones eran inexistentes, o las clínicas sanitarias se construían sin posibilidad de acceso al agua potable, o por precios que triplicaban su valor de coste. En referencia al total de la inversión en infraestructuras realizada en Afganistán desde 2002 a 2006, el director del Banco Mundial en Kabul estimó que entre el 35 y el 40 % de la ayuda había sido malgastada (Morley, 2006; SIGAR Office, 2014a; Tamkin, 2015; Waldman, 2008).

La comisión de contratos en tiempo de guerra del Departamento de Defensa de los Estados Unidos estimó que las pérdidas sufridas hasta 2013 por fraude en los contratos realizados en Irak y Afganistán ascendían a una cantidad entre 31.000 y 60.000 millones de dólares, lo que suponía una malversación diaria de unos 12 millones. Un caso sonado fue la colusión existente entre el Departamento de Defensa norteamericano y la compañía Louis Berger Group, cuando el propio Departamento de Justicia estadounidense llegó a un acuerdo con los directivos de la empresa para no llevar el caso de corrupción detectado a sede judicial y cerraron el expediente mediante el pago de una multa de 70 millones de dólares[167], de manera que la empresa pudiese seguir recibiendo contratos del gobierno de los Estados Unidos (Schwartz *et al.*, 2013; United States Commission on Wartime Contracting in Iraq and Afghanistan, 2011).

En el área de la lucha contra el narcotráfico, Estados Unidos gastó la cantidad de 7.550 millones de dólares y, sin embargo, sólo en el año 2013 el incremento del área cultivada de amapola fue del 36 % sobre el año anterior y tres veces la que se cultivaba en 2002. En este campo han existido contratos tan escandalosos como los realizados con la conocida empresa DynCorp[168] y las ingentes cantidades de dinero gastado por el Departamento de Defensa norteamericano (Isenberg, 2011; Holdbrooke, 2008).

Por no citar la parte del dinero asignado a contratos de seguridad en Afganistán que ha ido a parar a manos de los propios talibanes. Se estima que entre el 20 y el 30 % de los costes de cada contrato acabaron en las manos de la insurgencia (Roston, 2009; SIGAR

---

[167] Relacionado con la inexistencia de 115 escuelas supuestamente construidas y el correspondiente desvío de fondos producido (A. Khan, 2015).

[168] La tristemente famosa empresa de servicios norteamericana que ha participado en todos los escenarios de guerra en los que ha intervenido el ejército estadounidense durante los últimos veinticinco años, y que se ha visto envuelta en numerosos casos de abusos y corrupción (Isenberg, 2011).

Office, 2010; United States Commission on Wartime Contracting in Iraq and Afghanistan, 2011).

Otros contratos nunca verificados fueron los relacionados con el adiestramiento de la policía afgana, contratos que ofrecieron cifras realmente dispares entre los servicios contratados y los realmente ejecutados. Estos contratos estadounidenses se subvencionaban con fondos no pertenecientes al LOTFA y cubrían parte de la infraestructura, equipamiento, entrenamiento y sostenimiento que eran necesarios a la policía. Desde 2002 a julio de 2014, Estados Unidos aportó por vía bilateral más de 15.000 millones de dólares. En el mismo periodo, la comunidad internacional había abastecido el fondo LOTFA con más de 3.600 millones de dólares, de los que 1.300 provenían también de Estados Unidos (Brannen, 2015; Burke, 2014).

Tabla 18. Ingresos anuales de los principales contratistas estadounidenses (millones de dólares).

Empresas	Millones de dólares			
	2001	2005	2009	2013
Fluor	8.972	13.161	21.990	27.351
KBR		10.146	12.105	7.280
Halliburton	13.046	20.994	14.675	29.402
Lockheed Martin	23.990	37.213	45.189	45.358
DynCorp International		1.920	3.572	3.287
Black and Veatch		1.600	2.700	3.600
Chemonics			256	522

Fuente: elaborado con datos proporcionados por C. Lutz y S. Desai (2014).

Por otro lado y debido al procedimiento manual utilizado, así como la falta de control sobre los agentes encargados de los pagos en metálico, existieron fundadas sospechas de que la cantidad de dinero apropiado indebidamente por estos agentes pudiera haber ascendido en algunos casos hasta el 50 % del salario de cada uno de los agentes de su unidad. Este hecho fue conocido como *soldados fantasmas o agentes de policía fantasmas* y consistía en la apropiación indebida del salario en metálico correspondiente a funcionarios, policías y soldados, no presentes en la unidad, pero que eran justificados con la sola firma del jefe. Con ello comenzaron a proliferar los nombres de funcionarios, soldados y policías inexistentes o que habían desertado y su sueldo lo seguían cobrando sus superiores.

Además de que el propio fondo LOTFA, gestionado por el Programa de Naciones Unidas para el Desarrollo, había gastado en el año 2010 la cantidad de 1.260 millones de dólares en tareas de control del pago de salarios a la policía afgana y, sin embargo, las diferentes bases de datos gestionadas presentaban diferencias que superaban el 10 % con la consiguiente duda razonable de la efectividad de las medidas adoptadas (SIGAR Office, 2015a; 2015b).

De igual manera que existe abundante información sobre las donaciones efectuadas por la Administración estadounidense y sus diferentes agencias, así como del desvío de fondos producido en la Administración afgana con contratistas estadounidenses, la información disponible sobre los fondos europeos, los desvíos producidos y las lecciones identificadas son prácticamente inexistentes. Las donaciones efectuadas por la Unión Europea durante los años 2002-2014 ascendieron a 13.000 millones de dólares que se repartieron a una media de unos 1.200 millones de dólares anuales, lo que supuso el 30 % del total de donaciones anuales en ayuda al desarrollo para Afganistán.

Sorprende que la Unión Europea no elaborase informe relevante alguno sobre los posibles desvíos de fondos, a pesar de que el 80 % de estos fondos fue canalizado fuera de las instituciones ministeriales afganas, y que se dieran casos de corrupción que iban más allá de la apropiación indebida de fondos, hasta la colusión con la insurgencia, como sería el caso del gobernador de Kapisa en 2010. Este gobernador fue destituido por las presiones de las tropas francesas que operaban en la provincia, ante las pruebas que recogieron en las que no sólo se apropiaba de parte de los fondos, sino que alertaba a la insurgencia de los movimientos de las fuerzas internacionales. Mucho peor sería cuando los oficiales franceses constataron que el adjunto al Fiscal General, que estaba a cargo de la investigación contra el ya entonces exgobernador, había sido cesado por el propio presidente Karzai (Burke, 2012; Zyck, 2010).

Por último, es necesario resaltar la cultura de corrupción que la masiva llegada de donaciones durante un corto periodo de tiempo provocó en la Administración afgana, pues la administración de cualquier Estado en reconstrucción tiene una limitada capacidad de gestión de fondos con eficacia y transparencia. De esta manera, la corrupción surgiría de manera natural y se afianzaría por la incapacidad de la comunidad internacional para llevar adelante un mínimo número de controles para evitarlo. Los Estados Unidos insertaron miles de millones de dólares en un corto plazo de tiempo y a través de multitud de contratos realizados directamente con contratistas locales. A ello se ha de añadir que, en 2013, Estados Unidos todavía no había elaborado una estrategia comprensiva anticorrupción para Afganistán, a pesar de las numerosas evidencias encontradas en ese sentido (Galtung y Tisné, 2009; SIGAR Office, 2013; 2014a; 2014c; United States Commission on Wartime Contracting in Iraq and Afghanistan, 2011).

LAS CONSECUENCIAS INDESEADAS

Ayuda al desarrollo e inestabilidad

En la literatura militar y académica se ha difundido la idea de que la ayuda al desarrollo en los países en conflicto se ha convertido en la principal herramienta en la lucha contra la insurgencia —el conocido lema «ganarse los corazones y las mentes»—, sin embargo, lo cierto es que es una aseveración para poner en cuarentena, tal y cómo la praxis afgana nos indica.

Una interesante investigación llevada a cabo por los profesores Fishtein y Wilder, así nos lo testimonia. Las declaraciones de personal afgano, recogidas a lo largo de 2012, confirmaron que el efecto conseguido por los proyectos realizados había sido contrario a la estabilidad, debido a que habían sido escasos —en parte debido a las muy altas expectativas creadas por la propia comunidad internacional—, distribuidos con criterios políticos y asociados con la corrupción en todos los niveles. De manera que la percepción final afgana de los proyectos de ayuda fue el de *los dividendos de la inseguridad*, ya que la mayoría de ellos fueron a parar a las provincias con mayor cantidad de ataques insurgentes, en la falsa creencia de que esparciendo dinero de manera indiscriminada en esas zonas se potenciaría la estabilidad. Sin embargo, la situación de seguridad en esas provincias incluso emporaría, como ocurrió durante la oleada estadounidense, cuando la mayor cantidad de ayuda norteamericana al desarrollo fue a parar a las zonas pastunes del sur y el este, hasta el 77 % del total, provocando una razón más para el enfrentamiento étnico ya existente, porque el resto de etnias consideraron que Estados Unidos estaba dando un trato preferencial a la etnia pastún sobre las demás[169] (Fishstein y Wilder, 2012; Wilder y Gordon, 2009).

Tal y como se ha expuesto, el único programa de ayuda a pequeña escala que sin embargo fue un éxito en todo Afganistán, excepto en una provincia en la que se relacionó su concesión con un excomandante muyahidín, fue el Programa de Solidaridad Nacional. Debido a que fue transparente en los criterios de asignación de fondos, los proyectos se decidieron por las *shuras* locales y fueron llevados a cabo por las propias comunidades locales. Junto a él, los dos sectores donde más acuerdo existió sobre los beneficios obtenidos por la ayuda entregada fueron el de salud pública y educación (Beath, Christia y Enikolopov, 2017; Kapstein, 2017).

El debilitamiento de las instituciones centrales

Si bien es cierto que, durante los años iniciales de la intervención internacional, la ayuda al desarrollo fue realmente escasa (57 dólares per cápita) si lo comparamos con

---

[169] Estudio que se ve reforzado por otro llevado a cabo en Irak y en el que no se encontró evidencia alguna de que la asistencia civil al desarrollo aumentase la estabilidad (Blau y Liskey, 2010).

otros países fallidos intervenidos, en Bosnia 679 dólares y 233 dólares en Timor Leste (Waldman, 2008). Esto se debió en parte a que los países donantes no cumplieron con los compromisos que de manera voluntaria habían asumido, o tardaron excesivamente en ejecutarlos, como se evidencia en la siguiente Tabla.

Tabla 19. Ayudas comprometidas entre 2002-2011 y ejecutadas en 2008 (millones de dólares).

	Cantidad comprometida	Cantidad desembolsada	Porcentaje desembolsado
España	253,29	25,6	10%
India	942,03	204,26	22%
EE. UU.	22.789	5.022,90	22%
Turkia	90	20,8	23%
China	145,5	41	28%
Banco Asiático para Desarrollo	1.740,58	547,8	31%
Banco Mundial	2.627,20	852,72	32%
Arabia Saudita	220	76,9	35%

Fuente: elaborado con datos proporcionados por M. Waldman (2008).

Esto unido a que la mayor parte de los proyectos se realizaron fuera de los canales oficiales de la Administración afgana, provocó la atrofia de la propia administración periférica, poniendo de manifiesto la supremacía de las agendas nacionales sobre las verdaderas necesidades de las instituciones afganas. La justificación para el uso de estos canales alternativos pudo haber sido la incapacidad de las instituciones centrales para la ejecución del presupuesto anual, teniendo en cuenta que, por término medio, no fueron capaces de ejecutar más allá de la mitad del presupuesto recibido. Pero lo cierto es que si esto se produjo fue debido a que no se prestó suficiente atención al desarrollo de capacidades de las instituciones provinciales.

Hasta el repliegue de la mayor parte de las tropas internacionales en 2014, la ayuda internacional representaba el 90 % del total de presupuesto anual del Estado, debido a la mínima capacidad de tasación que aún en 2013 tenía la Administración afgana (United States Government Accountability Office, 2013). En 2020, la situación era de alrededor del 70 %, aunque finalmente dejaron de publicarse este tipo de estudios por lo incómodo que resultan para las opiniones públicas de la comunidad internacional.

Esta forma de actuar por parte de la mayoría de la comunidad internacional facilitó el enriquecimiento de las élites locales y el debilitamiento de las instituciones estatales en las provincias. En este sentido, en la Estrategia Nacional para el Desarrollo se estableció que los programas y proyectos en ella definidos por el gobierno afgano fuesen adoptados por los países donantes, de manera que mediante este procedimiento la comunidad internacional coordinara las donaciones a las necesidades definidas por el propio gobierno. A pesar de ello, USAID no llevó a cabo coordinación alguna con las instituciones afganas, lo que llegó a suponer el 44 % del total de las ayudas para la gobernanza y el desarrollo que llegaron a Afganistán en el periodo 2002-2014. En un segundo grupo, en el que se encuentra España, encontramos a países que intentaron alinear sus inversiones con las prioridades del país anfitrión, lo que supuso otro 44 % de donaciones. Por último, un tercer grupo formado por entidades como Naciones Unidas, el Banco Mundial o la Unión Europea que realizaron sus inversiones a través de acuerdos multilaterales en los que se establecían no sólo la finalidad de los proyectos, sino que se realizaban a través de las instituciones de la propia Administración (Paris Conference on Afghanistan, 2008; Torabi y Delesgues, 2008).

El empoderamiento de las élites locales y el aumento de la violencia

Una cuestión sumamente interesante es la posible relación existente entre el aumento del nivel de violencia sufrido en una determinada área y el empoderamiento de las élites en la zona. Debemos preguntarnos por las razones para que este fenómeno se produjese: ¿el debilitamiento de las instituciones locales oficiales facilitó el aumento del nivel de violencia?; ¿existió algún tipo de relación entre el nivel de violencia en una determinada área y la llegada masiva de dinero a determinados líderes?; por último, ¿si la distribución de dinero en proyectos a determinados líderes, en detrimento de otros, influyó en el aumento de violencia ocurrido?

Cuando las tropas internacionales llegaron a Afganistán en 2002, la estructura clánica y tribal estaba en su punto más bajo desde 1979, pero la conducta errónea de fortalecer y apoyarse en los comandantes muyahidines para su lucha por la caza del Talibán y Al Qaeda, provocó que las nuevas élites locales resurgieran incluso con más fuerza que en 1992[170]. El nivel de violencia en Afganistán era prácticamente inexistente durante los tres primeros años de la ISAF (2002-2004), pero empezó a surgir después de que la operación Libertad Duradera comenzase a utilizar a determinados líderes en las provincias y distritos como fuentes de información fiable. Esta información no contrastada fue utilizada por las unidades de operaciones especiales que realizaban la detención o eliminación de líderes como supuestos colaboradores de la insurgencia. En muchos de los casos, estos líderes sólo eran rivales en las comunidades locales de los informadores. Esta forma de actuación no sólo provocó la eliminación de notables que, en algunos casos,

---

[170] En la investigación realizada en dos provincias, una con importante presencia estadounidense y otra sin ella —Kandahar y Kunduz, respectivamente—, se demuestra cómo Haji Qudus en Kandahar fue capaz de mantener y fortalecer sus milicias privadas gracias a los contratos conseguidos de los norteamericanos para la protección de bases y convoyes, y cómo Mir Alam, excomandante guerrillero de la provincia de Kunduz, tuvo que rendir todas sus milicias en el proceso DDR porque no consiguió contrato alguno con el que mantenerlas (Gopal, 2017).

declararon que abrazaban abiertamente la paz, sino que todos sus seguidores del *qaum*[171] quedaban huérfanos sin posibilidad alguna de acceder a los suculentos recursos que la comunidad internacional repartía en sus áreas de influencia. Hablamos de personas que consiguieron amasar fortunas de decenas de millones de dólares en sólo diez años, así como los miembros de su clan y protegidos que han podido disfrutar de un trabajo y sueldos que triplicaban los de sus homólogos con igual cualificación profesional[172].

Tabla 20. Mayores empresarios excomandantes muyahidines en Kandahar y volumen de contratos con FAS estadounidenses (millones de dólares).

Empresario	Actividad	Ingresos anuales (millones $)	Cargo
Matiullah Khan	Seguridad privada en ctra. Tarin Kot-Kandahar	6,6	
Abdul Raziq	Seguridad ctra. Spin Boldak-Kandahar	60	Jefe policía de fronteras Spin Boldak, jefe policía Kandahar
Koka	Seguridad ctra. norte Helmand	4,5	Jefe policía Musa Qala
Pacha Khan Zadran	Seguridad ctra. Loya Paktya	5	Senador
Gul Agha Sherzai	Seguridad ctra. Kandahar-Nangarhar y destacamentos USA	70	Gobernador Kandahar
Ruhollah	Seguridad ctra. Kabul-Kandahar	42	

Fuente: elaborado con datos proporcionados por A. Gopal (2017).

Pero esta situación ha tenido como parte negativa la exclusión de estas redes clientelares de aquellos grupos tribales que no contaban con un líder cercano a las tropas internacionales del PRT ubicado en su provincia o, en casos peores, su líder podría haber sido declarado proscrito y constituir un objetivo a batir[173]. De manera que la consecuencia para ese clan era que quedaba fuera del reparto de recursos que tan generosamente se estaba haciendo para algunos. Un caso notorio fue el de Gul Agha Sherzai, gobernador

---

[171] Término que se aplica a cualquier segmento de la sociedad unido por lazos de solidaridad, ya se trate de una familia, un clan o una localidad.

[172] Comunicación personal, Daud Daud, exmilitar de carrera que a principios de los años 2002 fue destinado a Kandahar como oficial de enlace con las tropas norteamericanas allí estacionadas. Ante las variadas peticiones de servicios que le hacían las tropas estadounidenses, decidió abandonar el servicio activo y convertirse en empresario (intermediario de proveedores locales). En la actualidad dirige con sus hijos una compañía multinacional de servicios de logística (Kabul, 13.03.2015).

[173] Como el caso del gobernador de Uruzgan en 2002, Jan Mohammad Khan, que facilitaba información a las tropas estadounidenses sobre depósitos escondidos de armas, por la que cobraba cuantiosas recompensas, llegando incluso a provocar la detención de un excomandante talibán que se había acogido al programa DDR, bajo acusaciones de que no había rendido todas sus armas, cosa que nunca se pudo demostrar.

de Kandahar en 2002[174], que utilizaba a las tropas estadounidenses para deshacerse físicamente de sus rivales políticos o competidores en la producción de opio, de manera que proporcionaba inteligencia sobre ellos para que fueran eliminados como talibanes, o facilitaba información para que quemasen sus cultivos de opio, en tanto que él protegía los suyos (Gopal, 2017; Nijat, 2014).

A ello, se le sumaría la compra de puestos en la administración civil y militar con acceso a fondos económicos ilegales, lo que facilitó el aumento exponencial de la corrupción al objeto de compensar la inversión inicial realizada para la compra del puesto[175]. En ocasiones varios cientos de miles de dólares para la compra de un puesto senior en la estructura de seguridad, con acceso al control del cultivo y narcotráfico del opio, así como de los puestos aduaneros.

Pero todavía peor fue la connivencia existente entre los excomandantes muyahidines y los propios talibanes. Aquellos, convertidos en jefes de compañías de transporte y seguridad privada, llegaron a pagar a la insurgencia para que sus camiones o aquellos destacamentos de tropas internacionales que protegían no fueran atacados. Como fue el caso de Haji Lala[176] en la provincia de Uruzgan que trabajaba con las tropas estadounidenses, proporcionando milicias que conformaban las fuerzas de policía del distrito de Zhari, pero al mismo tiempo coordinaba con los talibanes los objetivos que debían ser atacados, de manera que así cobraba las indemnizaciones por los destrozos producidos por la respuesta norteamericana (Allen, 2010; A. Khan, 2015).

LA NECESIDAD DE UN NUEVO MODELO PARA LAS AYUDAS AL DESARROLLO

Comenzando por el presidente George W. Bush, inicialmente la Administración estadounidense abrazó débilmente el concepto de reconstrucción nacional, sin empeñar en ello importantes recursos y, en todo caso, siempre subordinada a los objetivos militares. Pero esta postura iría cambiando a lo largo de los cuatro primeros años de intervención, para llegar a decir en 2006 que el objetivo de la intervención estadounidense en Afganistán era «construir una sociedad libre y duradera que será un aliado en la lucha contra el terror» (George W. Bush *apud* C. A. Miller, 2010).

Posteriormente, con la llegada del presidente Barak Obama se justificó la asistencia económica a Afganistán como parte de la estrategia de contrainsurgencia con la finalidad

---

[174] A pesar de que no contaba con el beneplácito del presidente Karzai para el puesto y de que este intentó colocar a un miembro de su tribu, tendría que rendirse ante la evidencia de que los norteamericanos prácticamente lo impusieron como gratificación por los servicios prestados durante la campaña para derrocar al régimen talibán.

[175] Comunicación personal, Inayatullah Inayatullah, oficial general afgano (Kabul, 08.10.2016).

[176] Hermano de Habiblullah Jan, el líder tribal y comandante muyahidín que, según la leyenda, provocaría el alzamiento del mulá Omar en el año 1994 por el rapto y violación de dos jóvenes de su distrito. Haji Lala lograría escapar ante el avance talibán y en el año 2002 volvería a imponer su autoridad con el apoyo de las tropas estadounidenses (A. Khan, 2015).

de ganar *corazones y mentes* para la causa (Lutz y Desai, 2014). Si nos referimos al concepto de empleo de la asistencia al desarrollo estadounidense, se observa que esta ha estado subordinada y ha sido complementaria de la lucha contrainsurgente, desde el momento que la ingente cantidad de dinero donado para desarrollo se ha invertido en proyectos en las zonas donde existía una mayor inestabilidad, sin posibilidad alguna de intervención por parte del gobierno autóctono en el cuándo, dónde y para qué. La masiva ayuda al desarrollo empleada por Estados Unidos en Afganistán ha sido parte de su estrategia contrainsurgente.

La implementación de esta estrategia contrainsurgente se hizo a través del modelo PRT, en el que la acción militar en el campo securitario era complementado por la asistencia al desarrollo y la gobernanza. Este modelo ha minado la legitimidad de las instituciones de gobierno locales ante los ojos de sus administrados, pues han considerado más conveniente acercarse a la comunidad internacional que a su propia Administración. Sólo en 2009 y según diversos autores, entre un 66 % y un 75 % de la ayuda a la gobernanza y el desarrollo fueron canalizados fuera de las instituciones oficiales (Galtung y Tisné, 2009; Torabi y Delesgues, 2008; Waldman, 2008).

Pero más grave es el hecho de que el ciudadano común no entendía que tras trece años de presencia internacional y cientos de miles de millones invertidos en ayuda no se hubieran llevado a cabo proyectos de desarrollo en los que se aprovechasen los recursos naturales del país (agua, gas natural, carbón…), generando además un empleo estable y de larga duración —el único gran proyecto nacional realizado fue el conocido como «carretera del anillo» (*ring road*)—. Ante ello, los propios afganos afirmaban que la comunidad internacional no había querido revivir los antiguos proyectos iniciados en su día por la URSS y que sólo pretendía proteger su presencia durante el tiempo que esta durase. Es por ello por lo que se debe poner en tela de juicio el propio modelo de lucha contrainsurgente seguido en Afganistán, así como el modelo PRT, desde el momento que no ha facilitado grandes proyectos nacionales que implicasen a varias provincias y diferentes tribus. De esta manera se hubieran evitado las tensiones tribales por la competencia generada para hacerse con los proyectos de su zona, en detrimento de las tribus vecinas. El modelo PRT sólo ha permitido proyectos de escala provincial, priorizando además las agendas nacionales del país líder de la correspondiente PRT.

A pesar de la gran cantidad de dinero invertida en proyectos para las comunidades pastunes, lo cierto es que lo que se ha producido ha sido una desproporción de inversiones entre las diferentes comunidades, dependiendo de sus relaciones con el poder establecido. Más del 60 % de las comunidades pastunes no tuvieron acceso a carretera alguna, agua corriente o electricidad, lo que supuso más del doble de la media provincial nacional

(Fishstein y Wilder, 2012; International Crisis Group, 2014; T. H. Johnson y Mason, 2008), en tanto que otras recibieron la parte más suculenta.

La llegada masiva de dinero con la denominada *oleada* consolidó la corrupción y el nexo entre las élites políticas y económicas con claras implicaciones en el negocio ilícito del narcotráfico. En los extremos de este nexo encontramos a los políticos por un lado y la insurgencia por el otro, ambos unidos por intereses económicos espurios —la unidad de inteligencia financiera del Banco Central estableció en 190 millones de dólares la cantidad de dinero en metálico que transitaba en un solo día desde el aeropuerto de Kabul a Dubái (julio de 2010)—. Todo este capital se movió a través del sistema informal de transacciones denominado *hawala,* lo que lo hacía prácticamente indetectable ante las aduanas y con la posibilidad de que estos depósitos financieros alcanzasen cualquier país del mundo[177]. Sólo el 5 % de los afganos optaron por depositar su dinero en el sistema bancario, el resto lo hizo a través de los *hawaladars.* En 2011, todavía existían decenas de miles de *hawaladars* sin registrar, hecho al que la comunidad internacional parecía no haber prestado la atención debida por su importancia en las transacciones ligadas al narcotráfico. El principal obstáculo para luchar contra esta economía criminalizada, y subvencionada en parte por la comunidad internacional, estaba en el propio presidente Karzai que, consciente de su debilidad política, protegía a sus principales colaboradores contra cualquier investigación, aún a sabiendas del enorme daño que esto implicaba para la paz social y la estabilidad del sistema[178].

De igual manera, los nexos personales entre oficiales del gobierno y los comandantes de la insurgencia fueron reportados en numerosas ocasiones. Como fue el caso del vicegobernador en la sombra de la provincia de Kapisa, Sardar Wali, quien en los años de mayor penetración de la insurgencia en la provincia (2007-2008) consiguió establecer lazos de cooperación con el jefe de policía y con el de la oficina provincial del Departamento de Seguridad Nacional, quienes le facilitaban casas seguras para los insurgentes en la provincia (International Crisis Group, 2011a). La explicación para estas sorprendentes colaboraciones hay que buscarla en las relaciones personales previas a la guerra y, sobre todo, en una afluencia masiva de dinero hacia los niveles más altos de la Administración, quienes se sentían con el derecho moral de quedarse con una parte

---

[177] Comunicación personal, Akhunzada Akhunzada, comerciante afgano que lo utiliza con asiduidad (Kabul, 18.03. 2017).

[178] Conocido es el caso del jefe administrativo del Consejo Nacional de Seguridad y asesor presidencial, Mohammad Zia Salehi, que fue acusado por un caso de soborno. El propio presidente obligó a retirar los cargos y tanto el fiscal como los oficiales afganos de investigación fueron relevados de sus cargos (Chayes, 2013).

importante de los fondos recibidos como botín de guerra[179], a lo que respondían sus subordinados con la corrupción y el soborno ante cualquier posibilidad que se le ofreciese.

Una ingente cantidad de dinero inyectado en un escenario donde todavía no existían los debidos mecanismos de control provocó, como efecto indeseado, una mayor corrupción. Las investigaciones realizadas hasta la fecha confirman que en Afganistán el ingente nivel de corrupción se vio propiciado por unas organizaciones internacionales incapaces de coordinar sobre el terreno la gran cantidad de proyectos y donantes que se solaparon. Afganistán se convirtió, en 2014, en el cuarto Estado más corrupto del planeta, sólo por detrás de Corea del Norte y Somalia, que compartían la última posición, y Sudán (Transparency International, 2018). La corrupción se había convertido en sistémica y llegó a salpicar hasta el entorno más cercano del presidente, extendiéndose a todos los niveles de la administración civil, policial y militar.

Llegados a este punto, sería oportuno replantearse las prioridades que se establecieron por la comunidad internacional con las ayudas al desarrollo, bajo la hipótesis de que el desarrollo *per se* proporciona estabilidad, cuando sin embargo los datos recogidos sobre el terreno en Afganistán —y también en Irak— preconizan que no existe relación directa entre la cantidad invertida en proyectos de desarrollo en una determinada zona y su nivel de estabilidad. Quizás sea el momento de modificar las estrategias que preconizan una mayor inversión en desarrollo como factor de estabilidad, y ser más selectivos en los proyectos, de manera que mejoren las economías locales y las hagan sostenibles, junto a grandes proyectos de infraestructura que supongan un verdadero impacto en la vida de importantes sectores de la población (embalses, regadíos, puentes y carreteras, etc.).

No cabe la menor duda que desarrollo y gobernanza están íntimamente relacionados y que, de igual manera que no es posible un mínimo desarrollo sin seguridad, aquel no puede establecerse sin unas mínimas condiciones en la gobernanza. Esta última premisa es precisamente lo que ha fallado estrepitosamente en el caso afgano, dónde el nivel de corrupción en la administración pública se generalizó de tal manera que fue imposible que las inversiones realizadas en desarrollo facilitasen un mínimo nivel de estabilidad.

Es por lo tanto posible afirmar que la ingente cantidad de dinero invertida por Estados Unidos, la Unión Europea y el resto de la comunidad internacional en ayuda al desarrollo se ha llevado a cabo mediante un modelo erróneo, en el que se priorizó la acción inmediata de las ONG y los PRT a la necesaria acción de la Administración afgana en sus diferentes niveles, excluyendo la acción urgente de ayuda humanitaria. Este procedimiento facilitó la consecución de resultados inmediatos en desarrollo y seguridad, en detrimento de una

---

[179] Comunicación personal, Habytullah Habytullah, excomandante principal de la Shura-e Nazar, retirado con el empleo de oficial general (Kabul, 05.02.2015).

estabilidad y desarrollo a medio y largo plazo, que sólo se consigue potenciando las estructuras de gobernanza en el nivel local y nacional, junto a proyectos locales decididos y gestionados por las propias comunidades, así como con programas de nivel nacional que sean los verdaderos impulsores del sistema económico nacional.

PARTE IV

EL RESURGIMIENTO DEL MOVIMIENTO TALIBÁN

El presidente George W. Bush en su intervención del 7 de octubre de 2001 dejó claro que la finalidad de la operación Libertad Duradera no sólo era capturar los operativos de Al Qaeda o destruirlos, sino también anular la capacidad de que Afganistán pudiese ser usado de nuevo como base para el terrorismo internacional, siguiendo la línea de actuación definida por el Consejo de Seguridad de Naciones Unidas[180], en la que se condenaba tanto a Osama Ben Laden como al régimen talibán. Esta línea de actuación se plasmaría sobre el terreno en la caza y captura de talibanes, en tanto que Estados Unidos decidió de manera unilateral la captura y condena en Guantánamo de las figuras relevantes del Emirato sin juicio previo alguno.

Esto no cambiaría hasta 2011 cuando en una nueva resolución, Naciones Unidas decidió dar tratamiento diferente a los miembros asociados con Al Qaeda y con el Movimiento Talibán[181], abriendo además la posibilidad de que, a propuesta del gobierno afgano, los miembros del Movimiento Talibán pudiesen ser excluidos de la lista de terroristas internacionales, cumpliendo determinados criterios. Desgraciadamente, para entonces el resurgido Movimiento Talibán ya se había fortalecido lo suficiente para considerar, como su mejor baza estratégica, seguir presentando batalla a la coalición internacional y al reconstituido Ejército Nacional Afgano. De manera que, cuando la comunidad internacional dio por concluida la reconstrucción nacional en 2014, esta nueva guerra civil continuó con el impulso y durante el tiempo necesario para derrocar al gobierno democrático.

A lo largo de esta Parte, se hace un detallado estudio no sólo de las estrategias talibanas, durante esta nueva fase de lucha contra el gobierno democrático y sus aliados internacionales, sino también de su sistema de organización y gobernanza interna. Así como de la efectividad de un sistema judicial que fueron capaces de imponer de forma tan exitosa, que los propios funcionarios del régimen democrático acudían a él cuando de obtener justicia se trataba.

---

[180] United Nations, Security Council, Res. 1267/1999, 15.10.1999.
[181] United Nations, Security Council, Res. 1988 (2011), 17.06.2011.

CAPÍTULO 7

LOS INICIOS DEL RESURGIMIENTO Y EL MOVIMIENTO TALIBÁN PAKISTANÍ

EL ENTORNO GEOPOLÍTICO DURANTE EL 11S

El Emirato contaba con evidentes y muy fuertes apoyos internacionales. En primer lugar, Pakistán, a quien le era necesario contrarrestar la influencia india en su flanco norte, además de abrir el acceso para los intercambios comerciales y el abastecimiento de energía desde Asia Central. El segundo interesado sería Arabia Saudí que, mediante la instalación de un gobierno islámico con doctrina radical suní, bloqueaba la expansión hacia el este y sureste del chiismo iraní, su ancestral enemigo político y religioso. El tercero era Estados Unidos, interesado en detener cualquier influencia iraní en la región o cualquier tipo de apoyo hacia el régimen de los ayatolás, además de la posibilidad de estabilizar una zona en la que tenía importantes proyectos de paso de gaseoductos, contrarrestando de esta manera la dependencia que los nuevas repúblicas centroasiáticas tenían de Rusia para la exportación del gas natural (Ershad, 2014).

El 11S no sólo supuso el mayor atentado terrorista registrado de la historia, sino también la posibilidad que estaba esperando el Gobierno de Pervez Musharraf para cambiar su estrategia con los Talibán, ante los continuos problemas que le estaban originando en su política interior y exterior. Pero esta oportunidad se vio de nuevo condicionada por el apoyo social a los talibanes y la desafección hacia los comandantes norteños, principalmente en las áreas pastunes, lo que limitaba la libertad de acción del gobierno y las fuerzas militares pakistaníes. Apoyo social basado en la simbiosis entre importantes sectores religiosos de la población pakistaní y los talibanes, motivada por una ideología religiosa y política compartida desde mucho antes del establecimiento de las madrasas *deobandis*[182] en las FATA y Khyber Pakhtunkhwa —no debemos olvidar los lazos de unión que desde 1915 existían entre los representantes del centro islámico de Deoband que se entrevistaron con el emir Habibullah y su posterior establecimiento en Nangahrar y Peshawar con el apoyo afgano—. A esto se uniría el hecho de que los hijos de muchas familias humildes pastunes pakistaníes enviasen sus hijos a la yihad talibana

---

[182] El movimiento *deobandi* surgiría para regenerar el pensamiento islámico indio, depurándolo de ese sincretismo con el hinduismo que se había desarrollado durante siglos. Su primer y principal centro de estudios se inauguró en la ciudad de Deoband, en 1867, con el nombre de Dar al-Ulum Deoband (Uttar Pradesh, India Británica).

y, por último, la gran cantidad de prisioneros pastunes torturados y asesinados por la Alianza del Norte durante la guerra civil (Nasreen, 2008).

Por su parte, la postura inicial de Irán fue de un apoyo decisivo para que la derrota del régimen talibán se consumase, e incluso la reconstrucción del país y el establecimiento de un sistema democrático. Irán se comprometió con 560 millones de dólares durante los cinco primeros años de reconstrucción y expulsó a Hekmatyar de su territorio. Más tarde, todo cambió cuando comprobó que la decisión de incluirle en el denominado *eje del mal* estaba ya tomada desde antes de comenzar la invasión de Afganistán. Por todo ello, Irán prestaría durante las últimas dos décadas un medido apoyo a los talibanes, al objeto de tener una determinada capacidad de influencia sobre ellos (International Crisis Group, 2003b; Jones, 2008a) y poder abrir un nuevo frente contra Estados Unidos en el este.

Por otro lado, India seguía llevando a cabo proyectos de reconstrucción en las áreas cercanas a la frontera con Pakistán. De especial sensibilidad para el gobierno pakistaní fue que la empresa gubernamental india Border Roads Organisation estuviera construyendo carreteras en las zonas sur y este afganas, teniendo en cuenta que el objeto de esta empresa estatal es la de facilitar las infraestructuras estratégicas necesarias para que las fuerzas armadas indias puedan llevar a cabo su misión de defensa del país (Jones, 2008a).

Por último, a pesar de que Rusia había prestado su apoyo oficial a la invasión y derrocamiento del régimen talibán, estuvo jugando su propia baza mediante el apoyo oculto a los líderes de la Shura-e Nazar que controlaban sus propias milicias. Este apoyo se tradujo en la continuación del envío de armas y municiones que fueron almacenadas en el valle del Panjshir, durante los primeros años de la intervención internacional (International Crisis Group, 2003b).

FACTORES DE DESESTABILIZACIÓN SOCIAL Y POLÍTICA

Un escenario social predemocrático plagado de inseguridad

La derrota talibana en 2001, junto a la falta de líderes pastunes[183], llevó a la desestructuración de las confederaciones tribales de esta etnia. La interferencia internacional en la reunión de Bonn de diciembre de 2001, en la *loya jirga* de 2002 y durante el proceso de organización e implantación de las nuevas instituciones estatales — proceso realizado entre 2002 y 2005, mediante decretos presidenciales sin control parlamentario alguno, debido a que el Parlamento todavía no se había constituido—, así como la consideración de la justicia como un lujo que no podían permitirse, avocaron a

---

[183] El único que podría haber sido el aspirante natural a la unificación del país era el líder pastún Abdul Haq, quien contaba con el suficiente prestigio y afinidades con los comandantes norteños, pero que murió asesinado en las proximidades de Kabul en octubre de 2001.

la instalación de los excomandantes de la antigua Shura-e Nazar en todas las principales instituciones de poder. Esto produjo el consecuente aislamiento de los pastunes, exceptuando las tribus Zirak Durrani que participaron de los beneficios del poder por su afinidad tribal con la familia Karzai, así como de las corrientes democráticas, liberales y reformistas existentes en el país y entre la comunidad de expatriados.

Se ha hablado mucho del resurgimiento del Movimiento Talibán después de 2002, pero lo cierto es que el movimiento nunca dejó de existir, pues sus líderes no fueron capturados, sólo entregaron el poder del Estado ante la capacidad militar de Estados Unidos. A ello añadiremos que su gran acierto fue la capacidad de adaptación al nuevo escenario, rehaciéndose como un renovado movimiento. La mayoría de sus combatientes ocultaron sus armas y volvieron a sus hogares, en tanto que, a algunos de sus líderes que no habían servido en el frente, se les ofreció la oportunidad de integrarse en la vida política como independientes y, en ningún caso, encuadrados en nuevas organizaciones. Algunos de estos líderes talibanes participaron en la Loya Jirga de Emergencia y posteriormente trabajaron en Kabul como asesores presidenciales, pero la gran mayoría tuvieron que dejar el país y marcharse como exiliados a Pakistán, pues fueron perseguidos y se arriesgaban a ser detenidos por tiempo indefinido, cuando no eliminados.

El espacio operacional dejado por las fuerzas internacionales, debido a su falta de presencia en las provincias, fue ocupado por los mismos caudillos que, en Loya Kandahar[184], habían provocado las condiciones para el surgimiento del Movimiento Talibán en 1994. Durante la intervención internacional, el motivo para su resurgimiento no fue el caos reinante, sino las prácticas abusivas de los nuevos gobernadores y sus jefes de policía. La única vía que les quedó a las comunidades objeto de la represión fue la de volver a organizar una nueva insurgencia, acudiendo ahora a los líderes talibanes huidos a Pakistán. Esta reinterpretación del resurgimiento talibán concuerda con el hecho de que la insurgencia encontrase su caldo de cultivo en el sur, ya que es aquí donde se dieron las condiciones para que lo hiciera, no así en el norte donde las prácticas abusivas de gobernanza sólo ocurrieron sobre las pequeñas comunidades pastunes allí asentadas.

La incapacidad del Gobierno de Hamid Karzai para implantar unas mínimas condiciones de seguridad y gobernanza en el medio rural, provocó que una parte importante de los afganos no tuvieran otra opción que su acercamiento y apoyo a la insurgencia, buscando unas condiciones de seguridad que en las zonas controladas por ésta habían sido capaces de establecer, junto a un sistema judicial que, a pesar de sus problemas, era claramente mejor que el estatal. Otro factor para tener en cuenta en este acercamiento a la insurgencia por parte de la población fue el nivel de desconfianza hacia

---

[184] Antigua provincia afgana constituida por las actuales Kandahar, Helmand, Farah, Uruzgan y Zabul.

las tropas internacionales, situación en gran parte debida al gran incremento de incursiones aéreas y raides nocturnos de operaciones especiales llevadas a cabo por las fuerzas estadounidenses.

Por último, sólo queda resaltar el hecho de que los líderes talibanes encontrasen el medio adecuado para organizar su santuario en Pakistán como factor fundamental de éxito, tal y como lo demuestran los estudios llevados a cabo por la RAND Corporation. En ellos, se analizan hasta 90 casos de insurgencia en diferentes países que demuestran que el hecho de contar con un santuario exterior por parte de un movimiento rebelde ofrece una ratio de éxito del 43 %, más de 30 puntos por encima de cuando no lo tiene (Jones, 2008a; Ruttig, 2009b).

El aislamiento de la población pastún y su deficiente gobernanza

Tal y como se ha detallado en los capítulos iniciales, las esperanzas que la mayoría de la población pastún había puesto en la Loya Jirga de Emergencia se vieron truncadas por el aplastante monopolio que ejerció la Shura-e Nazar, mediante la amenaza de uso de la fuerza, y sin que la comunidad internacional hiciera nada por impedirlo. El líder religioso y político Sayed Ishaq Gailani lo resumió en sus declaraciones al International Crisis Group como «Bonn ha creado la falsa esperanza de que alguna forma de poder político sería transferida a la mayoría pastún, pero esto no ocurrió.» (Tarzi, 2008: 289).

La Loya Jirga de Emergencia que eligió a Hamid Karzai como presidente transicional en junio de 2002 estuvo compuesta por excomandantes, élites políticas escogidas por Estados Unidos y aquellos que se habían asociado para la expulsión del régimen talibán. La comunidad internacional penalizó a la antigua *intelligentsia* comunista (*parchamis* y *khalqis*) en beneficio de los excomandantes islamistas y la élite monárquica que había sido expulsada a finales de los setenta. El proceso de consultas que el vicerepresentante del secretario general de Naciones Unidas para Afganistán, Francesc Vendrell, había iniciado a comienzos de 2002 para la elección de los miembros de la *loya jirga* acabó sin resultados por la falta de apoyo de sus superiores. De manera que sus miembros no fueron elegidos mediante un proceso transparente en las comunidades locales, como es la costumbre afgana para este tipo de grandes asambleas. Es así como se silenciaron las corrientes políticas opositoras existentes, por el simple hecho de que no entraban en los planes de Estados Unidos y sus aliados de la Shura-e Nazar. La gran mayoría de las tribus pastunes, exceptuando las Zirak Durrani, no estuvieron representadas porque Estados Unidos, junto con Hamid Karzai, decidieron quién formaría parte de ella.

Es así como la esperanza de que se recuperase parte del poder perdido por los pastunes, jugando su baza en la candidatura del antiguo monarca Zahir Shah para un puesto preeminente en la nueva Administración interina, se convirtió en frustración cuando el antiguo monarca fue obligado a retirar su candidatura. Presión ejercida por la Shura-e Nazar y articulada a través del enviado especial de Estados Unidos Zalmay Khalilzad. La consecuencia fue la percepción de que Hamid Karzai había traicionado a su propia etnia, facilitando que los excomandantes de las milicias norteñas acabaran haciéndose con el control de los órganos de poder —ejército, policía y servicios de inteligencia— (International Crisis Group, 2003b; S. H. Qazi, 2010; Tarzi, 2008).

Tras la Loya Jirga de Emergencia, el clan de los *panjshiris* retendría todo el poder y Haji Abdul Qadir[185] el puesto de vicepresidente como nuevo líder de la Shura del Este. Qadir representaba a aquellos líderes pastunes de las provincias de Laghman, Nangahrar y Kunar que pretendían la vuelta del antiguo rey. Pero Qadir sería asesinado en la primera semana de julio, semanas después de la *loya jirga*, como muestra de que el poder de los comandantes norteños era intocable y que el único camino viable para el recién nombrado presidente transicional era la colusión con ellos.

Esta situación aumentó la falta de voluntad gubernamental por intentar refrenar los abusos que se estaban cometiendo en las comunidades pastunes del norte, tal y como ocurrió en el distrito pastún de Bala Murghab, provincia de Badghis, donde quedaron registrados numerosos casos de abusos por la Comisión Independiente de Derechos Humanos y UNAMA: el asesinato metódico de civiles, ejecuciones de combatientes partidarios de Juma Khan[186] y la quema de viviendas al objeto de expulsar a la comunidad pastún del área. Esta ola de represión por parte de las facciones opositoras al antiguo régimen del Emirato provocó que, a partir de 2002, la gran mayoría de comunidades pastunes norteñas tuvieran que dejar sus asentamientos. Junto a estas comunidades acosadas, también se encontraron algunas comunidades tayikas y uzbecas que habían sido marginadas en el acceso al poder, lo que también provocaría su apoyo a la insurgencia (Dorronsoro, 2009a; International Crisis Group, 2003b; S. H. Qazi, 2011; Sarwari y Crews, 2008).

Pero si esto ocurría en el norte, la rivalidad entre las comunidades pastunes del sur dibujaría un escenario todavía peor: la lucha por el poder mudaría desde la lucha armada hacia una lucha económica por hacerse con el control de los recursos disponibles, al objeto de poder mantener sus redes clientelares y milicias, lucha que acabaría en enfrentamiento armado, tal y como ya había ocurrido en 1994.

---

[185] Hermano del líder pastún Abdul Haq, durante la Guerra de Resistencia fue miembro de Hezb-e Islami Khalis. Con ocasión de la formación del gobierno muyahidín en 1992, desempeño el cargo de gobernador de Nangahrar y líder de la Shura del Este. Con motivo de la guerra contra los talibanes formó parte de la Alianza del Norte. En 2002 fue nombrado ministro de Obras Públicas y vicepresidente del gobierno transicional.

[186] Líder y narcotraficante pastún que se convirtió en elemento bisagra entre la insurgencia y los oficiales corruptos de la Administración afgana.

Los problemas de una deficiente gobernanza se focalizaron principalmente en las provincias del sur, donde la familia extensa del presidente y aquellos líderes tribales que le ofrecieron su lealtad fueron designados para los cargos de gobernador provincial o de distrito, sin tener en cuenta el tipo de apoyo popular con el que pudiesen contar, ni la reputación que traían de los años anteriores. Sólo se tuvo en cuenta, además de su lealtad personal a Karzai, su animadversión hacia el Movimiento Talibán. Estos nuevos gobernadores acusaron a sus opositores políticos de protalibanes y, en consecuencia, sufrieron la persecución de las fuerzas internacionales. Por último, sólo nos queda subrayar el hecho de que, sin el apoyo de las fuerzas internacionales, los nuevos gobernadores designados por Hamid Karzai no habrían podido cometer los abusos realizados, ya que hubieran temido la reacción de las comunidades locales (Gopal, 2010; Ruttig, 2009b; Tarzi, 2008).

Un caso paradigmático fue el del primer gobernador de Kandahar, Gul Agha Sherzai, por la pésima acción de gobierno con la que dirigió los destinos de las comunidades locales donde él era parte directa implicada[187]. A lo que se unió el que fuese su propia compañía de seguridad privada, donde se encuadraban sus milicias tribales, la que proporcionaba la mano de obra no sólo para la protección de las bases militares extranjeras, sino también para guiar a las unidades estadounidenses en sus operaciones de búsqueda y captura de supuestos talibanes. En 2005, Sherzai fue finalmente relevado, pero la situación no hizo sino empeorar. El nuevo gobernador, Asadullah Khaled, llegó a mantener una prisión secreta en los sótanos de su residencia oficial, donde se aplicaron sistemáticas torturas a sus rivales políticos o comerciales. En 2008 le llegó el relevo a Khaled y el turno fue para Ahmed Wali Karzai, hermanastro del presidente que llegó a convertirse en el todo poderoso padrino de Loya Kandahar, por el que había que pasar para llevar a cabo cualquier tipo de negocio lícito o ilícito. Moriría asesinado por el jefe de su guardia personal en julio de 2011.

La oposición a la presencia de las fuerzas internacionales

La población fuera de las áreas pastunes del sur y este era neutral, o por lo menos no hostil a la presencia internacional, y desde luego no apoyaba la presencia talibana. Un estudio realizado en 2004 por The Brookings Institution evidenció que el 87 % de la población mostraba su apoyo al derrocamiento del régimen talibán por parte de una coalición liderada por los Estados Unidos, y que el 88 % de la población deseaba que el

---

[187] En contra de lo que, desde la óptica cultural democrática, se consideraría como lo más justo para el nombramiento de un gobernador de distrito o provincia entre los miembros de la tribu más numerosa de la zona, la tradición afgana había sido que los nombramientos de los gobernadores y principales funcionarios de cada distrito se hiciera de entre las tribus sin presencia en la provincia, como única manera de asegurar su neutralidad frente a la multitud de conflictos que habitualmente surgen entre ellas (International Crisis Group, 2003b).

gobierno redujese el poder de los excomandantes, proporción que aumentaba hasta el 93 % en el caso de la provincia de Kandahar (Jalali, 2006; Maloney, 2005; O'Hanlon y Lins de Albuquerque, 2005).

Es por ello por lo que se puede afirmar que Estados Unidos contaba con el apoyo inicial casi completo de la población pastún, pero vería como este apoyo se redujo drásticamente, como consecuencia del uso de milicias privadas para la caza y eliminación de combatientes talibanes y de Al Qaeda. Numerosos y constatados son los casos en los que los líderes locales fueron detenidos y sus domicilios brutalmente registrados, sólo por el hecho de que eran competidores del clan al que pertenecía el jefe de las milicias que apoyaban a las tropas estadounidenses. A ello hay que unir la caza y persecución de antiguos líderes que, en muchas provincias del sur y sureste se estaba produciendo, como consecuencia del revanchismo por parte de los nuevos gobernadores y el uso de información de combate, por parte de las fuerzas de operaciones especiales estadounidenses, sin haberla sometido previamente a un mínimo contraste de fuentes para certificar su fiabilidad. Pero a este revanchismo muyahidín se unió el de antiguos oficiales *khalqis* que fueron contratados con sus milicias privadas para servicios de protección y como guías en operaciones de búsqueda y captura, lo que propició que se aprovechasen de su cercanía a las fuerzas internacionales para eliminar a sus competidores en la zona (Ruttig, 2009a).

Este pésimo nivel de gobernanza, junto a la incapacidad de la policía y el ejército para evitar la comisión de delitos, facilitó la reimplantación del Movimiento Talibán y su expedito sistema judicial. Ante la falta de compromiso de los países intervinientes para el envío de nuevas tropas y el consecuente abuso del fuego indiscriminado para evitar bajas propias, se cometió el mismo error que los soviéticos en los años ochenta. Pues esta falta de presencia fue suplida por un abuso del fuego aéreo para minorizar las bajas frente al enemigo, junto al abuso de los raides nocturnos sin orden judicial alguna. Tal fue la situación que, como ejemplo, los *ancianos* de una comunidad en Zabul llegaron a alertar de que, si las registros y detenciones nocturnas en los hogares familiares continuaban, toda la comunidad tomaría las armas para combatir a las fuerzas extranjeras. A esto se unió el error de las tropas internacionales al apoyar decididamente a determinados líderes y excluyendo a otros, con lo que se vieron envueltas en una competencia faccionaria y tribal (Afghanistan Independent Human Rights Commission, 2005; Elias, 2009; Gopal, 2017; Nijat, 2014; The Guardian, 2010).

En los estudios de campo realizados, la mayoría de los insurgentes entrevistados compartían una misma visión sobre la abominable conducta ejercida por las tropas estadounidenses y, por extensión, todas las internacionales. Esta conducta vendría definida por el asesinato de inocentes, la agresión a las mujeres, el trato irrespetuoso al

Corán, la violencia sexual contra los ancianos, las torturas y la quema de cosechas. Dada la consistencia de las contestaciones a lo largo y ancho de todo el territorio, debemos replantearnos si esta coherencia pudiera ser debida a un aparato propagandístico extraordinario o lo que parece más probable, el que la narrativa talibán se limitó a repetir y profundizar en las creencias populares preexistentes en la población. Estas percepciones no sólo eran características de los insurgentes; una gran mayoría de afganos, incluyendo tayikos y pastunes no seguidores de la insurgencia, mantenían firmemente todas estas afirmaciones.

De entre los asuntos citados, dos de ellos eran de especial relevancia para justificar la decisión de unirse a la insurgencia: el papel de la mujer en la sociedad, una sociedad que es mayoritariamente conservadora y no acepta el papel social de la mujer en iguales condiciones que la del hombre —una gran parte de afganos consideran que todos los avances alcanzados durante los últimos quince años en la emancipación de la mujer constituyen una ofensa a los valores islámicos—; el segundo es la victimización de un familiar o conocido cercano (Garfield y Boyd, 2013).

El uso del tribalismo por parte de la comunidad internacional

El recurso al uso de la competencia tribal por parte de un poder externo para alcanzar el control de las tribus es tan antiguo como el propio imperio persa safávida, quien ya utilizaría determinadas tribus pastunes para controlar la población y los territorios frontera entre los imperios safávida y mogol. De esa época procede la preeminencia de las tribus Barakzai y Popalzai sobre el resto de las tribus Durrani, al igual que los Hotaki y los Tokhi sobre el resto de tribus Ghilzai.

Más allá del tradicional enfrentamiento entre las dos grandes confederaciones pastunes, la preponderancia y actitud predatoria de unas tribus sobre otras crea profundos resentimientos. Así ocurre entre las tres tribus Zirak Durrani dominantes —Barakzai y Alikozai en Kandahar, Popalzai en Kandahar y Uruzgan— y las tres tribus Panjpai Durrani —Noorzai en el sureste; Alizai en Helmand, Nimruz y Farah; Achakzai en Farah y en el sur de Helmand—. Este enfrentamiento tribal siempre ha constituido un factor centrífugo del Estado afgano, no la etnia, pues los afganos aceptan el modelo de un Estado multiétnico y lo tienen interiorizado como una característica consustancial de Afganistán (International Crisis Group, 2003b; Jones, 2008b).

El riesgo que asumió la comunidad internacional al intentar hacer política tribal sería altísimo, pues sobre errores parecidos se había basado la campaña talibana de los años 1995 y 1996 para doblegar muchas voluntades sin necesidad de recurrir a la violencia. Un claro ejemplo de actuación errónea fue, por ejemplo, la donación directa por los militares estadounidenses de un millón de dólares a la tribu Shinwari para que dejasen de cultivar opio y mantener a los talibanes fuera de sus tierras. La consecuencia inmediata fue la negativa de estos mismos *ancianos* a tratar cualquier asunto de gobernanza con el gobernador provincial (International Crisis Group, 2011a).

Un caso paradigmático fue el ocurrido en la provincia de Kunar, cuando las fuerzas estadounidenses accedieron a esta zona en 2002. Pronto, las primeras unidades de operaciones especiales que llegaron a la provincia pretendieron convertirse en la nueva élite de poder, al disponer de armas y dinero. Pero como desconocían las dinámicas internas, optaron por apoyarse en sus compañeros de viaje en las operaciones recientemente llevadas a cabo para derrocar el Emirato. Es así como los comandantes muyahidines que habían sido expulsados por los talibanes se hicieron de nuevo con la preeminencia social y política. Además, comenzaron a proporcionar información falseada para que sus competidores políticos y económicos, antiguos miembros talibanes, fuesen considerados objetivos legítimos como colaboradores de terroristas. Todo ello sin que las fuerzas internacionales fuesen conscientes de la manipulación a la que estaban siendo sometidas. Si a esto le unimos que, impulsado por Estados Unidos en el verano de 2010, se creó la Policía Local Afgana (ALP) sobre la base precisamente de las redes clientelares de estos *señores de la guerra*, lo que se obtuvo fue la recreación de las antiguas milicias, pero ahora bajo la capa de legalidad que le proporcionaba el actual gobierno.

Cuando en 2003 los talibanes comenzaron su vuelta a la provincia. La situación de inseguridad y justicia partidista que se reflejaba en los numerosos asesinatos por fuerzas paramilitares, sin ningún tipo de juicio previo, y la corrupción generalizada existente presentaban las condiciones ideales para que la narrativa talibana no tuviese ni que cambiar, sólo añadiendo a las fuerzas extranjeras como usurpadores de la soberanía, tal y como había ocurrido con los soviéticos. Es así como se dieron las condiciones ideales para que el sistema judicial talibán fuese bienvenido. Una prueba fehaciente de su eficacia fueron los numerosos casos ganados por las minorías Gujar y Nuristani sobre disputas en la propiedad de la tierra a clanes pastunes, cosa que no había ocurrido desde la llegada de las fuerzas estadounidenses (Baczko, 2016).

El inadecuado diseño del aparato securitario

En 2002, UNAMA tenía las manos atadas desde el momento que la seguridad en las provincias estaba en manos de las milicias muyahidines —reconocidas ahora como Fuerzas Militares de Afganistán (AMF)—, por lo que no podía oponerse abiertamente a los excomandantes de la Shura-e Nazar. A lo largo de 2003, se produjeron ataques esporádicos contra las fuerzas de la ISAF, y la oposición al nuevo régimen comenzó a aparecer más violenta y mejor organizada en el plano político. Fue entonces cuando se comenzó a pensar en la hipótesis de que el apoyo incondicional, dado por algunos de los nuevos líderes pastunes a las declaraciones de Hamid Karzai sobre una amnistía sin condiciones, podría ser debido a la opinión bastante generalizada de que el régimen talibán no era tan despreciable como lo describía la prensa y medios oficiales occidentales. Junto a ello, la frustración existente en la etnia pastún por no tener acceso al poder nacional comenzó a cristalizar en la posibilidad de recuperarlo a través del Movimiento Talibán, cuya cúpula ya había comenzado a reorganizarse en Pakistán. Es así como se iría fraguando la oposición al nuevo gabinete interino de Hamid Karzai, identificándolo como «traidor a los pastunes», y a las fuerzas extranjeras como aquellas que mantenían en el poder a este gabinete ilegítimo (Jones, 2008b; Tarzi, 2008).

Hamid Karzai comenzó a recibir amenazas de sus compatriotas pastunes, acusándole de permitir la pérdida de poder de su etnia y cederlo a los poderosos líderes militares de la Shura-e Nazar. Estos incluso llegaron a retar su autoridad cuando el mariscal Mohammad Fahim se negó a retirar sus fuerzas de las calles de Kabul, contraviniendo lo acordado en Bonn para dejar libre la capital del Estado de cualquier unidad de las facciones enfrentadas en la guerra. Esta situación propició el sentimiento pastún de pérdida absoluta de control de los resortes principales del Estado, en particular sus fuerzas militares, que siempre habían estado controlados por generales pastunes y que ahora había pasado a manos tayikas y uzbekas. Finalmente, todas estas fuerzas serían absorbidas en el nuevo ejército nacional (ANA). El resultado fue que el nuevo ejército contaría con un 52 % de soldados pastunes, pero sólo con el 36 % de suboficiales y el 32 % de oficiales de esta etnia. A esto se le unía el control de los ministerios más poderosos por parte de líderes de la Shura-e Nazar (S. H. Qazi, 2010; Tarzi, 2008).

Cuando en 2009, Estados Unidos decidió establecer la estrategia de la *oleada,* esta no daría resultado alguno porque lo que se hizo en el ámbito de la gobernanza, y ante los ojos de muchos afganos, fue afianzar y amplificar las causas que habían motivado la deslegitimización del gobierno. La lucha contra la insurgencia se convirtió en un problema político nacional y, considerando las afirmaciones de David Galula sobre los procedimientos operacionales para una adecuada estrategia contrainsurgente (1965), la comunidad internacional y sus fuerzas militares no debieron haberse limitado a definir el objetivo operacional de protección de la población, sino que debieron determinar el centro de gravedad estratégico y las causas por las que la población se sentía más inclinada hacia la insurgencia, facilitando la instalación de unos nuevos líderes con la necesaria legitimidad.

Tomando como ejemplo la provincia de Kandahar, centro neurálgico del sur del país y área con mayor simbolismo histórico de todo el Estado, en un estudio realizado por la ISAF en 2010, se concluyó que la mitad de las fuerzas policiales presentes en la provincia pertenecían a milicias privadas contratadas. Era por ello por lo que las instituciones gubernamentales de policía estaban deslegitimadas, desde el momento que estas milicias privadas, pagadas por Estados Unidos, no debían lealtad alguna a las instituciones oficiales. Esta situación se vio empeorada por un sistema judicial colapsado —de un total de 87 plazas de juez, sólo 9 estaban cubiertas—, donde los pocos jueces existentes aceptaban sobornos. Todo ello facilitó que los talibanes centrasen su campaña de infiltración en la deslegitimidad del Gobierno de Karzai, ofreciendo a cambio un sistema judicial rápido e islámico como pilar de buena gobernanza.

El último error cometido por Estados Unidos fue pensar que sería capaz de debilitar la voluntad de vencer de los líderes talibanes tras una intensa campaña de combates y la puesta en marcha de una campaña de eliminación física de líderes, sin darse cuenta de que lo que estaba consiguiendo era precisamente lo contrario. De manera que, en 2009 y con ocasión de la puesta en marcha de la *oleada militar,* al eliminar un número considerable de cuadros intermedios talibanes, estos fueron reemplazados por otros más jóvenes sin experiencia en la pasada Guerra de Resistencia, pero educados en un estricto ambiente de rigidez ideológica y radicalismo en madrasas pakistaníes, con una mayor capacidad natural de generar violencia indiscriminada (Gopal, 2010; Ruttig, 2009b).

EL RESURGIMIENTO Y LA CONSOLIDACIÓN

El imprescindible apoyo pakistaní

De sobra es conocida la presión que tuvo que ejercer Estados Unidos sobre el general Musharraf, y este sobre sus generales senior para llevar a cabo un giro de 180 grados en las políticas concernientes a Afganistán, políticas que invariablemente se habían seguido durante los últimos veinte años (Lieven, 2011). Pero Pakistán nunca fue sincero en el apoyo prestado a Estados Unidos para el derrocamiento del régimen talibán, lo hizo sólo compelido por la presión a la que se vio sometido. Tras la fuga de la mayoría de los líderes talibanes con sus familias hacia Pakistán, estos encontraron los apoyos necesarios para replantearse la reorganización del movimiento. Ante ello, el gobierno pakistaní vio de nuevo la oportunidad de deshacer lo que se había visto obligado a realizar, el desmantelamiento del Emirato. Las primeras infiltraciones de combatientes talibanes retornando a territorio afgano desde Pakistán se produjeron a lo largo de 2002. Desde ese mismo momento, Estados Unidos fue consciente de que, gracias al apoyo de las autoridades pakistaníes, se estaba produciendo el restablecimiento de la cúpula talibana en este país.

Con posterioridad al derrocamiento del régimen talibán y su acogimiento en Pakistán, se formaría la coalición de seis partidos islamistas pakistaníes denominada Muttahida Majlis-e Amal, coalición que se hizo con el poder en la entonces Provincia Fronteriza del NO (NWFP) y el estado federado de Baluchistán, durante las elecciones de 2002. Con el control de estos gobiernos por parte de los partidos islamistas, el Movimiento Talibán se aseguró su apoyo incondicional durante los años de la reorganización (T. H. Johnson y Mason, 2008).

Figura 5. Los estados federados pakistaníes, las FATA y la Provincia Fronteriza del Noroeste (NWFP). Estas dos últimas conforman desde 2018 el estado federado de Khyber Pakhtunkhwa.

Fuente: elaboración propia.

Pero esta decisión tuvo también sus costes sociales, políticos y securitarios en Pakistán. En el ámbito externo y debido a los lazos establecidos por los talibanes con el terrorismo yihadista internacional, Pakistán empezó a ser considerado como un país patrocinador del terrorismo. En el ámbito interno y toda vez que las autoridades pakistaníes no tomaban las medidas necesarias para acabar con el problema, el consecuente escenario de inseguridad interna le estaba costando una gran cantidad de víctimas civiles y de miembros de sus fuerzas de seguridad —se llegaron a contabilizar más de 63.000 fallecidos durante la primera quincena de este siglo a consecuencia de ataques terroristas—. Lo cierto es que la permisividad con muchas de estas organizaciones terroristas ha sido demasiado evidente y el gobierno pakistaní siempre ha mantenido una posición de mano tendida que más bien parecía una colusión con estas organizaciones, tolerancia motivada por su propia debilidad política que justifica su asociación con los partidos islamistas radicales (Nasreen, 2008; Sabri, 2017).

El Movimiento Talibán mantenía estrechos vínculos ideológicos con el partido pakistaní Jamiat-e Ulema-e Islami, ya que muchos de sus líderes comparten la misma ideología deobandi salafista y que gran cantidad de combatientes voluntarios pakistaníes se habían formado en las madrasas fundadas por este partido político. Testimonio del radicalismo salafista de Jamiat-e Ulema es que acabaría dividiéndose en dos facciones: una liderada por el ulema Fazal ur-Rehman que siguió en el ámbito legal de la política pakistaní (Jamiat-e Ulema-e Islami Fazal); y una hijuela liderada por Samiul Haq (Jamiat-e Ulema-e Islami Samiul) que seguiría los pasos de Al Qaeda y pasó a la acción terrorista y la clandestinidad (Jones, 2008a).

Estados Unidos contaba con información sustancial sobre el apoyo que los pakistaníes estaban prestando a la reconstituida insurgencia talibana durante 2002 y 2004. Las autoridades pakistaníes no sólo le prestaban apoyo financiero y en equipo, sino que los militares pakistaníes le proporcionaban información e incluso llegaron a participar directamente en apoyo de los operativos talibanes contra destacamentos fronterizos afganos. Las pruebas fueron numerosas y demostraron la implicación de personal del ISI y del Cuerpo de Fronteras[188] en apoyar a los talibanes, así como la libertad de movimientos que se les estaba proporcionado en suelo pakistaní, donde sus líderes se movían con las únicas restricciones impuestas por el propio ISI. En varias ocasiones, las fuerzas de la ISAF interceptaron comunicaciones en los que operativos del ISI facilitaban a los talibanes información sobre tácticas, técnicas y asuntos operacionales de la propia ISAF (Jones, 2008a; 2008b).

En septiembre de 2006, el propio representante especial de Naciones Unidas llegó a afirmar que Pakistán ya no podía negar que los Talibán y Al Qaeda venían de Pakistán. Por su parte, Pakistán prometió muchas veces acabar con los santuarios de los que la insurgencia gozaba. En 2006, llevaría a cabo varias operaciones militares en Waziristan, y una nueva operación en 2008, esta vez en la agencia tribal de Bajaur. Sin embargo, el resultado nunca fue satisfactorio, más allá de hacer frente a sus propias amenazas internas y acallar de vez en cuando las voces más críticas estadounidenses. Por su parte, el presidente Musharraf se quejaría de las alegaciones hechas por Kabul y Washington sobre el apoyo pakistaní a los talibanes, sin embargo, el propio Musharraf admitió, en marzo de 2008, que podría existir algún tipo de simpatía hacia los talibanes. Precisamente para testimoniar el compromiso del ISI para combatir el terror, se realizaron hasta tres purgas internas al objeto de que el personal que apoyaba a los talibanes fuera expulsado. El gran experto y escritor Ahmad Rashid no fue tan optimista y llegó a afirmar que una organización secreta dentro del ISI, y compuesta por personal retirado, era la encargada de relacionarse y apoyarlos (Timory, 2014).

En 2009, durante una de las conversaciones mantenidas con el embajador estadounidense en Islamabad, el propio jefe del ejército pakistaní, general Ashfaq Parvez

---

[188] Gran Unidad de las fuerzas armadas pakistaníes que, bajo el mando de un teniente general, está a cargo de la seguridad y control de toda la línea fronteriza con Afganistán, así como de las operaciones rutinarias de control territorial en sus áreas adyacentes.

Kayani, llegó a afirmar que: «Ante un escenario de repliegue de las fuerzas estadounidenses de Afganistán, las autoridades pakistaníes aumentarían decididamente el apoyo a los grupos talibanes en Pakistán y Afganistán, al objeto de que sean los que finalmente asuman el gobierno afgano...» (Kleiner, 2014: 723). Escenarios que desgraciadamente se cumplieron punto por punto tras la firma del Acuerdo de Paz de Doha (2020).

Cuando el recién elegido presidente Barak Obama fue informado de que las autoridades pakistaníes estaban apoyando a los talibanes y de que, incluso, estaban utilizando la inteligencia que la agencia de seguridad nacional estadounidense compartía con ellos, para alertar a los propios insurgentes, comprendió el doble juego que desde septiembre de 2001 estaba haciendo Pakistán. Por un lado, decía apoyar a los Estados Unidos, a cambio de recibir cuantiosas ayudas económicas y equipo militar; por otro, apoyaba a los talibanes, asegurando de esta manera su capacidad de influencia en el futuro gobierno afgano. Pakistán ha sido y es socio de Estados Unidos, pero nunca un aliado, pues sus intereses geoestratégicos en relación con Afganistán son divergentes. Siguiendo las palabras del Almirante Mullen, jefe de la Junta de Jefes de Estado Mayor de Estados Unidos: «Los generales pakistaníes han mantenido una firme creencia de que las milicias islamistas como los talibanes, por más que sean ingobernables y detestables, podrían ser un sustituto útil para evitar una amenaza existencial como la de India...» (BBC News, 2011).

Hasta que finalmente, en marzo de 2016, en lo que pudo ser un desliz diplomático impropio de su experiencia, el poderoso asesor presidencial pakistaní Sartaj Aziz admitió que su gobierno estaba alojando a los líderes del Movimiento Talibán y sus familias, pero que esto sólo les proporcionaba una limitada capacidad de influencia —declaraciones hechas en el contexto de una intensa presión de la comunidad internacional para que Pakistán facilitase las conversaciones entre los talibanes, el gobierno afgano, Estados Unidos y China— (Siddique, 2016).

La evolución ideológica

Durante las últimas dos décadas, se ha constatado un importante cambio entre la ideología talibán de su primera época, que se corresponde con su desarrollo y acceso al poder en Kabul, y la de su segunda a la que denominamos *neotalibana*. En esta última, sin dejar de ser un partido religioso, radical y violento, ha cambiado el objeto sobre el que ejercer su control violento, desde formas externas ligadas a la religiosidad pastún, a la intencionalidad de los actos y las verdaderas creencias de los individuos. Si en el pasado, su ideología islámica extremadamente conservadora estaba indefectiblemente ligada a la propia concepción de lo bueno y lo malo según las tradiciones pastunes, la nueva insurgencia ha crecido recibiendo influencias salafistas de los países del golfo, tanto en su ideario político como militar —citando a juristas *hanafíes* y *hanbalíes* para justificar el procedimiento del ataque suicida, el uso de las nuevas tecnologías...—. Este cambio ha convertido a la insurgencia neotalibana en más peligrosa, ya que ahora no es suficiente con seguir la conducta de un buen musulmán para no ser merecedor de castigo, la cooperación activa o pasiva con el invasor se ha convertido en causa suficiente para justificar el asesinato, tal y como ha ocurrido en multitud de casos con mulás y *ancianos* que se han opuesto a su control (Gopal y Strick van Linschoten, 2017).

Mediante este cambio, su aparente apertura hacia una flexibilización en las conductas y la aceptación de la modernidad, especialmente la tecnología, lo que esconde es una radicalidad más peligrosa, en tanto que acepta la modernidad tecnológica, pero persigue sus principios salafistas, si cabe con mayor ahínco. Los neotalibanes no son un grupo monolítico en el que la doctrina islamista y la visión política del Estado por el que luchan sea uniforme, en contraste con el fortísimo grado de coherencia ideológica mostrado por el Movimiento Talibán en la década de los noventa. En este nueva versión del movimiento hay cabida para los que están motivados por razones ideológicas, los que lo están por haber sido acosados por la administración Karzai, los que les motiva una venganza de sangre por la muerte o trato humillante de un familiar o amigo, los que lo están por razones económicas y de prestigio social al participar en una yihad y, por último, aquellos bandidos y criminales que han encontrado en la cobertura propagandística de los neotalibanes una buena justificación para seguir robando y viviendo del crimen (S. H. Qazi, 2011).

Por todo ello, consideramos al resurgido Movimiento Talibán como un movimiento político-religioso que pretende la vuelta al original Estado islámico, pero la supresión de la tribu como actor político secular. Nació y se desarrolló a través de un sector de clérigos pastunes y, desde su origen en 1994, demostró una especial capacidad para explotar las tensiones intertribales propias de este sistema. Los neotalibanes han recogido toda su ideología y le han añadido influencias del islamismo actual. Pretenden un cambio de modelo social y de Estado en Afganistán, desde el anterior sistema democrático, por otro en el que los únicos representantes de la soberanía popular sean los clérigos y, por lo tanto, los únicos con la posibilidad de acceder al poder político.

Desde el punto de vista ideológico, en la actualidad existen dos corrientes prioritarias en el movimiento:

i. Una formada por aquellos más cercanos a las tesis salafistas, la yihad global y el terrorismo islamista llevado a cabo por Al Qaeda y otras organizaciones pakistaníes cercanas (Lashkar-e Taiba y Jaish-e Mohammad), así como por elementos extranjeros, tanto árabes como centroasiáticos. Durante el Emirato, este grupo estuvo encabezado por el propio mulá Omar, sin embargo, tras el derrocamiento del régimen, Omar y sus seguidores se distanciaron de Al Qaeda y fue la familia Haqqani quien pasaría a liderar este grupo dentro del movimiento.

ii. Una segunda corriente, netamente nacionalista y más ligada a sus raíces en el islam tradicional afgano. Esta corriente está liderada por un importante sector de líderes senior de la primera generación, que en su día fueron más afines a las tesis del desaparecido mulá Rabbani, junto a todos aquellos grupos marginados y acosados por las anteriores autoridades provinciales y locales de la Administración afgana, que se unieron a la insurgencia para derrocar a un gobierno al que no estaban dispuestos a aceptar por más tiempo, pero en la que su religiosidad islámica deobandi no constituye el necesario punto de unión[189].

Esta diversidad de corrientes internas se puso de manifiesto, de manera más intensa, durante los primeros años, con diferentes portavoces y diferentes visiones de la yihad que decían mantener una nacionalista afgana y otra con fuertes influencias panislamistas. Analizando estos comunicados, se puede afirmar que, en sus inicios de 2004, las tesis más moderadas fueron ganando terreno en el seno del movimiento; sin embargo, según los comunicados realizados durante 2006, los lazos entre los neotalibanes y los *alqaedistas* resurgieron principalmente en los territorios del este y noreste afgano (S. H. Qazi, 2010; 2011; Tarzi, 2008). Precisamente cuando se produjo el resurgir de la Red Haqqani, en unos territorios donde la ideología salafista deobandi y wahabí está más intensamente arraigada.

Las relaciones entre el ISI y los neotalibanes

Desde 2003 y 2004, el ISI ha estado operando campos de entrenamiento para combatientes neotalibanes, con cifras de instructores que, en algunos casos, llegaban a suponer hasta el 80 % del total de combatientes operando en un distrito. Pero la preparación de estos jóvenes combatientes ya comenzaba en las madrasas, donde continuamente se debatía sobre las bondades de la yihad y desde donde los estudiantes eran enviados a territorio afgano para realizar periodos voluntarios de formación y combate. Además de que por medio de estos centros se facilitaba la llegado de dinero y equipo procedentes de los países del golfo Pérsico. Por último, citar que los combatientes neotalibanes heridos en combate han sido tratados de manera sistemática en hospitales montados y gestionados por el ejército pakistaní y que, a través de interceptaciones en sus comunicaciones, se ha constatado como el personal del Cuerpo de Fronteras facilitaba el paso de combatientes insurgentes a través de ellas (Rashid, 2009b; Waldman, 2010b).

---

[189] En los días que se ha efectuado la última revisión de este texto, estas dos corrientes han quedado netamente delimitadas en el actual gobierno talibán: la primera encabezada por Serajuddin Haqqani y segunda por el propio líder supremo *maulana* Haibatullah Akhunzada.

Los testimonios de las relaciones existentes entre militares pakistaníes y los ncotalibanes son numerosas y evidentes, algunos de ellos tan elocuentes como las del general pakistaní Sultan Amir, más conocido como coronel Imán, y otras muchas relatadas pormenorizadamente por Ahmad Rashid en su libro *Descent into Chaos: The United States and the Failure of Nation Building in Pakistan, Afghanistan and Central Asia* (2009a). Incluso se han interceptado informaciones de que el ISI ha estado pagando a los grupos operativos combatiendo en territorio afgano, del orden de entre 24.000 a 36.000 dólares anuales para cada grupo de entre 20 a 30 combatientes. Además de hacerse cargo del mantenimiento de sus familias residentes en Pakistán (Gall, 2010; Waldman, 2010b).

Entrevistas con varios comandantes neotalibanes han confirmado que representantes del ISI estaban presentes como observadores cada vez que se reunía la Rahbari Shura (Consejo Supremo o Shura Suprema). El ISI intentó controlar hasta tal punto el Movimiento Talibán durante su periodo de acogimiento pakistaní que, en febrero de 2010, procedió a una serie de arrestos de líderes de primer nivel porque habían iniciado conversaciones con el gobierno afgano sin la aquiescencia del propio ISI. Tras los arrestos, se produjo la confirmación por parte del ISI de la designación de un nuevo coordinador de los comités militares insurgentes, en la figura de Qayum Zakir, y del nuevo segundo del mulá Omar y jefe de la Rahbari Shura, mulá Akhtar Mansur. La forma de presionar a los líderes talibanes era sencilla y directa, pues si se sometían a los dictados pakistaníes, los líderes y sus familias gozaban de la hospitalidad en territorio pakistaní; en caso contrario, el ISI se encargaba de su detención, de manera indefinida y sin juicio previo. De esta manera, el ISI consiguió mantener un importante nivel de control sobre el movimiento. Es por todo ello que la cooperación del gobierno pakistaní ha resultado imprescindible para cualquier negociación política que se quisiera emprender con los neotalibanes y que las autoridades pakistaníes, en tanto el conflicto con India exista, no serán capaces de renunciar a un recurso estratégico tan valioso.

Por último, hemos de añadir que fuentes fiables colocan la cifra de representantes del ISI que regularmente asistían a la Rahbari Shura entre tres y siete y que, incluso, asumían el apoyo a la organización de estos consejos, contactando con cada uno de sus miembros y ejerciendo presión para influirles en los temas de la convocatoria. Al mismo tiempo, hemos de subrayar que sus líderes han mostrado obstinadamente un cierto grado de independencia, como fue el caso del no reconocimiento de la Línea Durand y la negativa a entregar a Osama Ben Laden, durante el Emirato (Waldman, 2010b).

Las relaciones de los neotalibanes y Al Qaeda

Es conocido que Ben Laden fue capaz de manipular al mulá Omar y utilizar al Emirato no sólo como santuario, sino incluso como escudo frente a la consiguiente caza a la que fue sometido tras los atentados del 11S. Esta situación llevó al enfriamiento de relaciones entre ambas organizaciones y también al distanciamiento físico —Al Qaeda ubicó su cuartel general en las FATA, en tanto que los Talibán lo hicieron en la ciudad baluchistani de Quetta—. Después de su repliegue y reubicación de medios en Pakistán, no fue posible singularizar las relaciones entre ambas organizaciones, desde el momento que no son organizaciones rígidamente estructuradas. En cualquier caso, lo que sí se puede afirmar es que existieron (y existen) grupos o corrientes dentro de los neotalibanes que todavía se sienten ideológicamente más cercanos a Al Qaeda, lo que los lleva a cooperar en el campo de batalla con mayor facilidad, aunque el sentimiento mayoritario de los miembros talibanes senior, tras el daño provocado a la propia organización y a la población afgana, es de que Al Qaeda se había convertido en un lastre.

En unas declaraciones hechas por Mustafa Abu Al-Yazid, un miembro de la Shura Suprema de Al Qaeda, explicó que las relaciones entre los neotalibanes y Al Qaeda eran frecuentes y que Al Qaeda consideraba al mulá Omar como *Emir al-Muminin* (Príncipe de la fe o Comendador de los creyentes), lo que implicaba el juramento de lealtad o *bay´a* (Bergen, 2009). Pero este compromiso sería más un gesto político que real, y lo cierto es que ambas organizaciones operaban de manera separada, evitando cualquier tipo de competición entre ellas. Esta subordinación política fue una lección aprendida en el frente iraquí, donde Abu Mus´ab al-Zarqawi cometió el error de enfrentarse a las facciones armadas locales que se oponían a la presencia de Estados Unidos y sus aliados, lo que acabó socavando su apoyo popular y sentó las bases para su fracaso.

Al Qaeda ha sabido manipular los grupos locales con experiencia de combate, a través de individuos en estos grupos que ya contaban con una afinidad previa hacia ellos, de los tiempos de la guerra contra los soviéticos. Ha sido de esta manera como estos grupos locales le han proporcionado la mano de obra y Al Qaeda, a cambio, ofrecía tecnología, equipo y entrenamiento en técnicas específicas de ataques suicidas y uso de explosivos, así como financiamiento a sus líderes. Es así como se establecieron las alianzas de mutuo interés entre estos grupos yihadistas locales y Al Qaeda con su *know how* y su agenda internacional. La consecuencia de esta situación fue que la región afgano-pakistaní llegó a representar la única parte del mundo en la que, durante el periodo 2005 a 2008, Al Qaeda tuvo un aumento de militantes e influencia, en lugar de una regresión.

En cuanto a los neotalibanes, en tanto que Al Qaeda les proveía de apoyo financiero, armas, técnicas y tácticas de combate, así como suicidas dispuestos a inmolarse en el frente afgano. A cambio, los neotalibanes le proporcionaban sus campos de entrenamiento en las áreas afganas bajo su control, desde donde preparaban sus operaciones, además de proporcionarle su influencia ante el ISI para poder continuar su presencia en Pakistán. Esta sumisión en el teatro de operaciones afgano-pakistaní ha sido la razón principal que ha permitido a Al Qaeda sobrevivir en este territorio por un periodo de tiempo tan prolongado, lo que supuso que la relación con las tribus pastunes pakistaníes que les acogían se convirtiese en prioritaria (Ruttig, 2009b).

Un caso interesante por su singularidad fue el del comandante Mansur Dadullah —un miembro de la tribu Kakar que siempre se consideró injustamente tratado, y que aprovechó las oportunidades que le brindó esta situación de guerra para elevar su estatus personal—. Dadullah, como líder militar del movimiento, llegó a dirigir todas las unidades talibanas del frente norte durante el Emirato y se hizo famoso, tanto por sus cualidades militares como por su crueldad. En 2006, llegó a la cumbre de su carrera profesional dirigiendo un *mahaz*[190] de más de 12.000 combatientes, pero cometió el error de enfrentarse al propio mulá Omar, al conceder numerosas entrevistas con medios de prensa extranjeros y hablar en nombre del movimiento, expresando su hermanamiento con Al Qaeda. En ese año, Mansur Dadullah declaró a los medios de prensa que estaba en continuo contacto con los ayudantes de Ben Laden y que este último incluso había supervisado personalmente el planeamiento del intento de asesinato del vicepresidente norteamericano Dick Cheney, con ocasión de su visita a Afganistán en febrero de 2007. Él y el comandante de Al Qaeda Abu al-Yazid rodarían un video con fines propagandísticos de un encuentro entre ambos. Tanto Mansur Dadullah como su hermano el mulá Dadullah eran firmes partidarios de cooperar con Al Qaeda y de aplicar severas medidas violentas sobre aquellas comunidades que no se sometieran de manera voluntaria, así como sobre los chiíes. Esto los llevó a enfrentarse a la dirección del movimiento, incluso con el propio mulá Omar, lo que provocó la destitución de Mansur como jefe de *mahaz*. Finalmente, fue expulsado de la Rahbari Shura y moriría en 2007 en el curso de una emboscada llevada a cabo por fuerzas de operaciones especiales de la coalición —el rumor extendido fue que sus enemigos dentro de la propia organización talibán habían propiciado la filtración necesaria para que el ataque se produjese— (Bergen, 2009; Courage Services Inc., 2008; Stenersen, 2010).

Después de la muerte de Ben Laden en mayo de 2011, Al Zawahiri renovó su juramento de lealtad al mulá Omar y los neotalibanes, por su parte, reafirmaron su alianza con Al Qaeda para la yihad. No obstante, siempre hay que tener presente que, tras el derrocamiento del Emirato, los líderes neotalibanes se distanciaron de manera más evidente que en el pasado del compromiso de yihad global de Al Qaeda, resaltando que son un movimiento nacionalista y su yihad sólo es afgana.

Dentro de la organización neotalibana, el grupo con mayor cercanía a Al Qaeda ha sido y sigue siendo la Red Haqqani, relación que le ha proporcionado una mayor

---

[190] Unidad equivalente a la división en la guerra convencional, no por su número de combatientes, sino por el nivel de responsabilidad y autonomía en el planeamiento y ejecución de las operaciones de combate.

capacidad para llevar a cabo ataques complejos por medio del aprendizaje y tutorización recibidos.

EL MOVIMIENTO TALIBÁN PAKISTANÍ

El Movimiento Talibán de Pakistán (Tehrik-e Taliban-e Pakistan, TTP) surgió de manera paralela y separada al resurgimiento del Movimiento Talibán, gracias a la necesaria influencia de los yihadistas extranjeros procedentes del extinto Primer Emirato talibán.

La presencia de extranjeros en las FATA y su papel en la radicalización

Se sabe que entre 1996 y 2001, varios grupos terroristas extranjeros se habían asentado en territorio afgano —procedentes de Asia Central, Oriente Próximo y África del Norte—, situándose en un país que no sólo les proporcionaba santuario, sino donde también gozaban de protección gubernamental —es conocido que los miembros de la dirección de Al Qaeda llegaron a gozar de vehículos del Ministerio de Defensa con matrículas oficiales—. Tras los atentados del 11S, las reacciones por parte de los países del mundo árabe y Asia Central fueron diferentes según el tipo de valoración que hicieron de ellos. En cualquier caso, a nadie se le escapó que a partir de ese momento las consecuencias que el pueblo afgano iba a sufrir serían dramáticas; quizás por ello, todos los grupos huéspedes del Emirato hicieron piña con las milicias talibanas para su defensa contra Estados Unidos.

Las unidades de combatientes árabes de Al Qaeda estuvieron luchando en el frente, con las unidades afganas, hasta el momento en el que el mulá Omar decidió abandonar las grandes ciudades y plantear una guerra de guerrillas. Decisión que estuvo motivada por el aplastante poder aéreo estadounidense que apoyaba a las unidades de la Alianza del Norte y a las pocas unidades pastunes que se rebelaron contra los talibanes. Esta orden fue seguida por los comandantes de todos los frentes y de todas las unidades, sin menoscabo de su formación de origen, lo que supuso un alto grado de coordinación e integración. A pesar de que la creencia general, durante casi dos décadas, ha sido de que la mayoría de los líderes abandonaron directamente el territorio afgano, ahora se sabe que la gran mayoría de ellos presentaron su rendición a Hamid Karzai, con la única condición de seguir viviendo en territorio afgano y alejados de la política activa. También se conoce que, con algunas excepciones, la gran mayoría de los líderes senior se vieron forzados a huir de Afganistán, ante la campaña de caza y captura desplegada por las fuerzas de operaciones especiales estadounidenses, junto a las continuas acciones de represión y amenazas desplegadas por los nuevos gobernadores y jefes de policía, antiguos contendientes durante la guerra civil librada con el Emirato. Por su parte, la mayoría de los combatientes de base, junto a una parte de los cuadros intermedios, regresaron a sus aldeas de origen y se mezclaron con el resto de la población.

Figura 6. Zonas donde se desarrollaron las dos últimas grandes operaciones antiterroristas en territorio afgano (Anaconda y Tora Bora) y las agencias contiguas de las FATA (2001-2002).

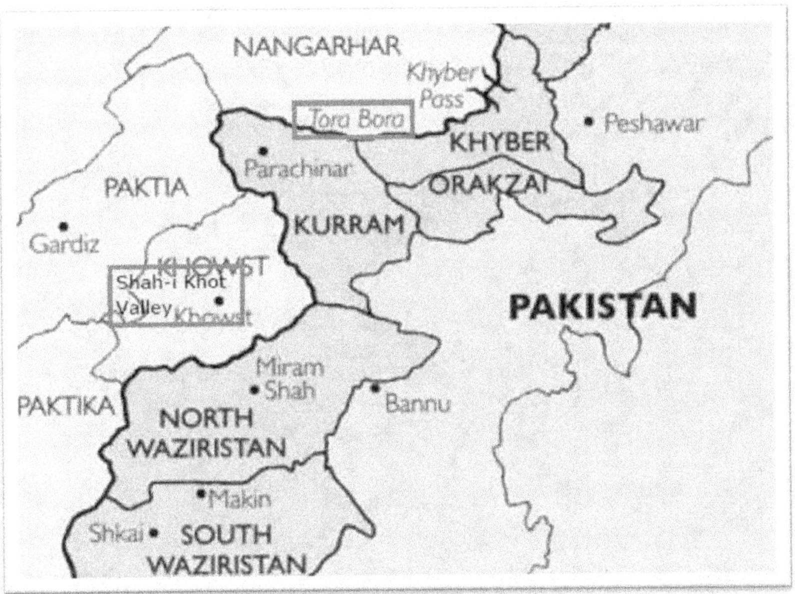

Fuente: elaborado con datos procedentes de Jafria News (2011).

Por último, todos los combatientes extranjeros, que no tenían la posibilidad de pasar desapercibidos, se vieron forzados a presentar una guerra de guerrillas, para finalmente ser eliminados o capturados, y los más afortunados acabar huidos en Pakistán —tras las operaciones llevadas a cabo en las montañas de Tora Bora (Nangahrar) y la denominada Anaconda en el valle de Shah-e Kot (Paktya), en diciembre de 2001 y marzo de 2002 respectivamente—. No fue casualidad que los últimos enclaves de los combatientes extranjeros en territorio afgano y sus rutas de escape hacia Pakistán estuvieran precisamente localizados en aquellas áreas tribales que les habían acogido durante la década de los ochenta —controladas respectivamente por Hezb-e Islami Khalis y la Red Haqqani—.

Desde estos lugares se desplazaron hacia las tribus más cercanas ubicadas en el lado pakistaní. A estas rutas de escape hay que añadir Irán, lugar donde algunos líderes de Al Qaeda encontraron refugio por las buenas relaciones que mantenían con los Pasdaran, relaciones que procedían de los años en los que ambas organizaciones cooperaban en la preparación y entrenamiento de operativos terroristas. Esta situación cambió a lo largo de 2003, cuando estos líderes fueron expulsados, al mismo tiempo que otros eran detenidos en Pakistán —entre ellos Khalid Sheik Mohammad, el cerebro de los atentados del 11S— (Stenersen, 2010).

Figura 7. Agencias tribales y Regiones fronterizas (FR) de las FATA, oficialmente incluidas desde 2018 en el estado federado de Khyber Pakhtunkhwa.

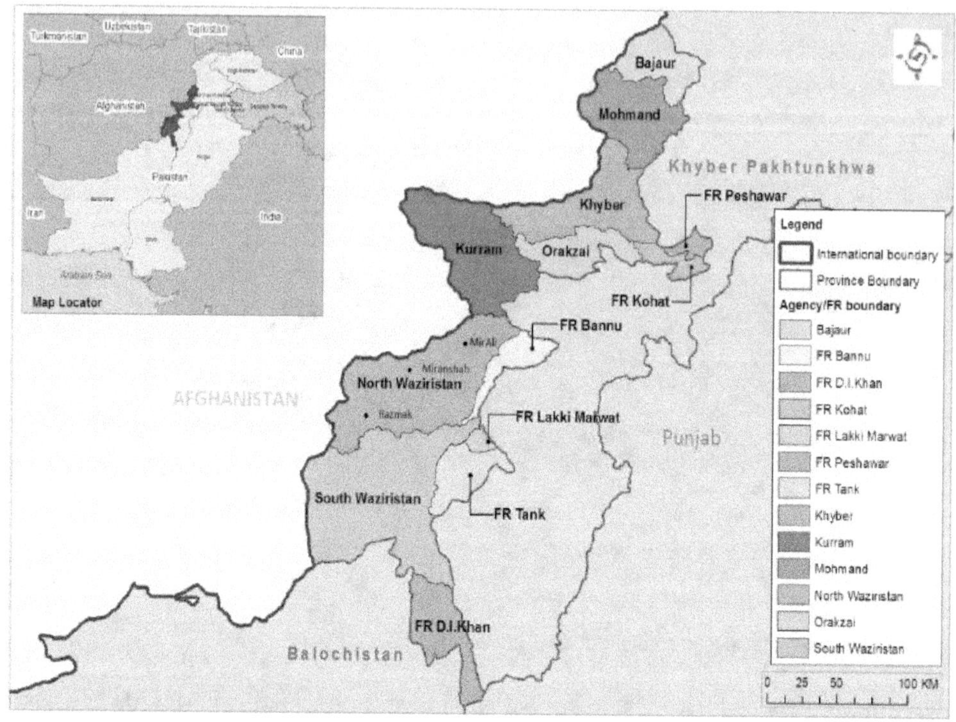

Fuente: The World Bank (2015).

Las relaciones iniciales de los forasteros (árabes, chechenos y uzbekos) con las tribus *pajtunes*[191] no fueron fáciles, pues de inicio la acogida fue más bien fría e incluso tuvieron que vivir en la calle y de la caridad, exceptuando contados casos de antiguos camaradas de armas, como sería el caso de las tribus Waziri. Si esto había ocurrido en 2002 y 2003 en el valle de Wana (Waziristán del Sur), a partir de 2004, se vieron forzados a desplazarse hacia el norte, a la zona de la tribu Mehsud, debido a los enfrentamientos armados con el ejército pakistaní, que ya había iniciado las operaciones de búsqueda y captura de terroristas extranjeros. De esta manera, la tribu Mehsud, una de las principales tribus de todas las FATA, se convirtió en anfitriona de los extranjeros. Cuando las operaciones realizadas por el ejército pakistaní se extendieron también hacia la zona de la tribu Mehsud, los árabes se desplazaron hacia el norte para poder estar más cerca de la frontera y combatir al enemigo estadounidense. Sin embargo, los uzbekos optaron por quedarse

---

[191] El pasto que es la lengua propia de la etnia pastún tiene dos dialectos conocidos como *pashto* con el sonido suave de la [sh] y el *pajto*, con el sonido aspirado [h], que se hablan respectivamente en el sur de Afganistán y en el este, así como en los territorios pastunes pakistaníes.

con los Mehsud y combatir con ellos al ejército pakistaní (Amin, Osinski y DeGeorges, 2010; Stenersen, 2010).

Fue en estos años cuando se produjo la eliminación sistemática de los kanes y *ancianos* de estas tribus (cifra que llegó a suponer más de 200). El ejército pakistaní sufriría más de 600 muertos en combate sin que su gobierno tomara medidas determinantes al respecto, en parte debido a la colusión existente en las más altas instancias del poder civil con los padrinos ideológicos de los talibanes, el partido Jamiat-e Ulema-e Islami, y entre las élites militares por la presencia de muchos generales que veían en la causa talibana el modelo de Estado a seguir, así como la solución a los problemas con el irredentismo pastún. Finalmente, se firmaron en septiembre de 2006 los acuerdos de Miramshah, facilitados por los neotalibanes como mediadores. En ellos el ejército pakistaní se comprometió a finalizar sus acciones de combate, liberar a todos los detenidos, devolver las armas requisadas y compensar a las tribus por los daños causados durante las operaciones. Además, el ejército accedió a no realizar más patrullas y desmantelar todos los controles de carreteras establecidas en el interior de las FATA. Por su parte, las tribus se comprometieron a no albergar a personal miliciano extranjero. Lo cierto es que los movimientos islamistas radicales violentos se extendieron no sólo a Peshawar, sino incluso hasta la misma Islamabad —como posteriormente lo testimoniaron los hechos ocurridos en la mezquita Lal Masjid (Mezquita Roja), en julio de 2007— (T. H. Johnson y Mason, 2008; Niazi, 2006).

Una vez que los combatientes extranjeros fueron acogidos en Waziristan, se centraron en reclutar voluntarios y prepararlos para continuar la lucha contra Estados Unidos. Estas unidades se caracterizaron porque estaban compuestas por voluntarios de cualquier país árabe, junto a pakistaníes y afganos que habían sido preparados en los mismos campos de entrenamiento. Sin embargo, los operativos formados por combatientes no árabes, principalmente pertenecientes al Movimiento Islámico de Uzbekistán (IMU), a la Unión para la Yihad Islámica (IJU) o al Movimiento Islámico de Turquestán del Este (ETIM), conservaron su propia identidad, no admitiendo otras nacionalidades e incluso utilizando su lengua nativa para comunicarse entre ellos. Este diferente patrón también se llegó a reflejar en la estrategia de campaña, en tanto que los árabes se mantuvieron fieles a su compromiso de combatir principalmente al enemigo estadounidense y la OTAN en territorio afgano, el IMU se enfrentó principalmente al ejército pakistaní, prestando apoyo a las tribus que les habían acogido. Por su lado el IJU, una hijuela del IMU, cooperó estrechamente con los operativos árabes, debido a una ideología islamista más cercana a la de Al Qaeda e, incluso, aceptando el precepto de lucha contra el enemigo lejano, propio de última (Stenersen, 2010).

El nacimiento del Movimiento Talibán Pakistaní

Exceptuando el grupo Tehrik-e Nafaz-e Shariat-e Mohammadi, fundado en 1992 en Malakand, los talibanes pakistaníes nunca habían sido capaces de formar un grupo que diera cobertura a las diferentes corrientes radicales violentas surgidas desde la década de los setenta en Pakistán. El nacimiento del TTP, o Movimiento Talibán de Pakistán, debemos enmarcarlo en el apoyo que, inicialmente de manera popular y desorganizada, surgió en los territorios pakistaníes de las FATA a los combatientes talibanes, tras su derrota militar ante el empuje de las fuerzas de la Alianza del Norte, apoyadas por la fuerza aérea estadounidense. Después de 2001, los talibanes pakistaníes comenzaron a organizarse, siempre aceptando la supremacía espiritual del mulá Omar, e inspirados por lo que los talibanes afganos habían conseguido en su país. De manera que se movilizaron en contra del invasor estadounidense y contra el régimen de Musharraf, por cooperar con el enemigo y considerarlo un traidor (Ruttig, 2009b).

Se sabe que los talibanes afganos fueron generalmente bien acogidos por sus comunidades hermanas pastunes, a diferencia de lo ocurrido con los extranjeros, que jugaron un papel fundamental en la radicalización del futuro TTP. Esta quinta columna tardó dos años en consolidarse y pretender que, al igual que había ocurrido en el Emirato con la imposición de la sharía, ahora fuese en las FATA donde esta nueva regla imperase. De manera que, en los inicios de 2004, ocurrirían los primeros enfrentamientos armados entre el ejército pakistaní y las milicias tribales no dispuestas a aceptar la autoridad de los agentes políticos designados por el gobierno, los conocidos como *maliks*.

Lo que realmente activó el enfrentamiento armado entre el ejército pakistaní y las tribus que apoyaban a los combatientes talibanes extranjeros fueron las incursiones que las unidades militares comenzaron a llevar a cabo en la agencia de Kurram para darles caza. Incursiones que acabaron en una sonora derrota del ejército ante el *lashkar*[192] de unidades tribales dirigidas por Nek Mohammad Wazir, *lashkar* que daba protección a los combatientes extranjeros lideradas por el uzbeko Tahir Yuldashev y que eran el verdadero objetivo de la operación (enero de 2004). La razón de que las primeras tribus que mostraron este nivel de lealtad hacia los combatientes extranjeros, fueran precisamente Waziri, hay que buscarla en el hecho de que esta tribu es la que más combatientes voluntarios había aportada al Emirato durante la segunda mitad de los noventa, y por lo tanto su cercanía personal con los combatientes de Al Qaeda era muy alta. Su líder Nek Mohammad se había graduado en el centro islámico de Haqqania y había optado por la

---

[192] Palabra de origen árabe que significa ejército. En *darí* es usada pata designar las unidades irregulares levantadas en armas por las tribus para llevar a cabo una campaña militar y que son disueltas a su finalización.

yihad, combatiendo en Afganistán durante los siguientes años bajo las órdenes del líder talibán mulá Mohammad Gul.

Una vez producido el enfrentamiento con los militares pakistaníes, los neotalibanes no lo apoyaron, porque era contrario a sus propios intereses de supervivencia en suelo pakistaní, y así poder llevar adelante su campaña en territorio afgano. Sin embargo, Al Qaeda sí que apoyó esta campaña contra el gobierno pakistaní, ya que le era esencial contar con el apoyo de las tribus que les acogían.

Desde sus inicios, este movimiento pakistaní, que nació de la mano de las tribus *pajtunes* con experiencia previa de combate en territorio afgano, contó con el germen de la competitividad tribal, de manera que, si la subtribu Yargulkhel había sido capaz de erigirse en líder mediante Nek Mohammad, la subtribu Kakakhel competiría por este liderazgo a través del ulema Nazir Ahmed. Es en este escenario de competitividad tribal donde apareció el ISI, prestando apoyo encubierto a Nazir, por las mismas razones que en anteriores ocasiones el ISI había seleccionado a sus vicarios, anular al adversario más fuerte, prestando apoyo al más débil, y ganándose de esta manera su lealtad temporal. Durante la primavera de 2007, tuvieron lugar intensos combates entre los Kakakhel y los combatientes uzbekos, enfrentamientos en los que los apoyos prestados por el ISI a los Kakakhel resultaron decisivos (Franco, 2009).

Durante los años de enfrentamiento entre los Yargulkhel y los Kakakhel, representando respectivamente un bando pro combatientes extranjeros y un segundo bando pro fuerzas gubernamentales, los asentamientos talibanes de extranjeros se fueron desplazando hacia el norte, hacia las zonas de la tribu Mehsud. Es en este escenario donde una nueva figura emergió, Baitullah Mehsud, un joven comandante de la subtribu Shabikhel que, en tres años, se convirtió en actor principal y líder indiscutible de los *lashkars* pastunes del sur de la frontera. Durante los años 2006 y 2007, su figura iría creciendo, seguida de los éxitos militares en el campo de batalla que le hicieron convertirse en el enemigo público número uno de las fuerzas militares pakistaníes. El asalto a la mezquita roja de Islamabad, en julio de 2007, supuso el empujón definitivo que necesitaban los talibanes pakistaníes para crear, a finales de ese mismo año, su propia estructura insurgente como TTP, al objeto de unificar y coordinar las acciones para establecer un emirato en las FATA y zonas adyacentes (Ruttig, 2009b).

En diciembre de 2007, tras un largo mes de conversaciones en una *jirga* formada por representantes de todas las tribus pastunes del sur de la frontera afgano-pakistaní, cristalizó la formación del TTP y resultó elegido el joven Baitullah Mehsud como su líder. Aunque Baitullah ya había combatido en los frentes afganos de los años noventa, su radicalización hasta considerar a las autoridades pakistaníes y su ejército responsables de colaboracionismo con los Estados Unidos había ocurrido a partir de 2004, con ocasión del inicio de relaciones personales con los líderes de Al Qaeda y la aceptación de millones de dólares para estas comunidades Waziri, por el refugio que le ofrecían. La finalidad del nuevo movimiento sería imponer la sharía en sus territorios, declarándose como parte del mismo Movimiento Talibán, pero en territorio pakistaní.

Consciente del desafío que el nuevo movimiento talibán autóctono suponía para el gobierno y la existencia del propio Estado pakistaní, el ejército se comprometió completamente en su lucha y destrucción. Pero al mismo tiempo que esto ocurría, el ejército y el ISI dejaron tranquilos a los neotalibanes y a los grupos terroristas islamistas punyabíes (Stenersen, 2010; Waldman, 2010b). Por su parte, los neotalibanes prestaron servicios como mediadores en los intentos que se llevaron a cabo para convencer a la tribu Mehsud de que dejasen de albergar a los militantes extranjeros.

Más tarde, en febrero de 2009, se creó la Shura Ittihad ul-Mujahidin (Consejo Muyahidín Unido) en el que tuvieron representación todos los grupos muyahidines pakistaníes no incluidos en el TTP. Concebido como una especie de federación, sus grupos subordinados actuaron de manera casi autónoma, pero al menos logró el cese de los enfrentamientos armados entre los diferentes grupos, obteniendo un aumento exponencial de sus ataques contra las fuerzas progubernamentales. Sin embargo, antes de acabar ese mismo año, el acuerdo saltó por los aires tras las artimañas del ISI (De la Corte Ibañez, 2014; Ruttig, 2009b).

Baitullah representó a una nueva generación de islamistas pakistaníes que no requerían negociar con los representantes del gobierno pakistaní, sino que declaraban abiertamente su derecho a la independencia, bajo un modelo de gobernanza que uniese todas las tribus de las FATA y acabase, tras más de cien años, con el modelo de control y subordinación ejercido por el gobierno británico, primero, y el pakistaní, después. En el origen de los primeros líderes del TTP hay dos factores que no debemos pasar inadvertidos: uno fue su relación con el ataque sufrido contra la mezquita roja de Islamabad, como lo demuestra el hecho de que una de sus primeras exigencias fuese la liberación del ulema Abdul Aziz Ghazi, imán de la mezquita roja cuando ocurrió el secuestro de los fieles y posterior asedio por las fuerzas militares pakistaníes; el segundo estuvo constituido por las intensas relaciones personales existentes entre los comandantes de primer nivel del TTP y los líderes talibanes afganos, relaciones surgidas durante el tiempo que los pakistaníes combatieron en territorio afgano durante el Emirato (Franco, 2009). A lo que hay que añadir el necesario e intenso proceso de radicalización que comenzó en 2004, a través de las relaciones personales establecidas con líderes de Al Qaeda, repitiéndose el mismo patrón ocurrido con los Talibán: la capacidad de Al Qaeda, como entidad parasitaria, que es capaz de manipular al huésped y utilizarlo en su provecho[193].

Debido a los lazos que unen a los neotalibanes con el TTP y la agenda de combate que este último tiene contra el Estado pakistaní, los neotalibanes tuvieron que hacer frente al dilema de apoyar a sus hermanos talibanes pakistaníes que les acogían, al mismo tiempo que les pedían que la verdadera yihad debía combatirse en territorio afgano y no en suelo pakistaní; ya que tenían que apaciguarles contra los militares pakistaníes que eran sus verdaderos mentores. Es así como los neotalibanes afganos hicieron labores de mediación para que se alcanzasen acuerdos de alto el fuego entre los muyahidines uzbekos y algunos grupos del TTP, así como entre éstos y el ejército durante los años 2006 a 2008. Siguiendo a Ruttig, podríamos asumir que algunos de los grupos que formaron parte del TTP y mantuvieron estrechas relaciones con los neotalibanes, así como con Al Qaeda, pudieron estar funcionando como cadena de transmisión para colaboraciones puntuales entre esta última y el propio ejército pakistaní, utilizando para ello elementos retirados del ISI, al objeto de poder asumir siempre la más absoluta negación de los hechos (2009b). Estas colaboraciones fueron fruto de las intensas relaciones existentes entre Al Qaeda con el TTP y algunos de sus grupos más importantes, tales como: Lashkar-e Jhangvi, Jaish-e Mohammad, Sipah-e Sahaba Pakistan, así como el grupo terrorista cachemir Harakat ul-Mujahidin.

Su declive

En primer lugar, citar que el continuo interés del gobierno pakistaní en debilitar al TTP, como principal enemigo del Estado desde su propia incepción, se cobró su primera pieza en junio de 2008, cuando consiguió la creación del llamado Movimiento Talibán Local, por dos subtribus Waziri que se oponían al liderazgo de los Mehsud y a su política de total oposición al gobierno (Franco, 2009).

El primer líder del TTP, Baitullah Mehsud, fundador de esta red de grupos islamistas tribales pakistaníes, murió en 2009 por un ataque de dron estadounidense. Su sucesor, Hakeemullah Mehsud, también moriría por otro ataque de dron, en este caso en 2013. Su sucesor fue un yihadista no perteneciente a la tribu Mehsud, el conocido como *maulana* Fazlullah. Pero este no fue capaz de afianzar su liderazgo y vio como un buen número de comandantes abandonaban la organización. Su escaso prestigio personal, junto con los varios intentos de negociar con el gobierno, así como su escasa presencia en Pakistán provocó que la organización se encontrase al borde de la desaparición a finales de 2014

---

[193] En enero de 2008, se desarticuló un comando operativo en Barcelona compuesto por ciudadanos pakistaníes que pretendían llevar a cabo un ataque suicida con explosivos en el metro de la Ciudad Condal; la orden de actuar había sido dada por Baitullah Mehsud, como una prueba más del compromiso de lucha contra el enemigo lejano, siguiendo la doctrina de Al Qaeda (Reinares, 2010; Stenersen, 2010)

(Setas, 2014). Su localización frecuente sería en los distritos sureños de la provincia afgana de Kunar.

Las conversaciones con el gobierno pakistaní de la Liga Musulmana Pakistaní de Nawaz (PML-N) comenzaron en agosto de 2013 y, a pesar de que varios atentados de grupos escindidos del TTP provocaron paros temporales de las mismas, acabaron por retomarse en enero de 2014. En abril y en respuesta a nuevos atentados, se volvieron a realizar nuevas operaciones de bombardeo en Waziristan del Norte, donde supuestamente se concentraban los operativos del Movimiento Islamista Uzbeko. Esta vez fueron acompañados de operaciones terrestres contra los dos únicos núcleos urbanos existentes en la zona: Mir Ali y Miramshah. Estas operaciones de castigo fueron llevadas a cabo por las fuerzas armadas pakistaníes siguiendo el modelo centenario de las fuerzas coloniales británicas: raides de tribus enteras como castigo colectivo, al mismo tiempo que se contactaba con los *maliks* para negociar su apoyo en las operaciones.

En junio de 2014, se convocaron dos *jirgas* con las comunidades locales de la zona al objeto de ganarse el apoyo de la población, a cambio de concesiones para que ayudasen en la expulsión de los terroristas extranjeros que albergaban. Pero el 8 de junio, se produjo un importante atentado en el aeropuerto internacional de Karachi, llevado a cabo por el movimiento uzbeko. Esto precipitó las cosas y el 15 de junio se desencadenó la operación Zarb-e Azb contra la insurgencia talibana en Waziristan del Norte. Los *ancianos* de las comunidades afectadas testimoniaron que todos los operativos de la Red Haqqani y sus familias habían abandonado sus residencias unos días antes del comienzo de las operaciones militares, poniendo en evidencia, una vez más, la conocida colusión del ISI y Haqqani (De la Corte Ibañez y Gergova, 2016; Setas, 2014).

Finalmente, el golpe de gracia para el TTP fue la creación por parte de varios de sus comandantes de una nueva organización denominada Jamaat-ul Ahrar (JuA), que por su visión de la yihad global se encontraba más cercana de Al Qaeda que del propio TTP. En la actualidad, sigue activo y controlando importantes áreas de Waziristan, manteniendo su santuario en las provincias afganas del este. Recientemente, el gobierno pakistaní ha confirmado el inicio de conversaciones para pactar un alto el fuego con ellos, haciendo de mediadores representantes del nuevo gobierno talibán en Kabul (Lalzoy, 2021).

LA CONTINUA INJERENCIA PAKISTANÍ EN LA GOBERNANZA AFGANA

Muchos son los autores internacionales que achacan las numerosas deficiencias del Gobierno de Hamid Karzai a la falta de tropas y de fondos para el desarrollo, pero desde otra perspectiva algo que resulta evidente es el conjunto de razones relacionadas con la falta de una adecuada gobernanza para que una importante parte de la población apoyase a la insurgencia, con sólo 9 provincias de un total de 34 que se mostraban claramente contrarias a la presencia de la insurgencia en 2014 (Warren, 2014). Este análisis y autocrítica es lo que ha faltado en los foros políticos y militares occidentales, entre otras se encuentran las siguientes preguntas: ¿por qué comunidades afganas enteras decidieron apoyar a los insurgentes?, ¿qué falló en la reconstrucción de las instituciones estatales?, ¿por qué no se consiguió una mínima adherencia identitaria al concepto de nación y Estado democrático afgano?

Primero, habría sido necesario analizar si el modelo escogido de Estado era el deseado por la mayoría o, si hubiese sido más acorde con la historia y cultura afgana un modelo de distribución de poder más repartido entre comunidades locales y Kabul. Segundo, el Estado de derecho ha brillado por su ausencia en la época democrática, las leyes no se cumplían, ya fuera por falta de presencia de la Administración o por funcionarios corruptos que sólo favorecían al poderoso del que podían recibir dádivas. Tercero, la estructura de poder estatal en el nivel provincial y local ha estado en manos de excomandantes muyahidines de la Alianza del Norte que, además de corruptos, se dedicaron a acosar a sus rivales políticos. Por último, unas fuerzas internacionales desinformadas que no han sido capaces de entender la intrincada política local y se han fiado de fuentes sin contrastar, lo que ha provocado la detención, tortura y, en ocasiones, la muerte de civiles que se habían rendido al Gobierno de Hamid Karzai o que sólo eran opositores políticos o pertenecientes a una tribu rival.

La falta de gobernanza y la incapacidad de la policía y el ejército para evitar la comisión de delitos contra la seguridad de los ciudadanos fue un hecho desde el mismo inicio de la intervención internacional. Es por lo tanto preciso cuestionarse si el diseño del aparato securitario fue el adecuado para un país de las características de Afganistán y con una sociedad tan dividida.

Con el escenario descrito, la reactivación del Movimiento Talibán era la consecuencia probable de lo que se estaba viviendo en el interior del país, unido al imprescindible apoyo de las autoridades pakistaníes que le ofrecieron un santuario con un altísimo nivel de apoyo popular en las FATA y, por extensión, en el estado federado de Khyber Pakhtunkhwa, donde los partidos islamistas que apoyaban al Movimiento Talibán se hicieron con el poder en las elecciones de 2003. Posiblemente lo que no imaginaba el gobierno pakistaní en 2002 era la futura creación del TTP en su propio territorio, debido a las influencias yihadistas panislamistas de los extranjeros que habían encontrado acomodo en el Emirato junto a los talibanes.

Con respecto a Pakistán, ha quedado claro el apoyo esencial prestado por las autoridades nacionales y regionales para la reconstitución del Movimiento Talibán, junto al intenso apoyo popular recibido en el estado federado de Khyber Pakhtunkhwa. Sin embargo, se opusieron de manera clara contra la presencia de Al Qaeda y otros terroristas extranjeros de Asia Central (IMU e IJU), y combatieron de manera decidida al recién nacido TTP y sus aliados uzbekos y árabes. Lo que supuso nuevos sufrimientos para una población que había sido objeto de manipulación, ya fuera por partidos islamistas o por las autoridades del gobierno, y cuyos líderes tribales sufrieron el acoso o asesinato por parte de las propias organizaciones terroristas hasta alcanzar su apoyo.

Por último, el apoyo pakistaní al resurgimiento del Movimiento Talibán no sólo supuso la continuidad en su política de injerencia en el modelo de Estado y la gobernanza afgana, al objeto de controlar el irredentismo pastún en su propio territorio, sino también una estrategia para bloquear la influencia de India, reduciendo las posibilidades de éxito de la operación de reconstrucción nacional acometida por la comunidad internacional, desde el momento que el gobierno establecido no se subordinase a sus propios intereses nacionales.

CAPÍTULO 8

LA EXPANSIÓN DE LA INSURGENCIA Y SUS ESTRATEGIAS

LA COMPOSICIÓN DE LA INSURGENCIA

Una red de redes

La insurgencia afgana ha sido un fenómeno revolucionario complejo y por lo tanto en su estudio no puede ser reducida a una mera organización terrorista. Consiste en una serie de grupos muy diferentes entre ellos y que poseen diferentes razones para haberse levantado en armas contra el gobierno democrático, pero que obtuvo la necesaria coherencia gracias al que sería su líder supremo durante casi doce años, el mulá Omar, a un enemigo común —un gobierno supuestamente ilegítimo y su aliado Estados Unidos— y a un modelo de Estado regulado por la sharía como objetivo político.

La reactivación del movimiento se hizo con una estructura de mando y control diferente a la establecida en 1994 en Kandahar, pues los actores y las circunstancias eran distintos. Si en la década de los noventa, el movimiento estaba formado por un potente núcleo de líderes y cuadros intermedios que habían forjado fuertes lazos de compañerismo durante la guerra contra la ocupación soviética, conocidas como *redes andiwal*, junto a una masa de combatientes procedentes de las distintas milicias islamistas y los jóvenes procedentes de las madrasas pakistaníes que se fueron incorporando al núcleo inicial; en los años 2000, el movimiento daría cabida a todo tipo de grupos dispuestos a levantarse en armas contra el Gobierno de Karzai y las tropas internacionales que le apoyaban.

Entre sus componentes, encontramos los siguientes grupos:

i. El núcleo duro del renovado Movimiento Talibán ha estado formado por la corriente interna definido como los *kandaharíes*. Son mayoría en el liderazgo supremo neotalibán y constituyen su principal fuerza combatiente. Capaces de operar largos periodos de tiempo dentro de territorio afgano por sus contactos y conocimiento de la cultura tribal pastún y, en particular, del *pashtunwali*. Este grupo fue el que desafió a las fuerzas de la ISAF en el verano de 2006, intentando la captura de la ciudad de Kandahar.

    A este grupo se le unieron los cuadros y combatientes procedentes de las madrasas afganas y pakistaníes con los que sus líderes tenían relación. Ambos son los que conforman la corriente ideológica del movimiento, los denominados *maktabi* o ideólogos y le han aportado su continuidad desde el año 1994.

ii. Los elementos asociados son la Red Haqqani y la red formada en torno a la familia Mansur. Han constituido junto a la corriente anterior el núcleo de la insurgencia, en el que también podríamos incluir al Frente Militar Tora Bora[194] (Tora Bora Nizami Mahaz) con su líder Anwarul Haq Mujahid a la cabeza. Prácticamente, todos ellos operaban con su propia estructura de mando diferenciada. Son independientes en sus fuentes de financiación, ya que datan del anterior régimen talibán. Mención especial merecen la importante cantidad de combatientes extranjeros —principalmente árabes y centroasiáticos— que operan fundamentalmente integrados en la Red Haqqani.

iii. El partido Hezb-e Islami Hekmatyar (HIG) operó desplegado a lo largo y ancho del país y, con mayor o menor intensidad, dependiendo del apoyo que recibiese en la zona afectada[195]. Militarmente estuvo enfrentado a los Talibán durante el Primer Emirato, pero durante el periodo democrático aparcó este enfrentamiento en aras de un pragmatismo que le permitiera coordinar sus acciones con los talibanes cuando las circunstancias lo requiriesen. Su estrategia política es muy elaborada y hasta su integración como partido político intentó la infiltración de cuadros en el gobierno nacional, provincial y local. Sin embargo, su torpe estrategia operacional le llevó a perder gran parte del apoyo popular por su crueldad con la población civil.

iv. Los grupos salafistas y wahabíes con presencia en el país y con una mayor implantación en las provincias del este, pero con objetivos políticos locales debido a las divergencias ideológicas entre la *escuela hanbalí*, de la que son seguidores y la *escuela hanafí* mayoritaria en Afganistán. Es por ello por lo que estos grupos resultan extraños fuera de las provincias de Kunar y Nangarhar donde la doctrina hanbalí tiene una fuerte implantación entre sus mulás y ulemas, con una buena parte de ellos formados en el centro de estudios islámicos wahabíes de Panjpir[196] (Peshawar). La importancia de estos grupos se vio realzada cuando en el año 2015 se dio a conocer el establecimiento del Estado Islámico de Khorasan (IS-K) en áreas de la provincia de Nangarhar y Kunar, así como en zonas de las FATA (Center for Strategic and International Studies, 2018; Osman, 2015b; Rafiq, 2015),

---

[194] Tora Bora es una de las dos fracciones herederas de Hezb-e Islami Khalis que se escindieron a la muerte de su líder el ulema Yunus Khalis, con fuerte presencia en la zona de Nangahrar.

[195] En 2016 y fruto de un largo proceso de negociaciones, el presidente Ghani consiguió la reconciliación política de Hezb-e Islami Hekmatyar con su líder a la cabeza (Al Jazeera, 2016).

[196] Construido en la primera mitad del siglo XX por el ulema Mohammad Tahir en su aldea natal Panjpir, este centro ha propagado un islamismo salafista ajeno a la tradición pastún, pero que ha conseguido asentarse en la zona tras recibir cuantiosos donativos de Arabia Saudí (Siddique, 2014).

lo que les llevó al actual enfrentamiento violento que mantienen contra el resto de grupos talibanes.

v. Por último, sólo queda por citar los numerosos grupos de carácter local, que se unieron a la insurgencia, porque se sintieron aislados o maltratados por el poder central, y se vieron forzados a pasar a la clandestinidad. Constituyen los *majburi* o forzados. La gran cantidad de combatientes *majburi* estaba en relación con el número de muertos y heridos civiles, provocados por los combates mantenidos contra las fuerzas internacionales, y el excelente aparato de propaganda talibana que culpaba sistemáticamente a estas últimas —se llegó incluso a debatir en sede parlamentaria afgana un proyecto de ley para regular el uso de la fuerza por parte de la ISAF— (Ruttig, 2009b).

A estos grupos hay que unir la gran cantidad de mafias operando en el país. Dedicadas fundamentalmente al tráfico de opio, no eran parte de la insurgencia pero existía una colusión de mutuo interés, entre la insurgencia que recibía cuantiosos beneficios y las mafias que operaban libremente en las zonas controladas por los grupos insurgentes.

Por su parte, Al Qaeda ha operado como un importante multiplicador de todos estos grupos, ayudando a los insurgentes en los ámbitos táctico y estratégico, lo que se concretó en visitas de aprendizaje de operativos a Irak o desde este teatro de operaciones a Pakistán y Afganistán. Todo ello tendría su muestra más evidente en la importancia que el procedimiento de los suicidas bomba fue adquiriendo, a partir de 2005, en el frente afgano. Además, Al Qaeda ha tenido (y mantiene) intensas relaciones con los grupos terroristas pakistaníes Jaish ul-Muhammad, Harakat-e Mujahidin, Lashkar-e Jhangvi y Harakat ul-Jihad ul-Islami (Jones, 2008a).

La Red Haqqani

Su fundador

Su fundador y líder hasta su muerte fue Jalaluddin Haqqani —uno de los primeros muyahidines que lucharon contra los soviéticos—. Debido a su enfermedad y posterior fallecimiento, la red es dirigida desde 2011 por su hijo Serajuddin. Jalaluddin recibió la primera parte de su educación religiosa en una madrasa en Afganistán y de aquí se desplazó a Haqqania (Pakistán) donde la completaría. Escapó hacia este país meses después del golpe de Estado de Daud Khan, con el primer grupo de islamistas que sufrieron persecución. Se sabe que el Gobierno de Zulfikar Ali Bhutto los acogió al objeto de proporcionarles entrenamiento militar y armas para que organizasen guerrillas contra el régimen de Daud, a quien ya conocían de su época de primer ministro y su obsesión por la anexión de las FATA. Se estableció en Miramshah, a escasos 15 km de la frontera con Afganistán y 50 km de su aldea de origen —distrito de Srana, provincia de Khost— (International Crisis Group, 2011a; Ruttig, 2009a).

Jalaluddin Haqqani combatió a los soviéticos integrado en Hezb-e Islami Khalis y muy pronto inició sus contactos con el ISI, llegando a fructificar en relaciones muy intensas y productivas para ambas partes. La Red Haqqani ha sido uno de los grupos más beneficiados en el reparto de fondos y armas por parte del ISI, a cambio del adiestramiento de operativos que posteriormente pasaban a combatir en Cachemira y también en el propio Afganistán. En 1991, la primera capital de provincia afgana que cayó en poder de los islamistas fue precisamente Khost. La columna bajo el mando de Jalaluddin Haqqani fue la que llevó el peso del combate, aunque el ISI se encargó de asignar los méritos a su protegido en aquellas fechas Gulbuddin Hekmatyar. Jalaluddin llegó a ser ministro de Justicia en el primer gabinete muyahidín bajo la presidencia de Sibghatullah Mojadidi. Una vez finalizada la Guerra de Resistencia, la Red Haqqani se mantuvo al margen de las disputas por el poder en Kabul y se limitó a controlar la zona de Loya Paktya, junto con la familia Mansur.

Llegó a ser considerado como el principal activo de la CIA en la zona. Sin embargo, tras el abandono por parte estadounidense de sus colaboradores afganos, después de la caída de Najibullah, Jalaluddin se iría distanciando de sus anteriores patrocinadores para acabar en las filas de los Talibán y ser incluido en las lista de terroristas internacionales antes de septiembre de 2001.

Cuando los Talibán iniciaron la expansión hacia el este, Jalaluddin no se pondría de acuerdo con ellos, pero a lo largo de 1995 se unió al movimiento y llegó a convertirse en uno de sus mejores comandantes en el campo de batalla, combatiendo en las provincias del este y norte de Kabul. En compensación, le respetaron su área de influencia y el mulá Omar le nombró ministro de Asuntos Tribales. La relación sería beneficiosa para ambas partes, pues Jalaluddin se mostró como uno de los jefes militares más capaces del Emirato, sino el que más.

Lo cierto es que, a lo largo de 2001, Jalaluddin mediante sus contactos con el ISI se convirtió en el posible líder de la facción moderada de los talibanes, que el gobierno pakistaní impulsó como alternativa al mulá Omar. Entre octubre y diciembre de 2001, al mismo tiempo que se estaba desarrollando la campaña militar de la Shura-e Nazar con el apoyo de Estados Unidos, se habría estado negociando con el ISI la posibilidad de atraer a los líderes más moderados hacia un futuro gobierno de coalición con los islamistas y, al parecer, la figura que por parte pakistaní se propuso fue Jalaluddin Haqqani —de hecho, el portavoz oficial del Ministerio de Asuntos Exteriores pakistaní confirmó la presencia de Jalaluddin para buscar un posible gobierno que sucediese al talibán—. Las razones exactas por las que finalmente Jalaluddin quedó fuera de esta opción son desconocidas, aunque posiblemente tuviera que ver el hecho de que Estados Unidos lo había vetado por su cargo de ministro en el Emirato y que su hermano Omari fuese arrestado, precisamente en los días en los que se celebraban las conversaciones en Pakistán. Finalmente, Jalaluddin se convertiría en un firme opositor a la invasión estadounidense e incluso llegó a organizar la fuga de miembros de Al Qaeda a territorio pakistaní durante la primavera de 2002 (Ruttig, 2009a).

Su ascenso en la jerarquía neotalibana

En junio de 2003, la Shura de Quetta anunció la creación de una comisión militar específica para dirigir las operaciones en las provincias del sudeste afgano. Esta comisión fue liderada por la familia Haqqani y se ubicó en el núcleo urbano *wazarí* de Miramshah, de manera que la Red Haqqani se integraba oficialmente en la estructura neotalibana, pero al mismo tiempo seguía manteniendo su independencia operativa que sus diferentes fuentes de financiación le permitían.

A lo largo de 2003 y 2004, fue capaz de reconstruir sus redes de apoyo en Loya Paktya y se hizo con el control de la mitad de sus distritos. Hasta 2008, se le consideró una red terrorista local, pero a partir del ataque perpetrado contra la embajada india en Kabul con un coche bomba, se le pasó a considerar una red terrorista con objetivos estratégicos y capacidad para desestabilizar toda una región geopolítica como Asia del Sur. Durante 2011 y 2012, llevó a cabo una dura campaña de hostigamiento contra las fuerzas extranjeras, funcionarios afganos y civiles, con algunos de los atentados más complejos llevados a cabo en la ciudad de Kabul. A finales de 2012, fue declarada organización terrorista internacional por Naciones Unidas.

Se sabe que con ocasión de las operaciones de castigo contra el TTP y yihadistas uzbekos en los primeros meses de 2014, llevadas a cabo por el ejército pakistaní en Waziristan del Norte, se produjo el traslado de combatientes Haqqani y sus familias hacia Kurram. De manera que, cuando en junio de ese año, se inició la operación Zarb-e Zab, ya no quedaban operativos Haqqani en la zona de Waziristan, pues se habían puesto a salvo gracias a la información proporcionada por el ISI.

A principios de 2015 y tras el mayor atentado sufrido por un colegio en territorio pakistaní[197], las autoridades pakistaníes declararon ilegal a la Red Haqqani, pero en la práctica siguió protegida por el ISI —se estima que esta declaración consistió en un simple lavado de cara por parte del gobierno y el ejército pakistaní, ante la opinión pública interna y externa—. Tras el anuncio oficial de la muerte del mulá Omar (julio de 2015), se declaró al mulá Akhtar Mansur como sucesor y a Serajuddin Haqqani, hijo de

---

[197] Ocurrido el 2 de diciembre de 2015 en la ciudad de Peshawar, contra un colegio donde se impartían clases de educación primaria y secundaria. Provocó 150 fallecidos, entre ellos 132 niñas y niños.

Jalaluddin, como su segundo en la organización —junto a un entonces desconocido mulá Haibatullah Akhunzada—. Pero no sólo Serajuddin, sino que otros importantes líderes del grupo pasaron a ocupar cargos de relevancia en la estructura de mando neotalibán. Con ello se aseguraba un importante nivel de control por parte del ISI en los neotalibanes, ya que el tiempo demostraría que seguía siendo su más fiel aliado en el movimiento.

En mayo de 2016, se produjo la muerte del nuevo líder talibán mulá Akhtar Mohammad Mansur, cuando llevaba menos de un año como sucesor del mulá Omar. Ese mismo mes, el portavoz oficial talibán comunicó la designación de su sucesor, mulá Haibatullah Akhunzada, perteneciente a la tribu Noorzai, y que Serajuddin Haqqani continuaba como segunda autoridad en la organización, al mismo nivel que el hijo del difunto mulá Omar, Mohammad Yaqub (De la Corte Ibañez y Gergova, 2016).

Sus relaciones internas y externas

La coherencia en la Red Haqqani se consigue gracias a los lazos ideológicos y los tribales. El núcleo inicial de combatientes se recluta de la subtribu Zadran Mezi a la que pertenece la familia Haqqani. Durante la Guerra de Resistencia contra los soviéticos su base de reclutamiento se amplió, incluyendo otras tribus del sureste con cuyos líderes la familia Haqqani mantenía buenas relaciones. La implicación de las tribus y sus *ancianos* era tal que ellas eran las encargadas de corregir a aquellos combatientes que mantenían una conducta inapropiada. Estos lazos con los *ancianos* y kanes de las tribus se vieron reforzados mediante las ayudas financieras que la Red distribuía entre ellas.

Para conocer el reclutamiento de la Red Haqqani, es necesario remontarse a las históricas fricciones existentes entre los *durranis* y los *paktiawal*[198], para encontrar la línea de quiebra entre aquellas tribus que aportan seguidores a la Red Haqqani y las que no, fruto de la frustración originada por lo que consideran la indebida apropiación del poder y privilegios por las tribus Durrani. Enfrentamiento que parece ser incluso mayor que el tradicionalmente conocido entre los Durrani y los Ghilzai. Esta falta de confianza entre las tribus del sudeste o *paktiawal* hacia las tribus *kandaharíes* es mutua y llegó a constituir un serio elemento de fricción interna en el movimiento, por lo que consideraban una usurpación del poder por parte de los miembros de la Shura Suprema de Kandahar, donde todos ellos eran *kandaharíes* (Ruttig, 2009a).

Jalaluddin Haqqani fue el primer líder islamista que durante la guerra contra los soviéticos incorporó en sus filas a extranjeros, en igualdad de condiciones que sus propios combatientes afganos. Sus relaciones con los servicios de inteligencia saudíes y con sus donantes árabes fue muy buena —una de las dos esposas de Jalaluddin era originaria de Emiratos Árabes Unidos—, lo que le permitió recibir cuantiosas donaciones directamente

---

[198] Literalmente: los originarios de Loya Paktya.

de familias adineradas de la península arábiga. Incluso llegó a mantener relaciones personales con Ben Laden, a quien conoció durante la construcción de la base Zhawara, en la provincia de Khost (década de 1980). Su segundo pilar de apoyo, tan importante como el primero, lo constituye las relaciones que desde aquella década mantiene con el ISI y los partidos islamistas radicales pakistaníes. Relaciones que utiliza para comprar a los *ancianos* y kanes de las tribus a cambio de cuantiosos regalos ofrecidos por el ISI —dinero, viajes y casas en Pakistán—. De esta manera la alianza existente entre el ISI y la Red Haqqani no solo se ha mantenido, sino que se ha visto reforzada con el paso de los años.

Es precisamente en esa década cuando la Red Haqqani se convirtió en la organización islamista preferida por el ISI, tras Hezb-e Islami Hekmatyar, gracias al apoyo incondicional que prestaba para el entrenamiento de combatientes pakistaníes e internacionales, combatientes que más tarde pasaban a engrosar la lista de organizaciones terroristas operantes en Cachemira. Desde entonces, su relación con las autoridades pakistaníes se ha mantenido inalterable. Los Haqqani llevaron a cabo el papel de mediador en multitud de ocasiones tanto con Al Qaeda, como con el TTP y las organizaciones terroristas uzbekas localizadas en territorio pakistaní. Gracias a sus excelentes relaciones con el ISI, la red ha servido de lazo de unión entre aquel y el renovado Movimiento Talibán.

Sus estrechos lazos con el TTP le proporcionan un buen número de santuarios, además de una fuente inagotable de reclutas. Sus estrechos lazos con Al Qaeda, Lashkar-e Taiba, Jaish-e Mohammad y Harakat ul-Mujahidin[199], como consecuencia de las relaciones forjadas de cuando utilizaban los campos de entrenamiento levantados en la provincia de Khost, le proporcionaban las técnicas y los suicidas suficientes para llevar a cabo sus sangrientos ataques (De la Corte Ibañez y Gergova, 2016; International Crisis Group, 2011a; Ruttig, 2009a).

Al parecer, el grupo Haqqani controlaba las rutas de transporte terrestres que desde Pakistán se dirigen a Afganistán, lo que le permitía ingresar entre el 10 y el 25 % de todo el tráfico ilegal de mercancías que transitaba por la frontera afgano-pakistaní. Sus principales fuentes de financiación se correspondían con las gemas y la explotación maderera, a lo que hay que añadir el tráfico de armas y municiones. Además, poseía negocios inmobiliarios en Oriente Próximo y exportaba cromita a China (Lilleby, 2013; Peters, 2009). Esto le permitía no depender de la estructura de mando y apoyo neotalibana. Su otra característica más definitoria, además de la independencia financiera

---

[199] Organización terrorista que actúa fundamentalmente en la Cachemira india.

y operacional, ha sido la diversidad de sus miembros combatientes procedentes de las tribus pastunes *paktiawal*, pakistaníes, uzbekos y árabes.

La Red Mansur

Es el segundo grupo de insurgentes más importante en Loya Paktya. Su fundador fue el ulema Nasrullah Mansur, un miembro de la tribu Andar del distrito de Zurmat (Paktya). Su educación la recibió en la madrasa Noor ul-Madaris, una de las más prestigiosas y conservadoras de todo Afganistán, madrasa que fue fundada por la familia Mojadidi y está ubicada en las afueras de Ghazni.

Es la heredera de uno de los más antiguos grupos islamistas en el país, el denominado Khuddam ul-Forqan (Siervos de la Providencia). Este grupo de clérigos data de la década de los sesenta, bajo la influencia de la familia Mojadidi y su centro de estudios Noor ul-Madaris en Ghazni. Su finalidad principal fue contrarrestar la expansión de las ideas marxistas en auge en aquellos años. Fue la base para la posterior formación en 1978 de Harakat-e Inqilab-e Islami, bajo el liderazgo del ulema Nabi Mohammadi, como uno de los partidos islamistas que formaron el grupo denominado los *Siete de Peshawar*.

En 1982, se dividió en varios grupos, el mayoritario fue el liderado por Nasrullah Mansur y denominado Harakat-e Nawin-e Inqilab-e Islami, normalmente conocido como Harakat Mansur. Pakistán no lo llegó a reconocer por lo que el propio Nasrullah animaría a sus propios comandantes a unirse a otros *tanzim*[200] que sí estuvieran reconocidos por el ISI, al objeto de recibir fondos y armas. De igual manera, Nasrullah trató de abrir nuevos contactos con Irán, pero Teherán lo rechazó posiblemente porque veía a Harakat Mansur como un *tanzim* con una de las ideologías suníes salafistas más extremas. Durante la década de los ochenta, Harakat Mansur fue el grupo que más estrechas relaciones mantenía con los yihadistas cachemires, en particular con Harakat ul-Jihad ul-Islami y su heredero Harakat ul-Mujahidin.

En 1992 y con ocasión de la caída del régimen comunista de Najibullah, las diferentes facciones de Harakat se reunificaron bajo el liderazgo del ulema Nabi Mohammadi y participaron en el Gobierno del profesor Rabbani. Nasrullah Mansur retomó el control del distrito de Zurmat, expulsando de él a los operativos de Hekmatyar y los de Gailani que se encontraban en la zona, para a continuación iniciar conversaciones con el presidente Rabbani al objeto de formar parte de su gobierno, pero cuando volvía de una de sus reuniones en Kabul murió asesinado por una bomba, posiblemente plantada por un operativo de Hekmatyar. A su muerte, se hizo cargo del *tanzim* su hermano Abdullatif Mansur, pero este no tenía las cualidades de liderazgo necesarias y en 1994 la corriente

---

[200] Palabra árabe que suele traducirse como «organización», en Afganistán se utiliza para referirse a partidos muyahidines cuya finalidad ha sido la lucha de resistencia o revolucionaria.

interna juvenil de Harakat decidió abrir contactos con los recién aparecidos talibanes —entre ellos estaban figuras como el mulá Wakil Ahmad Mutawakil y Abdurrahman Zahid que llegaron a ser ministro y viceministro de Asuntos Exteriores del Emirato—. Simultáneamente, Nabi Mohammadi hizo pública su declaración de apoyo al nuevo Movimiento Talibán, disolviendo Harakat-e Inqilab-e Islami, si bien su grupo fundador, Khuddam ul-Forqan, mantendría su propia estructura dentro del Movimiento Talibán.

Después de la caída del régimen talibán, muchos de los comandantes pertenecientes al grupo Khuddam ul-Forqan mostraron su lealtad al nuevo Gobierno de Hamid Karzai. La red Mansur no volvería a ser de nuevo operativa hasta 2006. Los motivos para esta vuelta a las armas bien pudieron estar relacionados con la detención en la prisión de Guantánamo de dos de sus líderes más importantes, Mohammad Nahim Faruq y Hafizullah Shahidkhel, consecuencia de las acusaciones formuladas por el entonces jefe de policía de Khost, Abdullah Mujahid, que pertenecía a Jamiat-e Islami y no quería competidores en la provincia —curiosamente este también acabaría más tarde en Guantánamo—.

Los líderes del distrito de Zurmat siempre han conseguido acceder al poder nacional en condiciones muy ventajosas. Durante los años del Emirato consiguieron tener tres ministros y cuatro viceministros originarios del distrito. Líderes de la Red Haqqani y Mansur acercaron posturas al Gobierno transicional de Hamid Karzai a lo largo de los años 2002 y 2003. Pretendían participar en la construcción de instituciones democráticas mediante un nuevo partido denominado Jamiat-e Khuddam ul-Forqan (Sociedad de Siervos de la Providencia). Finalmente, no fueron aceptados en las dos *loyas jirgas* que se celebraron esos años y fueron mantenidos como asesores presidenciales y protegidos en Kabul, fuera de la escena política activa. En junio de 2003, el resurgido Movimiento Talibán anunció su primera Rahbari Shura y entre sus miembros estaban Jalaluddin Haqqani y Abdullatif Mansur (Ruttig, 2009a).

Hezb-e Islami Gulbuddin Hekmatyar

Este grupo ha sido el menos resiliente en el campo de batalla, donde vio muy mermadas sus capacidades a lo largos de esta última década, sin embargo, es el que dispuso de una mejor estructura política, lo que le permitió asentarse con éxito en el escenario democrático mediante su rama política, llegando a contar con diputados, gobernadores provinciales y miembros del gobierno —hasta 49 altos cargos—. Al principio de la década de los noventa y antes de la toma de Kabul por los Talibán, Hezb-e Islami era el partido dominante en las provincias de Kapisa, Logar, Laghman, Wardak y Ghazni. Durante el régimen democrático, un gran número de sus comandantes se adhirieron a los programas de reintegración, lo que hizo que su capacidad en el frente disminuyera de una manera notable.

En los inicios de 2002, Hezb-e Islami Hekmatyar declaró que unía sus fuerzas con los talibanes y con Al Qaeda para liberar Afganistán de la ocupación que sufría por las fuerzas extranjeras. Sin embargo, un año más tarde el propio Hekmatyar negaba cualquier tipo de coordinación con los talibanes, al parecer porque algunos líderes del movimiento se opusieron a esta unión de fuerzas (Tarzi, 2008).

En 2007 y, desde la negativa por parte del mulá Omar a la propuesta hecha por Hekmatyar para llevar a cabo operaciones en zonas talibanas sin la supervisión de la Shura Militar de Quetta, los enfrentamientos entre ambas formaciones se intensificaron y comenzaría el fuerte declive militar de Hezb-e Islami (International Crisis Group, 2011a).

En el plano político, un buen número de líderes que habían pertenecido a sus cuadros guerrilleros fueron capaces de registrarse como partido político en octubre de 2005, después de que públicamente se distanciasen de Hekmatyar. Compartieron nombre y emblema y se autodenominaron Hezb-e Islami Afghanistan. Sus miembros en el Parlamento, alrededor de cuarenta, fueron una de las mayores fuerzas políticas no oficiales del mismo —como ya conocemos, los miembros del Parlamento no podían formar fuerza política alguna y todos sus actuaciones lo eran a título individual—. En la primavera de 2017, el presidente Ghani y su equipo consiguieron, tras largas negociaciones, la reconciliación de Hezb-e Islami con su líder a la cabeza (Al Jazeera, 2017).

LA EXPANSIÓN DE LA INSURGENCIA NEOTALIBANA

Su evolución operacional

En relación con la forma de operar de la insurgencia y el tipo de unidades que ha utilizado, en 2002 operaban con unidades tipo sección, en 2005 con unidades tipo compañía de unos cien combatientes, y en 2008 llegaron a hacerlo con unidades tipo batallón. La estimación de nuevos combatientes incorporados a la insurgencia, procedentes de las madrasas afganas y pakistaníes hasta 2008, se situó en torno a los 5.000 y 10.000. Recibían un sueldo que duplicaba o triplicaba el que ofrecía el nuevo Ejército Nacional Afgano (Jones, 2008a).

En 2003, se produjeron los primeros ataques transfronterizos y se consolidó el proceso de construcción de la nueva estructura insurgente, dando comienzo un proceso de expansión imparable. En ese año, se hicieron con el control de partes de Zabul y Paktica. En 2004, cayeron las provincias de Uruzgan y Kandahar. Los ataques de la insurgencia aumentaron un 400 % en el periodo comprendido entre 2002-2006, y el número de fallecidos entre las fuerzas progubernamentales aumentaron en un 800 % en el mismo periodo. En 2005 y 2006, el movimiento se consolidaría en las provincias de Uruzgan, Kandahar, Helmand, Ghazni, Paktya, Khost y Logar. Un punto álgido de su estrategia expansiva tuvo lugar en septiembre de 2006, con la batalla de Pashmol (Kandahar), en la que un gran número de combatientes talibanes fallecieron como consecuencia del uso de tácticas convencionales contra las fuerzas de la ISAF, que mostró una clara superioridad en combate convencional (operación Medusa). En 2007, la expansión ya había alcanzado las provincias de Laghman y Kapisa en el este, y Farah y Badghis en el oeste.

Figura 8. Cronología de la expansión neotalibana.

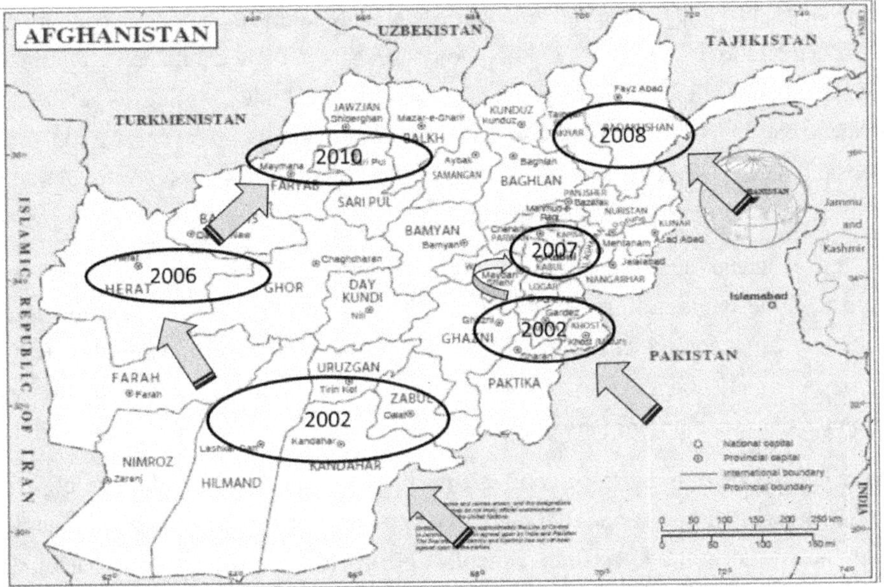

Fuente: elaboración propia.

Durante los años 2006 a 2008, se vivió la expansión territorial en el sur. Una parte de la responsabilidad de esta expansión es atribuible a la presencia de las fuerzas de la ISAF, en particular las británicas en Helmand, que supusieron un aliciente para que muchos jóvenes ajustasen cuentas con aquellos que habían librado batallas con sus abuelos[201]; así como la presencia del líder insurgente Mansur Dadullah y el prestigio que había alcanzado. Fue también en este periodo cuando la nueva dirección talibana se mostró más preocupada por la prestación de servicios básicos a las comunidades bajo su control, focalizando el esfuerzo en el sistema judicial como bandera de buena gobernanza, al mismo tiempo que aumentaba el control de aquellos de entre sus comandantes que mostraban conductas corruptas.

---

[201] De hecho, las fuerzas británicas aprendieron la lección y, años más tarde, una vez replegadas sus fuerzas de Helmand, evitaron participar en las provincias del sur, aun teniendo unidades de operaciones especiales en el teatro afgano. Comunicación personal, Robert Stuart, oficial senior británico destinado en Afganistán (Kabul, 20.11.2016).

En 2009, la insurgencia inició su penetración en las provincias norteñas de Baghlan, Kunduz, Faryah y Takhar. Durante los años 2010, 2011 y 2012, no fue capaz de seguir el ritmo de expansión anterior debido a la intensa presión militar a la que fue sometida. Sin embargo, se mantuvieron las causas sociales que habían dado lugar a su nacimiento, además de mantener el inquebrantable apoyo de las autoridades pakistaníes, brindándoles santuario, por lo que no se produciría la pretendida derrota estratégica. Como corolario no deseado, se produjo un endurecimiento de la postura talibana contraria a cualquier tipo de cese negociado del fuego, ya que, como consecuencia de la campaña de eliminación de líderes talibanes llevada a cabo por las fuerzas internacionales, las nuevas generaciones formadas en las madrasas pakistaníes empezaron a ocupar cargos de mayor responsabilidad, ganando peso dentro de la organización las tesis a favor de una guerra total hasta llegar a imponer de nuevo el emirato.

La consecuencia fue la recuperación del ritmo estratégico nada más aliviarse la presión militar a la que había sido sometido. En 2013, más del 40 % de los distritos afganos volvieron a estar sometidos al control talibán o con seria amenaza de ello. El 2014 acabaría siendo el año en el que más bajas sufrieron el ejército y la policía afganas y con un impulso desconocido por parte de la insurgencia.

En relación con el número de combatientes, hay que destacar que durante el periodo 2002-2014 consiguieron triplicar el número de combatientes, a pesar del continuo acoso y eliminación física al que estaban sometidos por parte de las fuerzas internacionales y afganas. Sobre la estimación de su número de combatientes existen diferentes versiones: Kleiner hablaba de entre 6.000 y 10.000 en 2006; Kilcullen los cifraba entre 32.000 a 40.000 en 2008, con unos 8.000 – 10.000 combatientes a tiempo completo; Giustozzi hablaba también en esas fechas de decenas de miles; y la mayoría de los autores los cifraban entre 10.000 y 20.000, con casos como Qazi que los situaba entre los 25.000 y los 36.000 en 2011. Las mismas fuentes hablan de entre 15.000 y 25.000 muertos en combate entre 2002 y 2012 (Kleiner, 2014; S. H. Qazi, 2011; Ruttig, 2009b). Lo único cierto es que se desconocen sus números exactos y estimamos como más acertadas unas cifras que tenderían a su límite inferior, pero con una gran capacidad de reclutamiento y reemplazo de las bajas sufridas en combate. Todo ello haría que, en el momento del colapso del régimen democrático afgano, las estimaciones de combatientes talibanes subieran hasta los 60.000 (Beale, 2021), cifra que parece bastante plausible teniendo en cuenta la capacidad de reclutamiento añadida por el aumento de nuevos distritos bajo su control. En tanto que la cifra total de militantes muertos en combate en agosto de 2021 se situaba en torno a los 51.000.

El procedimiento para la expansión

Normalmente, la implantación de la insurgencia en las comunidades locales se ha realizado por áreas geográficas, tal y como se presenta en los siguientes apartados, y siguiendo un protocolo por etapas. Analizando los procedimientos definidos por Kilcullen (2009), Gopal (2010) y Elías (2009), podemos inferir el siguiente procedimiento general seguido por la insurgencia para la infiltración y control de las comunidades locales:

i. Una primera etapa que ha consistido en la introducción de pequeños grupos de tres a cinco hombres en el área, para posteriormente aumentar su número hasta los diez o veinte componentes. En ésta, se solicitaba a la población que no utilizase el sistema judicial oficial y que, en su lugar, acudiese a los *ancianos* para que fueran ellos los encargados de resolver los conflictos, mediante el sistema tradicional de las *shuras*. Estos primeros elementos estaban compuestos por actores extraños a la comunidad local donde operaban, entrenados en el adoctrinamiento político, tácticas de combate y guerrillas, tanto urbana como rural, y propaganda. Algunos de ellos tenían la formación religiosa suficiente para sumir este tipo de liderazgo social y judicial.

    Fue en esta etapa cuando los clérigos comenzaron a predicar en contra del gobierno, tachándolo de antiislámico por haberse asociado con el extranjero invasor, así como de corrupto. En aquellas comunidades donde los *ancianos* o los clérigos no se subordinaron a estas exigencias, tanto unos como otros serían asesinados —entre 2001 y 2010, más de 515 *ancianos* fueron asesinados en la provincia de Kandahar—. Al mismo tiempo, la población fue obligada a romper sus contactos con los representantes del gobierno y con las fuerzas militares extranjeras, so pena de ser tachados de colaboracionistas —tan pronto como en 2002, comenzaron a usarse las cartas de amenaza denominadas *cartas nocturnas* o *shabnamah*—.

ii. En una segunda etapa, se estableció la estructura paralela de gobierno, administrativa y judicial, además de fortalecer la estructura militar ya desplegada. Los tribunales talibanes eran móviles ante la amenaza de ser descubiertos y desmantelados por los oficiales progubernamentales. Se establecieron los *delgai* —grupos de veinte a cincuenta combatientes— y las unidades superiores sobre la base de combatientes del propio valle donde operaban. Sus motivaciones eran múltiples y comprendían todo el espectro de la cultura afgana: por honor o venganza de un familiar o conocido, por necesidades económicas, prestigio ante el resto de la comunidad, por razones identitarias…

En esta etapa resultó esencial la labor de un *anciano* o kan de la comunidad local que tenía conexiones con la antigua estructura política o religiosa del Emirato, y que habría sido capaz de establecer una estructura de apoyo y gobierno en la sombra, mediante sus contactos personales con amigos y familiares. Este nivel resultó esencial para aportar la necesaria conexión entre el grupo de combatientes locales y los adoctrinadores foráneos.

iii.   En una tercera etapa, el control de la población se ejercía de manera visible durante el día, estableciendo tribunales estables en la zona, y la administración gubernamental desaparecería.

Por último, sólo nos queda añadir al grupo de dirección y apoyo en la zona santuario pakistaní, que estaba constituido por el comité militar correspondiente a la zona de operaciones donde se ubicase esta provincia, más las personas de enlace necesarias para las relaciones con los diferentes comités específicos subordinados a la Rahbari Shura (de justicia, económico, de cultura y propaganda, de minusválidos, viudas y huérfanos…).

Se sabe que los neotalibanes han demostrado una gran flexibilidad en la implantación por la coerción de su modo de entender la vida política y social, de manera que en las fases iniciales de control de un distrito se mostraban cautos en la exigencia de cumplimiento de sus normas sociales —reclusión de las mujeres, prohibición de la educación para las niñas…—, y procurando atender los problemas más inmediatos de la ciudadanía —sistema judicial, apoyo de los servicios sanitarios gubernamentales para facilitar su funcionamiento…—. Sin embargo, en las zonas donde ya habían conseguido la plena implantación, la imposición de las normas sociales se hacía de la manera brutal característica del Emirato: cierre de escuelas que no se atenían a sus reglas en la educación, prohibición de televisión, reclutamiento obligatorio de un joven en edad de combatir por hogar familiar, asesinatos, etc.

Esta flexibilidad lo que demostró fue su capacidad de aprendizaje para poder alcanzar sus objetivos políticos. Es así como el movimiento ha ido adaptando su mensaje a las diferentes poblaciones audiencia y, en este sentido, el territorio pastún afgano lo podemos clasificar en tres áreas de despliegue diferentes según la hermenéutica islámica que practican. Cada una de estas zonas presentan características diferentes:

i.   La zona de Loya Kandahar comprende las provincias sureñas de Zabul, Kandahar y Helmand, donde las tribus Durrani son predominantes y el islam hanafí que practican les ha facilitado la adhesión de seguidores en torno a los órdenes sufíes Qadiriyya y Naqshbandiyya[202].

ii. La zona del sudeste extiende su área de actuación cubriendo Loya Paktya, zona que comprende las actuales provincias de Paktya, Paktica y Khost, y en la que los principales partidos durante la Guerra de Resistencia fueron Hezb-e Islami Khalis y la Red Haqqani. Aunque existió un cierto nivel de cooperación entre ellos, sus patrocinadores se preocuparon de que no llegaran a unirse al objeto de facilitar su control.

iii. La clasificada como Este se ubica en un arco que recorre desde Asadabad a Jalalabad, donde se concentran las comunidades locales convertidas al islam a principios del siglo XX, y donde la principal influencia que ha modelado el islam hanbalí que practican proviene de la vecina Peshawar, zona en la que también recibieron su formación islámica importantes líderes de los talibanes pakistaníes, entre ellos el *maulana* Fazlullah que llegó a ser líder del TTP en 2013 y hasta 2018, año en el que falleció por un ataque de dron. De entre los partidos de la Resistencia, el que mayor cantidad de seguidores obtuvo en la zona fue Hezb-e Islami (Rehman, 2015). Sus principales fuentes de financiación procedían de cuantiosas donaciones privadas de la península arábiga.

iv. La provincia de Kunar presentaba un caso peculiar, por cuanto fue una provincia que durante la docena de años que transcurrieron desde la invasión soviética hasta la caída de Najibullah, se mantuvo sin presencia gubernamental. En ella, se asentaron sobre todo grupos de muyahidines árabes con doctrina salafista subvencionados por los países del Golfo y que llegaron a declararse independientes, hasta que, a partir del año 1992, Hezb-e Islami se enfrentó a ellos para hacerse con el control del territorio hasta la llegada de los talibanes que se lo arrebataron. Durante el periodo democrático, los grupos salafistas se coordinaron con los neotalibanes e incluso llegaron a prestar la promesa de lealtad al mulá Omar.

El restablecimiento: Loya Kandahar

El resurgimiento de la insurgencia talibán en Kandahar durante los años del periodo democrático no fue inevitable ni predeterminada. Conocemos el acoso al que fueron sometidos la mayoría de los líderes del antiguo Emirato y sus seguidores, ante la falta de un proceso de reconciliación nacional. La insurgencia en la provincia no estuvo motivada o dirigida por fuerzas externas, sino que el hecho de que el presidente Karzai utilizase el

---

[202] Las dos órdenes místicas (*tariqas*) más extendidas en Afganistán son: la *tariqa* Naqshbandiyya, oriunda de Asia Central y liderada por la familia Mojadidi; la segunda es la *tariqa* Qadiriyya, liderada por la familia Gailani. Ambas han jugado un papel fundamental en la historia del país.

poder para beneficiar a su propia tribu Popal provocó que otras tribus, de la propia confederación Durrani, decidiesen alinearse con la insurgencia ante lo que consideraban un trato injusto. Con el régimen de Karzai, las tribus Zirak Durrani fueron claramente favorecidas en perjuicio de las Panjpai Durrani, excluyendo a éstas del poder y a las Ghilzai que habían accedido a él durante el régimen talibán.

Figura 9. Áreas de operaciones de los principales grupos insurgentes (2008).

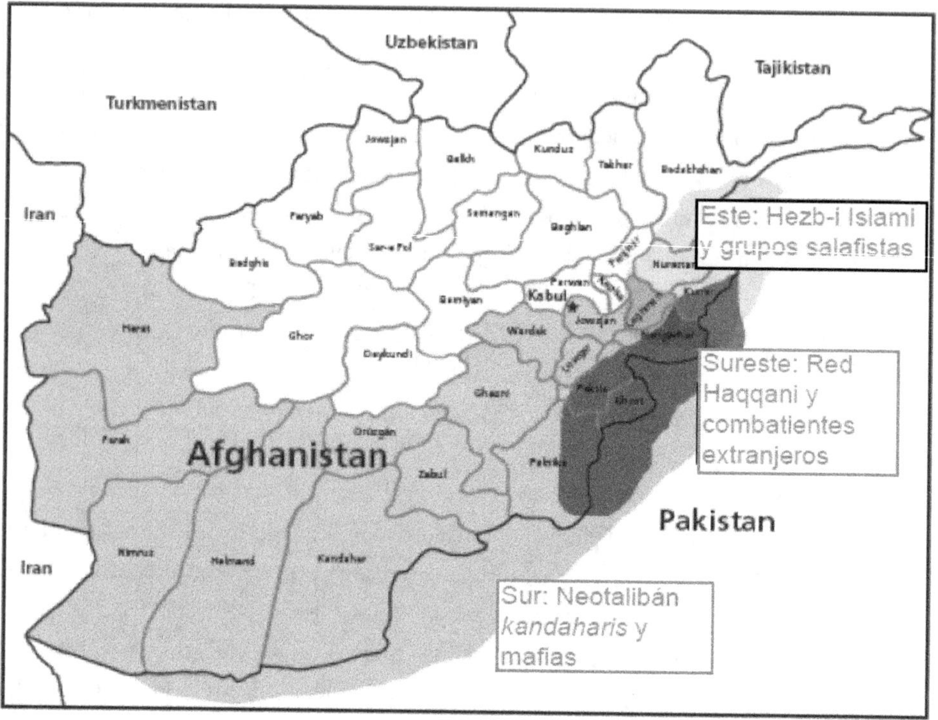

Fuente: elaborado con datos procedentes de Courage Services Inc. (2008) y S. G. Jones (2008a).

Durante 2005 y 2006, la expansión a toda la provincia se hizo evidente, extendiéndose desde el norte hacia el suroeste, teniendo presente que, aunque el movimiento no encontró difícil su expansión en las áreas rurales por la predisposición de la población, no fue el caso en las zonas urbanas, donde sus simpatizantes fueron mucho menores. En estos años, tal y como el movimiento se consolidaba, sus ataques se fueron haciendo cada vez más audaces y complejos. En 2006, copiando tácticas empleadas en la guerra civil contra la Alianza del Norte, un gran número de combatientes se reunieron en el valle de Pashmol, al oeste de Kandahar, para asaltar la ciudad. Las fuerzas internacionales, lideradas por los canadienses, llevaron a cabo una operación de cerco y batida que supuso el cambio de estrategia militar de los insurgentes. La operación, conocida como operación Medusa, supuso más de doscientos insurgentes fallecidos y hasta seiscientos capturados

El establecimiento de los neotalibanes en Zabul, de donde era originario el mulá Omar (distrito de Shinkai), y su aportación al movimiento fue de gran importancia, debido a la presencia del que fuera su primer gobernador de la era Karzai, Hamidullah Tokhi. Tokhi era un antiguo comandante muyahidín de Hezb-e Islami con fama de corrupto y depredador económico, que había sufrido escarnio público con la llegada del régimen talibán. Una vez investido de nuevo en el cargo, retomó sus antiguas costumbres, con especial saña, contra los líderes talibanes que habían entregado las armas y, bajo amenaza de denunciarles como colaboracionistas con la insurgencia, les expropió todo tipo de bienes y dinero (Zabulwal, 2009).

Uruzgan[203] siempre ha sido un territorio de difícil acceso y escaso control de la población. Durante el régimen comunista, la eliminación de los antiguos terratenientes locales y la falta de una presencia continua de representantes del nuevo gobierno llevó al establecimiento de unas nuevas élites muyahidines, a excepción de los distritos de Dehrawud y Tarin Kot, donde las nuevas élites fueron proclives a acuerdos con las autoridades comunistas. Los partidos de la Resistencia que tuvieron mayor implantación en la provincia fueron tanto los islamistas como los tradicionalistas, exceptuando Jabha-e Nejat-e Milli[204].

Debido al fraccionamiento existente y las rivalidades intertribales, el estado de anarquía en la provincia durante 1994 era generalizado, lo que motivó que la población diera la bienvenida al régimen talibán y aportase numerosas figuras a la nueva élite clerical. Tras la caída del Emirato y siguiendo la costumbre afgana, muchos de los clérigos comandantes ofrecieron deponer sus armas a cambio de no ser perseguidos y poder retornar a sus hogares. Esta oferta no fue aceptada por la Administración estadounidense, y se produjo la desafección general al nuevo régimen democrático, a lo que se unió el tradicional comportamiento predatorio con el vencido. Todo ello dio lugar a un escenario de violento enfrentamiento interétnico por el poder. Jan Mohammad, cercano a la familia Karzai y primer gobernador de la provincia, utilizó información falseada para deshacerse de los líderes rivales, mediante acusaciones de pertenencia a la insurgencia y su consecuente eliminación física por las fuerzas de operaciones especiales estadounidenses. Aquellos que consiguieron sobrevivir a esta época acabaron convirtiéndose en importantes líderes insurgentes (Mullah Shafiq, Haji Nassim, Dr. Anwar, Kheirullah Akhunzada, Mullah Amanullah, Mullah Gul Badu y Mullah Abdul Wali). Esta nueva generación de comandantes neotalibanes no formaba parte de la antigua

---

[203] La actual provincia de Uruzgan comprende un territorio que durante la época de formación del reino de Afganistán era habitada por hazaras, pero que sucesivas órdenes de expulsión ejecutadas por tribus pastunes durante los siglos XVIII y XIX condujeron a la actual etnografía del territorio, formada por una mezcla de tribus y subtribus pastunes, tanto Durrani como Ghilzai, junto a un 10 % de población hazara autóctona.
[204] Partido tradicionalista y monárquico, con mayor influencia entre la población urbana y con una posición muy conservadora.

generación que había luchado contra los soviéticos, pero sus lazos de unión provenían de sus relaciones personales y de lealtad hacia los primeros (Bijlert, 2009b).

El establecimiento de los neotalibanes en la provincia de Helmand hay que enmarcarla en un escenario de intensa rivalidad política y tribal, así como en la lucha fratricida entre clanes por el control del negocio del cultivo y tráfico del opio. El acceso a ingentes cantidades de dinero desde los niveles más bajos de la estructura talibana facilitó la mutación del propio movimiento en la provincia, desde una insurgencia más o menos organizada y motivada ideológicamente hacia un conglomerado de mafias rivales que no gozaban del apoyo popular, pero donde tampoco las instituciones de gobierno del periodo democrático supieron ganarse la necesaria legitimidad (Coghlan, 2009).

Tras el derrocamiento del régimen talibán, los comandantes y los líderes de la administración civil provincial escaparon a Pakistán. Ante el desmantelamiento producido en la administración provincial y local, las comunidades se organizaron mediante *jirgas* que establecieron las reglas básicas de gobernanza y sus propios *arbaki* —milicias tribales como elementos de policía e imposición de las decisiones tomadas en las *jirgas*— para mantener la seguridad. Los problemas comenzaron a surgir tras el primer semestre de 2002, cuando los mismos caudillos locales que habían sido expulsados gracias a los Talibán aparecieron, esta vez con los entorchados de los cargos de poder —jefes de policía, gobernadores de distrito y provinciales...—. Desde sus cargos comenzaron con los abusos sobre la población, en particular sobre todos aquellos que más se habían significado en el apoyo al régimen talibán, utilizando de nuevo las fuerzas de operaciones especiales estadounidenses como la punta de lanza, y mediante la provisión de información sobre colaboradores talibanes que en realidad sólo habían sido sus rivales políticos en el pasado.

La expansión acometida por la insurgencia a lo largo de 2004 y 2005 en la provincia de Helmand demostró lo acertado de la decisión de desplegar fuerzas internacionales en ella. El error estuvo en hacerlo con insuficientes medios y aliándose con los líderes locales equivocados, los mismos caudillos locales que habían sido expulsados de los puestos de poder en 1994 por una insurgencia que contaba con el apoyo popular. Cuando los británicos desplegaron en la provincia en 2006, la situación empeoró debido a los ánimos de revancha que las nuevas generaciones asumieron por la historiografía nacional afgana. El número de fuerzas británicas desplegadas fue insuficiente para detener la naciente insurgencia, pero la necesaria para antagonizar a la población local y provocar que tomara las armas contra ellas (Farrell y Giustozzi, 2013: 847, 850, 852, 867).

Bajo la presión británica, Sher Mohammad Akhunzada fue relevado de su cargo y, en su lugar, Hamid Karzai nombró a Mohammad Daud de la tribu Safi (2005). Los británicos desplegaron sus fuerzas en destacamentos tipo sección —los denominados *platoon houses*—, lo que condujo a un despliegue de pequeñas unidades desperdigadas sin la capacidad suficiente para hacer frente a los ataques insurgentes, por lo que tuvieron que recurrir de manera frecuente al uso del apoyo aéreo. Este uso indiscriminado del fuego provocó una gran cantidad de bajas civiles, así como la destrucción de hogares y cultivos en las zonas donde se encontraban desplegadas las unidades, precisamente con el objetivo de protegerles de la violencia talibán. El nivel de destrucción alcanzado en algunas zonas fue de tal calibre que, por ejemplo, la aldea capital del distrito de Nazwad se convirtió en una ciudad fantasma (2007). No fue hasta ese año cuando los británicos adoptaron una estrategia más centrada en proteger a la población, siguiendo la doctrina militar de lucha contrainsurgente y tratando de afianzar las relaciones con las comunidades locales. No obstante, los británicos siguieron sin entender que los detonadores de los múltiples conflictos que se vivían en la provincia tenían un origen tribal y que, por ejemplo, la tribu Kharoti del distrito de Nad-e Ali combatía a los ingleses sólo porque la policía había sido reclutada entre los miembros de una tribu rival, la Noorzai, y por lo tanto los ingleses eran aliados de los Noorzai y debían también ser combatidos.

A esto se añadiría la decisión del uso de medios militares para la destrucción de los cultivos de opio. Los fondos aportados como compensación nunca llegaron a los agricultores, ya que quedaron en manos de los propios funcionarios estatales encargados del reparto o de los dueños de los terrenos alquilados en régimen de aparcería. El uso de medios militares para destruir economías de subsistencia dio alas a la insurgencia, que se ofreció como alternativa de gobernanza. Y por si todo esto fuera poco, la mala gestión del programa de desmovilización y reintegración de combatientes, llevado a cabo en la provincia, propició el que antiguos combatientes de la División 93 de las fuerzas militares afganas se pasaran a la insurgencia, cuando no fueron integrados en las nuevas fuerzas de policía, tal y como se les había prometido.

Durante los años 2011 y 2012, la extrema violencia utilizada por la insurgencia y por las fuerzas internacionales provocó que muchos de las comunidades pastunes del sur mostraran, a través de sus *ancianos,* su repulsa a la extrema violencia y que afirmaran que darían su apoyo a cualquiera de los dos bandos enfrentados que aportase estabilidad[205]. Durante estos años, la situación de cooptación de las tribus en el poder continuaba, con tal intensidad que la competición intertribal llegó a convertirse en un elemento de primer orden para la solidificación de la insurgencia (Farrell y Giustozzi, 2013).

---

[205] Basta recordar la pantomima del general Petraeus con la estrategia de protección de la población, que con tanto ahínco su predecesor el general McChrystal intentó imponer, al utilizar de forma masiva el poder aéreo, lo que supuso un aumento considerable de muertes civiles por este tipo de raides (Perkins, 2014).

La expansión hacia el oeste

Tras la derrota de las unidades soviéticas en Herat, Ismail Khan[206] fue capaz de implantar un control autocrático sobre la totalidad de la región, lo que facilitó una importante estabilidad e incluso prosperidad en relación con lo ocurrido durante el gobierno comunista. Una vez derrocado el Emirato, Ismail Khan volvió a hacerse con el control de toda la zona y, gracias a la importante fuente de ingresos que las aduanas con Irán y Turkmenistán representaban, fue capaz de establecer un cierto nivel de desarrollo y paz social. Ante su negativa a someterse al control financiero de Kabul y las incómodas relaciones que mantenía de manera autónoma con Teherán, fue depuesto del cargo de gobernador en un esfuerzo coordinado entre las fuerzas estadounidenses y las de sus rivales afganos. En el verano de 2004, salió de sus territorios y fue trasladado a Kabul, a cambio de ser nombrado ministro de Energía.

Hasta 2005, la región oeste de Afganistán prácticamente pasó inafectada por la insurgencia. En 2003, habían ocurrido algunas escaramuzas entre los tayikos fieles a Ismail Khan y los pastunes que habitan en la zona noreste de la provincia de Badghis. Tras el verano de 2004 y como consecuencia de los relevos ocurridos, tras la remoción de Khan del puesto de gobernador, las fuerzas presentes en los distritos resultaron insuficientes para contener los ataques de la insurgencia.

Exceptuando Herat, el resto de las provincias de la región oeste constituían claros ejemplos de mala gobernanza. Farah estaba dominada por algunos notables de la tribu Barakzai y sufrieron una revuelta por parte de los líderes de la tribu Noorzai, que representaban dos tercios de la población, pero estaban marginados del poder provincial. En la provincia de Badghis, y durante los años 2003 y 2004, habían comenzado los enfrentamientos armados entre los aimaqs que apoyaban a Ismail Khan y los pastunes de Bala-e Murghab y Ghormach que habían sido marginados, y reclamaban su cuota de poder.

La situación en Herat sufrió dramáticos cambios a lo largo de 2006, al parecer debido a la presión que las tropas británicas estaban realizando en la zona norte de Helmand contra la insurgencia, pero también debido al mayor apoyo popular recibido desde que la presión británica sobre las tribus aumentase. En la provincia de Badghis, la expansión de pequeños grupos de insurgentes con la misión de reclutar adeptos se produjo a lo largo de 2007. La iniciativa de lucha contra la incipiente insurgencia pastún la tomó la Policía de Fronteras (ABP), unas unidades con muy poca disciplina, de composición mayoritariamente tayika, y leales a Ismail Khan, lo que provocó pillajes en las zonas

---

[206] Comandante muyahidín que, en 1992, controlaba las provincias de Badghis, Herat y Farah. Estaba afiliado a Jamiat-e Islami, pero se hallaba enfrentado a su dirección nacional.

pastunes que avivaron la revuelta. La situación mejoró con el despliegue de unidades militares del ejército afgano y unidades de refuerzo de la ISAF. En noviembre de 2008, el ataque por parte de la insurgencia a un convoy de suministros del ejército y la policía afgana puso de manifiesto la mejora de capacidades de la insurgencia en la provincia. Fue precisamente durante estas fechas cuando comenzó la infiltración de la insurgencia desde la zona noreste de Badghis hacia la vecina Faryah.

La estrategia que parece haber regido estos movimientos fue doble: por un lado, buscaba la expansión de la insurgencia, siguiendo la línea estratégica Farah-Herat-Badghis-Faryah; por otro, establecer redes de suministros con Irán, al objeto de tener líneas de comunicaciones y suministros alternativas a las pakistaníes. Desde 2007, la capacidad de reclutamiento de la insurgencia pudo alcanzar una cifra entre 2.000 y 5.000 combatientes, principalmente provenientes de los distritos de Bala-e Murghab y Ghormach (Giustozzi, 2009).

La insurgencia en el sudeste

Las principales tribus que habitan Loya Paktya son Ahmadzai, Zadran, Zazi, Kharoti, Mangal, Sabari, Suleimankhel, Tani y Wazir, además de otras tribus más pequeñas. Exceptuando los Ahmadzai, Kharoti y Suleimankhel, que pertenecen a la confederación Ghilzai, el resto no pertenecen a ninguna de las dos grandes confederaciones de tribus existentes en Afganistán.

Probablemente debido a la historia y a que el Movimiento Talibán tuvo su nacimiento en las provincias del sudoeste (Loya Kandahar), el apoyo prestado por estas tribus al Movimiento Talibán nunca ha sido importante, a pesar de que los talibanes ocuparon este territorio sin lucha alguna (enero de 1995), pues fueron llamados por los kanes para así poder liberarse del que era, por aquel entonces, el gobernador de la zona y cruento comandante muyahidín Qari Baba. A pesar de todo, se produjeron algunos combates entre partidas de Hezb-i Islami y talibanes en la zona este de Khost, en agosto de 1996.

La insurgencia que surgió en 2002 estaba compuesta por tres corrientes distintas: las dos redes formadas respectivamente alrededor de las familias Haqqani y Mansur; los grupos talibanes que estaban fuera de ambas redes y que dependían directamente de la Rahbari Shura; por último, los grupos seguidores de Hezb-e Islami. Entre las familias Haqqani y Mansur, en clara competición, surgió como ganador el clan Haqqani, en octubre de 2007. No obstante, tanto la Red Haqqani como la Red Mansur fueron capaces de coordinarse operacionalmente evitando los enfrentamientos entre ambas, e incluso se solaparon sin que hubiera problemas en la zona de Shahikot (distrito de Zurmat), zona que ambas utilizaban como área refugio y de descanso.

Durante 2004, pequeñas partidas llevaron a cabo incursiones contra los destacamentos estadounidenses situados a uno o dos kilómetros de la frontera pakistaní, sin el empeño necesario para producir daños. En 2005, profundizaron en su labor de propaganda y captación de seguidores, al mismo tiempo que la dirección mantenía contactos con los gobernadores de las provincias, buscando fundamentalmente la reconciliación. Finalmente, en 2006 la Red Haqqani consolidó suficientemente sus bases para comenzar a realizar ataques selectivos contra autoridades del gobierno y Naciones Unidas, lo que se tradujo en el doble de incidentes armados que el año anterior. Esta línea ascendente de consolidación de la insurgencia continuaría imparable durante los siguientes años.

Las razones para achacar este gran aumento de seguidores y el recrudecimiento de la violencia hay que buscarlas en el nivel de corrupción de los representantes del gobierno, a los que Karzai mantuvo en el cargo, a pesar de las continuas quejas presentadas por los kanes y sus agentes políticos en las comunidades llamados *maliks*. La policía no sólo se dedicaba a levantar controles en las caminos para cobrar tasas ilegales, lo que recordaba lo ocurrido en Loya Kandahar en 1994, sino que incluso llegó a robar a todos los feligreses de una mezquita durante el rezo principal del viernes (Ruttig, 2009a).

La penetración en Kabul y su área colindante

Las provincias que rodean Kabul son Ghazni, Wardak, Logar y Kapisa. Wardak y Logar son de mayoría pastún y tradicionalmente la popularidad de los estudios religiosos en ellas ha sido muy alta, con más de treinta centros de estudios en cada una durante los años cincuenta a setenta. Centros que tradicionalmente han sido dirigidos por profesores graduados en Deoband. Esta es una característica sobresaliente que la diferencia de las provincias que en el pasado fueron parte de Loya Kandahar, donde la religión que se practica está más ligada a la tradición y el *pashtunwali,* y el número de centros islámicos establecidos es mucho menor. Por su lado, las madrasas establecidas en Loya Paktya están más ligadas a los centros islámicos de las FATA.

Durante los meses iniciales de la aparición del Movimiento Talibán en 1994, este contó con el apoyo explícito y económico del entonces presidente Rabbani. Con ello lo que pretendía era crear un enemigo de talla suficiente para suponer una amenaza a Hezb-e Islami en las provincias del sur y este. Una vez que se produjo la caída de Kabul en 1996, la mayoría de los comandantes pastunes de Jamiat-e Islami se pasaron a las filas de los talibanes, fue así como la división étnico-política que impera actualmente en la política afgana se fue fraguando a lo largo de esos años.

El control político de las provincias que rodean Kabul le resultó mucho más problemático al Emirato de lo que había sido el control de las provincias del sur. Tanto Wardak como Ghazni presentan una diversidad étnica en la que los hazaras constituyen el segundo grupo tras los pastunes, seguidos por tayikos y *pashais*[207]. Ante este escenario, los Talibán optaron por la persuasión de líderes sociales a través de la compra de voluntades o su eliminación cuando esto no era posible. La alianza temporal entre el gobernador de Ghazni con los Talibán facilitó la entrega de esta ciudad sin un solo disparo, y la consecuente caída de Wardak y Logar en 1995. Los Talibán asignaron los puestos de gobernador y jefes de distrito, así como otros puestos en la administración central de Kabul a estos comandantes.

En el momento del inicio de la operación Libertad Duradera, la población rural había mejorado sus condiciones de vida con respecto a las que tenían en 1996, pero la población urbana de las grandes ciudades había visto cómo sus condiciones de vida dependientes de la ayuda internacional habían empeorado de manera dramática, debido a las sanciones impuestas por albergar a Ben Laden. La decisión del mulá Omar de mantener el apoyo a Ben Laden, a pesar de las exigencias de Naciones Unidas, conllevó que una parte de la élite del Emirato cuestionase el liderazgo del mulá Omar. El núcleo de este grupo estaba formado por miembros de Khuddam ul-Forqan, liderados por el que fuera viceministro para la Promoción de la Virtud y Supresión del Vicio, el ulema Qalamuddin. De esta manera se explica parcialmente la pronta caída de Kabul en manos de las fuerzas de la Alianza del Norte en 2001.

Tras la caída del Emirato, volvió a reproducirse la situación de lucha interna por el poder en las provincias que había dado lugar al surgimiento del Movimiento Talibán. Más de la mitad de los gobernadores designados inicialmente por Hamid Karzai eran comandantes de milicias, que habían consolidado su poder colocando a personas de su confianza en los puestos de liderazgo de las fuerzas de seguridad. En las provincias cercanas a Kabul, volvieron a hacerse cargo del poder comandantes de Jamiat-e Islami y Hezb-e Islami, lo que facilitó el pronto resurgimiento de la insurgencia en estas provincias. En la provincia de Kapisa ocurrió algo similar, es así como en estas provincias se confirmaría el mismo patrón de abusos ocurrido en otras provincias pastunes, una redistribución del poder local en la que las élites derrocadas por los talibanes fueron respuestas en el poder, dando lugar al revanchismo propio de esta nueva situación que la comunidad internacional fue incapaz de conocer y evitar.

En las provincias que rodean Kabul, una intensa campaña de asesinatos y la infiltración de colaboradores neotalibanes en las fuerzas de seguridad, unido a un nivel de desempleo muy alto y la escasa presencia de funcionarios de la Administración, permitió que la insurgencia estableciese zonas seguras. Por su lado la ISAF, al igual que ocurría en las provincias del sur y del este, fue incapaz de distinguir entre civiles desarmados e

---

[207] Grupo lingüístico de comunidades pastunes originarios de los valles situados en la zona montañosa entre Nooristan y Kunar (Ovesen, 1984).

insurgentes, y se puso en manos de confidentes que, en la mayoría de los casos, proporcionaron información sesgada al objeto de eliminar a sus rivales políticos o económicos.

En el caso de Ghazni, la reintroducción del movimiento se hizo a través de lazos de consanguineidad o amistad, siguiendo el modelo afgano de *qaum*. A comienzos del año 2002, los nuevos miembros de la policía comenzaron a establecer controles en los caminos, parando a aquellos vehículos en los que viajaban personas con turbante y barba, y sólo les dejaban continuar si entregaban sobornos bajo amenaza de acusarles de pertenecer a los talibanes. El primer ataque neotalibán se produjo en agosto de 2003. A esto se le sumaron los errores cometidos por la fuerza aérea estadounidense que, por ejemplo, en diciembre de 2003 provocó la muerte de nueve niños en el distrito de Moqur. (Reuter y Younus, 2009).

En los años 2006 y 2007, la insurgencia ocupó importantes distritos de las provincias de Wardak y Logar, lo que le permitió el control de las áreas que daban acceso a la carretera Kabul-Kandahar, lo que unido a la escasa presencia de fuerzas internacionales y autóctonas facilitó el establecimiento de los nuevos gobiernos provinciales en la sombra. A finales de 2007, los insurgentes ya fueron capaces de controlar la *ring road* a su paso por estas provincias. En 2008, ambas provincias se habían convertido en verdaderos zonas refugio de la insurgencia. En 2011, más de la mitad de los distritos de las provincias que rodean Kabul ya eran controlados por gobernadores en la sombra y contaban con una administración capaz de recolectar impuestos, designar jefes de policía y un sistema de administración de justicia que funcionaba mucho mejor que el estatal. Todo parecía indicar que los neotalibanes tenían mayor influencia en los distritos históricamente controlados por comandantes pertenecientes a Harakat-e Inqilab-e Islami o su hijuela dirigida por Mansur (Elias, 2009; International Crisis Group, 2011a).

Pero si esto ocurría en las provincias, lo cierta era que la infiltración en los niveles altos de la Administración y en las propias fuerzas armadas era evidente, como se demostró en la trama que cristalizó en el intento de asesinato de Hamid Karzai, el 28 de abril de 2008, durante la ceremonia militar de celebración del día de la Victoria; o la detención del gobernador de Kapisa en agosto de 2010 por su colusión con los neotalibanes.

La penetración en el norte

La mayor parte de los autores definen al Movimiento Talibán como un movimiento compuesto esencialmente por pastunes, pero no subrayan la importancia que la ideología religiosa tiene en el mismo. Destacable fue el caso del *maulana* Sayed Ghiasuddin, un *badakhshaní* que llegó a ser miembro la Shura de Kandahar durante el Emirato.

Ya en el periodo democrático, durante el proceso de desmovilización, desarme y reintegración iniciado en 2003, se registraron grupos de uzbekos y tayikos en la provincia de Paktya. Por otro lado, son abundantes los informes que hablan de un buen número de comandantes neotalibanes que eran uzbekos y cuya pertenencia al movimiento debemos situarla en los años posteriores a 1992, cuando un buen número de milicianos de esta etnia estuvieron en desacuerdo con la deserción de Dostum ante el régimen comunista de Najibullah, así como el posterior establecimiento de alianzas con las unidades tayikas muyahidines. Por lo tanto, no parece descabellado pensar que aquellos milicianos uzbekos descontentos con los continuos cambios de chaqueta de Abdul Rashid Dostum emprendieran su propio camino, y que a la hora de decidir sus nuevas lealtades sopesaran los lazos étnicos y religiosos para unirse a islamistas uzbekos que se habrían refugiado en Afganistán e incluso Pakistán, para posteriormente hacer el camino de vuelta, ahora como militantes talibanes o neotalibanes.

Es bien conocido que, durante la guerra contra el Emirato, tanto Junbesh-e Milli como Jamiat-e Islami flirtearon con los talibanes en las fases iniciales de su expansión en el norte. En muchas ocasiones se dieron colaboraciones entre milicianos de Junbesh y de Jamiat con los Talibán. La verdadera resistencia al avance de los talibanes sólo se dio en Badakhshan, partes de Baghlan y en Takhar. Los talibanes encontraron apoyos en las comunidades pastunes de Faryab, Balkh, Kunduz y Baghlan, pero no todas las zonas del norte recordaban las mismas experiencias bajo el control talibán. De igual manera que hubo comunidades que de manera pragmática llegaron a acuerdos con los talibanes y no sufrieron su barbarie —como sería el caso de muchas de las comunidades turkmenas—, también hubo comunidades que sufrieron masacres, como fue el caso de algunas comunidades uzbekas de Qaysar (Faryah) y las comunidades hazara y uzbeka de Mazar-e Sharif (Giustozzi y Reuter, 2010).

Por lo tanto, el movimiento captó importantes sectores de jóvenes educados bajo estrictos principios religiosos y que indudablemente no sólo eran de etnia pastún, sino de cualquiera que hubiese apoyado a la Resistencia muyahidín y donde las tropas soviéticas habían llevado a cabo sus tácticas militares de tierra quemada. Tal fue el caso de los ulemas *badakhshaníes* que pertenecieron y lucharon por el Emirato. A ello hay que unir la rebelión que el comandante Massoud tuvo que reprimir en varios distritos de Badakhshan en el año 2000, rebeliones lideradas por comandantes y mulás que pretendían unirse al Emirato (Azerbaijani-Moghaddam, 2009).

En el noreste de Afganistán, los neotalibanes utilizaron las antiguas redes islamistas de comandantes de Hezb-e Islami para volver a reaparecer en escena, y unir alrededor de ellos comunidades locales desencantadas con la que había sido una política clientelista de acuerdos con líderes locales, pero sin tener en cuenta las verdaderas necesidades de los miembros de esas comunidades. Por otro lado, es significativo el caso del profesor Rabbani que, en contra de su voluntad, fue forzado a no participar en la distribución del poder y sólo recoger lo que voluntariamente le quiso entregar el Gobierno de Hamid Karzai. Esta situación le impulsó a la creación en 2002 del Jabha-e Motahid-e Milli o Frente National Unido (UNF), partido compuesto por militares y políticos desencantados con el modelo de gobernanza y distribución del poder impuesto por Hamid Karzai y los muyahidines de la Shura-e Nazar.

Por ello no es de extrañar que una serie de excomandantes islamistas que se sentían traicionados en el proceso de reintegración optasen por aliarse con los neotalibanes. Como fue el caso de Ghulam Yahya Akbari de la provincia de Herat y otros comandantes de menor nivel en las provincias de Faryab, Baghlan, Kunduz, Badakhshan y Ghor (Ruttig, 2009b).

El resultado de todo ello fue una serie de comandantes nativos de las provincias de Kunduz y Takhar, unidos a los excomandantes de Jamiat-e Islami en Badakhshan, que encontraron las razones necesarias para que se produjese su reclutamiento durante el final de la primera y segunda legislatura de Hamid Karzai, y que incluso comunidades ismaelitas ubicadas en distritos adyacentes a la provincia de Badakhshan mantuvieran acuerdos con los neotalibanes, consecuencia de décadas de soportar los abusos de los excomandantes muyahidines de la Shura-e Nazar.

A lo largo de 2008, los neotalibanes se hicieron con el control del distrito de Chahrdara (Kunduz), de manera que la policía se replegó sobre sus cuarteles y aquellos *ancianos* que se opusieron al avance talibán fueron asesinados. El procedimiento utilizado por los neotalibanes para llevar a cabo la infiltración en las comunidades afectadas fue a través de un flujo continuo de clérigos formados en madrasas pakistaníes que llegaron como reclutadores. Aunque inicialmente no fueron bien acogidos, su persistencia junto a la campaña de coerción sobre los *ancianos* acabó dando los resultados apetecidos.

Faryah es otro caso significativo. En 2010, esta provincia había llegado a la misma situación de infiltración de clérigos que había ocurrido a Kunduz dos años antes. Los primeros signos de presencia de reclutadores en la provincia datan de 2007, procedentes del vecino distrito de Bala Murghab (Badghis), con reclutadores no sólo pastunes sino también turkmenos y uzbekos.

Todo ello parece indicar que los neotalibanes pusieron en marcha una estrategia perfectamente planeada para extenderse en el norte, a partir de 2007, pero tanto las fuerzas de seguridad afganas como las internacionales fueron incapaces de detectarla en sus estadios iniciales, quizás debido a su incredulidad de que los neotalibanes pudieran estar reclutando entre comunidades no pastunes.

Otro dato relevante fue que la infiltración en las comunidades se llevó a cabo a través de clérigos que llegaban inicialmente a las comunidades como predicadores, y con dinero para ayudar a aquellos que se encontraban en situaciones más desfavorecidas en la comunidad —las estimaciones de observadores afganos es de que el 70 % de los actuales mulás del norte ha sido formados en madrasas pakistaníes—.

LA INSURGENCIA DURANTE EL FINAL DE LA FASE INTEQAL

La guerra en Afganistán entró en una nueva fase tras la finalización de la transferencia de responsabilidad en la seguridad de los últimos distritos a las nuevas Fuerzas Afganas de Defensa y Seguridad Nacional (ANSDF), a lo largo de 2014. Lo cierto es que la responsabilidad nunca había salido de manos afganas, pues la ISAF siempre fue una fuerza de asistencia, pero la realidad es que, una vez que el programa de desarme y desmovilización comenzó a ejecutarse, la única fuerza presente en las provincias había sido la ISAF y las milicias de los excomandantes muyahidines, reconvertidas en compañías de seguridad privadas o en fuerzas de policía, hasta que fueron apareciendo los primeros batallones de las nuevas ANSDF. Ante esta situación, el propio Hamid Karzai aceptó una fase de transición (*inteqal*) que jurídicamente no tenía sentido alguno.

En cualquier caso, lo que dio la carta de naturaleza a esta fase Inteqal fue el repliegue de las fuerzas internacionales, así como pasar desde una misión de combate a otra sólo de adiestramiento y apoyo. Una vez finalizado este repliegue y el desmantelamiento o entrega de bases al ejército afgano, lo que se pudo constatar fue un aumento de la violencia y el número de ataques insurgentes, junto con un deterioro general de la seguridad. La insurgencia había aumentado su letalidad en 2013, con un total de bajas producidas en las fuerzas progubernamentales de 8.200, en tanto que las bajas insurgentes ascendieron a 9.500. Bien es cierto que las unidades gubernamentales presentaban todavía serias deficiencias en la fuerza aérea, vehículos blindados, logística e inteligencia. Igual de preocupante fue que se apreció un aumento de las bajas civiles, así como de conductas inapropiadas de la policía y las fuerzas militares con la población, llegando incluso a protagonizar algunos casos de enfrentamientos entre las propias unidades gubernamentales.

A partir de diciembre de 2014 y a pesar de que en los distritos más remotos la insurgencia había sido capaz de imponerse a las fuerzas gubernamentales, el presidente Karzai se negó a firmar acuerdo alguno que permitiese la presencia de fuerzas internacionales, y tuvo que ser su sucesor, Ashraf Ghani, quien lo hiciera durante su primera semana de mandato. Por su parte el general Dunford, comandante de la ISAF en 2014, dejaba claro que las cifras de 345.000 miembros del ejército y la policía no podían reducirse a los números acordados en los fondos económicos de ayuda a medio plazo, ya que suponían una disminución de 120.000 combatientes —sin contar los 24.000

miembros de las milicias denominadas fuerzas de Policía Local (ALP)—, y con esta cifra era imposible contener a la insurgencia. Mientras tanto el número de emigrantes hacia Europa no hacía más que crecer y los desplazados internos, sólo en la mitad del año 2013, habían supuesto la cifra de 106.000.

A principios del 2015, el portavoz oficial del Estado Islámico anunciaba el establecimiento de una hijuela en la zona fronteriza del sudeste afgano y la denominó Estado Islámico de Khorasan (IS-K). El entonces portavoz oficial del Estado Islámico, Abu Mohammad al-Adnani, anunció que se formaba bajo el liderazgo del líder talibán pakistaní Hafiz Saeed Khan y con el apoyo de personal disidente de los neotalibanes y talibanes pakistaníes (Rafiq, 2015). A pesar de estar afirmaciones, debemos considerar que su área de influencia se localizó durante el último quinquenio de la década pasada en las provincias afganas de Nangahrar y Kunar, así como en las agencias tribales pakistaníes de Kurram, Mohammad y Bajaur. Precisamente aquellas donde la doctrina salafista wahabí tiene una mayor implantación, como ya se demostró durante el periodo de gobierno muyahidín (1992-1996).

En la actualidad, se confirma la hipótesis de que una cantidad importante de miembros de las desaparecidas ANSDF han buscado acogida en las filas de IS-K, como única salida a la persecución violenta a la que están siendo sometidos. De manera que IS-K ha pasado de estar presente en unas pocas provincias del sureste a, prácticamente, operar en todo el territorio afgano.

LAS ESTRATEGIAS NEOTALIBANAS

La estrategia general y sus fases

Uno de los errores conceptuales más frecuentes de los líderes de la comunidad internacional ha sido la falta de comprensión de las capacidades estratégicas neotalibanas, desde el momento que se les seguía viendo como una organización difusa que comprendía diferentes grupos de opositores violentos al régimen democrático instalado desde 2002. Opositores escasamente ligados a una misma dirección y que operaban de manera casi autónoma, sin seguir estrategia alguna.

Los hechos son contumaces y han demostrado lo contrario: no sólo disponían de una estrategia comprensiva a nivel nacional, sino que la iban adaptando a los cambios de los factores que definían el escenario: la población objetivo y sus fortalezas y debilidades; el gobierno al que se pretendía derrocar y las debilidades que presentaba; y las fuerzas de seguridad autóctonas e internacionales presentes. Todo ello con la finalidad de hacerse con el poder en todos los niveles de gobernanza (local, provincial y nacional) y provocar una modificación de las estructuras sociales, así como de las conductas de los individuos al servicio de un objetivo superior, tal que el establecimiento de un nuevo orden político acorde con su visión de la sharía. Independientemente de las razones que han llevado a cada uno de los diferentes grupos de insurgentes a unirse a la lucha armada, todos ellos prestaron juramento de lealtad absoluta al líder supremo (*bay'a*), y contaban con el grado de iniciativa necesario para hacer frente, a su nivel, a las incidencias que el combate presentaba.

Es por ello por lo que debemos considerar la existencia de una estrategia comprensiva y bien definida a lo largo del tiempo. Esta estrategia ha consistido en explotar las debilidades del gobierno democrático, resaltándolas ante la población, al mismo tiempo que ofrecía una alternativa de buena gobernanza, sobre todo en el nivel local y provincial, donde estaba en manos de líderes sin escrúpulos. En Kabul, su estrategia consistió en una intensa y rápida campaña de propaganda que hizo ver al gobierno del país como ilegítimo e ineficiente, en tanto que los neotalibanes han sido capaces de presentarse como una eficiente alternativa islámica de gobierno, capaz de solucionar los múltiples problemas inmediatos del ciudadano. Es por ello por lo que la buena gobernanza se convirtió en el eje central de su campaña, gobernanza que era proporcionada a través de un sistema judicial rápido y considerado justo por la mayoría de la población, incluso por una buena parte de sus oponentes políticos y militares. De manera que el esfuerzo se llevaba a cabo de abajo hacia arriba, ya que eran los jueces de primera instancia y los gobernadores de distrito los considerados como engranajes clave para que el sistema de gobierno funcionase.

Tomando como base los contactos realizados por los neotalibanes con el Gobierno de Hamid Karzai y las propuestas de reconciliación elaboradas —que se exponen en un capítulo posterior—, así como las fases que hemos determinado para su desarrollo y expansión, se proponen los siguientes periodos de la estrategia general neotalibana con las diferentes prioridades de esfuerzo en cada uno de ellos:

i. Un primer periodo, entre los años 2002 y 2004, que se define por los intentos de acomodación política con el Gobierno de Hamid Karzai, al mismo tiempo que se consolidaba la opción de la insurgencia armada, al no recibir respuesta satisfactoria por parte de la comunidad internacional y del gobierno.

ii. Un segundo periodo, entre los años 2004 y 2006, en el que la estrategia militar tomó la prioridad y se focalizó en conseguir el máximo de seguidores y la expansión en el sur, así como el intento de conseguir una victoria militar para poder negociar. La inadecuada valoración de las capacidades militares de la ISAF y su voluntad de vencer llevaron al primer y más sonoro fracaso de la insurgencia en la batalla de Pashmol (Kandahar). Este suceso llevó al liderazgo neotalibán a un cambio de estrategia operacional que alcanzó a sus sistemas de reclutamiento y gobernanza en las provincias.

iii. Un tercer periodo, entre los años 2007 y 2010, en el que se siguió intentando un acuerdo político por parte del líder supremo, y se afianzó la expansión hacia Kabul, el oeste y el norte, con una nueva estrategia operacional que había cambiado claramente hacia el combate asimétrico.

iv. Un cuarto periodo, entre los años 2011 y 2014, en la que se hizo frente a la intensificación de la campaña militar por parte de las fuerzas internacionales, conocedores de que el tiempo jugaba a su favor y que la decisión de repliegue de las fuerzas internacionales ya se había tomado. Debido a la presión sin precedentes ejercida por las fuerzas internacionales, el nivel de violencia desplegado por ambos contendientes alcanzaría niveles hasta entonces nunca vistos con el correspondiente incremento de víctimas civiles.

v. Una quinta fase que ha durado desde 2014 hasta agosto de 2021, en la que los neotalibanes han seguido llevando la iniciativa estratégica, a la espera de que sus condiciones fueran aceptadas por Estados Unidos y el resto de la comunidad internacional.

La estrategia militar

Sin lugar a duda, la estrategia militar ha sido la prioritaria sobre cualquiera de las estrategias subordinadas, desde el mismo resurgimiento del movimiento en su fase neotalibana. Lo primero que es necesario resaltar es la determinación del centro de gravedad en la vulnerabilidad política de la propia coalición internacional ante el conflicto afgano y la mejor manera de ofrecer una respuesta. La disparidad de criterios entre los diferentes países de la OTAN, en particular entre el bloque anglosajón liderado por Estados Unidos y el del resto de países de la UE, quedó plasmada en las diferentes ROE de las unidades militares internacionales, lo que sería aprovechado por el mando neotalibán para dar directrices de empleo que pusieran en evidencia esta disparidad de criterios e incluso provocasen errores tácticos de indudable repercusión mediática. Conocido es el caso de las víctimas colaterales civiles que, aun no siendo la ISAF quien provocase un mayor número de ellas, es la que sufrió una intensa campaña magnificada por los propios medios de prensa occidentales, que han sido manipulados por un eficiente sistema de propaganda neotalibán. Tanto es así que la dirección neotalibana provocó deliberadamente un mayor número de víctimas civiles, al dar órdenes a sus fuerzas para que buscasen protección tras cada ataque o emboscada en las aldeas cercanas, cuando no era el propio ataque planeado y ejecutado en el interior de los núcleos de población. Es así como, sin temor a equivocarnos, podemos afirmar que la dirección neotalibana ha concebido y ejecutado de manera eficiente una estrategia de guerra híbrida, subordinando sus tácticas de combate al efecto que quería conseguir en una opinión pública situada a miles de kilómetros, en las metrópolis de los países de la coalición internacional.

A partir de 2007 y 2008, las técnicas y tácticas de lucha asimétrica se extendieron a todo el territorio —aplicando tácticas de combate aprendidas durante la Guerra de Resistencia contra los soviéticos como la de *golpea y corre*, y priorizando ataques en núcleos de población y con mayor número de bajas civiles—, al objeto de debilitar el apoyo de la opinión pública nacional de cada una de las fuerzas internacionales intervinientes. Amén del uso del terror contra la población civil con el doble objetivo de sometimiento y demostración de la falta de capacidad del gobierno y sus aliados para protegerlos. Fue en estos años cuando se produjo la extensión de las tácticas y técnicas de combate asimétrico importadas de la guerra de Irak, técnicas que se habían adquirido durante la visita de una delegación de líderes insurgentes iraquíes, que habían permanecido en las FATA durante varios meses, y entre las que destacaron la preparación de artefactos explosivos y los ataques suicidas con coche bomba o chaleco explosivo. Las tácticas suicidas eran de especial aversión a la cultura tradicional afgana que los consideraba antiislámicos, pero a partir de 2006 ambos procedimientos se popularizaron en el campo de batalla insurgente como una muestra más de su capacidad de adaptación ideológica.

Si el cambio de tácticas de combate por parte de la insurgencia se había producido a partir de 2006, con ocasión de la debacle de Pashmol, el cambio de modelo de mando y control operacional no se produjo hasta finales de 2009, con ocasión de la enorme presión a la que fueron sometidos en el campo de batalla por unas fuerzas internacionales que se duplicaron en número.

Una vez desencadenada la *oleada* y gracias a la presión de las fuerzas internacionales, se recuperaron una serie de distritos que habían caído en manos de los insurgentes. Distritos que fueron recuperados por la insurgencia unos meses más tarde, una vez que la presión se redujo por la escasez de unidades de guarnición en esos territorios. Fue en estos distritos donde se llevó a cabo por los insurgentes una campaña de asesinatos selectivos al objeto de intimidar y evitar la colaboración con el gobierno. Las técnicas de ataque utilizadas estuvieron determinadas según el tipo de objetivo y la seguridad que conllevaba por su cargo: los de mayor dificultad para acceder a ellos, gobernadores y jefes de policía, serían asesinados mediante ataques suicidas; mientras que los funcionarios de nivel medio, así como los líderes tribales y clérigos, lo serían mediante ametrallamiento desde una motocicleta. Un dato que no es muy conocido es que el sector social que mayor número de muertos por atentado sufrió fue el de los clérigos (T. H. Johnson, 2013), no porque este haya sido un conflicto religioso sino porque los neotalibanes han utilizado como punta de lanza en su infiltración social a este colectivo, y no han consentido las voces disidentes a su mensaje.

Es sabido que el uso desmedido de la represión durante el periodo del Emirato, junto a la ausencia de un modelo institucional de Estado había provocado el fracaso del régimen talibán como alternativa política de gobierno, así como el consecuente hartazgo de una importante parte de la ciudadanía. Esta situación vino de la mano de la propia esencia de la ideología deobandi donde, en palabras de Barbara Metcalf, «lo más sorprendente de los movimientos deobandis es la medida en la que su ideal político es como una caja vacía que se llena de manera conveniente y pragmática, dependiendo de lo que funcione mejor en una situación dada» (2002: 3). El problema viene cuando no se sabe con qué rellenar esta caja, que fue lo que les ocurrió a los talibanes durante el Primer Emirato. El Movimiento Talibán había encontrado su razón de ser en el caos y la anarquía reinante en Loya Kandahar, pero nunca llegó a tener un proyecto político nacional. En su lugar se limitó a tratar de imponer en todo el territorio bajo su control el mismo modelo de orden y religión que le había funcionado en el sur.

En 2003 y 2004, los líderes talibanes perseguidos y refugiados en Pakistán encontraron de nuevo las condiciones sociales adecuadas para hacer resurgir el movimiento, pero esta vez la razón de ser no sería el caos y la corrupción, sino el invasor infiel externo que trataba de destruir los valores islámicos, acompañado de un gobierno marioneta. La amenaza no era de origen interno sino externo, además de que habían aprendido la lección y comenzaron un proceso de asimilación política islamista —de aquí que decidieran el abandono del término talibán para suplirlo por muyahidín y emirato islámico en lugar de movimiento—. En este nuevo paradigma, el problema estaba en que la presencia internacional postalibán respetaba las tradiciones islámicas y trataba de imponer los derechos humanos y de género de una manera tan tibia que no levantaban protestas por parte del sector más conservador de los ulemas, pero el error que se cometió fue restablecer a sangre y fuego el orden social de poder pretalibán, en manos de los mismos comandantes muyahidines que habían gobernado en las provincias después de la caída de Najibullah. La nueva yihad antiamericana y antimuyahidines corruptos tendría como objetivo la recuperación de la soberanía nacional, así como la expulsión del poder de aquellos malos musulmanes que eliminaban o apresaban injustamente a sus conciudadanos y se enriquecían de manera ilícita, mientras que muchos seguían viviendo en la más absoluta miseria. La «caja vacía» se iría llenando de un ideario nacionalista contra el imperialismo estadounidense y sus aliados.

La estrategia ante los procesos electorales

Sabemos que, tras el derrocamiento del régimen comunista de Najibullah, los talibanes decidieron que la manera islámica correcta de elegir al líder gobernante no era a través de elecciones públicas, sino a través de un consejo islámico para la resolución de conflictos, que es una de las formas reconocidas en el pensamiento islámico como válidas, el denominado Shura Ahl al-Hal wa Al-'aqd. Este sistema de elección previene la participación de partidos seculares y proporciona a los grupos religiosas la posibilidad de un cierto grado de manipulación (Ershad, 2014).

Los neotalibanes, por su parte, han intentado impedir las elecciones en tantas ocasiones como se han llevado a cabo, si bien es cierto que tuvieron poca capacidad para hacerlo en 2004 y 2005. En las elecciones presidenciales de 2004, la capacidad de disrupción de los neotalibanes fue escasa debido a su corta implantación territorial, a lo que se unió la petición expresa hecha por el presidente George W. Bush al presidente Musharraf de impedir el paso de combatientes neotalibanes a través de la frontera. En las elecciones de 2005, los neotalibanes fueron capaces de impedir completamente el voto en 38 distritos y en otras 580 aldeas, lo que supuso el 10 % del total (Giustozzi, 2014b; Rashid, 2009a).

En los años 2009 y 2010, tuvieron capacidad para hacerlo en todo el territorio, pero en bastantes casos llegaron a acuerdos con las comunidades locales para permitirlas, proporcionando el voto a determinados candidatos. En las elecciones de 2009, la capacidad de acción violenta de los neotalibanes era mucho mayor y el número de países extranjeros que apoyaron la acción de los neotalibanes para impedir un desarrollo exitoso de las elecciones fue también mayor, incluyendo entre ellos a varios países del Golfo. Más de 700 colegios electorales permanecieron cerrados por ataques o amenazas muy creíbles, pero también se dieron casos en los que, en determinadas zonas pastunes, los neotalibanes no siguieron con su campaña de intimidación por miedo a que el candidato Abdullah Abdullah, más cercano a los iraníes, pudiera resultar vencedor. En las elecciones parlamentarias de 2010, el nivel de violencia fue comparable al de las del año anterior, con la diferencia de que en determinados distritos los neotalibanes permitieron la votación con la condición de que debían hacerlo por un determinado candidato.

En relación con las elecciones presidenciales de 2014, al parecer, representantes del grupo de aliados del mulá Akhtar M. Mansur y la Rahbari Shura se habían reunido con el presidente Karzai en Catar, en marzo de 2013. En ese encuentro mantuvieron discusiones sobre las futuras elecciones y la posibilidad de cese el fuego, además de que el propio Karzai solicitó el apoyo del grupo de aliados de Mansur para que las elecciones se pudieran celebrar en todos los distritos pastunes. Pero para ello, los representantes de la alianza de Mansur pidieron la liberación de los militantes neotalibanes detenidos en las prisiones de Bagram y Pul e Charkhi, un determinado número de puestos ministeriales y algunas embajadas, junto a modificaciones en la Constitución y la salida de todas las fuerzas extranjeras de las provincias de Helmand, Kandahar y el distrito de Shindand (Herat). Al mismo tiempo, se pasó el mensaje de que se podía disminuir la violencia en un 40 % del territorio, pero no en las provincias controladas por la Shura de Peshawar, *shura* que estaba en contra de su realización y bajo el estricto control del servicio de inteligencia pakistaní.

Lo cierto es que nunca los neotalibanes han hecho una declaración oficial sobre las elecciones como procedimiento para elegir al jefe del Estado, aceptando de antemano que el pensamiento islamista sólo contempla la elección del líder por cooptación entre aquellos que tengan suficiente conocimiento del Corán y sean buenos musulmanes. Si a esto le unimos las tradiciones pastunes, probablemente llegaremos a la conclusión, tal y como muchos *ancianos* expresan, que las mujeres no tendrán derecho al voto, que las elecciones no son necesarias, tal y como ocurre en Arabia Saudí, y que, en todo caso, no serían unas elecciones democráticas sino una autocracia islámica (Giustozzi, 2014b).

La batalla por la educación

La comisión neotalibana para la educación fue establecida en 2006, dependiente de la Rahbari Shura al igual que el resto de las comisiones que pretendían hacer las funciones de ministerios en el exilio, sin embargo, en 2009 se establecería una segunda comisión de educación dependiente de la Shura de Peshawar. El resultado fue una división territorial de responsabilidades y una diferencia incluso en el procedimiento de gestión de cada una de ellas. Ambas no cooperaban entre sí y, en tanto que las comisiones de educación de las provincias dependientes de Peshawar reportaban directamente a la comisión en Pakistán, las comisiones de educación de las provincias dependientes de Quetta lo hacían a través de sus gobernadores provinciales.

Desde el establecimiento de la comisión central de educación en 2006, la actitud de los neotalibanes hacia la educación en las escuelas oficiales del Ministerio de Educación fue de completo rechazo hasta 2010, año en el que hubo un cambio de actitud como consecuencia de la presión ejercida por las comunidades locales. Este cambio fue bien acogido por el Ministerio de Educación que se mostró dispuesto a acuerdos puntuales, al objeto de que las escuelas no fueran atacadas. La consecuencia fue el establecimiento de acuerdos realizados por los directores de las escuelas con los comisionados de distrito de los neotalibanes, al objeto de permitir que las escuelas siguieran abiertas —lo que supuso, en un sistema tan centralizado como el afgano, que los directores de escuelas contasen con la autorización de sus superiores—.

La alta dirección neotalibana en Pakistán deseaba un acuerdo con el ministerio en el que se explicitara los siguientes puntos: los libros deberían contar con la aprobación previa talibán; un aumento de las horas dedicadas a estudios religiosos; el despido de los profesores opuestos a la insurgencia y contratación de profesores de religión y árabe propuestos por ella; aulas femeninas separadas de los varones y la educación de las niñas debería finalizar en el sexto grado[208] (aproximadamente a los 11 años). Aunque el ministerio siguió sin confirmar este tipo de conversaciones con los neotalibanes o con Hezb-e Islami, lo cierto es que, ya en junio de 2010, una delegación ministerial fue enviada a Quetta y Peshawar para entablar conversaciones con las respectivas comisiones de educación y poder reducir el número de ataques a las escuelas. Por su parte, Hezb-e Islami siempre se mostró más cooperador en este aspecto, incluso contraatacando a aquellos grupos talibanes que llevaban a cabo los ataques contra escuelas o sus alumnos y profesores. Oficialmente el ministerio siguió afirmando que los acuerdos alcanzados con la insurgencia eran siempre locales y entre las comunidades y los insurgentes.

En 2010, cuando las conversaciones del ministerio con los líderes neotalibanes comenzaron, se incluyeron varias figuras del Emirato que se habían reintegrado en la comisión para determinar el programa de estudios islámicos. Lo cierto es que, en el año 2012, un nuevo programa de estudios fue desarrollado y los nuevos textos responderían a las exigencias impuestas por la insurgencia. En los nuevos libros de historia las referencias negativas al mulá Omar desaparecieron, así como las del comandante Massoud como héroe de la Resistencia, todo ello como parte de una remodelación completa de los últimos treinta años de la historia de Afganistán.

Los hechos confirman que, tras los acuerdos de las comunidades locales y las cesiones efectuadas por el gobierno tras sus contactos con los neotalibanes, la separación por sexos en las aulas se impuso de nuevo, de manera generalizada, y en los distritos controlados por los neotalibanes las niñas sólo podían seguir la educación después de los 11 años en casa, pues los neotalibanes no han cedido un ápice en relación con sus posicionamientos durante el Emirato. En la versión de 2011 del *Layeha*, texto conocido como Código de Conducta Talibán, se establecía que las niñas que acudiesen a clases mixtas con niños serían advertidas dos veces y si no dejaban de asistir serían asesinadas. Lo mismo ocurriría con aquellos profesores que participasen de estas clases. Otra realidad igual de dura que la anterior fue el adoctrinamiento que los niños sufrieron en las escuelas, donde a través de los profesores de religión y su apología de la yihad y el martirio, sirvieron de cantera para la movilización y el reclutamiento de jóvenes combatientes y suicidas[209] (T. H. Johnson y DuPee, 2012).

Tal y como se ha expuesto, la insurgencia contaba con dos comisiones encargadas de supervisar los centros educativos y sus programas de enseñanza, ambas ubicadas en Pakistán y dependientes de la Rahbari Shura. La de Quetta estaba dirigida en 2013 por el

---

[208] En Afganistán la enseñanza es gratuita desde primaria hasta la universidad, que cuenta con un número limitado de plazas, y se complementa con escuelas y centros universitarios privados.

[209] Tal y como relata el caso del joven de bachillerato en la escuela Omar del distrito Qarabagh de Ghazni que se inmoló en un ataque suicida llevado a cabo por los Neotalibán en la provincia.

ulema Ahmad Jan Akhwanzada y la de Peshawar por el ulema Abdul Ghani. Llama poderosamente la atención que los comisionados de educación en Peshawar, exceptuando su presidente, eran todos ellos pakistanís, además de estar muy ligados a partidos políticos, lo que suponía no ya un alto grado de adoctrinamiento político, cosa lógica en un sistema de partido único salafista, sino que fuesen pertenecientes a partidos pakistaníes que además participaban del poder político en Pakistán (Giustozzi y Franco, 2013).

La comunicación pública

Una de las primeras conclusiones que salta a la vista cuando intentamos analizar la política de comunicación pública de los neotalibanes es el gran cambio ocurrido en el movimiento desde su época en el poder a cuando se convirtió en oposición armada. Desde 1996 a 2001, el Movimiento Talibán, aunque preocupado por su imagen, focalizó su esfuerzo en los actos y las conductas de sus miembros y seguidores, confiados en que no existía mejor discurso que el de los propios hechos, o lo que es lo mismo, la ausencia de una política de comunicación pública por considerarla innecesaria. En cuanto al tipo de mensaje que enviaban, su esfuerzo se centró sobre todo en el verbal, a través de la radio y de las redes de transmisión no escrita de las comunidades locales, el denominado boca a boca, conscientes de que eran estos mensajes los que realmente llegaban a un ciudadano de comunidades rurales donde la mayoría de sus miembros eran analfabetos.

Durante la fase de insurgencia neotalibana, inicialmente surgieron varios portavoces, consecuencia de los varios grupos insurgentes que sin coordinación alguna entre ellos comenzaron sus ataques entre 2002 y 2003. Fue en febrero de 2004 cuando el primer comunicado oficial del renovado Movimiento Talibán fue publicado. Desde entonces y a pesar de su interés en los medios, la relación de estos con los neotalibanes nunca ha sido difícil y han sido frecuentes los secuestros y asesinatos entre aquellos que se aventuraban a entrevistarlos. A ello se le sumó el procedimiento de asesinatos selectivos de periodistas de medios contrarios a la insurgencia.

Los neotalibanes se han caracterizado por un tipo de mensajes muy elaborados y producidos en inglés, para una audiencia occidental fácilmente influenciable y detentadora del verdadero poder de su voto ante sus gobiernos democráticos. Junto a una clara evolución desde su firme rechazo a las nuevas tecnologías —recuérdese la prohibición de la música, el cine y la televisión durante el periodo del Emirato— al uso extensivo de ellas en beneficio de la campaña insurgente, lo que nos da idea de cómo el movimiento reinterpreta el Corán y la Sunna a su propia conveniencia. La insurgencia ha preferido mostrar siempre una imagen de movimiento nacional islamista, aunque muchos de los motivos que impulsaron a las tribus a unirse a ella tuviera más que ver con la competencia intertribal.

En el caso de la audiencia interna, el primer medio de comunicación aparecido fueron las conocidas como *cartas* o *carteles nocturnas* (*shabnamah*). Mensajes escritos que, ya fueran dirigidos a título individual o colectivo, eran depositados durante la noche en los domicilios de sus destinatarios o colocados en la mezquita o plaza del pueblo para su difusión. Este tipo de mensajes solían ir firmados y, durante el año 2003, aparecieron en tal cantidad y con diferentes nombres de supuestos portavoces oficiales del mulá Omar que la propia organización tuvo que intervenir para poner orden, nombrando a Hamid Agha como único portavoz oficial. Demostraron ser un procedimiento que, sin dejar de ser muy sencillo, presentaba una altísima eficacia en tanto que no se atemorizaba mediante la amenaza, sino que se aparentaba un nivel de control sobre la población muy superior al que realmente se tenía, porque provocaba una sensación de estar sometido a continua vigilancia y control.

Junto a todo ello, los talibanes han hecho gran profusión de medios físicos como CD, DVD y casetes, para hacer llegar sus mensajes a las aisladas comunidades rurales. A lo que se uniría una emisora de radio, La Voz de la Sharía —antigua Radio Kabul durante el Primer Emirato—, con retransmisores móviles que se iban desplazando entre los territorios ocupados. En todos ellos, hicieron una inteligente mixtura de hechos factuales o falsos, ideología y cultura popular —folclore, poesía popular, canciones religiosas (*tarana*), hechos memorables de la historia de guerra afgana, rumores y leyendas, etc.— para conseguir aumentar el número de simpatizantes y seguidores, reclutar nuevos combatientes, legitimar sus acciones violentas y deslegitimar las del enemigo, así como al propio gobierno afgano.

UNICIDAD Y RESILIENCIA DEL MOVIMIENTO TALIBÁN

Analizando las estrategias y el procedimiento operacional para el desarrollo de la expansión territorial sorprende la unicidad de todo el sistema. De manera que, a pesar de la aparente falta de coordinación en el nivel táctico, entre los variados grupos insurgentes que componían la insurgencia neotalibana, fue capaz de mostrarse como un movimiento único. A ello se le añade la capacidad de aprender sobre sus errores y modificar sus propias estrategias y procedimientos operacionales. Exceptuando periodos cortos de tiempo, los neotalibanes fueron capaces de retener la iniciativa, tanto en el nivel estratégico como en el operacional.

Esto no sorprende cuando se analiza la capacidad que ha tenido su liderazgo para definir estrategias e implantarlas, mostrando una gran iniciativa y capacidad de adaptación. Esto le ha permitido dar coherencia a una serie de grupos tan diversos mediante un *ethos* heredado de su organización nodriza y caracterizado por una cultura de obediencia al líder que, en caso de enfrentamiento abierto al mismo, implica la ejecución sin dilación, pero que en el día a día se suaviza mediante la búsqueda constante de consenso en aras de un objetivo mayor.

Gracias a ello, este renovado Movimiento Talibán no ha sufrido de divisiones internas que llegaran a dar lugar a algún tipo de fenómeno parecido al caudillismo, debido fundamentalmente a la fuerte estructura de mando existente y el adoctrinamiento de sus comandantes. En su expansión, han utilizado su vasto conocimiento de la cultura rural afgana para ganarse la simpatía de los *ancianos* en las comunidades locales, y lograr, de esta manera, que su mensaje alcanzase a la mayoría de la población. Al mismo tiempo que han optado por la eliminación física de aquellos que se le han resistido.

Por otro lado, reseñar que el nivel de compromiso mostrado por los combatientes neotalibanes ha estado por encima de cualquier expectación. La mayoría de los combatientes han pasado años en el frente y esta forma de vida ha forjado su carácter, mostrándose orgullosos de ello e incluso deseando que estas virtudes guerreras pasen a sus hijos. Esto sugería que la probabilidad de llegar a un acuerdo de paz, a cambio de una amnistía y determinados beneficios económicos era bastante improbable, si antes no se habían alcanzado sus objetivos políticos —expulsión de extranjeros y nuevo gobierno islámico—. La estrategia llevada a cabo durante la *oleada,* y consistente en infligir un nivel de daño a la insurgencia suficiente para quebrar su voluntad de combate, se mostró claramente equivocada, pues a mayor violencia se ha respondido con mayor represalia.

Fruto de esta combinación de cultura de obediencia al líder y exaltación de las virtudes guerreras le han proporcionado una resiliencia que han convertido al movimiento insurgente afgano en uno de los más resistentes del escenario actual, sino el que más, teniendo en cuenta que ha hecho frente a una coalición internacional formada por la élite de las mejores unidades militares existentes a nivel global. Y ha sido precisamente su excepcional capacidad de resiliencia y su estrategia comprensiva y adaptable a las circunstancias temporales, las que le han permitido alcanzar la victoria final.

CAPÍTULO 9

ORGANIZACIÓN, TRIBALISMO Y GOBERNANZA NEOTALIBANES

SU ESTRUCTURA ORGANIZATIVA

En la cúspide de la jerarquía neotalibana encontramos al emir supremo y un segundo emir que ejerce la autoridad por delegación. Este segundo emir estaba asesorado en el gobierno del movimiento por la Rahbari Shura. Estaba ubicada en la ciudad de Quetta y por ello habitualmente se la denominaba con este nombre. La mayoría de los miembros de esta *shura* fueron antiguos compañeros de armas del mulá Omar en los años de lucha contra las tropas soviéticas. Todos ellos eran originarios de las provincias de Kandahar, Uruzgan y Helmand, y por lo tanto pertenecientes al círculo *andiwal* conocido como los *kandaharíes*. Se desconoce su número con exactitud, pero se estima que eran entre diez o doce miembros permanentes, aunque el acceso a los órganos de decisión no era cerrado y con frecuencia se autorizaba la asistencia de miembros temporales para temas específicos.

En la época del mulá Omar, el acceso al líder supremo se hacía a través del mulá Obaidullah Akhund o del mulá Abdul Ghani Baradar. Por razones de seguridad el mulá Omar no se reunía con ellos, sino que permaneció oculto y la *shura* estuvo dirigida por el mulá Baradar hasta febrero de 2010, cuando fue detenido en Karachi[210], muriendo meses más tarde en combate el mulá Obaidullah. Su sucesor como segundo de Omar fue el mulá Akhtar M. Mansur, y como encargado de asuntos militares el mulá Abdul Qayum Zakir.

Dependiendo directamente de la Rahbari Shura, existían una serie de comités específicos encargados de los asuntos diarios de la organización, ya que el órgano supremo de gobierno no se reunía habitualmente, sino sólo cuando temas de trascendencia lo requerían. El principal de ellos era el comité militar que contaba con tres subcomités subordinados y coordinados por un miembro senior de la organización, quien además asumía la dirección del comité responsable de las operaciones en Helmand, al objeto de tener un control directo de la importante fuente de financiación que suponía la provincia con mayor cultivo de opio. Además existían los de asuntos religiosos, finanzas, asuntos políticos, cultura e información, asuntos interiores, refugiados y prisioneros, reclutamiento y repatriados (Roggio, 2010; Semple, 2014).

---

[210] Sería liberado en 2018 por las autoridades pakistaníes, ante la presión de Estados Unidos, para formar parte del equipo negociador talibán con este último (Al Jazeera, 2018).

Las cuatro zonas en las que se dividía el territorio afgano para el mando y control de las operaciones estaban dirigidas por sus correspondientes comités o *shuras* con un líder en cada una de ellas. Todas ellas estaban ubicadas en Pakistán y se correspondían con:

i. La Shura de Quetta que dirigía las operaciones de las regiones sur y oeste, y estaba liderada por Hafez Majid —no debemos confundirla con la Rahbari Shura—. Dirigía los *mahaz* ubicados en Loya Kandahar y alcanzaba hasta Herat.

ii. La Shura de Miramshah estaba dirigida por Serajuddin Haqqani y era la encargada de Loya Paktya, Wardak, Logar y Ghazni.

iii. La Shura de Peshawar era la encargada de las operaciones en las zonas este y noreste, y estaba liderada por Mohammad Aminullah. Dirigía los *mahaz* ubicados en las provincias del este.

iv. La cuarta estaba ubicada en el campo de refugiados de Gerdi Jangal en Baluchistán, y se encargaba exclusivamente de Helmand y Nimruz. En el año 2009, el líder de esta última sería el mulá Akhtar M. Mansur quien sería a su vez el miembro permanente de la Rahbari Shura encargado de todas las operaciones militares. Posteriormente se hizo cargo de la Rahbari Shura con ocasión de la detención del mulá Baradar y el fallecimiento del mulá Obaidullah.

A estas se les uniría la Shura del Norte que se encargaba de las operaciones en el área comprendida desde Badghis hasta Takhar. Cada una de estas zonas de operaciones tenían sustanciales diferencias en sus relaciones con los operativos árabes y egipcios, tácticas y procedimientos de combate y fuentes de financiación.

Con la muerte del mulá Akhtar M. Mansur en mayo del 2016 por un ataque de dron estadounidense, le sucedió como emir supremo el mulá Haibatullah Akhunzada. En este caso y a diferencia de lo ocurrido con Akhtar Mansur, la sucesión se produjo sin controversia ni fricciones entre las diferentes facciones que componían el movimiento. Lo cierto es que con el mulá Akhunzada los neotalibanes recuperaron la necesaria unidad y coherencia interna que durante el año anterior habían perdido por las rivalidades internas, desde que se dio a conocer la decisión de Akhtar Mansur de ocultar la muerte del mulá Omar durante más de dos años.

EL TRIBALISMO EN EL MOVIMIENTO TALIBÁN

Debilidades y fortalezas

Desde su creación, el Movimiento Talibán ha sabido aprovechar las fortalezas y debilidades de las dos características más importantes de la sociedad afgana: su carácter tribal y su religiosidad. Como botón de muestra es la capacidad de penetración del movimiento en las tribus minoritarias de la confederación Durrani, el grupo de tribus conocido como Panjpai (Ishakzai, Noorzai y Alizai), ya que tradicionalmente han sufrido la opresión social del grupo Zirak formado por las tribus mayores y más poderosas (Popalzai, Barakzai y Alikozai) que siempre han gozado de los mejores pastos y tierras de cultivo.

El mismo factor divisivo tribal que los talibanes siempre han explotado, para infiltrarse en las comunidades locales y quebrar la unión intra e intertribal, ha afectado también a la cohesión interna del movimiento. De manera que importantes figuras del Emirato, que posteriormente llegaron a convertirse en algunas de entre las más notorias del periodo neotalibán, serían expulsadas de la Rabbani Shura precisamente por su competitividad con el emir supremo. Factor acertadamente definido por Luis Dupree como un constante proceso de «fusión y fisión» (Courage Services Inc., 2008: 48).

Este factor divisivo intertribal también se puede encontrar en la manera de cómo Pakistán ha planteado su estrategia de oposición a la pretensión de un Pastunistán independiente por parte de las tribus Zirak Durrani. Pretensión que han mantenido de manera impenitente desde la independencia del país en 1919 y que ha sido abanderada por los tres jefes de Estado Musahiban —los dos últimos monarcas y el primer presidente de la república—. Ante ello, Pakistán siempre ha mantenido una línea de contrapeso, apoyando líderes pastunes Ghilzai que no han hecho bandera de este asunto —primero en la figura de Hekmatyar, un Ghilzai Kharruti, y posteriormente en la figura de Omar, un Ghilzai Hotak—, adoptando la postura, tanto durante la Guerra de Resistencia como posteriormente durante la construcción democrática, de total oposición a que el entonces exmonarca afgano Zahir Shah pudiera desempeñar papel alguno.

Desde el periodo del Primer Emirato talibán, sus líderes rechazaron frecuentemente asumir la representación del tribalismo pastún por entender que iba en contra de los principios religiosos que defiende el movimiento, por encima de tribus y diferentes opciones políticas, al entender que su modelo social y político está por encima de todas ellas. Las nuevas generaciones han interiorizado todavía más este principio, de manera que la dirección talibana dio instrucciones a sus comandantes para que no confrontaran los operativos de Hezb-e Hekmatyar, desde el mismo año 2001, lo que por su parte fue correspondido por este último.

Sobre la ausencia de miembros Zirak Durrani entre el liderazgo talibán es necesario clarificar que existe una mayoría de miembros Ghilzai y de otros grupos de tribus, pero también han existido importantes miembros Durrani, como el mulá Baradar que pertenece a la tribu Popalzai. En los Talibán siempre han existido pequeños pero importantes grupos de comunidades no pastunes, como es el caso de los grupos *badakhshaníes,* grupo formado por tayikos y uzbekos. En la provincia de Laghman existe una importante red formado sobre la base de la comunidad Pashai. Otros comunidades ligadas al Movimiento

Talibán es la tayika asentada en la provincia de Bamiyan y la facción Hazara de Hezb-e Wahdat de Mohammad Akbari.

Tabla 21. Miembros de la Rahbari Shura compañeros de armas en el frente de Kandahar (1980-1989).

Nombre	Tribu	Cargo
Mulá Omar	Hotak	Líder supremo hasta su muerte en 2013.
Mulá Baradar	Popalzai	Líder Rahbari Shura 2006-2010. Jefe oficina política en Catar desde su liberación en 2018.
Mulá Hassan Akhund	Babar	Miembro Rahbari Shura y comités militares. Lider Rahbari Shura 2016-2021.
Mulá Akhtar Mohammad Mansur	Ishakzai	Líder Rahbari Shura 2010-2015, líder supremo hasta su muerte en 2016.
Tayeb Agha	Sayed	Miembro Rahbari Shura y comité de finanzas. Jefe oficina política en Qatar hasta 2015.
Mulá Dadullah	Kakar	Miembro Rahbari Shura y jefe mahaz en Kandahar hasta su muerte en 2007.
Mulá Haibatullah Akkunzada	Noorzai	Jefe del Consejo de Ulemas y Jefe de Justicia 2002-2014. Segundo emir 2015. Líder supremo desde 2016.
Hafiz Majid	Noorzai	Miembro Rahbari Shura desde 2010. Jefe del comité de finanzas.

Fuente: elaboración propia con datos procedentes de BBC News (2016), A. Gopal (2010) y S. Qazi (2016).

La naturaleza dual del movimiento basado en la ideología y el tribalismo tiene su reflejo en su dualidad organizativa. El movimiento posee dos estructuras superpuestas que le aportan una resiliencia que ha sido capaz de superar las duras campañas militares de aniquilación de líderes que sufrieron durante el periodo democrático. Por un lado, se encuentra su estructura vertical que es reflejo de una ideología nacionalista, supraétnica y supratribal. En ella queda reflejado su anhelo de un Afganistán unido en el que coexistan las diferentes etnias y tribus, pero sin que estas últimas sean elementos políticos del sistema. Es cierto que la etnia originaria del movimiento es la pastún y que todavía es la predominante en sus órganos de gobierno, consecuencia del método tribal de hacer política que caracteriza a sus miembros, pero esto no excluye que sean nacionalistas islamistas y que pretendan una única nación de etnias y tribus unidas por la religión. Sin embargo, no aspiran a la reunificación de todos los pastunes en un mismo Estado nación, por lo que no se les puede denominar irredentistas o nacionalistas pastunes.

Pero junto a esta estructura organizativa vertical, basada en un modelo de Estado islámico donde el líder supremo es la última autoridad en la toma de decisiones y con capacidad para decidir sobre el destino y la propia vida de las personas, encontramos una estructura horizontal informal basada en los *qaum,* clanes y tribus que es la que le proporciona su resiliencia y sobre la que en gran medida se basa la gobernanza diaria del movimiento. De manera que debemos considerarlo un movimiento nacionalista intertribal, desde el momento que la resiliencia del sistema se basa en las relaciones de sus bases, que están sedimentadas sobre lazos personales forjados durante la Guerra de

Resistencia contra los soviéticos (*andiwal*). Al mismo tiempo, esta misma condición le supone una seria limitación a su expansión intertribal.

Los centros de poder neotalibanes

Si la *shura suprema* desde su creación con el nacimiento del Movimiento Talibán estuvo formada por miembros en su mayoría perteneciente a tribus Ghilzai, todo parece indicar que se ha producido un importante cambio desde el punto de vista tribal en el nivel senior de la estructura de mando y control neotalibán. En el año 1994, el entonces ministro de Interior pakistaní, general Babar, encargado de los asuntos afganos, recibió el apoyo necesario de la primera ministra Benazir Bhutto para la formación del Movimiento Talibán. Pero antes tenían que asegurarse que el movimiento no contaría, en su nivel más alto, de líderes de las tribus Zirak Durrani, pues suponían un peligro para la soberanía territorial pakistaní —tal y como había ocurrido con el intento de invasión por parte afgana de las agencias Bajaur y Waziristan en 1963—. Es por ello por lo que se aseguraron de que la mayoría de los miembros de la *shura suprema* fuesen de tribus Ghilzai.

Una vez que los talibanes vieron la oportunidad de hacerse con el poder en Kabul, la lectura que se hizo en el mundo tribal es que por fin un líder de una tribu Ghilzai recuperaba el poder en Afganistán. Sólo por este hecho ganaba muchos seguidores Ghilzai y de las tribus menores Panjpai Durrani, lo que fue recompensado con la designación de miembros de estas últimas tribus en posiciones de liderazgo. Este mismo procedimiento se ha vuelto a reproducir en la época neotalibana, con la designación de numerosos miembros de la Rahbari Shura procedentes de tribus menores Panjpai, precisamente para aprovechar el sentimiento de injusticia y frustración provocado por la sobrerrepresentación de las tribus Zirak en el Gobierno de Hamid Karzai, y así atraer más seguidores de aquellas tribus, tratando de forjar una alianza entre tribus marginadas Ghilzai y Panjpai Durrani. A este sentimiento de reparación de injusticias sufridas por las tribus Panjpai, hay que sumarle el interés monetario de los notables de las tribus Noorzai y Achakzai, ya que son ellos los que controlan el mercadeo fronterizo en Chaman y Spin Boldak, con lo que la afección protalibán en ambas tribus está servida —cien por cien protalibán en el caso de los Noorzai y parcialmente protalibán en los Achakzai—.

Pero la situación en 2009 había cambiado radicalmente, de manera que los únicos Ghilzai que todavía permanecían en la Rahbari Shura eran el propio mulá Omar de la tribu Hotaki, el mulá Muttaqi de la tribu Taraki, y el mulá Mohammad Hassan Akhund —probablemente de la tribu Babar—. Todos los demás miembros eran *durranis*. Dentro de la confederación Durrani la línea de ruptura se situaba entre las tribus Zirak y las Panjpai. Y es aquí donde se demuestra cómo el liderazgo talibán tenía en cuenta este factor tribal para, por ejemplo, tener un representante de las principales grupos de tribus en el triángulo de cabeza del movimiento: el mulá Omar, del que ya hemos citado que era miembro de la tribu Hotaki Ghilzai; el mulá Baradar que fuera segundo de Omar hasta su detención en 2010 y que pertenecía a la tribu Popalzai Zirak; por último, el mulá Akhtar M. Mansur que pertenecía a la tribu Ishakzai Panjpai. Con ello se aseguraron de que, al menos la composición étnica de los miembros de la Rahbari Shura no generara nuevas tensiones étnicas, tal y como ocurrió durante el Emirato entre los miembros de la *shura suprema* y el resto de los cuadros talibanes.

De las cinco *shuras* militares expuestas en los apartados precedentes, se llegó a 2014 con dos centros de poder claramente diferenciados: la Shura de Quetta y la Shura de Peshawar. Subordinadas a ellas existían otros centros de poder creados alrededor de figuras carismáticas que eran capaces de movilizar combatientes y recursos por sí mismos. En el caso de Peshawar, estos centros de poder subordinados no estaban oficialmente reconocidos, exceptuando el caso de la Shura de Miramshah; no así Quetta que sí los reconocía. Un factor fundamental para tener en cuenta en la capacidad de Peshawar para haber conseguido difuminar estos centros de poder subordinados, en favor de una estructura más centralizada, fue la capacidad de acumulación de fondos y su control en la distribución. Sin embargo, en la Shura de Quetta existían tres centros de poder fácilmente reconocibles: la red de aliados de Akhtar Mansur que incluían a las poderosas figuras del mulá Baradar y el mulá Dadullah; la red de Abdul Qayum Zakir que incluía una serie de aliados menores como Sattar, Janim e Ibrahim, pero que contaba con el apoyo de Shura de Peshawar; y el grupo de antiguos líderes políticos de la Rahbari Shura, que individualmente no poseían un grupo apreciable de seguidores, pero que unidos constituían un centro de poder a tener en consideración.

A partir de 2013, los dos líderes que habían acumulado más poder en la Rahbari Shura fueron Zakir y Mansur. Cada uno de ellos contaba con diferentes fuentes de financiación: el primero con fondos procedentes de los servicios e inteligencia pakistaníes a través de la Shura de Peshawar; el segundo con fondos procedentes de territorio afgano y de la diáspora en el extranjero. Ambos eran los máximos exponentes de las dos corrientes internas del movimiento: Zakir, en contra de cualquier solución pactada y que proponía seguir combatiendo ante la inminente retirada de las tropas internacionales, esperando a una postura militar de fuerza para, sólo entonces, sentarse a la mesa de negociación; Mansur que proponía sentarse a la mesa de negociación lo antes posible. En estos momentos estamos en condiciones de afirmar que esta postura estuvo probablemente relacionada con el fallecimiento por enfermedad del mulá Omar, en abril de 2013, y la urgencia de negociar ante el temor de que el movimiento se desintegrara tras la muerte de su líder. Finalmente, Mansur se hizo con el poder tras la muerte de Omar, aunque Zakir seguiría disputándole el liderazgo. Tras la muerte de Mansur y el nombramiento de

Haibatullah Akhunzada como nuevo líder supremo, Zakir abandonaría sus pretensiones y aceptó sin reservas al nuevo emir.

LA ORGANIZACIÓN MILITAR

Mando y control de unidades

El estudio de la organización y funcionamiento interno del mando y control siempre resulta interesante, pues los neotalibanes han demostrado ser uno de los grupos insurgentes con mayor coherencia y resiliencia del mundo, a pesar de la enorme cantidad de bajas de cuadros y combatientes de base que ha sufrido. Todo parece indicar que el hecho de compaginar una estructura vertical compleja, desde el líder supremo hasta el seguidor de base, donde todos juran lealtad al líder; junto a una estructura informal basada en las relaciones personales de pertenencia a una misma tribu o comunidad, ha permitido darle la necesaria coherencia para alcanzar su característica resiliencia.

La Rahbari Shura se estableció a lo largo de 2003 y de ella dependieron los cinco comités militares que en el año 2010 llegó a tener. De estos comités dependieron los gobernadores provinciales, y de ellos a su vez dependieron los gobernadores de distrito y los jueces locales. Teóricamente, los gobernadores provinciales o gobernadores en la sombra (*shadow governors*) fueron los que dirigían las operaciones militares en su área, aunque lo cierto es que estas decisiones eran dejadas en manos de los comandantes. Junto a esta estructura formal ha existido otra informal y preponderante, que es la que unía a los comandantes senior con los líderes presentes en los *shuras* militares en Pakistán, y que era donde se tomaban las decisiones más importantes para las operaciones.

En el proceso de su expansión geográfica, la insurgencia neotalibana ha seguido un mismo patrón para la implantación de la gobernanza en los distritos, que consistió en el establecimiento inicial de una comisión política que comprendía el gobernador y los jueces. A partir de 2009 también se estableció la comisión militar (*nizami masul*) que se convertiría en el verdadero órgano de poder en distritos y provincias, llegando a ensombrecer la figura del gobernador, no así la de los jueces que brillaron con luz propia por la importante labor que realizaban. De manera simultánea a la decisión de establecer los *nizami masul,* se tomó la de convertir los juzgados fijos de cada distrito en móviles, al objeto de evitar la persecución a la que estaban siendo sometidos por las fuerzas progubernamentales (Farrell y Giustozzi, 2013; Gopal, 2010; S. H. Qazi, 2011).

Desde su aparición en territorio afgano, las unidades neotalibanas operaron en unidades tipo *delgai* que se organizaron en equipos de unos diez hombres (*utaq*). Estas unidades se encuadraban en redes de patrocinio llamadas *mahaz* o frente, que eran dirigidas por un comandante senior y de gran prestigio en la estructura neotalibana. Un *mahaz* podía llegar a cubrir una zona de operaciones desde varios distritos a varias provincias, dependiendo del número de unidades subordinadas —relación que se establecía de manera voluntaria por el prestigio del jefe y los beneficios que eso le podía reportar—. Normalmente el jefe de *delgai*, reconocido por su carisma personal, reclutaba sus hombres en su propio *qaum,* uniéndoles lazos de sangre o lealtad de vecindad más o menos próxima. Era el responsable de planear los ataques y ejecutarlos en su área de operaciones. Los lazos de lealtad entre los miembros de cada *delgai* provocaban que, en el caso de abandono de la lucha por su jefe, se produjera también el abandono por sus componentes. En cuanto a los *mahaz,* cada uno podía llegar a alcanzar la cifra de varios miles de combatientes. Cuando alguno de los comandantes de cualquiera de los niveles descritos fallecía en combate, lo normal era que cubriese el puesto su segundo que frecuentemente tenía lazos de sangre con el fallecido (Gopal, 2010; Ruttig, 2009b).

Los lazos de lealtad establecidos entre sus miembros por pertenecer al mismo *qaum* o *andiwal,* entre comandantes de *delgai* y los comandantes de *mahaz,* o incluso con los líderes en Pakistán, han sido los que realmente han aportado la necesaria resiliencia al sistema. Cada comandante de *delgai* era responsable no sólo de las operaciones, sino también de conseguir los fondos necesarios para llevarlas a cabo. Si bien es cierto que este sistema ayudaba a la resiliencia de la estructura, también favorecía la corrupción interna debido a la falta de control sobre los asuntos financieros de cada unidad. De manera que los comandantes senior actuaban de forma prácticamente independiente, sin someterse a jerarquía alguna, abusando frecuentemente de su cargo en beneficio propio o de sus leales más cercanos. Incluso se llegaron a producir enfrentamientos entre combatientes de diferentes *mahaz,* como fue el caso entre el mulá Baradar y el mulá Dadullah. Su fallecimiento produjo la inoperatividad del *mahaz* durante meses, debido al desplazamiento de los comandantes de segundo nivel a Pakistán para someterse al proceso de elección de un nuevo líder. Así es como este sistema basado fundamentalmente en las relaciones personales se mostró inefectivo para hacer frente a las continuas bajas que se estaban sufriendo, además de la inherente falta de flexibilidad, ya que era impensable que un *mahaz* pudiese operar subordinado a otro.

Junto a este problema de mando y control, se detectó un problema de falta de apoyo desde las comunidades locales. Las primeras unidades establecidas en territorio afgano durante los años 2004 y 2006 estaban formadas por jefes de *delgai* que solían ser afganos, pero sus combatientes de línea provenían de madrasas pakistaníes y muchos de ellos ni tan si quiera eran capaces de hablar pasto. Esto provocó una falta de comunicación con la población que no los consideraba parte de sus *qaum* y por lo tanto sin derecho a recibir apoyo. Estos problemas de comunicación también se dieron en el interior de las unidades, y es por lo que su efectividad en combate quedaría reducida a acciones sencillas que no requerían de un planeamiento detallado y una ejecución compleja. El máximo exponente de este tipo de operaciones fue la precitada batalla de Pashmol (Kandahar) que acabó en un estridente fracaso. Es en este momento cuando la dirección neotalibana decidió un cambio de estrategia operacional desde combates convencionales, tal y como habían luchado estos comandantes durante la guerra contra la Alianza del Norte, hacia la lucha de guerrillas característica del combate asimétrico. Pero para este tipo de lucha, el combatiente pakistaní procedente de las madrasas y con muy escasa instrucción militar y un gran deseo de sacrificio personal en la yihad no era suficiente, se requería un combatiente que formase parte de las comunidades locales donde iba a operar para, cuando fuese necesario, poder hacerse invisible ante los ojos de las fuerzas militares internacionales e incluso las autóctonas. Fue de esta manera como se cambió el procedimiento de movilización para pasar a la recluta local, dejando sólo la participación de elementos pakistaníes y extranjeros en puestos muy específicos de suicidas, expertos en explosivos, etc. Para llevar a cabo esta decisión sobre un nuevo procedimiento de reclutamiento de personal, fue necesario llevar a cabo una minuciosas infiltración en las comunidades locales objetivo, cosa que se hizo con éxito tal y como se ha descrito en el capítulo precedente.

Tras la campaña de eliminación de líderes neotalibanes de los años 2010 y 2011, la nueva generación de comandantes presentó una capacidad de iniciativa y flexibilidad menor a la hora de entablar relaciones con los *ancianos* de las comunidades, como resultado de su falta de experiencia y una estricta adherencia a la letra y no al espíritu de las órdenes recibidas. La consecuencia fue que el resultado final no sería el esperado, con un claro incremento en el número de bajas civiles producidas por los neotalibanes a partir de 2009, con lo que una vez más el verdadero perjudicado sería la población civil.

La doble cadena de mando

La inmensa presión militar ejercida sobre la insurgencia durante los años de la *oleada* condujo a tres cambios clave en su estrategia:

i.   La primera fue la priorización de la estructura de poder militar en el nivel provincial y local sobre la civil, al objeto de hacer frente a la masiva campaña militar contra ella.

ii. La segunda fue la simplificación de esa estructura militar al más alto nivel, al objeto de ejercer un mayor control sobre las unidades desplegadas, pasando de cuatro comisiones militares en Pakistán a sólo dos, excluyendo la específica para Helmand. Quetta sería la encargada del norte, oeste y sur; Peshawar se haría cargo del noreste, Kabul, este y sureste, e iría adquiriendo paulatinamente mayor protagonismo por sus resultados y presupuesto asignado.

iii. La exigencia de un mayor profesionalismo en las unidades de combate obligó a modificaciones en el procedimiento de recluta y adiestramiento, así como la introducción de una nueva estructura de mando y control más efectiva.

Pero al mismo tiempo, se requería que estas unidades formadas con este nuevo tipo de combatientes también fueran capaces de operar en diferentes distritos o provincias cuando la situación así lo requería. El sistema de *mahaz* implicaba muchos inconvenientes debidos al fuerte personalismo de sus líderes, llegándose a producir situaciones casi cómicas entre ellos para evitar tener que poner alguna de sus unidades bajo las órdenes de otro jefe. La solución en este caso vendría de la mano de la *shura* militar de Peshawar que fue capaz de convencer a varios de sus comandantes para experimentar con una nueva estructura de mando, a través de comisiones militares (*nizami masul*) en el nivel distrito y provincia, durante el año 2009. De manera que las unidades operarían normalmente bajo una comisión militar de distrito, pero que cuando se desplazaban a otro o incluso a otra provincia cuando se les requería para operaciones de mayor envergadura, lo que no se desplazaba era ese nuevo mando territorial establecido, el *nizami masul*. La comisión militar era la encargada de distribuir los fondos y el equipo entre los grupos de insurgentes asignados a cada provincia, además de solucionar posibles conflictos surgidos entre los comandantes, coordinar sus acciones y asignarles los objetivos más importantes a batir.

Es así como la cadena de mando era doble, pues no se disolvieron los *mahaz*, pero un comandante de *delgai* tenía que recibir la orden de su comandante de *mahaz* y de su *nizami masul* para poder operar fuera de su zona de operaciones asignada. Esta doble cadena de mando se mostró muy eficiente, porque facilitaba la libertad de acción necesaria para operar en el día a día bajo las órdenes del correspondiente *nizami masul,* al mismo tiempo que permitía la flexibilidad requerida para planear y llevar a cabo acciones de mayor envergadura y más complejas, o reforzar temporalmente uno o varios *mahaz*.

Esta última innovación quedó reflejada en el *Layeha* de 2009, en el que quedaba prohibida la creación de nuevos *mahaz* y en su lugar se ponía el énfasis en el establecimiento de los *nizami masul* de distrito y provinciales. Esta centralización provocó los inevitables choques entre comandantes de *mahaz* que compartían una misma zona de operaciones, como así ocurrió entre el mulá Mansur y el mulá Zakir, ambos operando en Helmand y que llegaron a provocar enfrentamientos, y que las unidades de Mansur se negasen a operar bajo las órdenes de Zakir. En su lugar, las unidades dependientes de la Shura de Peshawar demostraron un mayor profesionalismo en la ejecución de ataques, más complejos y letales, como por desgracia se fue poniendo en evidencia en los acaecidos en Kabul y las provincias que le rodean. A pesar de las múltiples bajas de comandantes y combatientes, la estructura de mando y control establecida demostró una capacidad de resiliencia impensable para cualquier profano en la materia, y permitió que el ritmo de ataques no decreciese de manera ostensible a pesar de las innumerables bajas sufridas. Por su parte, los dos comandantes de *mahaz* citados, Zakir y Mansur, mejoraron sus relaciones con la familia Haqqani, precisamente con el deseo de aprender sus tácticas y técnicas de combate.

GOBERNANZA Y JUSTICIA NEOTALIBANA

El sistema judicial como instrumento de gobernanza

Analizando cómo el Movimiento Talibán impuso el sistema judicial, utilizando exclusivamente la sharía como código de referencia, sin lugar a duda supuso un sistema revolucionario por cuanto suponía una dramática ruptura con la evolución habida en la jurisprudencia afgana durante los últimos noventa años. Si la llegada del gobierno muyahidín había supuesto un retorno a la preponderancia de la jurisprudencia islámica, este no tuvo parangón con el llevado cabo por los talibanes, en tanto que admitía la cohabitación con el sistema tradicional afgano, cosa que estos últimos rechazaron. Había que remontarse a los tiempos del emir Abur Rahman para encontrar una implantación tan rígida de la sharía, a través de un sistema de control de cadíes, lo que hace que debamos considerar este modelo como el predecesor inmediato al sistema judicial talibán y el uso político del mismo.

Durante el Primer Emirato talibán los jueces dependían directamente del mulá Omar y no estaban subordinados a ninguna otra autoridad, constituyendo la institución con más poder del Estado. En septiembre de 1999, se instituyeron los tres niveles de tribunales: los de primera instancia, los de apelación y los tribunales superiores. Los jueces recibían salarios más altos que cualquier otro funcionario del Estado y podían llegar a ser veinte veces superiores al correspondiente a su categoría en el Ministerio de Asuntos Exteriores. Ningún tipo de castigo estaba autorizado fuera del propio sistema judicial, así que cualquier acto de venganza aunque fuese justificado por el *pashtunwali* estaba estrictamente prohibido.

Tan pronto como los neotalibanes se organizaron en Pakistán, comenzó el trabajo de reorganización del sistema judicial como la primera prioridad civil, fuera del ámbito estrictamente de las operaciones militares. Inicialmente se intentó reproducir el sistema que había estado funcionando durante el Emirato, pero pronto la evidencia demostró que esto no era posible porque los factores determinantes del escenario de lucha insurgente lo impedían. En cuanto comenzaron a controlar algunos distritos a lo largo de los años 2002 y 2003, comenzaron a proveer unos servicios judiciales mínimos, convirtiéndose desde su inicio en una de las prioridades de gobernanza del movimiento.

En 2005, existían once *gobernadores en la sombra* que participaban en el proceso de resolución de conflictos entre individuos y comunidades. En 2010, existían quince tribunales neotalibanes operando en territorio afgano, y resolviendo disputas entre comunidades, lo que les convertía de facto en órganos de gobernanza política. Sin embargo, la comunidad internacional y la ISAF prestaron poca atención a este proceso hasta ese mismo año, cuando fueron capaces de percibir la verdadera trascendencia de la estrategia neotalibana de gobernanza a través del sistema judicial. Es entonces cuando los jueces en la sombra comenzaron a sufrir bajas y el acoso específico de las fuerzas de seguridad —la ISAF los consideró objetivos legítimos como parte de la estructura militar insurgente, aunque nunca se llegó a demostrar su implicación directa en las operaciones militares—.

Existía el consenso general de que el sistema judicial estatal estaba infectado por un alto nivel de corrupción, falta de personal cualificado y administrativo, así como una endémica falta de compromiso de la mayoría de los jueces. A esto se le unió la imposibilidad de cubrir muchos de los lugares remotos del territorio, ya fuera porque no existía la presencia física necesaria o la inexistencia de elementos de policía que permitieran la implantación de las sentencias. Para culminar con la falta de un código penal homogéneo y coherente —eran más de sesenta las leyes que contenían provisiones penales aplicables en sede judicial—, lo que hacía que, tal y como estaba recogido en la Constitución de 2004, cuando un juez desconocía la ley aplicable al caso, aplicara por defecto la sharía.

Desde al menos 2008, fueron muchos los informes provenientes de muy diferentes fuentes que concurrían en afirmar que una gran mayoría de afganos, que no estaban a favor de la vuelta del Emirato, sí que afirmaban que este fue exitoso en implantar un sistema transparente de justicia e imponer la ley. El hecho de que el sistema judicial talibán fuese capaz de llegar a cualquier remota aldea del territorio demostró la capacidad de gobernanza de los neotalibanes. A lo que habría que añadir la inteligente mixtura de sharía y costumbre en los códigos aplicados, lo que fundamentaría la popularidad del sistema allí donde se aplicaba, aun teniendo en cuenta las importantes diferencias doctrinales existentes en según qué áreas de Afganistán —excluyendo el caso del chiismo del que hasta la década pasada no ha existido un código civil basado en la jurisprudencia *yafarí*—.

Hasta el año 2010, los neotalibanes fueron capaces de mantener juzgados fijos en los más importantes distritos y algunas conocidas localidades, donde aquellos interesados en poner una denuncia acudían. A partir de ese año y debido a la presión impuesta por el incremento de la presencia militar internacional, optaron por asignar a los propios comandantes la misión de contactar con los *ancianos* y *kanes* de cada comunidad para que, a través de ellos, se informase de la disponibilidad de los juzgados móviles y la manera de contactar con ellos. Es así como en 2012, el sistema judicial neotalibán tomó esencialmente la forma de juzgados móviles y muy pocos registros de casos y sentencias.

En el año 2011, la propia UNAMA reportó que, en todas las provincias afganas exceptuando Bamiyan, funcionaban los juzgados neotalibanes. Incluso los propios asesores presidenciales de Hamid Karzai admitían esta preferencia de los juzgados neotalibanes sobre los estatales que estaban plagados de corrupción. Los jueces neotalibanos no parecían estar afectados por el estatus social de las partes implicadas y muchas veces sentenciaban a favor de la parte más débil, cosa que ocurría muy raramente en los juzgados estatales (Giustozzi y Baczko, 2014).

Su organización y funcionamiento

En sus inicios, la estructura judicial en cada distrito estaba formada por un juzgado de primera instancia y otro de segunda, en el que se dirimían las apelaciones a las sentencias del primero y los casos de mayor relevancia. Lo cierto es que, debido a la escasez de personal o por razones de seguridad, la mayoría de los distritos disponían sólo de un juzgado de primera instancia y el único de segunda instancia existente se encargaba de todas las apelaciones de la provincia. Los juzgados de primera instancia estaban compuestos por entre tres y siete jueces, dependiendo del número de aldeas del distrito. Uno de los jueces de cada distrito era juez principal encargado de las relaciones con la instancia superior, además de asistir a las reuniones de la comisión provincial judicial y de las reuniones de la *shura* de distrito. En total, hablamos de más de 3.000 individuos trabajando en el sistema judicial.

Los jueces eran asistidos por personal administrativo y solían cobrar un cargo de 20 afganis (unos 30 centavos de dólar) por cada caso. En muchas provincias, el personal administrativo y los escoltas eran proporcionados por el comandante de distrito y de entre su personal combatiente. De igual manera y como no existía un cuerpo de policía, eran los comandantes los encargados de proporcionar el personal necesario para las investigaciones y para asegurar el cumplimiento de las sentencias. Durante los juicios, los mulás solían tomar asiento junto al juez y participar de la decisión que se adoptase.

Los jueces eran reclutados entre el personal que había finalizado sus estudios superiores en una madrasa. Aquellos que además se hubieran especializado en jurisprudencia y obtenido el título de juez (*qazi*) tenían preferencia para ocupar la plaza en propiedad. En la práctica, era frecuente encontrar jueces que ni tan si quiera habían finalizado sus estudios superiores debido a la dificultad que existía para su reclutamiento. En todo caso, todos los candidatos tenían que pasar un examen antes de ser nombrados *qazi*. Su salario era de unos 250 dólares al mes, lo que suponía un estatus social elevado y similar al de un profesor de universidad[211].

En los primeros años de la insurgencia, los jueces dependían de los gobernadores provinciales y eran fundamentalmente móviles. A partir de 2007, la Rahbari Shura estableció la comisión judicial (*qaziano komitah*) como uno de los comités específicos que le estaban directamente subordinados en territorio pakistaní. Era la encargada de gestionar todos los asuntos administrativos del sistema, pero no entendía de los casos judiciales. Estos eran revisados, en su caso, en un tribunal central que constituía la última instancia de apelación del sistema —estaba ubicado en Helmand y presidido en 2012 por el ulema Abdul Shakoor Sanayee—. La comisión judicial estuvo presidida por el ulema Hazrat y se encargaba del reclutamiento, formación y rotación de los jueces en sus destinos.

Durante el año 2008, se comenzó a desplegar un mayor número de jueces en los distritos y se suprimió esta función a los gobernadores y los comandantes que hasta ese momento la compartían con los juzgados móviles. Desde 2008, la ejecución de una persona sentenciada a la pena capital sólo podía llevarse a cabo tras la correspondiente apelación a la autoridad judicial superior. La actuación de los jueces en los tribunales era a su vez supervisada por la participación de ulemas y *ancianos* en ellos.

Con ocasión del establecimiento del *nizami masul* de cada provincia, este asumiría también la función de corte de apelación. Es por ello por lo que algunos mulás participaban en estas comisiones militares, con la función de servir como corte de apelación de las decisiones adoptadas por los jueces de distrito, así como entender de los conflictos surgidos entre el propio personal neotalibán. En aquellos distritos donde los neotalibanes pudieron completar la estructura de gobernanza, existía un jefe de policía y una *shura,* además del gobernador y el juez. Los tribunales locales de distrito eran los encargados de dirimir en la mayoría de los casos civiles, pero en los asuntos penales o en los casos más graves era la comisión militar quien los trataba, con un informe previo de los hechos elaborado por el gobernador —naturalmente, han existido casos en los que los afectados en una disputa acusaron a los tribunales locales de favorecer a la parte más cercana a algún cuadro de la insurgencia, pero su número siempre fue muchísimo menor que los casos de corrupción que se dieron en el sistema oficial—.

La creciente dificultad por no contar con los jueces necesarios para el buen funcionamiento del sistema provocó que, a partir de 2009, se estableciese las denominadas comisiones judiciales provinciales (*wilayat de qaziano komitah*), que en

---

[211] En la actualidad, estos salarios han quedado reducidos a la mitad, debido a la escasez de fondos que sufre el Estado.

realidad eran comisiones judiciales regionales que cubrían varias provincias. En las provincias dependientes de la Shura de Peshawar, la última instancia de apelación en el nivel provincial era la comisión militar. Estaba dirigida por un comandante designado desde Quetta (el *nizami masul* o comisionado militar) y comprendía como miembros las figuras más importantes del movimiento en la provincia. Dependiente de la comisión militar, se encontraba la comisión judicial ejecutiva que era la que en realidad gestionaba el día a día de los asuntos judiciales. Entre sus misiones se encontraban las de pasar las sentencias a la comisión militar para que velasen por su cumplimiento, hacer recomendaciones para la rotación de los jueces entre los distritos y preparar guías para los profesionales de justicia recién llegados, además de dividirse la supervisión de los distritos entre sus miembros, a quienes podían consultar los jueces de distrito en caso de duda. La comisión militar y la comisión ejecutiva judicial se reunían habitualmente una vez por semana, reunión a la que asistía el *gobernador en la sombra* y que comprendía un total de entre veinte y veinticinco miembros. Sin embargo, en las provincias dependientes de la Shura de Quetta, la estructura jerárquica difería ligeramente. En ellas, los jueces de distrito respondían ante el gobernador, a través de una comisión judicial provincial. Es ésta quien tenía los cometidos que en las provincias del sureste realizaba la comisión ejecutiva judicial.

Esta estructura judicial quedó reflejada en el *Layeha* de 2010 con el objeto de incrementar la eficiencia y el apoyo popular en las áreas rurales. Todo este personal pasaba la mayor parte de su tiempo viajando, de aldea en aldea, al objeto de conocer los casos de primera mano y facilitar el acceso directo a la justicia de los ciudadanos. Su trabajo lo desarrollaban en íntima conexión con las comisiones militares provinciales, al objeto conocer cualquier conducta irregular de los comandantes y sus milicianos.

En 2011, la Shura de Peshawar decidió cambiar el sistema organizativo, copiándolo del que había existido durante el Emirato, haciéndolo completamente independiente de las autoridades militares, al objeto de que no se vieran influenciados por ellas y evitar así los casos de abuso y corrupción por amiguismo. Se establecieron los tres niveles siguientes: juzgados de primera instancia en las aldeas, de apelación en los distritos y los superiores en las provincias. Los datos recogidos durante 2012 confirmaron el acierto de la decisión tomada el año anterior, al constatarse un aumento considerable de los casos de apelación y por lo tanto la cercanía al ciudadano. En consecuencia, el sistema fue extendido a las provincias controladas por Quetta.

En 2012, la organización neotalibán se gastaba la cantidad de 60 millones de dólares para mantener todo el sistema judicial, lo que suponía el segundo mayor presupuesto, después de las operaciones militares. En 2013, se completó el despliegue de jueces en todos los distritos bajo la autoridad de la Shura de Peshawar, no así en todos los distritos bajo control de Quetta que tenía que seguir confiando este cometido a los mulás locales, con el inconveniente de que eran más influenciables por el entorno social.

Aproximadamente el 80 % de los casos investigados en los tribunales se correspondían con disputas civiles relacionadas con asuntos de familia, propiedad o acceso al agua. Los jueces aconsejaban presentar en primera instancia la denuncia a la *jirga* de la comunidad y, sólo en el caso de que no se llegase a un acuerdo o alguna de las partes no estuviese dispuesta a asumir la decisión adoptada, era cuando se aconsejaba recurrir al sistema judicial. Las rotaciones de las jueces, entre los diferentes distritos de una provincia y entre las provincias, aseguraban la consistencia y coherencia del sistema a nivel nacional.

Su control y comparación con el sistema estatal

El sistema judicial talibán ha sido visto, tanto por sus seguidores como por aquellos que se oponen al movimiento, como un sistema transparente y justo, si bien es entre la comunidad pastún donde mayor aceptación tiene por contener más elementos del *pashtunwali*, pero incluso entre los que no son pastunes la opinión es favorable. Esto se debe, fundamentalmente, a que los *ancianos* y los mulás de cada comunidad participan en los tribunales, además de asumir determinadas competencias en su control y supervisión, lo que supone un claro avance en el respeto a las tradiciones y al rígido sistema impuesto durante el Primer Emirato que no las consideraba por antiislámicas. El único punto débil encontrado estaba relacionado con el procedimiento de apelación, en el que las posibilidades de revisión real del caso quedaban muy reducidas cuando no se contaba con el apoyo necesario en las instancias provinciales. Han sido precisamente algunos comandantes los que más acusaciones han recibido por intentar interferir en el sistema a favor de familiares o conocidos, no por dinero sino por sentido de lealtad al *qaum*.

Al objeto de reducir el riesgo de corrupción entre los jueces se estableció un doble sistema de control: uno interno, a cargo de la comisión judicial provincial o la comisión militar en su caso; otro externo, a cargo de los *ancianos* de las comunidades locales donde operaban. En el sistema de control interno también participaban los órganos de contrainteligencia del movimiento, con un especial seguimiento de aquellos jueces sobre los que pesaban constantes rumores de corrupción. A la calidad del sistema también contribuyó el procedimiento de continua rotación de jueces, al objeto de evitar el establecimiento de lazos con la población y la consecuente pérdida de imparcialidad. No obstante, esta norma se interrumpió en provincias como Nooristan y Kunar donde normalmente los jueces eran locales, debido a la diferente lengua utilizada y a la doctrina salafista wahabí imperante en la zona.

En aquellos casos en los que se detectó abuso de poder por parte de miembros del movimiento, como intentar presionar a un juez, las sanciones impuestas fueron especialmente duras, y han llegado a suponer el castigo físico, la pérdida del estatus social o la expulsión de la comunidad. La rectitud del sistema parece haber sido asegurada desde el periodo del Primer Emirato, de manera que los jueces han sido especialmente instruidos para no implicarse en la rivalidad política y tribal. Son muchos los casos de disputas civiles que han sido ganadas por el denunciante, independientemente de sus estatus social o pertenencia a una tribu o subtribu dominante, de manera que el sistema judicial se ha convertido en la mejor expresión de buena gobernanza del movimiento.

Es así como los jueces llegaron a ser considerados como la parte más fiable del sistema de gobernanza debido a su rectitud y sujeción a las reglas. Se constataron casos en los que algún comandante había querido ejecutar a personas acusadas de espionaje y fueron los jueces los que intervinieron para asegurar un juicio justo e incluso una sentencia absolutoria ante la falta de pruebas.

La presencia de jueces estatales en los distritos fue mucho menor, por lo que a su mayor carga de trabajo se le unió un procedimiento excesivamente laborioso. Se sabe que las disputas sobre la titularidad de la tierra y el acceso al agua son las más comunes entre los particulares, y es precisamente aquí donde los jueces neotalibanes han prestado especial atención. Tratar de solventar un caso de este tipo a través del sistema judicial estatal podía llevar años de espera y gran cantidad de dinero en tasas y sobre todo sobornos, en tanto que acudiendo al juez neotalibán del distrito, el caso podía estar resulto en cuestión de días y con una sentencia basada en la sharía que hacía que fuese respetada por todas las partes implicadas.

En las zonas controladas por el gobierno y ante la ausencia jueces, fueron los gobernadores de distrito y los jefes de policía los que asumieron la labor de mediadores, pero sólo en aquellos casos donde recibían una recompensa o soborno, ya que no era parte de sus obligaciones. Todo ello favoreció la imagen de un sistema corrupto que sólo atendía a los poderosos, que eran los que podían pagar las recompensas.

Lo más curioso es que, a pesar de la celeridad con la que las disputas eran resueltas por los jueces neotalibanes, estos han sido percibidos como más meticulosos y justos, por lo que la mayoría de la población acudía a este sistema. Sus sentencias han sido respetadas, ya que disponen de la voluntad y los elementos de fuerza necesarios para imponerlas, a lo que se une que, al estar basadas en la sharía, resultaban más comprensibles para la mayoría. En caso de incumplimiento de una sentencia, se cometía un delito adicional de blasfemia al actuar en contra de una decisión basada en el Corán.

Debido a la dureza de los castigos físicos previstos en la sharía, los propios ciudadanos preferían agotar primero la resolución de conflictos a través del sistema tradicional y la *jirga de ancianos*, porque en caso de acudir a los jueces normalmente la sentencia era expedita y de obligado cumplimiento, con pocas posibilidades de tener existo en el periodo de apelación.

La legitimidad por medio de la buena gobernanza

La legitimidad del gobierno y de la insurgencia neotalibana no han sido objeto de mucha investigación desde que comenzase la intervención internacional. Los estudios realizados indican que la legitimidad neotalibana goza de un componente tradicional basado en valores y costumbres compartidos, referidos al buen gobierno islámico, y un componente instrumental, basado en la buena gobernanza judicial, que se considera más justa y transparente que la del sistema judicial gubernamental. Por último, se añade el papel de mediador de conflictos intertribales que tan excelentemente han ejercido los líderes de la insurgencia, una función tradicional del gobernante afgano que goza de la legitimidad instrumental y tradicional (Weigand, 2017).

La afección de parte de la población por los neotalibanes está fundada en la cantidad de agravios contra determinadas instituciones públicas. En tanto que ejército y policía, por este orden, eran considerados honestos y dignos de confianza, las milicias organizadas desde el gobierno, como la policía local (ALP), eran consideradas predatorias e indignas de confianza, ya que apoyaban a los excomandantes y *señores de la guerra*. La ciudadanía agradecía fundamentalmente el sistema judicial neotalibán, ya que les permitía resolver sus disputas sin esperar imparcialidad contra la parte más débil o empobrecida (Laub, 2014).

Por otro lado, este sistema tenía una función de dominación de la población, ya que una vez que un caso era juzgado, las partes intervinientes no podían acudir al sistema estatal, pues se considera blasfemia contra la sharía y el castigo impuesto podía llevar a la muerte, al igual que si no se aceptaba la sentencia, una vez agotado el derecho de apelación. Igualmente, los jueces tenían la capacidad de investigar posibles infracciones de los ciudadanos sin que mediase denuncia previa, recibiendo información para ello de los gobernadores de distrito, comandantes o los propios servicios de inteligencia, convirtiéndose de esta manera en parte de un sistema perfectamente engranado de dominio y control de la población.

La gobernanza militar

La primera conclusión es que, aunque los neotalibanes han demostrado estar seriamente preocupados por los abusos cometidos por sus combatientes, esta preocupación no venía motivada por su falta de adherencia a los derechos humanos y leyes internacionales, sino por el cálculo político y su adherencia a sus propias normas sobre abusos, normas que son tan contrarias en la mayoría de los casos al derecho internacional.

En 2008, el Movimiento Talibán todavía no había sido capaz de establecer un sistema de control que permitiese evaluar la lealtad y capacidades de combate de sus comandantes en el campo de batalla, ni de cómo ejercían sus labores de adoctrinamiento en las comunidades locales objetivo, al contrario de lo que había ocurrido con Hezb-e Islami Hekmatyar durante la Guerra de Resistencia y sus comisarios que ejercieron esta labor. Pero, también hay que decir que se había distanciado de la falta de control de Harakat-e Inqilab-e Islami, de donde procedían la mayoría de los comandantes talibanes durante el Emirato. Es indiscutible que al final del primer lustro de existencia del renovado Movimiento Talibán, este estuvo intentando establecer un sistema de contrainteligencia que, al menos, permitiese localizar a aquellos comandantes díscolos que no fuesen merecedores de la confianza del liderazgo ubicado en Pakistán. De manera que cuando la Shura de Quetta decidió implantar en todas las provincias la figura del *nizami masul,* se le asignaron misiones de mando y control de unidades, así como de control del abastecimiento de recursos y las finanzas. También hay evidencias de que estos *nizami masul* tenían la capacidad de sancionar y disciplinar actitudes contrarias al código de conducta interno del movimiento (*Layeha*). Sin embargo, estas mismas evidencias sugieren que principalmente se preocuparon de evitar o solucionar los enfrentamientos entre comandantes dentro de su área de responsabilidad, más que corregir y sancionar.

Con el tiempo, los tribunales ordinarios fueron los encargados de asumir los casos de indisciplina de los combatientes desplegados en su jurisdicción, además de los casos penales y civiles sobre los ciudadanos de los que ya se venían encargando. Los casos en los que estos jueces tenían que implicarse en la investigación y sentencia de comandantes se convirtieron en asuntos muy delicados, desde el momento que eran los propios comandantes los encargados de proporcionarles la necesaria protección para poder desempeñar su trabajo con un mínimo de seguridad, además de proporcionar los combatientes necesarios para hacer labores de policía y asegurar el cumplimiento de las sentencias. El hecho de que tanto los *nizami masul* como los gobernadores no estuvieran sujetos a los tribunales ordinarios les proporcionó la autoridad necesaria para llevar a cabo sus cometidos. No obstante, en determinados casos todavía era necesaria que altas instancias neotalibanas se implicasen en la resolución de conflictos.

Cuando en 2009 se establecieron las comisiones provinciales judiciales (*waliyat de qaziano komitah)*, se les dio jurisdicción sobre las unidades combatientes y sus comandantes —únicamente quedarían fuera de su jurisdicción los *nizami masul* y los gobernadores provinciales—. Esta innovación organizativa que comenzó a implantarse por la Shura de Peshawar, se trasladó igualmente a la Shura de Quetta, y en ambos casos reportaban directamente a sus respectivas comisiones judiciales superiores.

Pero esta nueva organización no dio los resultados apetecidos, al parecer debido a que los jueces de las comisiones provinciales tenían excesiva carga de trabajo y estaban continuamente desplazándose entre las varias provincias que normalmente tenían asignadas. Una nueva reforma organizativa se llevó a cabo en 2012, aboliendo esta estructura y devolviendo a la jurisdicción ordinaria todos los casos referidos a miembros del propio movimiento, haciendo de esta manera que el acceso a los jueces fuese de nuevo más sencillo.

Esta fue la tercera modificación del sistema judicial militar de entre las acometidas por los neotalibanes desde su puesta en práctica: primero a cargo de los tribunales ordinarios, después a cargo de tribunales especializados y, por último, de nuevo vuelta a los ordinarios, pero con una estructura más sofisticada. Estos continuos cambios de organización muestran de manera clara la voluntad y capacidad de aprendizaje del renovado Movimiento Talibán, así como las dificultades que sufrió para coordinar las acciones de sus combatientes y, sobre todo, la preocupación por los casos de conducta criminal de algunos de sus comandantes.

LA FINANCIACIÓN DEL MOVIMIENTO

Hasta recientemente, la mayoría de los expertos afirmaban que la mayor parte del dinero necesario para la actividad insurgente procedía de la droga, con evidentes variaciones en cuanto a la cantidad total recaudada, cantidad que podría oscilar entre los cien millones de dólares anuales a los trescientos millones para los más pesimistas. Son muchas las dudas surgidas sobre cómo los neotalibanes han conseguido la financiación necesaria para su resurrección, y qué organizaciones o quienes han estado y continúan detrás de ello. En algunos prestigiosos estudios se declara inequívocamente que hasta el 80 % del total de la financiación que recibía el movimiento provenía del cultivo y tráfico del opio, que se producía en las provincias sureñas de Afganistán. Esta alianza entre mafias del narcotráfico e insurgentes había ido desde sus inicios más allá de una simple alianza comercial. Conocido es que el apoyo prestado por los mercaderes que comerciaban con Pakistán resultó decisivo para el surgimiento y consolidación del Movimiento Talibán en 1994 —el propio mulá Omar llegó a sentar a alguno de estos comerciantes en la Shura Suprema en Kandahar, dándoles responsabilidades financieras en el propio movimiento—, de manera que estos mercaderes llegaron a influir en decisiones políticas y militares.

Comparativamente hablando, el renovado Movimiento Talibán ha sido incluso más estricto y rígido en el control de sus fuentes de financiación y gestión de fondos que el inicial Movimiento Talibán de su primera época, debido a que el dinero se convirtió en una de las principales herramientas de liderazgo por parte de la nueva Rahbari Shura, ante un movimiento que operacionalmente se ha tenido que reinventar mediante un altísimo grado de autonomía en los niveles intermedios y bajos. Estamos hablando, según Naciones Unidas, de fondos provenientes del negocio ilícito de la droga y que ascendían a una cantidad que rondaba entre los doscientos y los trescientos millones dólares anuales. Una parte de esta ingente cantidad iba posiblemente a parar a los bolsillos de los militantes recolectores de fondos y de los comandantes de las zonas donde se encontraban los mayores cultivos.

Sin embargo, unas declaraciones del que fuera representante especial de la Administración estadounidense para Afganistán y Pakistán, Richard Holbrooke, indicaban que esta afirmación tan comúnmente repetida no era cierta y que aproximadamente la mitad de los fondos que le llegaban al Movimiento Talibán lo hacían desde fuentes diversas, incluyendo donaciones desde los países del golfo Pérsico. Entre esas fuentes, que el embajador Holbrooke no citaba explícitamente, estaba la ingente cantidad de dinero que los neotalibanes cobraban a cada contratista o NGO, que deseaba llevar a cabo un proyecto de reconstrucción en un área donde ellos tuvieran capacidad de actuación. Esta cantidad nunca era menor del 20 % del valor del proyecto y podía alcanzar hasta el 30 %. Los neotalibanes disponían de sus propios equipos de ingenieros que revisaban los planos y documentos técnicos de cada proyecto de infraestructura, para evitar que se les presentasen cantidades menores de las que ellos estimaban que debían cobrar[212], lo que han supuesto cantidades verdaderamente importantes, dado el volumen de inversión en desarrollo que durante estas dos últimas décadas se ha desarrollado en Afganistán.

Se estima que el coste de las operaciones de combate llevadas a cabo por los neotalibanes, en un solo año, podía ascender a una cantidad de entre setenta y ochenta millones de dólares. La recolección de tasas se hacía de manera sistemática sobre la propiedad, negocios —entre ellos destacaban las compañías de telefonía— y el transporte, así como a las NGO e incluso los artículos de ayuda humanitaria repartidos por Naciones Unidas. En los distritos controlados por los neotalibanes, incluso los empleados de la Administración estatal pagaban sus correspondientes tasas, si no querían sufrir las consecuencias. Se estima que la recolección de impuestos sobre la economía legal pudo llegar a igualar la cantidad de dinero extraído de la economía ilícita. El segundo tipo en importancia de fuente de ingresos fueron los fondos de caridad procedentes de

---

[212] Comunicación personal, Qasim Qasim, ingeniero de obras públicas del Ministerio de Desarrollo Rural y antiguo trabajador de USAID (Kabul, 15.11.2016).

fuentes privadas, de los países musulmanes —al parecer estas cantidades eran de manera clara inferiores a las anteriores—.

Los comandantes locales eran los responsables de sus propias finanzas, mediante los impuestos que cobraban, haciendo frente con ellos a todo tipo de gastos operacionales (salarios, armamento y municiones…). Además, tenían que remitir a sus superiores un porcentaje de lo cobrado. Se sabe que los dos principales impuestos que, desde los tiempos del Emirato, se utilizan para la recolección de impuestos son el *ushr* y el *zakat*. De entre ellos, el *ushr* se convirtió en la principal fuente de financiación para los comandantes locales —recordemos que el *ushr* se corresponde con el 10 % de lo recolectado en la plantación y que normalmente se abona en especie—. El segundo impuesto que se cobra es el *zakat* que se corresponde con el 2,5 % del valor total de la cantidad de opio que cada mercader decidía transportar a través del área de operaciones de un comandante talibán. El cobro de este impuesto estaba sujeto a un mayor control de las autoridades superiores, el *nizami masul* correspondiente, desde el momento que se habían de extender pases que certificasen el pago y fuesen respetados por los sucesivos comandantes locales por donde transitaba. De esta manera, la cadena de mando era abastecida del dinero necesario para el funcionamiento del sistema. Los comandantes locales cobraban impuestos y remitían una parte a la cadena de mando, en tanto que la cadena de mando abastecía y financiaba aquellas áreas de operaciones que no llegaban a ser autosuficientes o determinadas operaciones ordenadas desde instancias superiores.

Pero la organización neotalibana no sólo cobraba tasas al cultivo y al comercio del opio, sino que, al menos desde 2007, formaba parte de la cadena de transformación y comercialización, desde el momento que numerosos comandantes habían establecido sus propios laboratorios de refinado —en el caso de Musa Qala, se llegaron a encontrar cincuenta laboratorios de heroína con la sospecha de que no sólo proporcionaban protección a sus propietarios, sino que algunos de ellos eran propiedad de la insurgencia— (Peters, 2009).

Más grave ha sido la extorsión a la que se sometía a la propia población a la que decían proteger. Tal fue el caso del Programa de Solidaridad Nacional, en el que el dinero invertido era utilizado completamente en las comunidades locales, en proyectos decididos y controlados por ellas. Incluso en esta ocasión y según las informaciones procedentes de los *ancianos* de las comunidades locales de la provincia de Farah, tenían que entregar a los neotalibanes hasta el 40 % del coste de cada proyecto, con la consiguiente merma del monto económico real del proyecto a realizar. Peor sería el caso de los aparceros que cultivaban opio en una parte de sus escasos 2 o 3 *jeribs* de tierra cultivable, como única alternativa para poder hacer frente a los préstamos que recibían, y que han de devolver igualmente ante una mala cosecha. Pues estos aparceros debían entregar al comandante del *delgai* de la zona una cantidad aproximada a los 2 kilos de pasta de resina, además de tener que pagar el *ushr* correspondiente al resto de los cultivos de alimentos de primera necesidad de la parcela: trigo, maíz… (Mackenzie, 2010). Esto representaba un muy mal negocio para los agricultores aparceros, pero en todo caso mejor que cuando se presentaban las milicias del gobernador y les exigían arrancar o quemar todo el cultivo para no hacer la competencia a los aparceros que trabajan para él.

Naciones Unidas estimó en 400 millones de dólares la cantidad total de ingresos conseguidos por los neotalibanes en el interior de Afganistán, durante el año fiscal afgano de marzo de 2011 a marzo de 2012. La autoridad real de la Rahbari Shura se basó precisamente en el control de esta cantidad y su distribución entre los *mahaz,* a la que se añadía la correspondiente reserva para el funcionamiento de sus propias comisiones y el resto de su estructura territorial en Pakistán. Es así como la autoridad real de la Rahbari Shura comenzó a declinar desde el momento que otras *shuras* subordinadas comenzaron a ser capaces de suministrarse fondos de manera independiente.

LA INCERTIDUMBRE DE UN MODELO SOCIAL SALAFISTA

El renovado Movimiento Talibán no es un partido de masas, sino que está dirigido y controlado por una élite clerical *kandaharí,* en alianza con las redes clericales de otras comunidades y regiones afganas, entre las que destaca la Reed Haqqani. Las razones esgrimidas en los párrafos precedentes nos hacen pensar que, a pesar del esfuerzo que los líderes senior neotalibanes realizan para ofrecer un modelo social y político atractivo, la ciudadanía no se identifica con su doctrina deobandi salafista, por lo que su legitimidad en esas comunidades deberá seguir basándose fundamentalmente en la aportación de servicios básicos —seguridad y gobernanza— y en la coerción para la implantación de un modelo de vida basado en la sharía. Aunque ante los ojos de un analista occidental la estructura organizativa del movimiento no resulte sofisticada, con el tiempo ha demostrado ser sobradamente eficiente para la cultura afgana, los escasos recursos disponibles, las dificultades de comunicación existentes y las bajas sufridas en combate.

Si su fundamentalismo religioso es un lastre para la integración de las comunidades locales, que en su mayoría son practicantes de un islam no rigorista, este inconveniente es inteligentemente sorteado no sólo mediante la buena gobernanza, sino también mediante la gestión del tribalismo, cosa en la que desde el nacimiento del propio Movimiento Talibán se han mostrado maestros. Gracias a ello, los neotalibanes, al igual que sus antecesores, han sido capaces de explotar esta característica de la sociedad afgana, mediante la manipulación político-religiosa de la tribu como elemento de cohesión social, rasgo que lo diferencia del modelo de gobernanza aplicado por Abdur Rahman y que lo hace único en la historiografía afgana. De manera que ha convertido a la *tribu islámica* en el elemento base de la organización política del Estado, modelo que refiere al ideal religioso de la tribu como elemento base de un modelo de Estado islámico salafista, en el que se rechaza cualquier institución de gobierno creada a semejanza de la civilización occidental, y donde la tribu es el elemento base de la organización social y el emirato constituye el modelo de organización política superior.

La tercera conclusión es que el Movimiento Talibán es el partido político religioso afgano que ha sido capaz de organizar de una manera más eficiente su rama militar, con una capacidad de resiliencia muy por encima de los partidos surgidos hasta el momento en la historia del país. Es un partido nacionalista con una doctrina islámica ajena al sufismo afgano, pero que ha demostrado una capacidad para utilizar el tribalismo y de adaptación a las características sociales de cada comunidad muy por encima de cualquiera de los movimientos y partidos políticos surgidos en Afganistán durante los últimos cincuenta años. Debido a las bajas de combate lógicas en una guerra y sobre todo a la campaña de eliminación de líderes, acometido por las fuerzas de operaciones especiales estadounidenses junto a algún otro país aliado, la estructura ha demostrado una resiliencia que ha sorprendido a los mejores analistas de inteligencia. No obstante, la consecuencia no deseada de esta campaña de eliminación de cuadros talibanes fue que sus relevos, siendo de una generación más joven y formados casi en exclusividad en las madrasas y en el campo de batalla, se han mostrado mucho más implacables y crueles con la población civil, lo que ha provocado preocupación en los líderes más veteranos.

La cuarta conclusión es que, a pesar de que el Movimiento Talibán es nacionalista y pretende la unidad a través de la religión, en la actualidad contiene tal cantidad de grupos y motivaciones diferentes, cuya coherencia se ha mantenido gracias a la idea fuerza de lucha contra el infiel invasor, que necesita de un complejo y difícil proceso interno para filtrar las diferentes ideologías que contiene y alcanzar un modelo islámico sincrético.

PARTE V

EL BLOQUEO DE LA RECONCILIACIÓN

Y

LAS LECCIONES PARA RETENER

A pesar de que el procedimiento de enfoque integral, como procedimiento preconizado por Naciones Unidas para la reconstrucción nacional de Estados, establece la acción coordinada entre los tres sectores esenciales –seguridad, desarrollo y gobernanza-, en el caso afgano se ha priorizado de manera clara el binomio seguridad-desarrollo sobre la gobernanza, con los resultados que se han evidenciado en el presente trabajo y que esencialmente han sido: un sistema securitario deficiente, una insurgencia rampante, grandes deficiencias en los servicios públicos esenciales e importantes sectores de población desencantados por la incapacidad de las instituciones estatales, a lo que de manera temprana se añadiría una corrupción sistémica. En puridad, Naciones Unidas no citó expresamente el procedimiento de enfoque integral hasta 2009, precisamente el año en el que promueve, por primera vez, el diálogo con los talibanes —lo que es una muestra de congruencia interna—. Podemos anticipar que el procedimiento necesita de un nuevo enfoque en el que lo importante no sea sólo la seguridad y el desarrollo, sino la buena gobernanza para crear un entorno seguro donde el desarrollo y la justicia social florezcan y se consoliden.

Esta focalización de estudios de investigación sobre el binomio seguridad y desarrollo se ha debido en gran parte a las grandes estrategias de intervención que guiaron la participación de los actores principales en el escenario afgano: Estados Unidos, Naciones Unidas y la Unión Europea. De manera que, en el caso estadounidense, el pilar securitario fue el predominante durante toda la intervención. Este país iniciaría su intervención con una declaración de guerra al terrorismo: la conocida *war on terror* del presidente George W. Bush— (United States The White House President George W. Bush, 2008). Esta decisión provocaría la lógica predominancia del aspecto militar[213]. En un momento dado de la intervención, Estados Unidos inició y priorizó una nueva intervención, en este caso en Irak, consiguiendo la implicación de la OTAN como elemento esencial[214] de la ISAF, pero sin cejar en su esfuerzo de combate antiterrorista mediante la continuidad de la operación Libertad Duradera.

Tal y como ya hemos visto en los capítulos precedentes, Naciones Unidas se focalizó en su visión de ayuda humanitaria y de reconstrucción de las instituciones estatales,

---

[213] Muy descriptivo en este sentido es el análisis efectuado por el entonces comandante supremo de las fuerzas aliadas en Europa Almirante James G. Stavridis (2011), al que se unirían el resto de capacidades del Estado norteamericano para alcanzar el éxito.

[214] Esta implicación de la OTAN produjo un ingente esfuerzo de la organización para adaptarse a un tipo de misiones para la que no estaba todavía preparada, tanto en el nivel conceptual como ejecutivo, como se verá a lo largo del presente texto.

mediante la implantación de un sistema democrático, que es reconocido como el único modelo de gobierno que proporciona estabilidad social y política en un entorno de respeto de los derechos humanos. En esta aproximación al asunto afgano, Naciones Unidas encontró en los países europeos sus mejores aliados para impulsar un desarrollo económico y social que sustentase al desarrollo institucional. Desarrollo económico en el marco de una economía de libre mercado e interconectada con la economía regional, lo que debería actuar como neutralizador de las lógicas tensiones políticas existentes entre Estados, como parte del sistema competitivo en el que se desarrollan. La consecuencia de esta visión tuvo su correlación en la participación con unidades militares y policiales, que se implicaron principalmente en acciones de orden y policía, precisamente en apoyo de ese desarrollo económico y social, pero nunca en batir a un enemigo insurgente que presentó batalla desde los primeros años.

Estas dos visiones diferentes de entender la intervención internacional para la reconstrucción de países fallidos condicionó, de una manera dramática y desde un principio, el modelo seguido de enfoque integral por los actores intervinientes —mayor o menor nivel de compromiso en el aspecto securitario, en la ayuda humanitaria, en el desarrollo económico y social o en el desarrollo institucional— y, por otro lado, limitó su propia implicación en el enfoque integral, al priorizar unos aspectos sobre otros según sus propios criterios nacionales.

Pero para que se pueda acometer una verdadera reconstrucción nacional y no sólo una reconstrucción institucional, es necesario comprometerse con un sincero y realista proceso de reconciliación. En primer lugar, deberemos diferenciar los términos reconciliación y reintegración como constructos que definen objetivos muy diferentes: el primero está referido al proceso de acomodación política del liderazgo de cualquier movimiento insurgente y tiene, por lo tanto, consideraciones estratégicas; sin embargo, la reintegración es un proceso dirigido a individuos e incluye el apoyo necesario para su reubicación en la sociedad civil, mediante el abandono definitivo de las armas y su acomodo en el mercado laboral.

Como veremos a continuación, en tanto que la comunidad internacional, liderada por Estados Unidos facilitaba los procesos de reintegración desde el inicio de la intervención internacional, no fue hasta el año 2010 que se mostró a favor de un posible proceso de reconciliación. Mientras tanto, todos los programas de reintegración dirigidos hacia combatientes de manera individual estuvieron supervisados y controlados por Estados Unidos. Fue precisamente en el año 2010 cuando se estableció un fondo fiduciario para la reintegración y la reconciliación, formado sobre la base de donaciones de varios países entre los que se encontraba España —además de Reino Unido, Japón y Australia—, fondo gestionado por UNDP y el gobierno afgano. Este fondo se estableció, tras el refrendo internacional, ante la propuesta de reconciliación y acciones concretas para su implementación presentada por el presidente Hamid Karzai en la conferencia de Londres de 2010.

De igual manera, es necesario poner de relieve la falta de acuerdo entre la comunidad internacional sobre la finalidad de la reintegración: frente a los países de la Unión Europea que consideran la reintegración como una forma de reducir los niveles de violencia, Estados Unidos y sus aliados más cercanos lo consideraban parte de la lucha contrainsurgente, como uno de los procedimientos para dividir al enemigo y debilitarlo. Así fue contemplado por el general McChrystal en su *Valoración Inicial del Comandante* (McChrystal, 2009). Si la reintegración coadyuva a la victoria militar, la reconciliación es un proceso político que se origina y se extingue en este nivel.

De manera paralela al establecimiento y desarrollo de los programas de desarme y desmovilización de excombatientes pertenecientes a la Alianza del Norte, el gobierno afgano también tomó iniciativas para la reintegración de combatientes talibanes. El primer y único programa se denominó Programa para el Fortalecimiento de la Paz (*Proceay-e Tahkeem-e Solha,* PTS) y permaneció activo desde 2003 a 2008. El programa estuvo dirigido por el entonces portavoz de la cámara alta y expresidente afgano Sibghatullah Mojadidi y el que fuera vicepresidente Karim Khalili. Contó con escasos recursos económicos y la falta de una verdadera voluntad política para llevarlo a cabo —en los casos de cuadros intermedios o militantes de base, fue el incumplimiento de las promesas de reinserción en el mercado laboral o los escasísimos recursos puestos a su disposición, con una aportación a los reintegrados de unos 30 dólares, lo que supuso una afrenta más que una compensación—. Aunque se atribuye haber reintegrado a unos cinco mil combatientes insurgentes, ninguno de ellos era líder senior, además de que se le achaca que la mayoría de ellos no eran verdaderos insurgentes, sino sólo oportunistas que vieron esta vía como una opción de ingresar algo de dinero a las reducidas arcas familiares. Entre los primeros reintegrados, se encontraba un pequeño grupo de líderes talibanes que encontraron acomodo como asesores presidenciales durante 2003. Posteriormente en 2007 y con el apoyo de Estados Unidos, se consiguió que unos tres mil quinientos cuadros intermedios de Hezb-e Islami abandonasen las armas. Según las encuestas llevadas a cabo por Naciones Unidas, hasta el 50 % de los acogidos al programa de reintegración no fueron genuinos insurgentes (S. H. Qazi, 2010; Waldman, 2010a).

CAPÍTULO 10

LAS DIFERENTES POSTURAS ANTE LA RECONCILIACIÓN NACIONAL

LOS MALENTENDIDOS SOBRE EL MOVIMIENTO TALIBÁN

El gobierno estadounidense durante el periodo de masiva intervención internacional (2002-2014) manejó dos conceptos erróneos en lo referente al Movimiento Talibán: por un lado, lo consideraba con aspiraciones globales por su apoyo incondicional a Al Qaeda; por otro, lo consideraba nacionalista pastún, desde el momento que los situaba a la cabeza de los pastunes en su pretensión étnica de hacerse con el poder. El tiempo ha demostrado que ambas hipótesis eran erróneas, pues ni son globales ni son nacionalistas pastunes.

Sabemos que en la misión establecida por el presidente George W. Bush para la operación Libertad Duradera no se hizo distinción entre Al Qaeda y el Movimiento Talibán. Esto fue consecuencia de que la inteligencia estadounidense en aquellos años consideraba al Movimiento Talibán como un movimiento yihadista global, desde el momento que había cedido su territorio para que sirviese de base de operaciones a organizaciones yihadistas con agenda global, tal como era el caso de Al Qaeda. Lo que no supieron entender es que la hospitalidad que el Emirato brindaba a estas organizaciones no era motivada por su adherencia a una agenda global, y ni tan siquiera por su adherencia al *pashtunwali,* lo era por su ideología deobandi yihadista y la obligación de dar cobijo a los hermanos que también practicaban la yihad, guerra en la que los talibanes no se implicaban fuera de sus fronteras. Es así como las fuerzas de Estados Unidos no hicieron distinción entre miembros de Al Qaeda y talibanes, con lo que el resurgimiento del movimiento sólo era cuestión de tiempo. En todo caso se estima que, si desde el punto de vista del mensaje a dar a una opinión pública sorprendida y furiosa por lo ocurrido el 11S, no se consideró conveniente hacer distingo entre ambas organizaciones, sí que lo debería haber hecho de manera clara sobre el terreno. De esta manera, se tendría que haber considerado como diferente tipo de objetivos a los líderes talibanes con responsabilidad directa en delitos de sangre y al resto —los primeros igualándolos a los componentes de Al Qaeda, los segundos como miembros de un régimen que había colaborado en la comisión de crímenes contra la humanidad, pero en ningún caso como directos responsables—, lo que probablemente hubiera evitado la reactivación de la insurgencia neotalibana con la fuerza y el impulso que lo hizo durante los años 2002 al 2005.

En 2001, la inteligencia estadounidense estaba convencida de que la guerra civil afgana entre los talibanes y la Alianza del Norte era una guerra interétnica, entre pastunes y el resto de las etnias, cosa que en ningún momento fue cierta. De esta premisa, partiría la imposición estadounidense de colocar a la cabeza del gobierno interino a un pastún, a pesar de que la oposición en el exilio y la propia Alianza del Norte habían elegido, en primera instancia, a un uzbeko, el profesor de derecho islámico Abdul Satar Sirat.

Aquellos autores que defienden la idea de un Movimiento Talibán nacionalista pastún, se basan en que el movimiento está compuesto fundamentalmente por pastunes, al menos sus figuras más prominentes, en su aspiración de que el poder nacional sea recuperado por los pastunes y, por último, en que habían incorporado a la mitología afgana mitos y leyendas pastunes. Lo cierto es que la mayoría de los líderes senior del movimiento son pastunes, pero sin embargo su mensaje está plagado de llamadas a la integración interétnica y lo que es más definitorio son los problemas que ha tenido el Movimiento Talibán, tanto durante el Primer Emirato como en el periodo neotalibán, para imponer la sharía de manera estricta, como única base para el derecho, sin tener en cuenta el *pashtunwali*. El Movimiento Talibán, de manera ininterrumpida, ha tratado de desprestigiar la *jirga* como órgano de gobernanza, en su lugar, ha tratado de imponer la *shura* en su sentido religioso —como órgano consultivo en el que la decisión la ha de tomar una autoridad religiosa, por ser la única con el conocimiento necesario del Corán para poder interpretar y resolver su aplicación práctica—. Interpretación, por lo tanto, opuesta a la *jirga* y el igualitarismo que su funcionamiento implica —todos sus miembros son iguales y la decisión se ha de tomar por consenso—.

Volviendo sobre su apoyo a Al Qaeda y la posible comunidad de ideas sobre la yihad global que lo justificase, sólo hemos de recordar que desde el surgimiento del Movimiento Talibán nunca ha habido un ciudadano afgano implicado en un atentado fuera de sus propias fronteras, y que eran mayoría los que no estaban de acuerdo con la decisión personal del mulá Omar de concederle y mantener el compromiso de hospitalidad (*melmastia*), a pesar de los problemas que le estaba causando al Emirato, incluso antes del ataque a las Torres Gemelas. Al parecer, la decisión del mulá Omar pudo estar basada en su temor a la posible pérdida de legitimidad, que hubiera supuesto tener que explicar a la población que entregaba a un hermano musulmán en la yihad a un país infiel.

Sobre una posible salida negociada, debemos aclarar que en los países occidentales existe una tergiversación de las razones por las que los talibanes combatían y no son pocos los que pensaban que mediante incentivos económicos era posible atraer a una buena parte de ellos a la mesa de negociaciones —los representantes estadounidenses llegaron a hablar de hasta un 70 % de sus combatientes—, lo que suponía una absoluta tergiversación de los hechos, pues no debemos olvidar que sean cuales fueren las razones primigenias que a cada combatiente le habían hecho tomar las armas, la racionalización de esta conducta la hacían mediante la yihad y la creencia religiosa (G. Smith, 2009).

LAS CONFUSAS PROPUESTAS DE HAMID KARZAI Y EL BLOQUEO DE ASHRAF GHANI

El 22 de diciembre de 2001, antes de tomar posesión como presidente de la Autoridad Interina, Hamid Karzai hizo público, desde su base en la provincia de Uruzgan, una amnistía general para todos los combatientes talibanes. El secretario de Defensa de Estados Unidos, Donald Rumsfeld, pondría en evidencia su absoluta falta de comprensión de la cultura y tradiciones afganas en cuanto a la guerra y la posibilidad de haber llegado a un acuerdo de paz, desde el momento que anuló la oferta de amnistía formulada por el presidente interino cuando había invitado a todos los líderes talibanes no envueltos en delitos de sangre a su reintegración a una vida en paz. Más tarde, una vez se hizo cargo como presidente transicional, matizaría sus palabras declarando que sólo aquellos que hubieran cometidos crímenes serían perseguidos, pero de nuevo sin llegar a elaborar qué tipo de crímenes se refería.

Esta situación tan confusa provocó lo que, según palabras de un oficial de inteligencia estadounidense, se denominó *la gran fuga*. El propio gobernador de Kandahar, Gul Agha Sherzai, afirmó que los líderes y el resto de combatientes talibanes que se encontraban en la prisión en Kandahar habían sido liberados —entre ellos, figuras del Emirato como mulá Obaidullah Akhund y mulá Nuruddin Turabi, respectivamente ministros de Defensa y de Justicia—. Estas figuras, tras las declaraciones contradictorias emitidas y el inicio de la búsqueda y captura de talibanes por parte de las fuerzas de operaciones especiales estadounidenses, escaparon hacia Pakistán o permanecieron escondidas, al objeto de evitar la persecución tanto hacia ellos como sus familias —una lista con un total de 150 nombres de líderes del extinguido Emirato fue entregada al gobierno pakistaní para que procedieran a su detención, a lo que las autoridades pakistaníes contestaron que la información no era fiable— (Gopal, 2010; Niazi, 2006). Todo ello puso en evidencia la falta de consenso entre el presidente interino y Estados Unidos, este último como verdadero detentador del poder en aquellos momentos.

En abril de 2003, Hamid Karzai ofreció una nueva propuesta de amnistía para aquellos que pretendiesen incorporarse a una vida pacífica, estableciendo una línea roja entre «aquellos talibanes que eran honestos hijos de su país» y aquellos otros que «todavía utilizan la cubertura talibán para perturbar la seguridad y paz en el país» (Tarzi, 2008: 278). A finales de noviembre de 2003, los líderes talibanes contestaron a esta propuesta de amnistía individual con una nueva propuesta de reconciliación del movimiento, sin respuesta positiva alguna por parte del gobierno o de la comunidad internacional (Strick van Linschoten y Kuehn, 2012).

Durante los primeros meses de 2004, Karzai hizo declaraciones públicas en las que solicitaba a los talibanes participar en las próximas elecciones presidenciales y parlamentarias, pero siempre a título individual. En aquellas mismas fechas, el enviado especial de Estados Unidos, Zalmay Khalilzad, apoyó públicamente las declaraciones de Hamid Karzai sobre la reintegración de antiguos líderes talibanes, aunque la Administración estadounidense nunca llegó a pronunciarse oficialmente en ese sentido (Tarzi, 2008).

Durante esos años, el representante de Naciones Unidas, Lakhdar Brahimi, apoyaría la amnistía, pero Estados Unidos, aunque no se oponía de manera oficial, vetaría a su antojo y sin criterios transparentes a aquellos líderes que no consideraba idóneos o que consideraba fuentes de inteligencia útil para la captura de los líderes de Al Qaeda. Por último, es de reseñar la postura mostrada por los excomandantes de la Shura-e Nazar, mediante una feroz oposición a cualquier intento de negociación, ya que veían en ello un intento de sumar pastunes al nuevo proyecto político y ello constituía una clara amenaza a la posición de dominio de la que gozaban en aquellos momentos.

No fue hasta septiembre de 2007 que Karzai ofreció la posibilidad de entablar conversaciones directas con el mulá Omar y con Hekmatyar, comprometiéndose un año más tarde a proporcionarles seguridad si acordaban sentarse a la mesa de negociaciones dentro del Programa de Fortalecimiento de la Paz. En 2008, se celebraron los primeros contactos, si bien las autoridades estadounidenses dejaron nítidas sus líneas rojas: las conversaciones serían dirigidas por el gobierno afgano; la Constitución no era modificable; ningún territorio podía ser cedido a los neotalibanes; y sin personas que estuvieran relacionadas con Al Qaeda. Estas conversaciones se llevaron a cabo entre un representante del presidente Karzai, su hermano Qayum Karzai, y los representantes neotalibanes. Fueron esponsorizadas por la monarquía saudí y comenzaron con la dimisión de Qayum Karzai como miembro del Parlamento, al objeto de centrarse en la labor de mediación. Finalmente, estos contactos se enfriaron y no dieron lugar a fruto alguno. Las conversaciones se dieron por finalizadas sin que se hubieran obtenido resultados concretos y tras el desistimiento de los países donantes por falta de resultados —sólo se consiguió que algunos cuadros intermedios se reintegrasen— (S. H. Qazi, 2011).

De manera simultánea y desde los diferentes grupos que habían sido apartados del poder, los sentimientos antioccidentales se retorcerían para reunir a sectores con motivaciones ideológicas muy diversas —exmuyahidines y clérigos excluidos de las instituciones de poder, con sus correspondientes seguidores—, dando lugar a protestas que tuvieron un seguimiento masivo en las universidades. Esta situación fue hábilmente aprovechada por los neotalibanes, de manera que integraron sus operativos en las protestas, implantando la causa de la defensa del islam como fundamental ante un gobierno que no la respetaba porque estaba dirigido por infieles. Esta situación propició una apertura de relaciones entre exmuyahidines partidarios de Rabbani, que habían sido apartados del poder, y los neotalibanes, lo que acabó dando lugar a la venta de armas por parte de los exmuyahidines a los talibanes —de sus depósitos ilegales que todavía mantenían y que no habían sometido al proceso DDR—. Esta nueva situación dio pie a una llamada por parte del mulá Omar, en mayo de 2007, para la unión de todas las fuerzas afganas contra los «no creyentes». El expresidente Rabbani declararía a finales de 2008 que su partido, nos referimos al Jabha-e Motahid-e Milli (Frete Nacional Unido), había recibido esperanzadores signos por parte talibana.

Sin embargo, la comunidad internacional demostró de nuevo su incapacidad para abordar unas conversaciones para la acomodación política de la insurgencia (2008-2009). Los actores internacionales no estaban preparados para ello durante los años 2002 y 2003, pero tampoco lo estuvieron en los años 2008 y 2009.

La comunidad internacional y Hamid Karzai, aprovechando el cierre oficial del periodo correspondiente al Pacto por Afganistán (2010), hicieron público una postura común a favor de la reconciliación nacional, siempre que mediara la renuncia expresa a las organizaciones terroristas internacionales. Este hecho, que era la primera vez que ocurría en ocho años, se concretó por parte afgana en la celebración de la Loya Jirga de la Paz (junio de 2010). Su objetivo era debatir y ponerse de acuerdo en el camino a seguir para abrir negociaciones con los neotalibanes. Estos fueron invitados, pero no sólo no asistieron, sino que la intentaron boicotear con el lanzamiento de cohetes ligeros. En ella, se votó a favor de un nuevo plan de reconciliación política y reintegración de combatientes preparado por el gobierno, coincidiendo con el inicio del llamado Proceso de Kabul. El plan se denominó Programa para la Reintegración y la Paz en Afganistán (APRP) y fue aprobado por decreto presidencial en ese mismo mes. En él se ofrecía puesto de trabajo y la posibilidad de formar parte de las estructuras de gobernanza local a aquellos combatientes talibanes que entregasen las armas y recibiesen el voto de confianza de sus comunidades locales. El hecho de que la *jirga* no aportara suficiente clarificación sobre el camino a seguir entre la reintegración o la acomodación política de los talibanes se debió, entre otras cosas, a que no contaba con la legitimidad necesaria para hacerlo, desde el momento que la elección de sus miembros, teóricos representantes de la sociedad afgana, se hizo sin que hubiera un proceso participativo en las comunidades locales (NATO Press Release, 2010; Nijssen, 2012; Ruttig, 2009b; 2010).

Para llevar adelante este programa de reintegración y reconciliación, se estableció un Alto Consejo para la Paz[215] (HPC) con el profesor Rabbani a la cabeza. Al poco de crearse el alto comisionado, este solicitó al gobierno estadounidense la liberación de veinte líderes talibanes detenidos en la prisión de Guantánamo, como muestra de buena voluntad durante las conversaciones iniciadas con líderes neotalibanes de la Rahbari Shura y en las que estos la pedían. La Administración estadounidense se mostró inicialmente reticente a esta liberación, no obstante, las conversaciones avanzarían como lo demostró el hecho de que en septiembre de 2011 asesinaran al propio jefe del Alto Consejo, que fue relevado por el expresidente Mojadidi. No sólo debemos pensar en voces disidentes del sector duro de los antiguos miembros de la Shura-e Nazar, sino más bien en aquellos líderes de tribus pastunes que veían como un desafío la integración de otras tribus mucho más numerosas en el reparto de poder. A esto añadiremos, la división interna dentro de los propios neotalibanes entre sectores más críticos con la reconciliación política y a favor de la lucha armada.

Antes de su asesinato en septiembre de 2011, Rabbani había conseguido establecer conversaciones con varios grupos insurgentes, aunque Naciones Unidas sólo lo apoyó parcialmente, al acceder a cancelar, caso por caso, los nombres de los líderes talibanes incluidos en las listas de terroristas internacionales. De cualquier manera, hay que reconocer al profesor Rabbani el haber conseguido dar un golpe de timón y que la comunidad internacional viese como una posibilidad real y deseable la opción de un acuerdo político con el resurgido Movimiento Talibán. Rabbani representaba al sector de Jamiat-e Islami descontento con que se le hubiera apartado del poder en 2002 y, en su lugar, fuera el núcleo duro de los excomandantes guerrilleros del partido, conocido como Shura-e Nazar, el que controlaba los resortes del poder desde la derrota del Emirato —al parecer, Rabbani había mantenido contactos frecuentes con líderes neotalibanes a partir del año 2007—. Los neotalibanes, por su parte, siguieron insistiendo en la retirada de todas las fuerzas extranjeras y la anulación de todos los nombres incluidos en los listados de terroristas internacionales, sin condicionantes. En 2014, unos diez mil combatientes se habían acogido a este programa y habían sido reintegrados (Dressler, 2012; Katzman, 2015b; Kleiner, 2014; Ruttig, 2013).

La posición de Estados Unidos osciló desde una postura, en la que consideraban cualquier tipo de acercamiento a las autoridades neotalibanas como una traición a la causa por la que sus tropas se encontraban empeñadas en combate, hasta llegar a una estrategia de búsqueda activa de las negociaciones con la llegada de Barak Obama. Es por ello por lo que no debemos culpabilizar a Hamid Karzai de esta falta de voluntad política para la reconciliación, ya que el principal obstáculo fue Estados Unidos y el hecho de que nunca

---

[215] Posteriormente disuelto por el presidente Ashraf Ghani desde el 27 de julio de 2019.

dio por finalizada la guerra contra el régimen talibán, aunque este se hubiera rendido. Nos queda sin resolver hasta qué punto influyó en este tipo de errores estratégicos la convicción del presidente Karzai de que el tipo de violencia interna a la que se enfrentaban era sólo de tipo terrorista y no llegaba a constituir una verdadera insurgencia política de amplia base social. En cualquier caso, esta narrativa del presidente afgano convenía a los Estados Unidos y al resto de la comunidad internacional, pues de esta manera se justificaba la decisión tomada en 2009 de aplicar en el campo de batalla la doctrina contrainsurgente, primera vez que la OTAN y Estados Unidos se ponían de acuerdo en el tipo de estrategia militar. Por su parte, Naciones Unidas no vería otra salida al atolladero en el que se encontraba.

Mientras tanto y cansados de tanta guerra, resulta interesante conocer que en 2013, sólo un año antes de finalizar la intervención militar internacional, un tercio de la población, en su mayoría pastunes de las zonas rurales, mostraban su preferencia por los neotalibanes y dos tercios de la población nacional se mostraba a favor de un acuerdo con los insurgentes para finalizar con la violencia —según datos de Asia Foundation— (Laub, 2014).

Con la llegada de Ashraf Ghani a la presidencia de Afganistán en 2014, el gobierno afgano volvió a tomar la iniciativa y Estados Unidos pasó a ocupar un puesto de apoyo esencial para que cualquier conversación se llevase a cabo entre la dirección neotalibana y los legítimos representantes del gobierno. Las reuniones celebradas en 2015, englobadas en lo que se daría a conocer como el proceso de Murree —por el lugar pakistaní donde finalmente tuvo lugar un encuentro de alto nivel entre representantes del gobierno afgano, el Movimiento Talibán, el gobierno pakistaní y los Estados Unidos—, confirmaron la conclusión de que las dos partes se encontraban sorprendentemente cercanas, en cuanto a los principios que debían regir la gobernanza en el país —este esperanzador inicio de conversaciones finalmente colapsó cuando se dio a conocer por el propio presidente Ghani[216] que habían recibido la suficiente información para confirmar que el mulá Omar había fallecido hacía dos años y su muerte había sido ocultada—. Se reconoció que uno de los puntos más problemáticos en caso de reconciliación serían las concesiones a los numerosos combatientes neotalibanes, huérfanos y viudas, para compensar la gran cantidad de bajas y las penalidades sufridas durante tantos años de lucha. En caso contrario, lo más probable es que los cuadros de nivel intermedio y bajo,

---

[216] A fecha de hoy, la única razón plausible que se alcanza a definir para la decisión del presidente Ghani es que tuviera información fiable de que, en el caso de alcanzar un acuerdo, este implicase su destitución y la formación de un nuevo gobierno de transición. Postura que mantuvo durante los siguientes seis años y que finalmente llevaría al colapso del Estado, al cerrar cualquier vía de negociación para ello.

junto a sus combatientes de línea, se opusiesen a cualquier acuerdo que supusiese un reparto de poder.

Junto a ello, Ashraf Ghani acordó con Estados Unidos reconocer los legítimos intereses pakistaníes en Afganistán. Con esta finalidad, el presidente Ghani acometió una serie de acciones sin precedentes en la historia afgana para acercar posturas con Pakistán y tratar de buscar una solución negociada al apoyo que prestaban a la insurgencia neotalibana —se llegaron a enviar jóvenes cadetes a la academia de formación de oficiales del ejército pakistaní—. El problema surgió cuando tanto el presidente Ghani como Estados Unidos fueron conscientes de que Pakistán deseaba unas cuotas de poder en el Estado afgano que iban mucho más allá de cualquier interés legítimo entre Estados soberanos.

El resultado de estos desencuentros con las autoridades pakistaníes fue que, a partir de este momento, los líderes neotalibanes nunca más aceptaron reunirse con representantes del gobierno afgano, negándole de esta manera cualquier legitimidad ante la opinión pública afgana, y haciéndolo, sin embargo, con representantes de la sociedad civil. Lo que nos lleva a concluir el papel esencial que las autoridades nacionales pakistaníes han jugado para que la opción de la reconciliación nacional acabase en fracaso.

La puntilla a esta situación la daría el propio Estados Unidos, al aceptar en 2019 la negociación de un acuerdo directamente con el Movimiento Talibán, acuerdo que se firmó el 29 de febrero de 2020 y que fue denominado «Acuerdo para pacificar Afganistán entre el Emirato Islámico de Afganistán, no reconocido como Estado por Estados Unidos y conocido como los Talibán, y los Estados Unidos de América[217]» (United States Department of State, 2020), cuando lo que realmente significaba era el acuerdo político que necesitaba Estados Unidos para iniciar el repliegue de todas sus fuerzas y dar por finalizada su intervención política y militar en Afganistán.

Con el paso del tiempo y tras la intransigente postura mostrada por el presidente Ghani a cualquier tipo de negociación de paz que implicase un gobierno de transición y su renuncia al cargo, resulta lógico pensar que Ashraf Ghani había ido colocando sus propias condiciones a las conversaciones de paz, tal y cómo en su día hizo Hamid Karzai. En puertas del colapso no sólo de su gobierno, sino de toda la estructura estatal levantada durante los últimos veinte años, Ghani accedió a un gobierno interino con la integración de representantes talibanes, pero ya era demasiado tarde, en menos de 24 horas él había abandonado el país y los neotalibanes entraban en el palacio presidencial.

---

[217] Agreement for Bringing Peace to Afghanistan between the Islamic Emirate of Afghanistan which is not recognized by the United States as a state and is known as the Taliban and the United States of America, February 29, 2020.

Las conversaciones de Estados Unidos con los neotalibanes

En 2010, de las 34 provincias afganas, un total de 33 disponían de estructuras de gobierno en la sombra y de suficiente base social para mantener la insurgencia indefinidamente —suele considerarse suficiente cuando se cuanta con un apoyo de al menos entre el 15 y el 25 % de la población—. Es en este momento cuando el recién elegido presidente Obama hizo pública la nueva estrategia estadounidense de intentar infligir el máximo de daño a los neotalibanes, para forzarlos a acudir a la mesa de negociaciones en las mejores condiciones posibles para el gobierno afgano. Esta estrategia era concordante con la evaluación hecha por el nuevo comandante de la ISAF, general McChrystal, en el sentido de que casi el 70 % de los combatientes neotalibanes lo eran por dinero o por otras razones de política local, lo que les hacía vulnerables a posibles acuerdos de nivel nacional que considerasen ventajosos para sus comunidades. A esto se sumaba que importantes analistas estimaban que el momento era propicio para abrir negociaciones —de hecho, ya se estaban produciendo conversaciones entre representantes de los gobiernos afgano y pakistaní, y los neotalibanes—.

En la conferencia de Londres de 2010, una vez finalizado oficialmente el Pacto por Afganistán, el presidente Hamid Karzai anunció que era el momento de entablar negociaciones con los neotalibanes (The National Archives UK, 2010). Lo que no se decía en ese comunicado era la multitud de conversaciones que se habían mantenido sin que llegaran a resultado alguno por los vetos puestos, ya fuera por la agencia nacional de seguridad afgana o por el propio servicio de inteligencia estadounidense. Lo que tampoco se decía en este comunicado era que Estados Unidos., ahora sí, estaba dispuesto a entablar conversaciones de reconciliación —con lo que eso implicaba de reconciliar todo un movimiento insurgente y no sólo reintegrar individuos—.

Las primeras conversaciones entre Estados Unidos y los neotalibanes se desarrollaron antes del fin de 2010 en Catar —con ocasión del nombramiento de Tayyab Agha como jefe de la oficina política en 2009, los primeros contactos habían comenzado tanto en Francia como posteriormente en Japón—. La segunda ronda de conversaciones tuvo lugar en Alemania con asistencia del propio Tayyab Agha, el que fuera primer secretario personal del mulá Omar durante la época del Emirato, y oficiales de nivel intermedio del Departamento de Estado y la Agencia de Inteligencia estadounidenses. El presidente Karzai trató de obstruir estas conversaciones por temor a que supusiesen su sacrificio político en aras de la paz, cosa a lo que no estaba dispuesto. Por su parte, los neotalibanes establecieron varias líneas rojas: a) negociar con el Gobierno de Hamid Karzai; b) aceptar la Constitución de 2004; c) la presencia de bases estadounidenses en territorio afgano podría ser aceptada en tanto que no supusiese pérdida alguna de soberanía o restricción a la aplicación de la sharía; d) esta presencia militar se iría transformando hacia un apoyo económico. Por último, los neotalibanes repetidamente afirmaron estar dispuestos a que el territorio afgano no sirviera de base para grupo terrorista alguno (Afghan Biographies, 2019; Koelbl y Stark, 2011; Semple, Farrell, Lieven y Chaudhuri, 2012).

Finalmente, y como parte de las concesiones de Estados Unidos a los neotalibanes, una oficina política del movimiento insurgente fue abierta en Doha, en junio de 2013. Cosa a la que se opuso frontalmente el presidente Karzai, argumentando que utilizaba los símbolos del Emirato. Mientras tanto las fuerzas neotalibanes no decrecieron el ritmo de sus operaciones, más bien todo lo contrario, esperando la llegada de diciembre para testar las verdaderas capacidades de combate de las fuerzas gubernamentales.

LA POSTURA NEOTALIBANA Y EL CONTINUO CONTROL PAKISTANÍ

En febrero de 1989, tal y como las últimas unidades soviéticas estaban saliendo de Afganistán, el entonces ministro soviético de Asuntos Exteriores Eduard Shevardnadze visitaba Islamabad, al objeto de intentar convencer a pakistaníes y estadounidenses de que era necesario acordar un gobierno de unidad entre el Gobierno comunista de Najibullah y los islamistas, con el objetivo de preservar el orden y la estabilidad en toda la región. Pero ni Estados Unidos, que no se daba por satisfecho con una victoria que no implicase el completo colapso del régimen de Najibullah, ni las autoridades pakistaníes, que pretendían colocar como presidente a su protegido Gulbuddin Hekmatyar, apoyaron la propuesta. El resultado fue el inicio de una nueva guerra civil, esta vez sólo entre afganos, que podemos dividir en tres fases: una primera, entre los islamistas y el régimen de Najibullah; una segunda, entre los propios islamistas; y por fin una tercera, entre un nuevo partido de fundamentalistas radicales y todos los demás. Desde este punto de vista, lo que se ha vivido durante las últimas dos décadas se correspondería con una cuarta fase, en la que se ha prolongado artificialmente la fase anterior porque la comunidad internacional ha sido incapaz de tener en cuenta el tribalismo como factor de coherencia y escisión entre las comunidades, lo que ha provocado una nueva espiral de violencia.

El Movimiento Talibán argumentaba que ellos siempre habían estado a favor de compartir el poder, como así lo demostraron durante el Emirato al establecer desde inicio una estructura de gobierno para que esto fuera posible. Sabemos que la Jefatura del Estado se encontraba en Kandahar y que de ella dependían directamente aquellas instituciones que eran de control absoluto del emir supremo: el sistema judicial, el Ministerio de Promoción de la Virtud y las Fuerzas Armadas —aquellas instituciones a las que consideraban irrenunciables y que no estaba dispuesto a compartir—. El resto de los ministerios dependían de sus correspondientes jefaturas que se encontraban en Kabul y sería en ellas donde se acomodarían los líderes de los partidos políticos u organizaciones con los que se había llegado a acuerdos: Jalaluddin Haqqani, Nabi Mohammadi, Yunus Khalis y representantes de Harakat-e Inqilab Mansur. También mantuvieron conversaciones con Jamiat-e Islami y con los partidos chiíes, teniendo presente que las conversaciones con Massoud y Rabbani se deterioraron rápidamente. Al profesor Rabbani, al parecer, se le llegó a ofrecer el cargo de primer ministro, pero la última condición en la que no llegaron a acuerdo fue la insistencia del líder de la Shura-e Nazar, comandante Massoud, en hacerse con el Ministerio de Defensa y el control de las Fuerzas Armadas, cosa a la que Omar nunca estuvo dispuesto aceptar (International Crisis Group, 2011a; Osman y Gopal, 2016).

Los actuales neotalibanes difieren en mucho de los talibanes de 1994 que llegaron a hacerse con el poder en Kabul. Al mismo tiempo que, el 7 de diciembre de 2001, las unidades talibanas y sus líderes abandonaban Kandahar, los lugartenientes del mulá Omar se reunían en secreto para establecer la estrategia futura. La decisión fue rendir todas las fuerzas a Hamid Karzai —entre ellos estaban Tayyab Agha, máximo consejero de Omar; mulá Baradar, gobernador y comandante militar de Kandahar; Sayed Muhammad Haqqani, antiguo embajador en Pakistán; mulá Obaidullah, ministro de Defensa; mulá Abdul Razzak, ministro de Interior; y Akhtar Mohammad Mansur, ministro de Aviación—. Este grupo, representado por el mulá Obaidullah, envió una carta a Karzai en la que aceptaban su nombramiento como presidente interino de Afganistán y que el Emirato, tras la humillante derrota militar sufrida, no tenía posibilidad alguna de supervivencia. En ella, se decía que presentaban la rendición de todas las fuerzas en nombre del mulá Omar y ese mismo día acordaron la entrega de Kandahar sin resistencia alguna. La única petición que hacían para ellos era la amnistía, a cambio de que no se implicasen en el futuro político del país (Gopal, 2010; S. H. Qazi, 2011).

Pero Karzai, que inicialmente lo aceptó, tuvo que desdecir sus propias palabras debido a las presiones ejercidas por Estados Unidos. Ante la falta de respuesta clara por parte de Karzai, y siguiendo las alertas que ciertos simpatizantes de los talibanes en el Gobierno de Karzai les hicieron llegar, estos líderes decidieron abandonar el país en dirección a Pakistán. Precisamente los signatarios de la precitada carta fueron, más tarde, parte fundamental de los impulsores del movimiento como oposición armada: el mulá Obaidullah Akhund llegó a ser el segundo de Omar y líder de la Rahbari Shura, antes de su captura y posterior fallecimiento por causas naturales en una prisión pakistaní; el mulá Akhtar Muhammad Mansur que llegaría a liderar el movimiento una vez fallecido Omar y que previamente había sido aceptado por Estados Unidos y el Gobierno de Karzai para permanecer en Afganistán, retirado de la vida pública, pero que finalmente tuvo que abandonar el país ante la amenaza de captura al ser acusado de seguir colaborando con el movimiento; Sayed Muhammad Haqqani, una figura importante en los asuntos políticos del movimiento; Tayyab Agha, miembro de la Rahbari Shura y jefe del comité de finanzas, así como máximo consejero de Omar; el mulá Abdul Razzaq, con base en

Chaman, llegó a convertirse en un importante facilitador de armas y dinero para la insurgencia—.

Un aspecto que para muchos es desconocido es que en 2002 y en Karachi, se había celebrado una reunión, a la que asistieron todos los lugartenientes de Omar, para acordar una propuesta pacífica de retorno a la vida política afgana. Entre los antiguos líderes del antiguo emirato surgieron dos corrientes claramente diferenciadas: por un lado, aquellos que querían aprovechar la oportunidad ofrecida por el nuevo régimen e integrarse en la actividad política —tal y como fue el caso del mulá Agha Jan Motasem, el mulá Mutawakil...—; y un segundo grupo, liderado por el mulá Omar, que eran partidarios de la yihad. Finalmente, los asistentes acordaron buscar la manera de abandonar la lucha y volver a Afganistán, pero la pasividad por parte del gobierno afgano y la oposición por parte de Estados Unidos a aceptar cualquier tipo de retorno, que no fuese pasando por Guantánamo, dieron al traste con la propuesta. El recién resurgido Movimiento Talibán declaró la yihad contra el gobierno y las fuerzas extranjeras que le apoyaban, mediante la publicación de una fetua en febrero de 2003. Una nueva fetua fue publicada en abril de ese mismo año, esta vez firmada por el mulá Omar y unos seiscientos clérigos afganos, renovando su declaración de yihad (Tarzi, 2008).

El Movimiento Talibán realizó una nueva propuesta de reconciliación, a finales de noviembre de 2003, sin respuesta positiva alguna por parte del Ejecutivo afgano o de la comunidad internacional. Testigo de esta propuesta sería el entonces ministro de Interior Ali Jalali, quien de nuevo tuvo que transmitir la negativa de la comunidad internacional y del gobierno (Strick van Linschoten y Kuehn, 2012).

No obstante, nunca se abandonarían por parte neotalibana los intentos de negociación y acomodación política. Durante los siguientes dos años, una representación del grupo de líderes talibanes se desplazó a Kabul, al menos un par de veces, para discutir las condiciones de una posible acomodación, pero sin resultado alguno por la falta de interés del gobierno o la imposibilidad de llevarla a cabo ante la intransigencia estadounidense. De manera que, a partir de 2004, el movimiento se centró en la campaña militar, manteniendo una postura coherente de rechazo a hablar con el gobierno afgano porque no les ofrecía garantía alguna de que sus ofertas se pudieran cumplir, en tanto sí aceptaban hacerlo con los estadounidenses. En otoño de 2010, comenzaron los contactos con los representantes estadounidenses.

Conocemos que los neotalibanes nunca han gozado de la coherencia que el Movimiento Talibán mostró durante el Primer Emirato. Precisamente, la sola posibilidad de conversaciones de paz generó una profunda división y confusión interna en el movimiento. A lo que hay que unir la continua injerencia de las autoridades militares pakistaníes para controlar cualquier posible negociación, como así lo han reconocido en varias ocasiones. Control que han ejercido mediante el apoyo condicionado al renovado Movimiento Talibán en territorio pakistaní —cosa que han negado repetidamente— o medidas de presión extremas sobre sus líderes como las que a continuación se detallan.

Pakistán, que siempre había negado sus relaciones con el liderazgo neotalibán ubicado en su territorio, finalmente afirmó públicamente que sí que tenía una limitada capacidad de influencia sobre los líderes del movimiento, pero que sería poco realista que pudieran influir lo suficiente para sentarlos a la mesa de negociaciones (International Crisis Group, 2014; Siddique, 2016). Lo cierto es que, a pesar de las divisiones internas existentes en el movimiento, la presión de Pakistán y sobre todo los buenos oficios de Catar y Arabia Saudí, junto al apoyo internacional, fructificaron en el inicio oficial de conversaciones en 2013, con la apertura de la oficina política del movimiento en Doha. A pesar de que grupos como Mahaz-e Fedayeen, bajo el liderazgo de un nuevo comandante mulá Najibullah, se oponían a cualquier tipo de negociación.

Relacionado con los contactos establecidos en febrero de 2010, el entonces segundo emir en la línea jerárquica neotalibana, mulá Baradar, sería arrestado por las fuerzas de seguridad pakistaníes por haber abierto una canal de conversaciones con el propio Hamid Karzai —pertenecen a la misma tribu Popalzai y son conocidos personales— sin la autorización del ISI. En esas mismas fechas, otro líder neotalibán detenido por las fuerzas pakistaníes sería Abdul Kabir, líder de la Shura de Peshawar y gobernador en la sombra de Kandahar, al parecer por las mismas razones, haber abierto un canal de conversaciones con autoridades afganas sin la autorización del ISI.

Otro caso significativo y más dramático fue el del líder neotalibán Mohammad Ismail, que había sido segundo jefe de la comisión militar central en Quetta y en mayo de 2012 ocupaba el cargo de comandante militar en la provincia de Ghazni. Al parecer, el liderazgo neotalibán en Quetta ordenó su arresto y ejecución por haber recibido dinero del gobierno afgano a cambio de mantener conversaciones con representantes del Alto Consejo para la Paz. En este caso, la influencia del ISI fue decisiva y el mensaje de amenaza permanente a todo los líderes y sus familias era claro, nadie podía mantener conversaciones con el gobierno afgano sin su autorización.

Pero es que, incluso salvando las amenazas de detención y posible asesinato por elementos cercanos al ISI, el personal neotalibán que se hubiera podido reintegrar y asumir un papel en cualquier proceso de reconciliación estaba bajo amenaza cierta de muerte, por parte de sus correligionarios que los consideraran traidores si no seguían sus instrucciones. El último caso de asesinato fue el del último ministro de Educación en el Emirato, Arsala Rahmani, asesinado en Kabul en mayo de 2012, siendo miembro del Alto Consejo de la Paz.

Con respecto a los líderes talibanes que estuvieron abiertos a negociaciones, es necesario hacer las siguientes aclaraciones al objeto de evitar confusiones con los datos que se aportan:

i. Hablar de líderes moderados entre los neotalibanes no significa que sean demócratas, ni que preconicen los derechos humanos, sino que únicamente están en desacuerdo con la política del movimiento de total segregación de las mujeres de la vida pública, la negativa a la educación de las niñas, la indiscriminada violencia utilizada contra la población civil, así como con su alianza con Al Qaeda. Un punto importante es que incluso entre los líderes talibanes que se acogieron a la reconciliación no existía un principio de aceptación de la democracia y sí únicamente para un cierto pluralismo político.

ii. El grupo de líderes del Movimiento Talibán proclive a las negociaciones formaba parte de lo que podemos definir como el sector menos duro, pero se oponía de forma radical a cualquier medida de reintegración individual, cosa que hacían mediante la venganza que suelen cobrarse meses más tarde ante cualquier disidente ante esta medida. Esta venganza se cumplía sobre los familiares más cercanos del reintegrado, si no directamente sobre la víctima —conocido es el caso del comandante insurgente de Wardak que se reintegró como jefe de policía del distrito de Chak; unos meses más tarde fueron asesinados dos de sus hermanos y tres de sus hijos—.

iii. A pesar de que existen autores que han afirmado que la mayoría de los antiguos miembros de la antigua élite talibana no se unieron al resurgimiento del movimiento en 2002, estudios posteriores contradicen esta versión, pues la mayoría de la vieja guardia que había ofrecido su rendición al Gobierno de Hamid Karzai y no le fue aceptada, no sólo se unió al resurgimiento, sino que ocuparon cargos de máxima responsabilidad.

iv. En relación con las conversaciones que los neotalibanes llevaron a cabo con representantes de la sociedad afgana y con Estados Unidos, es necesario resaltar la existencia de varias corrientes ideológicas internas entre los cuadros senior del Movimiento Talibán y que esencialmente se correspondían con una primera postura menos proclive a la negociación, ya que sólo consideraban como opción de futuro un emirato sin ningún tipo de elecciones; y una segunda, formada por aquellos que veían viable la posibilidad de un sistema mixto, compuesto por una jefatura de Estado elegida exclusivamente por un consejo de ulemas y un primer ministro elegido mediante un procedimiento participativo limitado. A estos dos grupos deberemos añadirle un tercero de cuadros intermedios que lo que realmente anhelaban era una mayor asignación de cuota de poder a sus tribus.

(Gopal, 2010; S. H. Qazi, 2010; Ruttig, 2009b; Tribal Analysis Center, 2008; Waldman, 2010a)

Desgraciadamente, el colapso del Estado afgano y sus fuerzas armadas ha llevado a la imposición de la corriente más dura y opuesta a cualquier tipo de negociación con los antiguos miembros del poder, corriente interna liderada por el clan Haqqani.

LA POSTURA DE LOS TALIBANES REINTEGRADOS

Durante 2002, un grupo de antiguos líderes talibanes contrarios a la yihad se unieron para reactivar de nuevo el movimiento Khuddam ul-Forqan; esta vez dirigidos por el clérigo Amin Mojadidi, pretendían su integración en la política. A este grupo pertenecieron líderes talibanes tan relevantes como el antiguo ministro de Educación Arsala Rahmani y el antiguo ministro de Información y Cultura Abdul Rahman Hotak. Con el tiempo se ha conocido que este grupo de antiguos talibanes que pretendían la integración política formaban parte de un proceso más amplio de reintegración, liderado en secreto por el propio presidente Karzai y su gabinete.

Es interesante citar que en 2003 hubo intentos de crear un partido político que representara las aspiraciones del ala moderada talibán en el escenario democrático, el llamado Partido Político Talibán, cuyo liderazgo recayó en el último ministro de Asuntos Exteriores talibán mulá Mutawakil. En 2005, aproximadamente una treintena de líderes y cuadros intermedios habían conseguido reintegrarse utilizando diferentes vías y contactos con el gobierno afgano. Residían en Kabul protegidos por el gobierno y fuera de sus comunidades de origen, ya que habían sido amenazados de muerte por los neotalibanes como desertores. Todos estos cuadros pertenecían al grupo reactivado en 2002 como Khuddam ul-Forqan y pretendían jugar el papel de un partido talibán moderado en el nuevo escenario político. Durante 2005, trataron de que se les admitiese el registro como partido político con el fin de poder participar en las elecciones parlamentarias, pero fueron rechazados por la presión de Estados Unidos bajo las acusaciones de terroristas. En 2009, esta opción volvió a ser considerada e incluso líderes del reconstituido Harakat-e Inqilab se ofrecieron para ser la voz de aquellos talibanes que lo desearan y ofrecieron a uno de sus líderes, ulema Mohammad Said Hashemi, como posible candidato presidencial, siendo de nuevo rechazada.

A mediados de 2008, el grupo Khuddam ul-Forqan lanzó un proyecto denominado *Solha Gam Pe Gam* (Paz Paso a Paso) con los siguientes puntos: 1) el gobierno afgano debía convencer a la comunidad internacional de que el conflicto afgano no se podría resolver militarmente; 2) el inicio de contactos entre todas las partes implicadas con la implantación de ciertas medidas de confianza, como que la oposición armada no realizase ataques a infraestructuras, las fuerzas internacionales no llevasen a cabo operación alguna que con anterioridad no hubiera sido aprobada por el gobierno y la liberación de algunos de los prisioneros talibanes; 3) la convocatoria de una *jirga* acordada por todas las partes para diseñar un plan de paz; 4) esta *jirga* debía informar a todas las fuerzas combatientes del proceso de paz acordado y asegurar el apoyo de Naciones Unidas y la Conferencia Islámica, así como la seguridad física de todos los participantes en la mesa de negociaciones; 5) los líderes talibanes debían ser excluidos de las listas de terroristas internacionales y se acordaría un alto el fuego; 6) esta *loya jirga* discutiría y votaría sobre las decisiones adoptadas en la mesa de negociaciones para finalizar la guerra (Ruttig, 2009b; 2015; Tarzi, 2008).

Esta propuesta por parte de Khuddam ul-Forqan, junto a la designación del mulá Agha Jan Mutassem como jefe del comité político y la formulación pública de las condiciones previas para que se pudieran iniciar unas conversaciones, daban a esta propuesta una fiabilidad muy grande. Pero la comunidad internacional, en el aquel momento, todavía no estaba preparada para unas conversaciones de paz como lo demostró su pasividad, junto a la del gobierno afgano, para cumplir las precondiciones establecidas para negociar —entre otras, la de suprimir los nombres de los líderes talibanes de las listas de terroristas internacionales de Naciones Unidas, debido al bloqueo efectuado por Rusia para mostrar su oposición al apoyo estadounidense brindado a Georgia en el conflicto de Abjasia y Osetia del Sur—. Entre tanto, los meses seguían avanzando y, en 2009, el presidente Barak Obama anunció su estrategia denominada *oleada* y el consiguiente aumento de fuerzas. Esto fue entendido por el liderazgo talibán como una declaración de guerra y, de esta manera, se cerró esta ventana de oportunidad que había surgido.

LA VUELTA AL PUNTO DE PARTIDA

Más allá de las iniciativas oficiales, siempre existieron múltiples canales de comunicación entre la insurgencia y el gobierno, que se plasmaron en un intercambio permanentemente de mensajes e incluso encuentros entre líderes insurgentes, del gobierno, exmuyahidines, de ulemas y *ancianos*; como prueba de que los insurgentes, a pesar de la crudeza de la guerra civil que se vivía, seguían conectados con sus familias y comunidades de origen. En resumen, parece ser que, a pesar del tono de las continuas declaraciones de los neotalibanes, siempre hubo una predisposición a compartir el poder (Osman y Gopal, 2016; Ruttig, 2009b). Hoy sabemos que estas declaraciones sólo venían motivadas por una estratagema más para acceder al poder en Kabul y que, quizás, con una escasa pero suficiente presencia internacional se les habría podido continuar manteniendo a raya. El problema ha sido que, durante el último lustro del régimen democrático, no existió indicio alguno que mostrase una salida al bloqueo político en el que se encontraban las instituciones estales afganas.

La comunidad internacional debería haber apoyado con contundencia la integración de los movimientos prodemocráticos y proreformistas en el proceso de reconstrucción del Estado, al objeto de corregir el aislamiento y rechazo al que fueron sometidos durante estos pasados años, lo que hubiera favorecido un mayor equilibrio de fuerzas en donde las nuevas fuerzas islamistas y fundamentalistas se hubiesen acomodado en el escenario político. Esto hubiera propiciado la posibilidad de que, durante esta última década, los neotalibanes hubiesen optado por la integración política y no sólo por la lucha armada.

De igual manera que la ideología política talibana se ha abierto en estos últimos años para dar cabida a las diferentes interpretaciones teológicas del islam, resultaría más acertado dejar de pensar en dos corrientes internas entre los religiosos más radicales y aquellos otros más moderados, tal y como se hizo en la época del Emirato —en el que identificábamos a los más radicales bajo el liderazgo de mulá Omar y los más moderados bajo el liderazgo del mulá Rabbani—. En la época neotalibana, el movimiento ha dado cabida a diferentes corrientes de pensamiento, todas ellas unidas por representar la oposición armada al que ha sido el único régimen democrático de la historia afgana, pero sin llegar a definir el modelo de Estado futuro deseado —fundamentalista radical con un líder supremo y sin dar opción a órganos de representación democrática o incluyendo alguna forma de estos últimos—. Ahora los neotalibanes ocupan de nuevo el poder en Kabul sin haber integrado a otros grupos políticos y todo indica que el ala más dura del movimiento está imponiendo sus tesis con una vuelta al pasado, mediante el absoluto control de la vida privada de los ciudadanos y la reclusión de las mujeres, excluyéndolas de todo tipo de manifestación pública.

Una vez conocido el acuerdo firmado por la Administración estadounidense y los neotalibanes, en febrero de 2020, se disiparon las inquietudes expresadas por reconocidos juristas que consideraban estas conversaciones como ilegítimas e ilegales, desde el momento que los mismos neotalibanes se definieron como una insurgencia nacionalista que pretendía relevar al gobierno afgano por considerarlo ilegítimo, pero es este y no otro el único que ostentaba *de iure* la soberanía nacional para negociar cualquier acuerdo de paz (Wolf, 2013). Estados Unidos sólo pudo negociar con los neotalibanes las condiciones para el repliegue de sus fuerzas y esto es precisamente lo que hizo. El acuerdo firmado sólo establecía las condiciones para el repliegue de las tropas estadounidenses y los contratistas de Defensa estacionados en suelo afgano, así como el compromiso para que también lo hicieran todos sus aliados. El acuerdo establecía una serie de condicionantes, referidos al propio gobierno afgano y al resto de países de la coalición internacional con los que Estados Unidos tuvo que impulsar su cumplimiento (United States Department of State, 2020). Lo cierto es que este acuerdo ha representado una muy mala salida a una situación militar estadounidense que había quedado estancada desde hacía años, y la puerta de acceso para el reconocimiento internacional de un Movimiento Talibán que ha sido capaz de provocar el colapso de un sistema de gobierno que, aunque legal, carecía de la legitimidad necesaria para mantenerse en el poder.

Los programas de reconciliación han sido un fracaso porque no tuvieron en cuenta que los grupos que llegaron a tomar las armas lo hicieron contra un gobierno que consideraban ilegítimo, por su alianza con el extranjero infiel, y que era el mismo que pretendía reconciliarlos. Habría sido necesario facilitar la integración de más fuerzas islamistas, junto a un esfuerzo por haber integrado más reformistas y liberales al objeto de compensar en el escenario las nuevas fuerzas islamistas con el resto. La mayoría de los combatientes insurgentes estaban motivados por razones de aislamiento y desafección hacia el gobierno, más que por razones ideológicas. Fueron demasiadas las tribus y clanes que en la etnia pastún no sólo quedaron fuera de los beneficios del poder, sino que han sufrido durante estos último años actitudes predatorias por los nuevos gobernadores sin viso de solución alguno. Más grave resultaba el hecho de que aquellos que alzaron la voz para exponer esta situación fueron perseguidos y capturados como insurgentes, por unas fuerzas internacionales que consideraron como fuentes fiables a gobernadores absolutamente corruptos y designados desde Kabul, sin que mediase consulta popular alguna sobre su designación.

Probablemente, el mayor obstáculo para cualquier proceso de reconciliación y reintegración haya sido la desconfianza generada por el Gobierno de Hamid Karzai al haber hecho continuas promesas inalcanzables que ha tenido que incumplir de forma sistemática, debido a su falta de apoyo interno entre la propia comunidad de tribus pastunes, la radical oposición de los excomandantes de la Shura-e Nazar —que se articulaba en el control que ejercía en la Agencia Nacional de Seguridad (NDS) sobre el Programa de Fortalecimiento de la Paz (PTS)— y, por último, en el veto final que, en cada caso, estuvo siempre en manos de Estados Unidos.

El resultado de todo ello fue que, debido a las confusas y descoordinadas iniciativas llevadas a cabo por la Administración afgana y las autoridades estadounidenses durante los años 2002 a 2006, la mayoría de los líderes talibanes que habían pretendido alejarse de la política y reintegrarse en sus comunidades locales de origen fueron obligados a escapar con sus familias a Pakistán, donde se irían uniendo al mulá Omar para refundar el movimiento. Lo cierto es que la decisión tomada por la comunidad internacional en el nuevo orden político establecido en Bonn fue excluir al Movimiento Talibán de cualquier escenario de futuro, pero la ausencia de una estrategia de reconciliación impidió que las ofertas hechas por una parte importante de los líderes del Emirato fructificasen.

Llegado el momento de la reconciliación, la decisión estadounidense de poner en marcha la denominada *oleada*, fue un gran error estratégico para la consecución de la paz.

A ello se le unió la desacertada actitud de Ashraf Ghani de bloquear cualquier tipo de gobierno de transición en el que hubiese podido participar el Movimiento Talibán, probablemente para evitar su salida cierta del poder. Al final de los errores cometidos por Estados Unidos y Ashraf Ghani, lo único que se consiguió fue la prolongación sinsentido del conflicto, pues tras diecisiete años de guerra se ha vuelto al punto de partida.

319

LAS DIFERENTES POSTURAS ANTE LA RECONCILIACIÓN NACIONAL

A ello se le unió la desacertada actitud de Ashraf Ghani de bloquear cualquier tipo de gobierno de transición en el que hubiese podido participar el Movimiento Talibán, probablemente para evitar su salida cierta del poder. Al final de los errores cometidos por Estados Unidos y Ashraf Ghani, lo único que se consiguió fue la prolongación sinsentido del conflicto, pues tras diecisiete años de guerra se ha vuelto al punto de partida.

319

CAPÍTULO 11

LAS LECCIONES PARA RETENER

EL PAPEL DESARROLLADO POR LOS PRINCIPALES ACTORES INTERNACIONALES

La conclusión principal del presente ensayo es que la intervención internacional para la reconstrucción nacional afgana ha resultado fallida, entre otras razones, por la incapacidad para la implementación de un modelo de Estado que fuera asumido por todas las partes como modelo nacional, al establecer un modelo presidencialista y centralizador en extremo que ha propiciado el fracaso en la gobernanza y el empoderamiento de los excomandantes muyahidines. A ello se ha unido la incapacidad de la comunidad internacional para evolucionar en sus planteamientos iniciales de intervención, así como acertar con la fórmula adecuada para la resolución de los graves problemas que en gobernanza y seguridad iban surgiendo.

Naciones Unidas

Naciones Unidas ha tenido un papel que claramente ha estado por debajo de sus expectativas desde el inicio de la intervención, pues se prestó a la articulación de la huella ligera conocedora de que no se había llegado a acuerdo de paz alguno y de que, por lo tanto, era necesaria una gran fuerza militar internacional con misión de orden y policía, al objeto de evitar que el bando ganador de la guerra quedase como único árbitro en la casi totalidad del territorio afgano, con la sola excepción de Kabul. A ello se le sumó la aceptación de la condición de no integración del bando vencido, negando por lo tanto cualquier posibilidad de reconciliación nacional, cosa que se tenía que haber realizado mediante el necesario filtro de aquellos líderes de cualquiera de los bandos contendientes con responsabilidades penales, una vez sometidos a los necesarios procesos judiciales. Naciones Unidas con esta actitud contentaba a los dos actores principales: Estados Unidos quedaba libre para llevar a cabo cuantas operaciones de búsqueda, detención o eliminación de miembros de Al Qaeda y talibanes quisiera, sin la presencia de fuerza internacional alguna que pudiera interferir en las operaciones, y con el traslado de detenidos a su red de prisiones ilegales —dos de ellas en Afganistán—; y los excomandantes muyahidines de la Shura-e Nazar quedaron eximidos de tener que enfrentarse a tribunales por sus delitos pasados contra los derechos humanos. A ello es necesario añadir que Naciones Unidas propició de manera directa la integración de los excomandantes muyahidines en la nueva élite política y económica del Estado, ya que era ella quien tenía la capacidad de veto sobre los nombramientos de altos cargos de la Administración interina del nuevo Estado[218] que se estaba configurando.

Por último, Naciones Unidas tampoco fue capaz de llevar a cabo el censo comprometido en el Acuerdo de Bonn y que debía haber servido de base para el proceso de elecciones con el que terminaba la denominada *hoja de ruta*[219], censo que nunca llegó a realizar, a pesar de los varios procesos electorales finalizados, porque constituyó la mejor excusa para cometer fraude cada vez que se iniciaba un nuevo proceso electoral, además de facilitar la manipulación de los porcentajes de cada etnia, porcentajes por los que se reclamaban unos supuestos derechos de representatividad en todos los órganos del Estado.

Sobre el establecimiento del Estado de derecho, se ha tratado en detalle el sistema judicial como la base para su implantación y desarrollo. Hemos conocido del abandono de Naciones Unidas de este sector, no sólo dejándolo en manos de un país donante que se mostró incapaz de esta tarea desde un principio, sino que ni tan si quiera se interesó en nombrar el puesto de asesor senior en justicia que UNAMA disponía. Si algo tenía que haber sido asumido con prioridad por Naciones Unidas era precisamente la reforma del sistema judicial y su correspondiente dotación de recursos y personal. Analizando lo ocurrido con el sistema de justicia y su estrepitoso fracaso, no nos queda otra opción que afirmar que Naciones Unidas desaprovechó la posibilidad de aportar prestigiosos jueces en derecho islámico, organizar centros de formación y proporcionar los recursos necesarios para solucionar el caos organizativo en el que el sector judicial había llegado a 2002, después de un régimen talibán que lo denostó y sólo utilizaba su propio sistema basado en los mulás de las comunidades locales. Este grave error fue aprovechado por los neotalibanes para ofrecer una campaña de buena gobernanza basada en el sistema judicial, pues el que había era inexistente en muchos territorios del país o, donde existía, era completamente corrupto y al servicio de los reeditados caudillos locales.

Sobre el desarrollo económico, se han expuesto las grandes carencias de cómo un sistema neoliberal de libre mercado ha resultado inadecuado para la reconstrucción de un país fallido, ya que no ha sido capaz de romper con la economía predatoria típica de los periodos de guerra y, en su lugar, ha empoderado a las nuevas élites políticas que se han hecho también con el poder económico, lo que ha facilitado el establecimiento de un sistema cleptocrático. Mientras tanto, la población seguía con un 40 % de ella bajo el riesgo de inseguridad alimentaria (2014), lo que suponía sólo cuatro puntos por debajo de 2004, pero con un aumento de más de dos millones de personas afectadas por el incremento total de la población, y con una tasa de desempleo de aproximadamente el

---

[218] Agreement on Provisional Arrangements…, par. III.C.5, Bonn, 05.12.2001.
[219] *Ibidem,* Annex III, art.3.

50 % de su población activa. De nuevo, Naciones Unidas era quien ostentaba el liderazgo en este sector y, a la vista de los resultados, podemos y debemos cuestionar si posee las capacidades adecuadas para liderar este tipo de desafíos económicos o, quizás, hubiera sido más idóneo encargárselo a otra organización multinacional.

Sobre la gobernanza política, Naciones Unidas ha vuelto a caer en el mismo error cometido en la década de los noventa, en la que consideraba como único requisito para el establecimiento de un sistema democrático la celebración de elecciones libres y suficientemente transparentes, junto a la constitución de un gobierno nacional. Así se redactó el Acuerdo de Bonn[220] y no se estableció ninguna otra condición para la gobernanza política. Conocemos de las posiciones enfrentadas entre Estados Unidos y los países de la Unión Europea, el primero a favor de un Estado centralista y el segundo a favor de un sistema parlamentario con delegación de poderes en las regiones —Alemania llegaría a proponer un sistema federal—. Más allá del debate sobre cuales han de ser las condiciones mínimas para considerar un sistema de gobierno democrático, parece claro que en una sociedad como la afgana, donde el 74 % de la población sigue dependiendo de un sistema económico rural y con la mayoría de sus comunidades aisladas de las grandes municipalidades, la democracia exige la participación ciudadana en el gobierno de los asuntos públicos de esas comunidades locales, así como poder ejercer el derecho de elección de sus representantes y el control de sus propios órganos de gobierno. Estimamos que es tiempo para que Naciones Unidas modifique sus criterios de construcción de una democracia e incluya como imprescindible el establecimiento de órganos democráticos de gobierno, desde el nivel local al nivel nacional, comenzado por municipios y distritos.

Estados Unidos y la OTAN

Durante la elaboración y firma del Pacto por Afganistán, fue Reino Unido quien asumió el protagonismo en su elaboración y acuerdo político. Conocemos que en él se pasó desde una asignación de responsabilidades por países a una distribución entre organizaciones multinacionales, de manera que la seguridad quedaba oficialmente a cargo de la OTAN, mientras que la gobernanza y el desarrollo a cargo de Naciones Unidas. Fue en este periodo cuando surgieron las importantes fricciones entre Estados Unidos y el resto de aliados, en cuanto al tipo de estrategia militar: el primero impulsando y aplicando con sus tropas una estrategia de lucha contrainsurgente, junto a sus socios incondicionales en las operaciones militares (Reino Unido, Canadá y Australia); por otro lado, los países europeos continentales que impulsaban una estrategia de estabilización para facilitar el pilar de desarrollo, pero sin inmiscuirse en el apoyo militar a la gobernanza. Este

---

[220] *Ibidem*, art. I.4.

enfrentamiento conceptual fue motivo de no pocas fricciones sobre el terreno: *caveats* diferentes de cada país, que condicionaban el empleo de sus unidades, y diferentes misiones para cada una de ellas.

Este desacuerdo finalizó con la implantación de la doctrina de contrainsurgencia para toda la OTAN, pero con diferentes versiones según qué país —reflejado en la continuidad de los numerosos *caveats*—. De igual manera y con respecto a la formación de la policía, acabaron imponiéndose dos versiones diferentes sobre cómo tendría que ser el futuro cuerpo nacional de policía: una liderada por Estados Unidos, como policía con misiones de combate; otra defendida por los países europeos continentales y encabezada por Alemania, que pretendía una policía focalizada en la implementación del Estado de derecho. El resultado fue que, hasta finales de 2009, no se estableció un mando conjunto de la OTAN para adiestramiento de fuerzas militares y policiales afganas —siete años después de lanzarse la operación—.

Todo ello provocó una serie de consecuencias en el plano militar que podemos resumir en las siguientes:

i. El hecho de que se simultanease una campaña contraterrorista con otra de asistencia a la seguridad, en una operación de reconstrucción nacional como la afgana, provocó que el nivel de violencia no hiciera más que aumentar, como consecuencia de las acciones de caza y captura de talibanes y sus correspondientes acciones de reacción. A ello se unieron otros dos factores: uno extrínseco constituido por la negativa inicial a ofrecer la más mínima posibilidad de reconciliación nacional; y otro intrínseco a la cultura afgana, que es su extremo sentido del honor que les obliga a vengar cualquier daño producido a un miembro de su clan o tribu.

ii. En una operación con tal cantidad de actores intervinientes, se prestó la debida atención a que los diferentes objetivos civiles y militares no se obstaculizasen mutuamente. No se puede pretender la creación de un entorno seguro para el desarrollo económico y la buena gobernanza, así como la reintegración de excombatientes, al mismo tiempo que se lleva adelante una intensa campaña de eliminación o detención de elementos opositores al régimen. Es por lo tanto fundamental que las estrategias militares no se opongan al objetivo político de la campaña. Este ha de estar claramente definido y se deben evitar aquellos objetivos que lo dificulten por muy atrayentes que sean a algún sector de los países componentes de la coalición.

iii. La estrategia de despliegue denominada *huella ligera* provocó una falta de fuerzas militares internacionales durante los primeros años de la intervención, lo que a su vez propició la asignación de la seguridad en las provincias a unas milicias afganas que eran las mismas que habían fragmentado el Estado sólo unos años antes. Pero esta colusión de las fuerzas internacionales con los comandantes muyahidines no fue la única, ya que el propio Hamid Karzai hizo lo mismo al designar como gobernadores y jefes de policía a los excomandantes muyahidines, posiblemente porque no le quedase otra alternativa ante lo que veía hacer por parte de Estados Unidos y sus aliados.

iv. El principal obstáculo para una estrategia militar comprensiva entre la OTAN y Estados Unidos fue la falta de acuerdo sobre las prioridades a la hora de aplicar el esfuerzo para conseguir la situación final deseada. Mientras que Estados Unidos propugnaba una estrategia contrainsurgente, en la que el esfuerzo en los pilares de gobernanza y desarrollo eran complementarios al securitario, la OTAN propugnaba una estrategia de estabilización en la que los esfuerzos en gobernanza y desarrollo eran la pieza clave para conseguir el apoyo de la población.

v. A lo largo de 2009, se produjo la denominada *oleada* y se cometió un gran error de diseño de la campaña al marcar un tiempo de finalización. Los defensores de este diseño argumentaron que se hizo así para forzar al Gobierno de Karzai a reaccionar ante un final anunciado de la presencia militar, cosa que después no se pudo cumplir y la continuidad de la misión de combate, si bien muy reducida, se enmascararía bajo una misión de la OTAN de entrenamiento y asesoramiento, y otra estadounidense de combate. Pero el mayor error fue diseñar una campaña con dos actores sobre los que se quería actuar simultáneamente y por un tiempo limitado: el talibán, al que se le quería vencer militarmente; y el Gobierno de Karzai, al que se le quería forzar a tomar decisiones que de otra manera no hacía. Al pretender cubrir ambos, los dos destinatarios de la presión a ejercer, una política y otra militar, salieron vencedores, pues ambos aprovecharon la falta de consistencia del esfuerzo para sacar ganancias. Los Talibán porque sabían que lo único que tenían que hacer era resistir hasta la llegada de la fecha del repliegue. El presidente Karzai porque el incremento de tropas y ayuda económica le sirvió para seguir alimentado y manteniendo unas estructuras de poder clientelistas, hasta el final de su mandato presidencial. En resumen, el cambio de estrategia de huella ligera a huella profunda llegó demasiado tarde y limitado en el tiempo, además de haber errado el objetivo estratégico sobre el que ejercer el esfuerzo.

vi. Por último, sólo queda subrayar el presupuesto de que si la estrategia de intervención en un país fallido pretende cubrir más allá de la reconstrucción de las instituciones estatales y alcanzar a ser una verdadera reconstrucción nacional, que conlleve la implantación de valores democráticos, transparencia en la gobernanza y derechos humanos —como es lo deseable—, habremos de admitir que su plazo de ejecución conllevará periodos muchos más largos, quizás más de una generación. Es por ello por lo que es imprescindible repensar este tipo de intervenciones, planteando estrategias acordes con las realidades sociales preexistentes en el país anfitrión, y definiendo objetivos y una situación final deseada que sean alcanzables.

LA GEOPOLÍTICA REGIONAL Y SUS CONSECUENCIAS

En el análisis realizado sobre las dinámicas geopolíticas regionales se ha expuesto como elemento determinante la continua injerencia pakistaní en la gobernanza interna afgana, consecuencia directa de su enfrentamiento con India y su propia debilidad interna. A lo que se une su estrategia de fortalecimiento nacional sobre una identidad religiosa excluyente, lo que le ha llevado al aumento de partidos islámicos rigoristas y al uso encubierto de la violencia llevada a cabo por sus sectores más extremistas, en beneficio de los intereses nacionales.

Pakistán es el actor principal regional en lo que concierne a cualquier posibilidad de pacificación y estabilidad de Afganistán. Las pruebas sobre la implicación de las autoridades pakistaníes en la organización y mantenimiento activo de grupos terroristas son intensas y evidentes, tal y como se ha detallado en los capítulos sobre la insurgencia. Pakistán apoyó de manera directa la formación de las guerrillas muyahidines que lucharon contra el gobierno comunista afgano y las unidades soviéticas, posteriormente prestó un apoyo esencial para la formación del Movimiento Talibán y, desde 2003, al resurgimiento de este movimiento, con el objetivo de bloquear cualquier posibilidad de establecimiento de un gobierno en Kabul que no se mostrase colaborador con ellos.

Es precisamente en este nivel regional donde el fracaso de las estrategias internacionales se ha hecho más evidente, pues Pakistán jamás ha sido un aliado o socio sincero en la reconstrucción del país afgano, a pesar de los millones de dólares que ha invertido en infraestructuras en su provincias del sureste. Por mucha cantidad a la que asciendan sus donaciones en ayuda humanitaria y en proyectos de desarrollo, este apoyo a las comunidades pastunes sólo ha constituido una estrategia complementaria de su verdadero objetivo estratégico que es el de ser el elemento determinante en la formación de cualquier futuro gobierno. La competitividad entre el gobierno pakistaní y la coalición internacional llegó a unos niveles que incluso provocaron combates entre sus unidades militares en el campo táctico. Nunca se consiguió la implicación sincera de Pakistán, ni el abandono de su esencial y continuo apoyo a la creación y sostenimiento del Movimiento Talibán. Las posibilidades del resurgimiento del Movimiento Talibán sin el apoyo pakistaní hubieran disminuido en más de un 300 %, lo que prácticamente hubiera supuesto su derrota.

Se estima determinante que, en caso de injerencia exterior por parte de alguno de los países vecinos —como ha sido el presente caso—, la presión que pueda ejercer la comunidad internacional ha de ser la suficiente para provocar el necesario cambio de estrategias geopolíticas regionales. En relación con este punto, se presenta la Figura 10 en la que se pretende poner en valor el balance de fuerzas que habrá de existir entre las que se ejerzan sobre los actores regionales hasta conseguir su colaboración, y las que se ejerzan sobre los actores internos para que faciliten el desarrollo de la reconstrucción nacional. Si esto no se consigue, las acciones interiores que se acometan serán neutralizadas por los actores regionales. Tal y como ha sucedido en el caso estudiado.

Figura 10. Grupos de actores intervinientes y balance de fuerzas a ejercer.

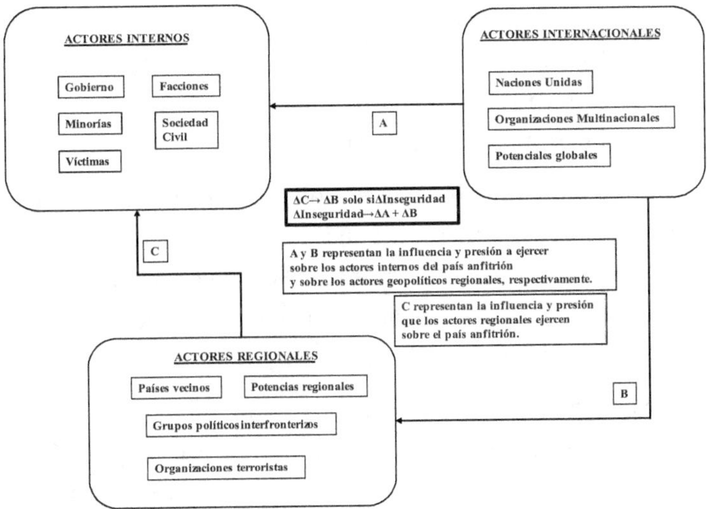

Fuente: elaboración propia.

LA IMPOSICIÓN DE UN MODELO DE ESTADO ALEJADO DE LA GOBERNANZA LOCAL

En lugar de un Estado centralista con un sistema único de gobernanza, la historia demuestra que el Estado moderno afgano siempre ha contado con un sistema dual. El gobierno de las tribus y comunidades locales se hizo por medio de las élites leales al monarca, pero al mismo tiempo existía un sistema de gobernanza directa sobre el ciudadano ejercida a través del sistema judicial. Manteniendo este sistema de gobernanza dual, se deberían haber establecido los nuevos órganos de participación ciudadana y control democrático de las instituciones de gobierno. Con algunas modificaciones en la Constitución de 2004 habría sido posible establecer la figura de un primer ministro, responsable ante el Parlamento junto con los miembros de su gabinete, al mismo tiempo que se hubieran distribuido claramente las competencias y responsabilidades entre jefe del Estado y primer ministro. Junto a ello, se deberían haber establecido los órganos de control y gobernanza en el nivel local y provincial, tal y cómo venían recogidos en la

Constitución. La situación de autoritarismo en el nivel local (provincial, distrito y municipalidad) vivida durante las dos décadas democráticas ha sido uno de los factores determinantes para el resurgimiento de la insurgencia, junto a un sistema judicial ineficaz y corrupto.

La comunidad internacional no llegó a comprender el nivel de descentralización con el que tradicionalmente se ha ejercido el poder en Afganistán, teniendo presente que aquellas pocas funciones que se reservaba el jefe del Estado eran ejercidas con autoritarismo extremo. Esto no se supo entender y no se ejerció la suficiente presión para que esta estructura en el nivel local quedase establecida. Una de las mayores paradojas de la intervención internacional ha sido la imposición de una hoja de ruta que acababa en la elección de un Parlamento nacional, sin tener en cuenta que no se exigía órgano alguno de participación ciudadana en el nivel provincial y de distrito —los únicos órganos elegidos democráticamente fueron los consejos provinciales, pero sin ninguna capacidad de control sobre la economía o la gobernanza política—.

A la vista de los hechos descritos en los capítulos correspondientes a gobernanza y legitimidad no parece descabellado afirmar que el acuerdo alcanzado en Bonn no facilitó la implantación de una democracia real en Afganistán. Fueron precisamente los errores de diseño de la hoja de ruta los que propiciaron una situación política y social que llegó a hacer imposible el éxito de la misión.

Ante la situación descrita, Hamid Karzai, como primer presidente de la recién estrenada democracia afgana, tuvo la oportunidad histórica de convertirse en un gran líder, restableciendo las relaciones entre las propias tribus y de éstas con el poder central, haciendo uso de las inmensas prerrogativas con las que contó —no se puede olvidar que Hamid Karzai fue jefe de Estado desde el 5 de diciembre de 2001 y que hasta la elección del Parlamento en 2005, el Estado no contaba con órgano de control político alguno sobre su gestión—. Sin embargo, mostró una incapacidad personal y ambición de poder que sólo le permitieron crear su propia red clientelar, basada en los favores y la corrupción para mantenerla, dando al traste con cualquier posibilidad de reconciliación política. Una de las razones de mayor peso para bloquear cualquier posibilidad de participación democrática en la estructura de gobierno provincial y de distrito fue precisamente la necesidad de mantener en sus manos la designación de gobernadores y alcaldes de municipios, como manera de premiar y recompensar el apoyo que recibía de sus seguidores.

EL EMPODERAMIENTO DE LOS EXCOMANDANTES MUYAHIDINES

Es posible afirmar que fue un error pretender restaurar un orden tribal mediante la restauración de las élites muyahidines, pues fueron estas mismas élites las que, anteriormente, habían provocado la situación de caos entre las propias comunidades pastunes que provocó el surgimiento del Movimiento Talibán. De esta manera se estuvo aislando y negando el acceso a las instituciones de poder político a cuatro importantes sectores de la población: los comunistas, antiguos *khalqis* y *parchamis*; los monárquicos y moderados socialdemócratas; los tradicionalistas de Mahaz-e Milli; así como a los fundamentalistas seguidores del extinto Harakat-e Inqilab. Todo ello en beneficio de los *tanzim* de los excomandantes de la Shura-e Nazar, pues hablar de los islamistas de Jamiat-e Islami es un error, porque figuras como el propio Burhanuddin Rabbani fueron apartadas del posterior reparto del poder.

No achacamos esta decisión al desconocimiento, sino a la necesidad de seguir manteniendo a los socios escogidos en octubre de 2001 para el derrocamiento del régimen talibán. Consecuencia de haber optado por la estrategia de huella ligera, a sabiendas de que la necesidad de fuerzas para el mantenimiento de un orden público ajustado al Estado derecho sería una tarea que exigiría una gran cantidad de soldados. Unidades que los aliados europeos sí estuvieron dispuestos a proporcionar, pero que Estados Unidos no aceptó, en busca de una mayor autonomía para llevar a cabo sus operaciones militares contra Al Qaeda y los talibanes. Es así como la estrategia militar de huella ligera llevó a una estrategia política de apoyo a los socios elegidos para el campo de batalla, ya que se necesitaban sus milicias para imponer un cierto orden en las provincias, lo que supuso un nuevo orden social del bando vencedor sobre el vencido, sin acuerdo de paz alguno y con una guerra que continuaba ininterrumpidamente. Todo ello dio lugar a una oposición política que, tanto el presidente Karzai como sus socios de la Shura-e Nazar, negaron de forma repetida y la denominaron como «insurgencia terrorista al régimen democrático», al objeto de que fuera perseguida y eliminada, propiciando la confusión ocurrida en las opiniones públicas occidentales al igualar el terrorismo internacional de Al Qaeda con el terrorismo nacional de los neotalibanes.

Esta situación se perpetuaría, desde el momento que estos excomandantes coparon los cargos de gobernadores, jefes de policía y jefes de guarnición militar en provincias y distritos, lo que llevó a su empoderamiento económico y social, y a la persecución y hostigamiento de sus antiguos opositores en el campo de batalla. Esta situación provocó un estado permanente de abuso de poder y hostigamiento sobre comunidades pastunes enteras, sólo por el hecho de que habían apoyado al bando vencido. Estados Unidos fue cooperador necesario en este estado de cosas, ya que se encargó de perseguir, detener o eliminar a todo aquel marcado como colaborador de los talibanes, por parte precisamente de los nuevos gobernadores y jefes de policía.

Junto a este empoderamiento en la gobernanza política, se produjo su reflejo en el sistema económico, ya que fueron los miembros de esta élite política los que recibieron los contratos de servicios logísticos y de seguridad privada que las fuerzas internacionales ofrecían. El empoderamiento económico resultante se debió no sólo a estos megacontratos, sino que continuaron controlando el negocio del narcotráfico, además de implicarse en el cultivo.

LA DECISIÓN DE BLOQUEAR LA RECONCILIACIÓN NACIONAL HASTA 2011

Resulta significativo comprobar que, en el Acuerdo de Bonn de 2001, la palabra democracia sólo es citada una vez y lo es en su preámbulo, donde se habla de la participación de los diferentes grupos étnicos y comunidades religiosas y de unas futuras elecciones para elegir un gobierno nacional, pero no se establece ningún otro requisito para la futura democracia afgana. El hecho de que el acuerdo sólo hablase de «comunidades étnicas y religiosas[221]» en lo referente a la diversidad social afgana y su necesidad de representación en las futuras instituciones de gobierno, además de un «número significativo de mujeres[222]», presuponía que la sociedad afgana era un terreno político baldío, precisamente lo contrario a lo que la historia reciente demostraba, debido a la gran diversidad de movimientos políticos existentes. Con ocasión de la aprobación de la Constitución en 2004, y a pesar de que prohibía expresamente aquellos partidos que propugnasen la división social basándose en la religión, tribu o la lengua[223], lo cierto es que el desarrollo que se hizo en la ley de partidos dejó reducidas estas causas a una sola sobre la violencia. Y en ella se basaron para prohibir de manera sistemática al partido clerical Khuddam ul-Forqan, partido que intentaba recoger el testigo de aquellos clérigos seguidores del Emirato y más tarde desencantados con él.

El hecho de que los neotalibanes hayan sido capaces de ofrecer una alternativa de gobernanza creíble, más allá de su sobrada resiliencia en combate, unido a que la comunidad internacional no ha sido capaz de articular un argumentario para justificar el cambio de estrategia llevado a cabo en 2010 —por la que se pasaría de obviarlos y considerarlos una minoría sin apoyo social, a combatirlos con denuedo y posteriormente a reconocerlos como un interlocutor político legítimo—, afianzó la posición de los primeros como alternativa de gobierno. Esta decisión se tenía que haber tomado antes de que los neotalibanes se organizarán como una eficaz fuerza guerrillera —tal y como la cúpula militar estadounidense había propuesto al presidente Bush en 2006—, lo que, unido a su demostrada capacidad de gobernanza, los convirtió en la mayor fuerza política nacional, a pesar de su ilegalidad. En 2013, un tercio de la población apoyaba al Movimiento Talibán y dos tercios se mostraban a favor de un acuerdo con ellos. Con el paso de los años, esta cifra no hizo más que aumentar.

---

[221] *Ibidem,* art. V.4.
[222] *Ibidem,* art. IV.3.
[223] The Constitution of…, art. 35, 26.01.2004.

Lo cierto es que el renovado Movimiento Talibán, gracias a los errores cometidos por sus propios compatriotas afganos en el poder y los cometidos por la comunidad internacional, al bloquear cualquier iniciativa de reconciliación cuando todavía se estaba a tiempo para ello, consiguió posicionarse como la más potente fuerza política afgana, a pesar de encontrarse combatiendo por conseguir el poder desde la ilegalidad de las trincheras. En 2004, casi el 90 % de la población apoyaba el derrocamiento del Emirato y la presencia de las fuerzas internacionales, llegando a alcanzar el 93 % en la provincia de Kandahar. En 2019, el porcentaje de población a favor de negociar la paz con los neotalibanes e integrarlos en el gobierno era del 88,5 % (Asia Foundation, 2019: 25).

Junto a la resiliencia del movimiento, ha sido sorprendente la capacidad que ha demostrado para implantar un modelo de gobernanza basado en el sistema judicial, quizás conocedores de que la injusticia en la aplicación de las leyes ha sido la principal carencia de la población. Al mismo tiempo, fueron capaces de mostrar que los jueces y gobernadores talibanes no se dejaban amedrentar por los poderosos, ni tampoco tenían especial ambición personal —ambas cosas consideradas prohibidas en el *ethos* del buen muyahidín, lo que les hace ser inflexibles con los poderosos—.

Por otro lado, tal y como se ha expuesto en los capítulos dedicados a la insurgencia, todo parece indicar que los neotalibanes fueron capaces de suavizar el rigorismo de su mensaje, de manera que se presentaron con unas formas externas menos rigoristas y brutales, pero teniendo en cuenta que esa evolución no ha relajado sus creencias salafistas, sino más bien las ha radicalizado todavía más en el plano conceptual y dogmático[224].

CONSIDERACIONES FINALES

Por último y como parte de estas lecciones para retener, se señalan las siguientes:

i. Cuando la guerra presenta las condiciones para ser considerada como una guerra civil y ésta finaliza con la rendición de uno de los bandos combatientes, es imprescindible llegar a pactar los términos de la rendición, como condición necesaria para establecer las bases sobre las que comenzar la reconstrucción nacional, sin pretender llegar nunca a la aniquilación física del bando contrario. Este acuerdo de paz ha de ser considerado la base sobre la que comenzar la verdadera operación de reconstrucción nacional, creando el espacio necesario para que todas las opciones políticas que respeten los derechos humanos y los principios democráticos tengan cabida.

---

[224] Desgraciadamente, en estas últimas fechas estamos viendo en los medios de prensa cómo sus métodos de castigo y represión continúan siendo los mismos que emplearon durante el periodo 1996-2001 (Hurtado, 2021).

ii. Al objeto de evitar los probables abusos de poder par parte del bando vencedor, se debe establecer una fuerza de imposición de la paz en cantidad suficiente para asegurarse de que aquellos no se cometan.

iii. A objeto de facilitar una justicia transicional y de que todos aquellos que hayan cometido crímenes de guerra, sin importar el bando al que pertenezcan, rindan cuentas por sus acciones, se han de establecer los necesarios tribunales internacionales de justicia.

iv. En un escenario de guerra civil donde se ha llevado a cabo una guerra por delegación, es imprescindible que el esfuerzo de imposición de la paz se haga sobre las potencias extranjeras que impulsan y alimentan los bandos enfrentados. En caso contrario, cualquier acción que se acometa directamente sobre los contendientes estará abocada al fracaso, ya que no se actuará sobre las causas profundas del conflicto.

v. Se ha puesto en evidencia que es necesario comenzar de abajo hacia arriba, restableciendo la buena gobernanza y el Estado de derecho en las comunidades locales, usando para ello las instituciones tradicionales convenientemente reformadas para que cumplan con unos mínimos democráticos y de respeto de los derechos humanos. En una segunda fase, se deberán acometer las reformas institucionales en el nivel central para asegurar la sostenibilidad jurídica del sistema.

El caso afgano ha vuelto a poner en entredicho el tipo de hojas de ruta para el establecimiento de sistemas de gobierno democráticos que Naciones Unidas popularizó en la década de los noventa y ha vuelto a emplear en esta ocasión: el inicio de la construcción desde las instituciones estatales centrales.

vi. Un aspecto esencial para diseñar las reformas de los sectores de seguridad y gobernanza es la necesaria comprensión del entorno social y político en el que nos movemos. No se debe caer en la tentación de pensar que el hecho de que un país esté físicamente destruido y sin instituciones gubernamentales reconocibles suponga que no existan instituciones informales de toma de decisiones según sus propias tradiciones e historia. Es imprescindible conocerlas e integrarlas, en la medida de lo posible, en las nuevas instituciones que se estén creando. Hacer lo contrario provocará el seguro rechazo de la población ante lo que se considerará una imposición extranjera.

vii. La Reforma del Sector de Seguridad (SSR) debe ser acometida como una parte de la reforma del sector de gobernanza, pero sin embargo se constata que normalmente aquellos programas se dejan fuera de este último. Esta disociación ha provocado la atrofia del sector de gobernanza y Estado de derecho. Al objeto de evitar esta situación, se propone que, en lugar de la clásica organización en pilares del proceso de reconstrucción de las instituciones estatales —seguridad, gobernanza y desarrollo—, se reconfigure un primer pilar de gobernanza y seguridad, un segundo pilar de desarrollo institucional y Estado de derecho, y un tercer pilar de desarrollo económico y social. De esta manera, se evitaría que el adecuado desarrollo de las instituciones de gobernanza y Estado de derecho pudiese quedar difuminado dentro de las de seguridad, tal y como ha ocurrido en el caso afgano.

Figura 11. Propuesta de nueva reconfiguración de sectores funcionales en operaciones de reconstrucción nacional.

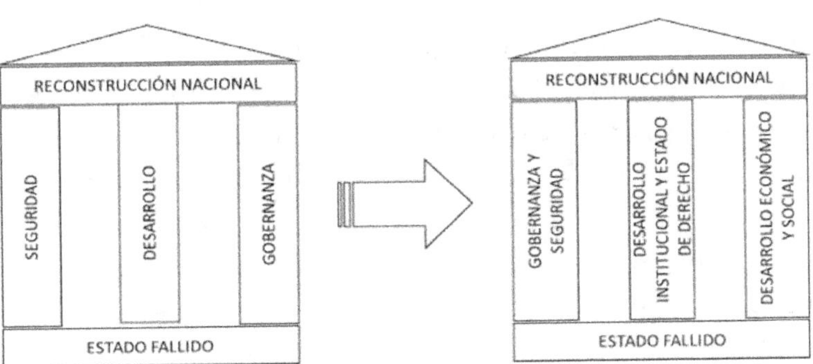

Fuente: elaboración propia.

viii. La inversión económica ha de realizarse priorizando proyectos nacionales, a medio y largo plazo. El procedimiento utilizado en este caso ha priorizado la consecución de resultados inmediatos en desarrollo y seguridad, en detrimento de una estabilidad y desarrollo a medio y largo plazo, lo que ha provocado un aumento de la inestabilidad en gran cantidad de zonas y la deslegitimización de la propia Administración afgana.

ix. En escenarios de reconstrucción donde se inyectan grandes cantidades de dinero por parte de la comunidad internacional, es necesario establecer organismos internacionales que hagan un seguimiento cercano del sistema económico, al objeto de evitar el surgimiento de modelos cleptocráticos que impidan un desarrollo económico equilibrado y justo.

x. Por último, la toma de decisiones políticas por parte de las potencias intervinientes siguiendo sus propias agendas nacionales, sin sopesar adecuadamente los condicionantes que la cultura y las tradiciones autóctonas imponen, ha provocado el desdeño de las causas primigenias del conflicto. Esto ha impedido el apoyo a las opciones políticas más moderadas de entre las posibles y, a la postre, provocó una nueva polarización que supuso el retorno a la situación de guerra civil de la década de los noventa.

La decisión de elaboración definitiva de este texto comenzó precisamente durante las dos últimas semanas de agosto, siguiendo por los medios de prensa el colapso de todas las instituciones estatales afganas. Los que hemos seguido de cerca la construcción del único régimen democrático en la historia del país, sabíamos de sus debilidades y de sus vicios ocultos que hacían de él un régimen fallido, a no ser por el apoyo incondicional de la comunidad internacional. En cualquier caso, su colapso ha sido tan rápido que ni tan si quiera esperó a la salida de las pocas tropas internacionales que le daban una falsa legitimidad.

Es de desear que las conclusiones que en los apartados anteriores se han presentado sean leídas con detenimiento al objeto de que, en un futuro, nuestros líderes políticos sean capaces de establecer objetivos realistas, acordes con la voluntad y medios comprometidos, y teniendo siempre presente la realidad social de las sociedades a reconstruir. A ello se le habrá de sumar la valentía necesaria para determinar las estrategias políticas requeridas, tanto en el nivel regional como en el propio país anfitrión y en nuestras agendas nacionales, para alcanzar una paz social justa, requisito indispensable para que cualquier avance que se haga pueda quedar consolidado.

APÉNDICE

LAS PRINCIPALES ORGANIZACIONES Y LÍDERES AFGANOS

Abdullah, Abdullah: Antiguo miembro de Jamiat-e Islami, posteriormente fue jefe de gabinete de Ahmad Shah Massoud cuando lideraba la Shura-e Nazar. Participó como uno de los representantes de la Alianza del Norte que firmaron el Acuerdo de Bonn en 2001. Posteriormente sería designado ministro de Asuntos Exteriores por Hamid Karzai. En 2005 renunció a su cargo por desavenencias con el presidente Karzai y, desde las elecciones de 2009, fue el permanente candidato presidencial. Entre 2014 y 2020 desempeñó el cargo de jefe ejecutivo del gobierno, y entre 2020 y 2021 desempeñaría el cargo de jefe del Alto Consejo para la Reconciliación Nacional.

Akhund, Rabbani (mulá): Uno de los líderes fundadores del Movimiento Talibán, llegó a ser segundo en la línea jerárquico del Emirato tras el mulá Omar y primer ministro. Representaba el ala moderada del movimiento y fallecería de muerte natural en la primavera de 2001.

Rahbari Shura: Consejo Supremo del Movimiento Talibán, ubicado durante todo el periodo de la lucha insurgente en la ciudad pakistaní de Quetta.

Akhunzada, Haibatullah (ulema): Actual líder supremo del Movimiento Talibán y jefe de Estado del Emirato de Afganistán. Anteriormente fue segundo emir del movimiento, junto a Serajuddin Haqqani con ocasión del liderazgo de Akhtar M. Mansur. Durante la década de los noventa, ocupó el cargo de jefe del sistema de tribunales talibanes, puesto en el que ganaría su reconocido prestigio por sus fetuas. Es un hermeneuta islámico y jamás ha combatido.

Al Zarqaui, Abu Musab: El taciturno muyahidín jordano que iniciaría sus actividades violentas en su tierra natal como Ahmad Fadil Nazal Al Khalayleh y que perfeccionaría su visión violenta, cruel y excluyente del islam en Afganistán, bajo su nuevo nombre Abu Musab Al Zarqaui. Llegaría a ser el fundador de Al Qaeda en la Tierra de los Dos Ríos. Falleció abatido en junio de 2006 en Irak.

Al Zawahiri, Ayman: El egipcio Ayman Al Zawahiri, antiguo líder de la Yihad Islámica Egipcia, que acabaría uniéndose a Al Qaeda y convirtiéndose en el segundo de su estructura de mando. Actualmente lidera Al Qaeda tras la muerte de Osama Ben Laden.

Alianza del Norte: Alianza política y militar formada en 1996 con objeto de expulsar de Kabul al Movimiento Talibán y formada por todos los partidos que se enfrentaron a los talibanes. Su nombre oficial fue Frente Unido Islámico Nacional para la Salvación de Afganistán y desparecería con la derrota de los talibanes en 2001.

Confederación Abdalí o Durrani: La confederación Abdali o Durrani, después de que el fundador del Estado afgano la rebautizase con este último nombre, está conformada por seis tribus: Popalzai, Barakzai y Alikozai que juntas conforman el grupo Zirak Durrani; y el grupo Panjpai Durrani, compuesto por los Noorzai, Ishakzai y Alizai. Más allá de la rivalidad consustancial a la competencia tribal, existe la reclamación histórica de este último grupo frente al primero, pues aquel ha sido el que tradicionalmente ha copado los puestos de poder del Estado.

Dostum, Abdul Rashid (general): Nacido en 1954 en la provincia de Jawzjan, Dostum se uniría al ejército afgano en 1980, en el marco del programa de milicias populares para combatir a los muyahidines. Ascendido a general por el presidente Najibullah, a comienzos de los noventa, cambiaría de bando en 1992 para unirse a los muyahidines, para luego envolverse de lleno al frente de sus tropas en la guerra civil entre facciones, como líder de la minoría uzbeca y el partido secular e izquierdista Junbesh-e Milli. Llegó a ser vicepresidente primero del gobierno durante el primer mandato presidencial de Ashraf Ghani.

Fahim, Qasim (general): El general Fahim alcanzó notoriedad como líder guerrillero durante la Guerra de Resistencia contra los soviéticos. Llegó a ser el segundo en la cadena de mando del conocido comandante Ahmad Massoud. Tras el asesinato de este último, se hizo cargo de la estructura militar de la Alianza del Norte, la conocida como Shura-e Nazar. Falleció de muerte natural, siendo vicepresidente al final de la segunda legislatura del presidente Karzai.

Gailani, Sayed Ahmed (Pir): líder de la orden sufí Qadiriyya establecida en Afganistán en 1905 cuando su padre y líder de la orden se desplazó desde Bagdad para su implantación. Pronto la familia Gailani recibió los favores del entonces emir Habibullah, recibiendo donaciones por parte del Estado en forma de bienes inmuebles. Ahmed Gailani se casó con una nieta del emir Habibullah, reforzando las relaciones de la orden con la familia real. Fundador del partido Mahaz-e Milli Afghanistan, que jugó un importante papel durante la Guerra de Resistencia, fue discriminado por el ISI e incluso sus líderes en Loya Kandahar sufrieron una campaña de acoso y asesinatos para evitar un posible acuerdo con el Gobierno de Najibullah, a finales de la década de los noventa.

Ghani, Ashraf: Economista y académico, iniciaría su carrera política en 2002 como ministro de Finanzas del gobierno de Afganistán. Tras su dimisión en 2004, pasó a ser rector de la Universidad de Kabul, presentándose en 2009 a las elecciones presidenciales. En 2014 fue elegido presidente, cargo que abandonó horas antes de la ocupación talibana de Kabul, huyendo del país.

Haq, Abdul: Natural de Nangahrar, era el comandante muyahidín con mayor prestigio de entre los pastunes que combatieron contra los talibanes durante la década de los noventa. Era el probable candidato a presidente interino tras el derrocamiento del régimen talibán en 2001, pero que murió en las proximidades de Kabul durante una incursión en octubre de ese año.

Haqqani, Jalaluddin (mulá): Pastún de la tribu Zadran, del distrito de Gerda Tserei, moriría en septiembre de 2018 tras una larga enfermedad. Recibió su educación en la conocida madrasa pakistaní de Dar ul-Ulum Haqqania (Akora Khattak, Peshawar). Tras el golpe de Estado de Daud Khan se estableció en Miramshah, en donde recibió entrenamiento militar por el Cuerpo de Fronteras pakistaní.

Harakat-e Inqilab-e Islami: El Movimiento de la Revolución Islámica fue fundado bajo el liderazgo del ulema Nabi Mohammadi. Fue un partido islamista rigorista durante la Guerra de Resistencia que formó parte de la coalición los *Siete de Peshawar*.

Harakat-e Islami: Partido chií, encabezado por Asif Mohseni. Destacó por ser el partido que combatió con mayor intensidad contra los soviéticos, entre los numerosos partidos chiíes existentes en la década de los ochenta. Estaba formado por hazaras, qizilbash y pastunes chiíes.

Hekmatyar, Gulbuddin: Antiguo estudiante de la facultad de ingeniería y compañero de Ahmad Massoud, fue encarcelado por el asesinato de un compañero durante unos enfrentamientos estudiantiles entre partidos políticos. Provocó la escisión de Jamiat-e Islami, creando el partido Hezb-e Islami, más tarde denominado Hezb-e Islami Heckmatyar cuando el sector de clérigos se escindió bajo el liderazgo del mulá Yunus Khalis.

Hezb-e Islami Hekmatyar: Partido islamista rigorista que nació como escisión de Jamiat-e Islami y que fue liderado por Gulbuddin Hekmatyar.

Hezb-e Islami Khalis: movimiento de la Resistencia formado tras la escisión producida en Hezb-e Islami Hekmatyar por el abandono del *maulana* Yunus Khalis. Este junto con sus seguidores formaron un nuevo movimiento que no fue reconocido como partido político por Pakistán, por lo que la mayoría de sus partidarios se vieron forzados a alistarse a otros movimientos para recibir fondos y armas con los que combatir a los soviéticos —el partido que mayor número de estos miembros acogió fue Harakat-e Inqilab-e Islami—.

Hezb-e Wahdat: Partido político formado en 1989 con el apoyo del régimen iraní bajo el liderazgo de Abdul Ali Mazari. Su fundación supuso un claro avance en la unificación de los muchos movimientos chiíes afganos. Su base estuvo establecida en Bamiyan y a la muerte de su líder, se escindió en dos facciones: la principal liderada por Karim Khalili y la minoritaria liderada por Mohammad Akbari.

Ittihad-e Islami: La Unión Islámica era uno de los partidos que formaban parte de los *Siete de Peshawar*. Fue un partido fundamentalista rigorista dirigido por el salafista Abdur Rab-er-Rasul Sayyaf.

Jabha-e Motahid-e Milli: El partido Frente National Unido (UNF) fue fundado en 2002 por el expresidente Rabbani y estuvo compuesto por militares y políticos desencantados con el modelo de gobernanza y distribución del poder impuesto por Hamid Karzai. Junto con Nueva Democracia representó la oposición política democrática a Hamid Karzai y su alianza con la Shura-e Nazar.

Jabha-e Nejat-e Milli: Partido tradicionalista y monárquico que formó parte de los *Siete de Peshawar*. Fue dirigido por Sibghatullah Mojadidi, de la orden Naqshbandiyya, con mayor influencia entre la población urbana y con una posición muy conservadora.

Jamiat-e Islami: Partido islamista fundado en 1973 y que se oponía al comunismo. Tras la escisión Hezb-e Islami se convirtió en el ala moderada de los islamistas afganos.

Junbesh-e Milli: Partido secular y de izquierdas que aglutinaba a la etnia uzbeka, casi en su totalidad. Su líder y fundador fue Abdul Rashid Dostum.

Khan, Amanullah: Líder tribal pastún originario de la provincia de Herat que desafió con sus milicias a las de Ismail Kan por hacerse con el poder y los negocios ilícitos en Herat.

Khan, Ismail: Antiguo oficial del ejército afgano que con ocasión de la ocupación soviética pasó a engrosar las filas de la Resistencia. Tras la victoria muyahidín llegó a controlar las provincias de Badghis, Herat y Farah. Estuvo afiliado a Jamiat-e Islami aunque mantuvo una intensa competitividad con su dirección.

Khalili, Karim: Formó parte de las élites políticas hazaras que en 1989 formaron el partido Hezb-e Wahdat (Partido de la Unidad), para mejorar sus opciones de formar parte del gobierno muyahidín que se constituyó tras la caída del régimen comunista afgano. Tras el asesinato de Abdul Ali Mazari, líder del partido, en 1995, se produjo su escisión en dos ramas: la principal y sucesora de Mazari fue liderada por Karim Khalili, quien uniría fuerzas con Dostum; y la minoritaria liderada por Mohammad Akbari que se alineó con el profesor Rabbani. De 2002 a 2014 fue vicepresidente del Gobierno con Hamid Karzai. En 2017 fue nombrado jefe del Alto Consejo de la Paz hasta su disolución en 2019.

Khalis, Yunus (ulema): Clérigo fundamentalista deobandi tuvo que abandonar Afganistán en 1973, al mismo tiempo que los líderes de Jamiat-e Islami, perseguido por el régimen de Daud Khan. Con ocasión de la escisión de Jamiat-e Islami y la creación de Hezb-e Islami, abandonaría el primero, para poco más tarde, y debido a sus desavenencias con Heckmatyar, fundar su propio partido clerical Hezb-e Islami Khalis. Tras la caída del régimen comunista no fue capaz de llegar a acuerdos con Jamiat-e Islami, por lo que sus miembros permanecerían retirados de la política durante la presidencia de Rabbani. Su partido acogió a gran cantidad de desertores *khalqis* del ejército y en él militaron un gran número de importantes figuras talibanas —los mulás Omar, Jalaluddin Haqqani, Abdul Qadir...—. Tuvo gran influencia en las provincias de Nangarhar, Kunar, Kabul, Logar y Wardak.

Khuddam ul-Forqan: Uno de los más antiguos grupos islamistas de Afganistán. Los Siervos de la Providencia son un grupo de clérigos que datan de la década de los sesenta, bajo la influencia de la familia Mojadidi y su centro de estudios Noor ul-Madaris. Su finalidad principal fue contrarrestar la expansión de las ideas marxistas en auge en aquellos años. Fue la base para la posterior formación en 1978 de Harakat-e Inqilab-e Islami, bajo el liderazgo del ulema Nabi Mohammadi, como uno de los partidos islamistas que formaron el grupo denominado los *Siete de Peshawar*. Con motivo de la disolución de Harakat-e Inqilab en 1996, se incorporarían al Movimiento Talibán, pero conservando su propia estructura. Con ocasión de la caída del Emirato en 2001, una buena parte de sus líderes acordaron dejar la lucha armada y consiguieron establecerse en Kabul como asesores del presidente Karzai para la reconciliación talibana, pero no se les autorizó registrarse como partido político.

Lala, Haji: Hermano de Habibullah Jan, el líder tribal y comandante muyahidín que, según la leyenda, provocaría el alzamiento del mulá Omar en el año 1994 por el rapto y violación de dos jóvenes de su distrito. Haji Lala lograría escapar ante el avance talibán y en el año 2002 volvería a imponer su autoridad con el apoyo de las tropas estadounidenses.

Mahaz-e Milli-e Islami-e Afghanistan: El Frente Nacional Islámico de Afganistán estaba liderado por el ulema Sayed Ahmad Gailani de la orden Qadiriyya, con una gran presencia entre la población rural sureña. Formaba parte de la coalición los *Siete de Peshawar*.

Mohammadi, Nabi (mulá): un pastún de Logar que fue elegido parlamentario en 1964. Lideró a una parte importante del estamento clerical y fundaría Harakat-e Inqilab-e Islami, un partido político nacionalista religioso con profundas raíces en el islam *hanafí* propio de Afganistán, pero que, al mismo tiempo, abogaba por un incremento en las políticas sociales que aminorasen las grandes diferencias existentes entre clases sociales.

Mojadidi, Sibghatullah (ulema): Miembro de la poderosa familia Mojadidi que dirige la orden sufí Naqshbandiyya y dirige el centro de estudios islámicos Noor ul-Madaris en la provincia de Ghazni. Se le considera como el primer ulema afgano que comenzó la Guerra de Resistencia contra los soviéticos. Fundador de Jabha-e Nejat-e Milli (Frente de Salvación Nacional). Fue el primer presidente del Estado Islámico de Afganistán tras caída del régimen comunista. Posteriormente y ya en la época democrática, fue presidente de la Meshrano Jirga y del Alto Consejo de la Paz.

Nueva Democracia: Partido político registrado en la época democrática, de orientación moderada y promonárquica. Su líder fue el clérigo maestro de la orden Qadiriyya Sayed Ishaq Gailani. Aglutinaba a socialdemócratas, liberales y promonárquicos.

Omar Mujahid (mulá): Fundador del Movimiento Talibán y líder supremo hasta su muerte por casusas naturales en 2013. Dirigió la campaña militar que acabó imponiendo el Emirato en Afganistán en 1996. Desde ese año hasta diciembre de 2001 fue líder de la Shura Suprema y ocupó el cargo de jefe de Estado. Desde 2001 hasta su muerte vivió recluido y oculto en su distrito natal de la actual provincia de Uruzgan.

Qadir, Haji Abdul: Hermano mayor de Abdul Haq, durante la Guerra de Resistencia fue miembro de Hezb-e Islami Khalis. Con ocasión de la formación del gobierno muyahidín en 1992, desempeño el cargo de gobernador de Nangahrar y líder de la Shura del Este. Con motivo de la guerra contra los talibanes formó parte de la Alianza del Norte. En 2002 fue nombrado ministro de Obras Públicas y vicepresidente del gobierno transicional. Murió asesinado en julio de 2002.

Rabbani, Burhanuddin: Nacido en 1940 en Faizabad (Badakhshan) y muerto el 20 de septiembre 2011 en Kabul. Rabbani, un miembro de la minoría tayika asistió a una escuela religiosa en Kabul, estudió ley islámica y teología en la Universidad de Kabul y filosofía islámica en la Universidad Al Azhar de El Cairo. Adversario declarado de las reformas seculares del rey Zahir Shah, se convertiría en el máximo dirigente del partido islámico Jamiat-e Islami y llegó a dirigir una de las más potentes guerrillas de la Resistencia anticomunista (1979-1989). Fue el segundo presidente después de la caída del régimen de Najibullah y continuó en el poder ante la falta de estabilidad existente en el país, en especial en la capital. Durante su presidencia (1992-1996) impuso un estricto cumplimiento de las normas islámicas tradicionales. Se vio obligado a dejar la capital ante la ofensiva talibana, aunque conservó el reconocimiento internacional. En 2001 la coalición encabezada por Estados Unidos le forzó a renunciar a su condición de presidente en provecho de Hamid Karzai. A partir de 2010, encabezó el Alto Consejo de Paz con el cometido de llevar adelante las conversaciones de paz y reintegración de los talibanes. Fue asesinado en 2011 por un terrorista suicida que decía ser un emisario talibán.

Shura-e Nazar: El consejo de supervisión estaba formado por el núcleo duro de los comandantes guerrilleros pertenecientes a la Alianza del Norte. Su primer líder fue Ahmad Massoud hasta su asesinato el 9 de septiembre de 2001, momento en el que el liderazgo pasó a manos de su segundo, M. Qasim Fahim.

Siete de Peshawar: En 1980, los siete movimientos suníes, que luchaban contra el régimen comunista afgano y las tropas soviéticas que le apoyaban, se organizaron bajo la presión de Pakistán como la Alianza de los Muyahidines de Afganistán. Este grupo sería conocido como los *Siete de Peshawar* y el gobierno pakistaní no permitió la consolidación de ningún otro movimiento político de la Resistencia.

BIBLIOGRAFÍA Y PRINCIPALES FUENTES DOCUMENTALES

ABDUL-AHAD, G. (2009, 29 de septiembre). New evidence of widespread fraud in Afghanistan election uncovered. *The Guardian.* https://www.theguardian.com/world/2009/sep/18/afghanistan-election-fraud-evidence

ADILI, A. Y. Y BIJLERT, M. V. (2017). *Afghanistan's Incomplete New Electoral Law: Changes and Controversies.* Kabul (Afganistán): Afghanistan Analysts Network. https://www.afghanistan-analysts.org/afghanistans-incomplete-new-electoral-law-changes-and-controversies/

AFGHANIC E. V. (2002). *Afghanistan Fact Sheet.* http://afghanic.de/images/Whatiowhat/afghanenergy.pdf

AFGHANISTAN INDEPENDENT HUMAN RIGHTS COMMISSION (2005). *A Call for Justice: A National Consultation on past Human Rights Violations in Afghanistan.* https://www.refworld.org/docid/47fdfad50.html

AFGHANISTAN INTERIM ADMINISTRATION AUTHORITY (2002). *National Development Framework* (Draft Version 2). http://unpan1.un.org/intradoc/groups/public/documents/APCITY/UNPAN016262.pdf

— (2004). *Securing Afghanistan's Future:* Accomplishments and the Strategic Path Forward. https://reliefweb.int/report/afghanistan/securing-afghanistans-future-accomplishments-and-strategic-path-forward

AHMADI, M. A., MOHAMMADI, A. A. Y ERFANI, M. (2016). *Afghanistan's Constitution and Society in Transition,* Kabul: Afghan Institute for Strategic Studies, https://www.aiss.af/aiss/publication_list/policypapers/2

AHMED, H. Y STUART, H. (2009). *Hizb ut-Tahrir, Ideology and Strategy.* Londres (Reino Unido): The Center for Social Cohesion.

AL JAZEERA (2016, 22 de septiembre). Afghanistan: Hezb-i-Islami armed group signs peace deal, https://www.aljazeera.com/news/2016/09/gulbuddin-hekmatyar-group-signs-afghan-peace-deal-160922093420326.html

— (2017, 4 de mayo). Hekmatyar returns to Kabul after 20 years in hiding. *Al Jazeera.* https://www.aljazeera.com/news/2017/05/hekmatyar-returns-kabul-20-years-hiding-170504145123325.html

— (2018, 25 de octubre). Afghan Taliban Founder Mullah Baradar released by Pakistan. *Al Jazeera.* https://www.aljazeera.com/news/2018/10/25/afghan-taliban-founder-mullah-baradar-released-by-pakistan

ALLEN, J. (2010, 22 de junio). U.S. indirectly funding Afhghan warlords. *Reuters.* https://www.reuters.com/article/us-afghanistan-contract-warlords-idUSTRE65L0SK20100622

AMIN, A. H., OSINSKI, D. J. Y DEGEORGES, P. A. (2010). *The Development of Taliban Factions in Afghanistan and pakistan: A Geographical Account (February 2010).* Lewiston (Nueva York, EE. UU.): The Edwin Mellen Press.

AMNESTY INTERNATIONAL (2003). Afghanistan: Police Reconstruction Essential for Protection of Human Rights. *Amnesty International.* https://www.amnesty.org/en/documents/asa11/003/2003/en/

ANDREWS, C., MARABOLI, L., STANLEY, M., GREENISH, T., MAIRE, H., CHUNG, E. Y PARSONS, B. (2004). *World Bank Report No. 28231-AF: Afghanistan, mining as a source of growth,* http://documents.worldbank.org/curated/en/789431468326710565/Afghanistan-Mining-as-a-source-of-growth

ASESORÍA Y EMPRESA (2012). *Blanqueo de capitales: dinero negro, dinero gris y dinero sucio*, http://www.asesoriayempresas.es/articulo/JURIDICO/145030/blanqueo-de-capitales-distincion-entre-dinero-negro-dinero-gris-y-dinero-sucio

ASIA FOUNDATION (2006). *A Survey of the Afghan People: Afghanistan in 2006*. https://asiafoundation.org/publication/afghanistan-in-2006-a-survey-of-the-afghan-people/asiafoundation.org

— (2019). *A Survey of the Afghan People: Afghanistan in 2019*. https://asiafoundation.org/publication/afghanistan-in-2019-a-survey-of-the-afghan-people

ASIAN DEVELOPMENT BANK (2002). *Initial Country Strategy and Program (2002-2004) Afghanistan*. Mandaluyong: Asian Development Bank. https://www.adb.org/mn/projects/documents/mon-49278-001-pds

— (2003). *Key Indicators of Developing Asian and Pacific Countries 2003*. Mandaluyong: Asian Development Bank. https://www.adb.org/publications/key-indicators-developing-asian-and-pacific-countries-2003

— (2014). Framework of Inclusive Growth Indicators 2014. Mandaluyong: Asian Development Bank. https://www.adb.org/publications/framework-inclusive-growth-indicators-2014-key-indicators-asia-and-pacific

ATMAR, H. Y GOODHAND, J. (2002). *Aid, Conflict and Peacebuilding in Afghanistan: What Lessons Can Be Learned?*, Londres (Reino Unido): International Alert, https://www.international-alert.org/publications/aid-conflict-and-peacebuilding-afghanistan

AUERSWALD, D. P. Y SAIDEMAN, S. M. (2009). *NATO at war: Understanding the challenges of caveats in Afghanistan,* documento presentado en la conferencia annual de la American Political Science Association en Toronto (Canada), 2-5 de septiembre, https://www.researchgate.net/publication/228149034_Nato_at_War_Understanding_the_Challenges_of_Caveats_in_Afghanistan

AVILÉS FARRÉ, J. (2017). *Historia del terrorismo yihadista: de Al Qaeda al Daesh*, Madrid: Editorial Síntesis.

AZERBAIJANI-MOGHADDAM, S. (2009). Northen Exposure for the Taliban. En A. Giustozzi (ed.), *Decoding the New Taliban: Insights from the Afghan Field,* Londres (Reino Unido): C. Hurst & Co. Ltd., pp. 247-268.

BACZKO, A. (2016). Legal Rule and Tribal Politics: the US Army and the Taliban in Afghanistan (2001-13), *Development and Change,* 47 (6), pp. 1412-1433, DOI: 10.1111/dech.12276

BARFIELD, T. J. (2003). *Afghan Customary Law and Its Relationship to Formal Judicial Institutions*. Washington D. C. (Estados Unidos): United Institute for Peace, https://www.researchgate.net/publication/237668352_Afghan_Customary_Law_and_Its_Relationship_to_Formal_Judicial_Institutions

— (2008). The Roots of Failure in Afghanistan, *Current History,* 107 (713), pp. 410-417, https://www.researchgate.net/publication/298857359_The_Roots_of_Failure_in_Afghanistan

— (2010). *Afghanistan: a cultural and political history*, Princeton (Nueva Jersey, EE. UU.): Princeton University Press.

BASSIOUNI, M. C. Y ROTHENBERG, D. (2007). *An Assessment of Justice Sector and Rule of Law Reform in Afghanistan and the Need for a Comprehensive Plan*, Siracusa (Italia): Istituto Superiore Internazionale di Scienze Criminali.

BBC NEWS (2011, 22 de septiembre). US Admiral: «Haqqani is veritable arm of Pakistan's ISI», *BBC News*. https://www.bbc.com/news/av/world-us-canada-15026909/us-admiral-haqqani-is-veritable-arm-of-pakistan-s-isi

— (2015, 31 de agosto). Taliban admit covering up death of Mullah Omar. *BBC News*. https://www.bbc.com/news/world-asia-34105565

— (2016, 22 de mayo). Taliban leader Mullah Akhtar Mansur killed, Afghans confirm. *BBC News*. https://www.bbc.com/news/world-asia-36352559

BEALE, J. (2021, 13 de agosto). How the Taliban gained ground so quickle. *BBC News*. https://www.bbc.com/news/world-asia-58187410

BEATH, A., CHRISTIA, F. Y ENIKOLOPOV, R. (2017). Direct democracy and resource allocation: Experimental evidence from Afghanistan. *Journal of Development Economics*, 124 (April 2015), pp. 199-213, https://doi.org/10.1016/j.jdeveco.2016.10.001

BERENGUER LÓPEZ, F. (2016). El enfoque integral en la reconstrucción nacional de Estados y la legítima seguridad, *Revista del Instituto Español de Estudios Estratégicos,* 7, pp. 155-180, http://revista.ieee.es/index.php/ieee

— (2017). Las Estrategias Militares en Afganistán (2001-2014). F. S. Angió, J. Cuadrado, M. I. García García, L. González Piote, E. Maculan, M. Requena y Díez de Revenga y P. Vivas González (eds.), *Actas IX Jornadas de Estudios de Seguridad (IUGM)*. Madrid: Instituto Unniversitario General Gutiérrez Mellado. pp. 777-812.

— (2018). The Blunders in The Western Cross-Cutting Policies in Afghanistan: The Opium Economy as a Case of Study, *Revista UNISCI,* 47, pp. 177-208, http://dx.doi.org/10.31439/UNISCI-8

BERGEN, P. (2009). The Front. *The New Republic.* https://newrepublic.com/article/70376/the-front

BERTELSMANN STIFTUNG'S TRANSFORMATION INDEX (2016). BTI 2016: Afghanistan Country Report. Gütersloh (Alemania): Bertelsmann Stiftung.

BESANÇON, M. (2003). *World Peace Foundation Reports No. 36: Good Governance Rankings. The Art of Measurement*, Cambridge (Massachussets, EE. UU.): World Peace Foundation, https://www.researchgate.net/publication/242287099_Good_Governance_Rankings_The_Art_of_Measurement

BIDDLE, S., CHRISTIA, F. Y I, J. A. (2010). Defining Success in Afghanistan, *Foreign Affairs* (August), Nueva York (Nueva York, EE. UU.): Council on Foreign Relations, pp. 1-7, https://www.researchgate.net/publication/260470299_Defining_Success_in_Afghanistan_What_Can_the_United_States_Accept

BIJLERT, M. (2009a). *How to Win an Afghan Election Perceptions and Practices*. Kabul (Afganistán): Afghan Analysts Network. https://www.afghanistan-analysts.org/wp-content/uploads/downloads/2012/10/2009-AAN-MvB-Afghan-Election.pdf

— (2009b). Unruly Commanders and Violent Power Struggles. En A. Giustozzi (Ed.), *Decoding the New Taliban: Insights from the Afghan Field.* Londres (Reino Unido). C. Hurst & Co. Ltd. pp. 155-178.

— (2013). *Afghanistan's New Electoral Laws: Changes and red flags*. Kabul (Afganistán): Afghanistan Analysts Network. https://www.afghanistan-analysts.org/afghanistans-new-electoral-laws-changes-and-red-flags/

BISOGNO, E., ALVAZZI DEL FRATE, A. Y DAVIS, P. (2010). *Corruption in Afghanistan: Bribery as reported by the victims*, Kabul (Afganistán): United Nations Office on Drug and Crime, https://www.unodc.org/unodc/en/data-and-analysis/corruption-in-

Afghanistan.html

BJELICA, J. (2017). *An established industry – Basic facts about Afghanistan's opium-driven economy*, Kabul (Afganistán): Afghanistan Analysts Network, (January 2018), https://www.afghanistan-analysts.org/aan-qa-an-established-industry-basic-facts-about-afghanistans-opium-driven-economy/

BJORNLUND, E., COWAN, G. Y GALLERY, W. (2007). Election Systems and Political Parties in Post-Conflict and Fragile States, En D. W. Brinkerhoff (ed.), *Governance in Post-Conflict Societies: Rebuilding fragile states*, Abingdon (Reino Unido): Routledge, pp. 64-84,

BLAU, T. Y LISKEY, D. (2010). Analytics and Action in Afghanistan. *PRISM*, 1 (4), pp. 41-56, https://apps.dtic.mil/docs/citations/ADA536606

BOLGER, D. P. (2014). *Why we lost: a General's inside account of the Iraq and Afghanistan Wars,* Nueva York (EE. UU.): Houghton Mifflin Harcourt.

BOONE, J. (2011, 11 de junio). The financial scandal that broke Afghanistan´s Kabul Bank. *The Guardian*. https://www.theguardian.com/world/2011/jun/16/kabul-bank-afghanistan-financial-scandal

BOUTROS-GHALI, B. (1992). *Report of the Secretary General: An Agenda for Peace, Preventive diplomacy, peace making and peace-keeping.* https://www.un.org/ruleoflaw/blog/document/an-agenda-for-peace-preventive-diplomacy-peacemaking-and-peace-keeping-report-of-the-secretary-general/,

— (1996). *An Agenda for Democratization.* https://digitallibrary.un.org/search?ln=es&as=0&p=subjectheading:[Agenda+for+Democratization]

BRAHIMI, L. (2002). *Speech of the Special Representative of the Secretary-General for Afghanistan. Opening of 55th Annual DPI/NGO conference "Rebuilding Societies Emerging from Conflict: A Shared Responsibility".* https://www.wilsoncenter.org/event/rebuilding-societies-emerging-conflict-shared-responsibility

— (2007). *State Building in Crisis and Post-Conflict Countries.* Comunicación presentada en 7th Global Forum on Reinventing Government Building Trust in Government 26-29 June (Viena, Austria). https://www.google.com/url?sa=t&rct=j&q=&esrc=s&source=web&cd=1&ved=2ahUKEwitoM-P_PrkAhUkyoUKHZaOAIsQFjAAegQIAxAC&url=http%3A%2F%2Funpan1.un.org%2Fintradoc%2Fgroups%2Fpublic%2Fdocuments%2Fun%2Funpan026305.pdf&usg=AOvVaw12aAGLIkFtYGYh6QoyI0IV

BRANNEN, K. (2015, 30 de octubre). Cashing In on the Decision to Keep U.S. Troops in Afghanistan. *Foreign Policy*. https://foreignpolicy.com/2015/10/30/cashing-in-on-the-decision-to-keep-u-s-troops-in-afghanistan/

BROOKS, R. (2005). Failed States, or the State as Failure? *Georgetown Law Faculty Publications and Other Works*, 72 (4), pp. 1159-1196. https://scholarship.law.georgetown.edu/facpub/1108

BROWN, F. Z. (2012). *USIP Special Report No. 316: The U.S. Surge and Afghan Local Governance.* Washington D. C. (EE. UU.): United States Institute of Peace (USIP). https://www.usip.org/publications/2012/09/us-surge-and-afghan-local-governance

BUDDENBERG, D. (2016). *On the Cultural History of Opium and how poppy came to Afghanistan.* Kabul (Afganistán): Afghanistan Analysts Network. https://www.afghanistan-analysts.org/on-the-cultural-history-of-opium-and-how-poppycame-to-afghanistan/

BUDDENBERG, D. Y BYRD, W. A. (2006). *Afghanistan's Drug Industry: Structure, Functioning, Dynamics and Implications for Counter-Narcotics Policy*. Washington D. C. (EE. UU.): The World Bank. http://documents.worldbank.org/curated/en/151161467996726308/Afghanistans-drug-industry-structure-functioning-dynamics-and-implications-for-counter-narcotics-policy

BURKE, E. (2012).*: Why France is leaving Afghanistan*. Londres (Reino Unido): Centre for European Reform. https://www.cer.eu/insights/why-france-leaving-afghanistan

— (2014). *FRIDE Working Paper No. 122: Game over? The EU's legacy in Afghanistan*. Madrid: Fundación para las Relaciones Internacionales y el Diálogo Exgterior (FRIDE). http://ibdigital.uib.es/greenstone/collect/cd2/index/assoc/fride002/8.dir/fride0028.pdf

BYRD, W. (2020, 2 de diciembre). *Afghanistan Aid Conference Yields Mixed Results*. United States Institute of Peace. https://www.usip.org/publications/2020/12/afghanistan-aid-conference-yields-mixed-results

CALDUCH CERVERA, R. (2012). La dimensión política de los conflictos híbridos. *Documentos de Segutridad y Defensa: el enfoque multidisplinar en los conflictos híbridos*, 51, pp. 37-64, https://publicaciones.defensa.gob.es/el-enfoque-multidisciplinar-en-los-conflictos-hibridos.html

CARNEGIE ENDOWMENT FOR INTERNATIONAL PEACE (2009). *Simplified Distribution of Macro-Ethnicities in Afghanistan*. https://legacy.lib.utexas.edu/maps/middle_east_and_asia/afghanistan_ethnicities_map_4Dec2009.jpg

CARVALHO S., BARBU A., CHIBBER A. Y THOMAS V. (2006). *Engaging with fragile states : an IEG review of World Bank support to low-income countries under stress*. Washington D. C. (EE. UU.): The World Bank. http://documents.worldbank.org/curated/en/418191468142504861/Engaging-with-fragile-states-an-IEG-review-of-World-Bank-support-to-low-income-countries-under-stress

CEBADA ROMERO, A. (2011). La Reforma del Sector de Justicia en Afganistán. En García Rico, E. M. y Torres Cazorla M. I. (eds.), *La seguridad internacional en el siglo XXI : nuevas perspectivas*. Madrid: Plaza y Valdés, pp. 239-257.

CENTER FOR STRATEGIC AND INTERNATIONAL STUDIES (2018, 9 de noviembre). *Islamic State Khorasan (IS-K)*. Washington D. C. (EE. UU.): Center for Strategic and International Studies. https://www.csis.org/programs/transnational-threats-project/terrorism-backgrounders/islamic-state-khorasan-k

CHAO, S. Y NAM, L. (2015, 12 de mayo). Afghanistan's floundering billion dollar drug war. *Al Jazeera*. https://www.aljazeera.com/indepth/features/2015/05/150511080049609.html

CHAUDHURI, R. Y FARRELL, T. (2011). Campaign disconnect: Operational progress and strategic obstacles in Afghanistan, 2009-2011. *International Affairs*, 87 (2), pp. 271-296. https://doi.org/10.1111/j.1468-2346.2011.00973.x

CHAYES, S. (2013, 4 de mayo) *The Afghan Bag Mun*. Washington D. C. (EE. UU.): Carnegie Endowment for International Peace. https://carnegieendowment.org/2013/05/04/afghan-bag-man-pub-51706

CHÊNE, M. (2007). *Tackling Judicial Corruption in Afghanistan*. Bergen (Noruega): Anticorruption Resource Centre. https://www.u4.no/publications/tackling-judicial-corruption-in-afghanistan

CHRISTENSEN, M. (2011). Judicial Reform in Afghanistan: Towards a Holistic Understanding of Legitimacy in Post-Conflict Societies. *Berkeley Journal of Middle Eastern & Islamic*

Law, 4, pp. 101-157. http://scholarship.law.berkeley.edu/jmeil/vol4/iss1/3

CHRISTIAN MICHELSEN INSTITUTE (2005). *Humanitarian and Reconstruction Assistance to Afghanistan 2001-05, from Denmark, Ireland, the Neteherlands, Sweden and the United Kingdom. A Joint Evaluation Main Report.* Copenhague (Dinamarca): Ministerio de Asuntos Exteriores (DANIDA). https://www.cmi.no/publications/2064-humanitarian-and-reconstruction-assistance-to

CLARK, K. (2018). *An ICC Delay : Court postpones decision on whether to investigate war crimes in Afghanistan.* Kabul: Afghanistan Analysts Network. https://www.afghanistan-analysts.org/23552-2/

CLOUD, D. S. (1997, 19 de noviembre). Albright Lambastes Taliban Over Treatment Of Women. *Chicago Tribune.* http://www.chicagotribune.com

COGHLAN, T. (2009). The Taliban in Helmand: An oral History. En A. Giustozzi (ed.), *Decoding the New Taliban: Insights from the Afghan Field.* Londres (Reino Unido): C. Hurst & Co. Ltd., pp. 119-154.

COURAGE SERVICES INC. (2008). *Tribal Dynamics in Afghanistan.* Arlington (Virginia, EE. UU.): Courage Services Inc. https://www.worldcat.org/title/tribal-dynamics-in-afghanistan-a-resource-for-analysts/oclc/1031383622&referer=brief_results

CREWS, R. D. Y TARZI, A. (2008). Introduction. En R. D. Crews & A. Tarzi (eds.), *The Taliban and the crisis of Afghanistan.* Cambridge (Massachusets, EE. UU.): Harvard University Press, pp. 1-58.

CROUCH, G. (2013, 29 de septiembre). *World Bank Releases Randomized Impact Evaluation of Afghanistan's National Solidarity Programme.* https://www.worldbank.org/en/news/feature/2013/09/29/world-bank-releases-randomized-impact-evaluation-of-afghanistans-national-solidarity-programme

CURRION, P. (2010). *Strenth in Numbers: A Review of NGO Coordination in the Field. Case Study: Afghanistan 1988-2010.* Ginebra (Suiza): International Council of Voluntary Agencies (ICVA). https://www.icvanetwork.org/resources/strength-numbers-case-study-afghanistan-1988-2010

DALE, C. (2011). *War in Afghanistan: Strategy, Military Operations, and Issues for Congress.* Washington D. C. (EE. UU.): Congressional Research Service. https://fas.org/sgp/crs/natsec/R40156.pdf

DAY, A. (2007). Operation Medusa: The Battle for Panjwai. *Legion - Canada's Military History Magazine*, 9. https://legionmagazine.com/en/2007/09/operation-medusa-the-battle-for-panjwai/

DE LA CORTE IBAÑEZ, L. (2014). *Documento de investigación 03: Tehreek-i Taliban Pakistán y los Talibán Pakistaníes (Grupos Militantes de Ideología Radical y carácter Violento).* Madrid: Insituto Español de Estudios Estratégicos (IEEE). http://www.ieee.es/publicaciones-new/documentos-de-investigacion/2014/DIEEEINV03-2014.html

DE LA CORTE IBAÑEZ, L. Y GERGOVA, H. H. (2016). *Grupos Militantes de Ideología Radical y Carácter Violento N.º 07: La red Haqqani y la evolución del yihadismo local y transnacional en la región.* Madrid: Instituto Español de Estudios Estratégicos (IEEE). http://www.ieee.es/publicaciones-new/documentos-de-investigacion/2016/DIEEEINV07-2016.html

DEMPSEY, J. Y BURNS, J. F. (2008, 10 de octubre). NATO Agrees to Take Aim at Afghan Drug Trade. *The New York Times.* https://www.nytimes.com/2008/10/11/world/asia/11nato.html

DEMPSEY, J. Y COBURN, N. (2010). *USIP Peacebrief No. 10: Traditional Dispute Resolution and Stability in Afghanistan*. Washington D. C. (EE. UU.): United States Institute of Peace (USIP). https://www.usip.org/publications/2011/12/traditional-dispute-resolution-and-afghanistans-women

DOBBINS, J. (2008). *After the Taliban: Nation-Building in Afghanistan*. Washington D. C. (EE. UU.): Potomac Books.

DOBBINS, J., JONES, S. G., CRANE, K., RATHMELL, A., STEELE, B., TELTSCHIK, R. Y TIMILSINA, A. (2005). *The UN's Role in Nation-Building: From The Congo to Iraq*. Santa Monica (California, EE. UU.): RAND Corporation, https://www.rand.org/pubs/monographs/MG304.html

DORRONSORO, G. (2005). *Revolution Unending· Afghanistan, 1979 to the Present*. Nueva York (EE. UU.): Columbia University Press en asociación con Centre d'Etudes et de Recherches Internationales.

— (2009a). *Focus and Exit: An Alternative Strateegy for the Afghan War*. Washington D. C. (EE. UU.): Carnegie Endowment for International Peace, https://carnegieendowment.org/2009/01/15/focus-and-exit-alternative-strategy-for-afghan-war-pub-22619

— (2009b). *The Taliban's Winning Strategy in Afghanistan*. Washington D. C. (EE. UU.): Carnegie Endowment for International Peace, https://carnegieendowment.org/2009/06/29/taliban-s-winning-strategy-in-afghanistan-pub-23331

DRESSLER (2012). *ISW Backgrounder: Reconciliation with the Taliban. Fracturing the Insurgency*. Washington D. C. (EE. UU.): Institute for the Study of War (ISW). http://www.understandingwar.org/backgrounder/reconciliation-taliban-fracturing-insurgency

DUPREE, L. (1979). Red Flag over the Hindu Kush. *American Universities Field Staff Report 1979-1980, South Asia Series*. Kabul (Afganistán): AREU Library.

DUPREE, N. H. Y PETRONOV, V. P. (2019, 21 de octubre). Afghanistan, *Encyclopædia Britannica*, https://www.britannica.com/place/Afghanistan

DUTTA, A. P. (2015, 17 de agosto). Treasure in troubled land. *Down To Earth*. https://www.downtoearth.org.in/coverage/treasure-in-troubled-land-42312

EL QORCHI, M., MAIMBO, S. M. Y WILSON, J. F. (2003). Informal Funds Trasnfer Systems: An Analysis of the Informal Hawala System (Occasional Paper 222). Washington D. C.: International Monetary Fund. https://www.elibrary.imf.org/view/IMF084/03590-9781589062269/03590-9781589062269/back.xml?redirect=true

ELIAS, M. O. T. (2009). The Resurgence of the Taliban in Kabul, Logar and Wardak. En A. Giustozzi (ed.), *Decoding the New Taliban: Insights from the Afghan Field*. Londres (Reino Unido): Hurst Publishers Ltd, pp. 43-56.

ENERGY INFORMATION ADMINISTRATION (2019). *Afghanistan*, https://www.eia.gov/beta/international/country.php?iso=AFG

ERSHAD, Z. H. (2014). The Relationship between Politics and Islam in Contemporary Afghanistan. *Danubius-Supliment*, 32 (32), pp. 87-100. https://www.ceeol.com/search/article-detail?id=18309

EUROPEAN UNION ELECTION ASSESSMENT TEAM AFGHANISTAN (2014a, 10 de julio). *Preliminary results confirm the need for a comprehensive audit*. https://eeas.europa.eu/topics/election-observation-missions-eueoms_en/23908/EU%20Election%20Assessment%20Team%20in%20Afghanistan%20in%202014

— (2014b, 21 de septiembre). *Strong interrogations on the Afghan election process remain, after publication of the outcome of the Presidential election by the IEC,* https://eeas.europa.eu/topics/election-observation-missions-eueoms_en/23908/EU Election Assessment Team in Afghanistan in 2014

EUROPEAN UNION ELECTION OBSERVATION TEAM (2009). *Islamic Republic of Afghanistan. Final Report. Presidential and Provincial Council Elections 20.08.2009.* http://eeas.europa.eu/archives/docs/afghanistan/docs/2010_election_observation_afghanistan_final_report_0809_en.pdf

FARAMIÑÁN GILBERT, J. M. Y PARDO DE SANTAYANA Y GÓMEZ DE OLEA, J. (2009). *El conflicto de Afganistán.* Madrid: Ministerio de Defensa.

FARRELL, T. Y GIUSTOZZI, A. (2013). The Taliban at war: Inside the Helmand insurgency, 2004-2012. *International Affairs*, 89 (4), pp. 845-871. https://doi.org/10.1111/1468-2346.12048

FINANCIAL ISLAM (2019). *Salam.* http://www.financialislam.com/salam.html

FISHSTEIN, P. (2014). *AREU Synthesis Paper No. 1421E: Despair or Hope: Rural Livelihoods and Opium Poppy Dynamics in Afghanistan.* Kabul (Afganistán): Afghanistan Research and Evaluation Unit. https://www.refworld.org/docid/5428fc074.html

FISHSTEIN, P. Y WILDER, A. (2012). *Winning Hearts and Minds? Examining the Relationship between Aid and Security in Afghanistan.* Boston (Massachusets, EE. UU.): Feinstein International Center. https://fic.tufts.edu/publication-item/winning-hearts-and-minds-examing-the-relationship-between-aid-and-security-in-afghanistan/

FOLEY, C. (2005). *A Guide to Property Law in Afghanistan.* Oslo (Noruega): Norwegian Refugee Council. https://www.nrc.no/resources/reports/a-guide-to-property-law-in-afghanistan/

FOSCHINI, F. (2010). *The Alchemy of Vetting.* Kabul: Afghanistan Analysts Network. https://www.afghanistan-analysts.org/the-alchemy-of-vetting/

FRANCO, C. (2009). The Therik-i Taliban Pakistan. En A. Giustozzi (ed.), *Decoding the New Taliban: Insights from the Afghan Field.* London: C. Hurst & Co. Ltd, pp. 269-291.

FRIIS, K. (2010). *NUPI Working Paper 773: The Politics of the Comprehensive Approach. The Military, Humanitarian and State-building Discourses in Afghanistan.* Oslo (Noruega): Norwegian Institute of International Affairs (NUPI). https://nupi.brage.unit.no/nupi-xmlui/bitstream/handle/11250/277969/WP-773-Friis.pdf?sequence=3

GALL, C. (2010, 3 de marzo). Former Pakistani Officer Embodies a Policy Puzzle. *The New York Times.* https://www.nytimes.com/2010/03/04/world/asia/04imam.html

GALTUNG, F. Y TISNÉ, M. (2009). A new approach to postwar reconstruction. *Journal of Democracy*, 20 (4), pp. 93-107. https://doi.org/10.1353/jod.0.0132

GALULA, D. (1965). *Counterinsurgency Warfare: Theory and Practice.* Londres (Reino Unido): Praeger Security International.

GARFIELD, A. Y BOYD, A. (2013). *E-Notes: Understanding Afghan Insurgents: Motivations, Goals, and the Reconciliation and Reintegration Process,* Filadelfia (Pensilvania, EE. UU.): Foreign Policy Research Institute. https://www.fpri.org/article/2013/04/understanding-afghan-insurgents-motivations-goals-and-the-reconciliatio

GASTON, E. Y DANG, L. (2015). *USIP Special Report 372: Addressing Land Conflict in Afghanistan.* Washington D. C. (EE. UU.): United States Institute for Peace. https://www.usip.org/publications/2015/05/addressing-land-conflict-afghanistan

GHANI, A., LOCKHART, C. Y CARNAHAN, M. (2005). *Working Paper 253: Closing the*

Sovereignty Gap : an Approach to statee-building. Londres (Reino Unido): Overseas Development Institute. https://www.odi.org/sites/odi.org.uk/files/odi-assets/publications-opinion-files/2482.pdf

GHIASY, R., ZHOU, J. Y HALLGREN, H. (2015). *Afghanistan's private sector, Status and ways forward.* Estocolmo (Suecia): Stockholm International Peace Research Institute (SIPRI). https://www.sipri.org/publications/2015/afghanistans-private-sector-status-and-way-forward

GIUSTOZZI, A. (2008). *Working Paper 40: Afghanistan, Transition Without End. An Analytical Narrative on State-Making.* Londres: Crisis States Research Center. https://www.gov.uk/dfid-research-outputs/working-paper-no-40-afghanistan-transition-without-end-an-analytical-narrative-of-state-making

— (2009). The Taliban's Marches. Herat, Farah, Baghdis and Ghor. En A. Giustozzi (ed.), *Decoding the New Taliban: Insights from the Afghan Field.* Londres (Reino Unido): C. Hurst & Co. Ltd, pp. 211-230.

— (2013). March towards democracy? The development of political movements in Afghanistan. *Central Asian Survey,* 32 (3), pp. 318-335. https://doi.org/10.1080/02634937.2013.835197

— (2014a). The Taliban's «military courts». *Small Wars and Insurgencies,* 25 (2), pp. 284-296. https://doi.org/10.1080/09592318.2014.903638

— (2014b). *Peaceworks 94: The Taliban and the 2014 Elections in Afghanistan.* Washington D. C. (EE. UU.): United States Institute of Peace (USIP). https://www.usip.org/publications/2014/04/taliban-and-2014-elections-afghanistan

GIUSTOZZI, A. Y BACZKO, A. (2014). The Politics of the Taliban's Shadow Judiciary 2003–2013. *Central Asian Affairs,* 1 (2), pp. 199-224. https://doi.org/10.1163/22142290-00102003

GIUSTOZZI, A. Y FRANCO, C. (2013). *The Ongoing Battle for the Schools.* Kabul: Afghanistan Analysts Network. https://www.afghanistan-analysts.org/publication/aan-papers/the-ongoing-battle-for-education-uprisings-negotiations-and-taleban-tactics-2/

GIUSTOZZI, A., FRANCO, C. Y BACZKO, A. (2012). *Shadow Justice: How the Taliban run their Judiciary.* Kabul (Afganistán): Integrity Watch Afghanistan. https://www.loc.gov/item/2013359523/

GIUSTOZZI, A. Y REUTER, C. (2010). *The Northern Front: The Afghan insurgency spreading beyond the Pashtuns.* Kabul (Afganistán): Afghanistan Analysts Network. https://www.afghanistan-analysts.org/publication/aan-papers/the-northern-front-the-afghan-insurgency-spreading-beyond-the-pashtuns/

GOODHAND, J. (2002). Aiding violence or building peace? The role of international aid in Afghanistan. *Third World Quarterly,* 23, pp. 837-859. https://www.jstor.org/stable/3993391?seq=1#page_scan_tab_contents

— (2003). *From War Economy To Peace Economy?* Londres (Reino Unido): University of London. http://eprints.lse.ac.uk/28364/

GOPAL, A. (2008, 24 de diciembre). Afghan voter registration marred, *The Christian Science Monitor.* https://www.csmonitor.com/World/Asia-South-Central/2008/1224/p06s01-wosc.html

— (2010). *The Battle for Afghanistan. Militancy and Conflict in Kandahar,* Washington D. C. (EE. UU.): New America Foundation. https://www.academia.edu/2088305/The_Battle_for_Afghanistan_Militancy_and_Conflict_in_Kandahar

— (2016). The Combined and Uneven Development of Afghan Nationalism. *Studies in Ethnicity and Nationalism*, 16 (3), pp. 478-492. https://doi.org/10.1111/sena.12206

— (2017). *Rents, Patronage and Defection: State-building and Insurgency in Afghanistan*, (tesis doctoral). Nueva York (EE. UU.): Columbia University. http://search.proquest.com/openview/54321ea348ba2bdf9feba290ae11ab8d/1?pq-origsite=gscholar&cbl=18750&diss=y

GOPAL, A. Y STRICK VAN LINSCHOTEN, A. (2017). *Ideology in the Afghan Taliban*. Kabul (Afganistán): Afghan Analysts Network. https://www.afghanistan-analysts.org/publication/aan-papers/ideology-in-the-afghan-taliban-a-new-aan-report/

GOSSMAN, P. (2009). *Transitional Justice and DDR: The Case of Afghanistan*. Nueva York (EE. UU.): International Center for Transitional Justice. https://www.ictj.org/publication/transitional-justice-and-ddr-case-afghanistan-0

GRIFFITH, S. B. (1989). *Mao Tse-Tung on Guerrilla Warfare,* Washington (EE. UU.): Department of The Navy. https://doi.org/10.2307/2609468

GRIFFITHS, M., AHLUND, C., DE OLIVEIRA, N., HOLTZMAN, Z., GHAZIALAM, B., POTTER, A. Y MARSDEN, P. (2004). *Assitance to Justice and the Rule of Law in Afghanistan: A strategic analysis*. Ginebra (Suiza): Centre for Humanitarian Dialogue. https://reliefweb.int/report/afghanistan/assistance-justice-and-rule-law-afghanistan-strategic-analysis

GROSS, E. (2009). *Occasional Paper No. 78: Security Sector Reform in Afghanistan: the EU's contribution*. Bruselas (Bélgica): European Union Institute for Security Studies. https://www.iss.europa.eu/content/security-sector-reform-afghanistan-eu%E2%80%99s-contribution

GUIMBERT, S. (2004). *Structure and Performance of the Afghan Economy*. Washington (EE. UU.): The World Bank. http://documents.worldbank.org/curated/en/819001468740686597/Structure-and-performance-of-the-Afghan-economy

HABIB, S. (2013). *Local Government in Afghanistan: How it works and main challenges*. Afganistán: Universidad de Balkh. https://www.google.com/url?sa=t&rct=j&q=&esrc=s&source=web&cd=1&cad=rja&uact=8&ved=2ahUKEwjK64KTr4rkAhVBxYUKHXQ-BWYQFjAAegQIARAC&url=http%3ª%2F%2Fwww.nispa.org%2Ffiles%2Fconferences%2F2013%2Fpapers%2F201304161044150.Paper_Habib.pdf%3Ffs_papersPage%3D8&usg

HAKAMI HAKAMI, A. (2010). *Crisis Política y Económica de Afganistán* (tesis doctoral). Madrid: Universidad Complutense. https://eprints.ucm.es/11189/

HASHIMI, S. H., Y LAUTH, G. (2016). *AREU Issues Paper: Civil Service Reform in Afghanistan: Roles and Functions of the Civil Service Sector*. Kabul (Afganistán): Afghanistan Research and Evaluation Unit and German Federal Ministry of Economic Cooperation and Development.https://www.refworld.org/docid/57d93e7c4.html

HASS, R. N. (2011, 23 de junio). Gauging the U.S. Commitment in Afghanistan. Nueva York (EE. UU.): *Council on Foreign Relations*. https://www.cfr.org/expert-roundup/gauging-us-commitment-afghanistan

HERNANDEZ, M. G. (2021, 18 de noviembre). UN envoy warns Taliban unable to thwart Daesh/ISIS in Afghanistan, *Anadolu Agency*. https://www.aa.com.tr/en/asia-pacific/un-envoy-warns-taliban-unable-to-thwart-daesh-isis-in-afghanistan/2423963

HESSAMI, E. B. (2017, 20 de marzo). *Afghanistan's Water Plans Complicated by Worried Neighbors*. https://www.newsecuritybeat.org/2017/03/afghanistans-water-planscomplicated-worried-neighbors/

HODGE, N. (2014, 28 de junio). Afghanistan Escapes Blacklisting Over Standards to Fight Money Laundering. *The Wall Street Journal*. https://www.wsj.com/articles/afghanistan-escapes-blacklisting-over-standards-to-fight-money-laundering-1403960033

HOGSHIRE, J. (2005). Opium - Poppy Cultivation, Morphine and Heroin Manufacture. *Rhodium Site Archive*. https://erowid.org/archive/rhodium/chemistry/opium.html

HOLDBROOKE, R. (2008, 23 de enero). Still Wrong in Afghanistan. *Washington Post*. http://www.washingtonpost.com/wp-dyn/content/article/2008/01/22/AR2008012202617.html

HUMAN RIGHTS WATCH (2015). *Today We Shall All Die: Afghanistan's Strongmen and the Legacy of Umpunity*. https://www.hrw.org/report/2015/03/03/today-we-shall-all-die/afghanistans-strongmen-and-legacy-impunity

HURTADO, L. M. (2021, 5 de octubre). Ahorcados en excavadoras: vuelve el `salvaje oeste´ talibán a Afganistán, *El Mundo*. https://www.elmundo.es/internacional/2021/10/05/615c91e9fdddffc09e8b459c.html

INBAL, A. B. Y LERNER, H. (2007). Constitutional Design, Identity and Legitimacy in Post-Conflict Reconstruction. En D. W. Brinkerhoff (ed.), *Governance in Post-Conflict Sociaties: Rebuilding fragile states*. Abingdon (Reino Unido): Routledge, pp. 45-63.

INDEX MUNDI (2020). Afghanistan GDP - Composition by Sector. https://www.indexmundi.com/afghanistan/gdp_composition_by_sector.html

INTERNATIONAL CENTER FOR TRANSITIONAL JUSTICE (2010). *ICTJ Briefing: Stabilizing Afghanistan, Legitimacy and Accountability in Governance*. Nueva York (EE. UU.): International Center for Transitional Justice. https://www.ictj.org/publication/stabilizing-afghanistan-legitimacy-and-accountability-governance

INTERNATIONAL CRISIS GROUP (2003a). *ICG Asia Report No. 45: Afghanistan: Judicial Reform and Transitional Justice*. Bruselas (Bélgica): International Crisis Group (ICG). https://www.crisisgroup.org/asia/south-asia/afghanistan/afghanistan-judicial-reform-and-transitional-justice

— (2003b). *ICG Asia Report No. 62: Afghanistan, The problem of Pashtun Alienation*. Bruselas (Bélgica): International Crisis Group (ICG). https://www.crisisgroup.org/asia/south-asia/afghanistan/afghanistan-problem-pashtun-alienation

— (2004). *ICG Asia Report No. 88: Afghanistan, From Presidential to Parliamentary Elections*. Bruselas (Bélgica): International Crisis Group (ICG), https://www.crisisgroup.org/asia/south-asia/afghanistan/afghanistan-presidential-parliamentary-elections

— (2005a). *ICG Asia Briefing No. 35: Afghanistan, Getting Disarmament Back on Track*. Bruselas (Bélgica): International Crisis Group (ICG). https://www.crisisgroup.org/asia/south-asia/afghanistan/afghanistan-getting-disarmament-back-track

— (2005b). *ICG Asia Report No. 101*: Afghanistan Elections, Endgame or New Beginning? Bruselas (Bélgica): International Crisis Group (ICG). https://www.refworld.org/docid/42e0a9744.html

— (2011a). *ICG Asia Report No. 207: The Insurgency in Afghanistan's Heartland*. Bruselas (Bélgica): International Crisis Group (ICG). https://www.crisisgroup.org/asia/south-asia/afghanistan/insurgency-afghanistan-s-heartland

— (2011b). *Update Briefing No. 117: Afghanistan's Elections Stalemate*. Bruselas (Bélgica):

International Crisis Group (ICG). https://www.crisisgroup.org/asia/south-asia/afghanistan/afghanistan-s-elections-stalemate-0

— (2014). *Asia Report No 256: Afghanistan's Insurgency after the Transition*. Bruselas (Bélgica): International Crisis Group ICG). https://www.crisisgroup.org/asia/south-asia/afghanistan/afghanistan-s-insurgency-after-transition

— (2015). *Asia Report No 268: The Future of the Afghan Local Police*. Bruselas (Bélgica): International Crisis Group ICG). https://www.crisisgroup.org/asia/south-asia/afghanistan/future-afghan-local-police

INTERNATIONAL MONETARY FUND (2003). *IMF Country Report No. 03/299: Islamic State of Afghanistan: rebuilding a macroeconomic framework for reconstruction and growth.* Washington D. C. (EE. UU.). https://www.imf.org/en/Publications/CR/Issues/2016/12/30/Islamic-State-of-Afghanistan-Rebuilding-a-Macroeconomic-Framework-for-Reconstruction-and-16881

— (2006). *Islamic Republic of Afghanistan: Interim Poverty Reduction Strategy Paper.* International Monetary Fund. https://www.imf.org/external/pubs/ft/scr/2006/cr06194.pdf

ISENBERG, D. (2011, 25 de mayo). It´s Déjà Vu for DynCorp All Over Again. *Huffpost.* https://www.huffpost.com/entry/its-dj-vu-for-dyncorp-all_b_792394?guccounter=2

ISLAMIC REPUBLIC OF AFGHANISTAN (2005). *Millennium Development Goals, Islamic Republic of Afghanistan, Country Report 2005, Vision 2020.* https://www.worldcat.org/title/millennium-development-goals-islamic-republic-of-afghanistan-country-report-2005-vision-2020/oclc/71292090

— (2010). *Kabul International Conference: A Renewed Commitment by the Afghan Government to the Afghan People, A Renewed Commitment by the International Community to Afghanistan.* https://www.unodc.org/afghanistan/en/Events/international-conference-afghanistan.html

— (2018). *A Road Map for Subnational Reform: Citizen-Centered Governance.* https://documents.worldbank.org/en/publication/documents-reports/documentdetail/176061540413424342/islamic-republic-of-afghanistan-citizen-centered-governance-a-roadmap-for-subnational-reform

— (2019). *Heart of Asia - Istanbul Process.* http://www.hoa.gov.af/#move-top

ISLAMIC REPUBLIC OF AFGHANISTAN CENTRAL STATISTICS ORGANIZATION (2016). *Afghanistan Living Conditions survey 2013-14*. Kabul: Central Statistics Organization. http://catalog.ihsn.org/index.php/catalog/6557/related-materials

ISLAMIC REPUBLIC OF AFGHANISTAN INDEPENDENT DIRECTORATE FOR LOCAL GOVERNANCE (2010). *Sub-national Governance Policy*. https://idlg.gov.af/en/department-policy/

ISLAMIC REPUBLIC OF AFGHANISTAN JOINT ELECTORAL MANAGEMENT BODY (2004). *Decision of the Joint Electoral Management Body* No. 2004-102. http://www.iec.org.af/public_html/Election Results Website/english/english.htm

ISLAMIC REPUBLIC OF AFGHANISTAN MINISTRY OF FINANCE (2005). *Afghanistan National Development Strategy. An Interim Strategy for Security, Governance, Economic Growth & Poverty Redaction.* https://reliefweb.int/report/afghanistan/afghanistan-national-development-strategy-summary-report-interim-strategy

— (2008). *Afghanistan National Development Strategy.* http://www.af.undp.org/content/afghanistan/en/home/search.html?q=afghanistan+national+development+strategy

ISLAMIC REPUBLIC OF AFGHANISTAN MINISTRY OF JUSTICE (2005). *Justice for All: A*

Comprehensive Needs Analysis. https://issat.dcaf.ch/mkd/Learn/Resource-Library/Policy-and-Research-Papers/Justice-for-All-A-Comprehensive-Needs-Analysis-for-Justice-in-Afghanistan

— (2008a). *National Justice Programme*. Kabul (Afghanistan): GIRoA.

— (2008b). *National Justice Sector Strategy*. Kabul (Afghanistan): GIRoA.

ISLAMIC REPUBLIC OF AFGHANISTAN MINISTRY OF REHABILITATION AND DEVELOPMENT CENTRAL STATISTICS OFFICE (2007). *The National Risk and Vulnerability Assesment 2005: Afghanistan*. Kabul: Central Statistics Office, https://reliefweb.int/report/afghanistan/afghanistan-national-risk-and-vulnerability-assessment-2005

JACKSON, A. (2009). *The Cost of the War: Afghan Experiences of Conflict 1978-2009*. https://policy-practice.oxfam.org.uk/publications/the-cost-of-war-afghan-experiences-of-conflict-1978-2009-112483

JAFRIA NEWS (2011, 11 de enero). Govt responsible for Pakistani GAZA,Terrorists still siege Kurram Agency after 4 years. *Jafria News*. https://jafrianews.com/2011/01/18/govt-responsible-for-pakistani-gaza-terrorists-still-siege-kurram-agency-after-4-years/

JALALI, A. A. (2006). The Future of Afghanistan. *Parameters*, 36 (1), pp. 4-19. https://ssi.armywarcollege.edu/pubs/search.cfm?cx=000482176399681735740%3Ap1bgdr5bce8&ie=UTF-8&q=the+future+of+afghanistan%2C+jalali&sa=Go

— (2008). Afghanistan: Prospects for Nation Building. En Cheryl Benard, Ole Kvaerno, Peter D. Thruelsen y Kristen Cordell (eds.), *Afghanistan: State and Society, Grreat Power Politics and the Way Ahead*. Santa Monica (California-EE. UU.): RAND Corporation, pp. 63-65.

JOHNSON, C., MALEY, W., THEIR, A. Y WARDAK, A. (2003). *Afghanistan's Political and Constitutional Development*. Londres (Reino Unido): Overseas Development Institute, https://www.odi.org/publications/4810-afghanistan-s-political-and-constitutional-development

JOHNSON, R. (2011). *The Afghan way of war. Culture and pragmatism: a critical history*. London: C. Hurst & Co. Ltd.

JOHNSON, T. H. (2013). Taliban adaptations and innovations. *Small Wars and Insurgencies*, 24 (1), pp. 3-27. https://doi.org/10.1080/09592318.2013.740228

— (2018). The Illusion of Afghanistan's Electoral Representative Democracy: The Cases of Afghan Presidential and National Legislative Elections. *Small Wars & Insurgencies*, 29 (1), pp. 1-37. https://doi.org/10.1080/09592318.2018.1404771

JOHNSON, T. H. Y DUPEE, M. C. (2012). Analysing the new Taliban Code of Conduct (Layeha): an assessment of changing perspectives and strategies of the Afghan Taliban. *Central Asian Survey*, 31 (1), pp. 77-91. https://doi.org/10.1080/02634937.2012.647844

JOHNSON, T. H. Y MASON, M. C. (2008). No Sign until the Burst of Fire: Understanding the Pakistan-Afghanistan Frontier. *International Security*, 32 (4), pp. 41-77. https://doi.org/10.1162/isec.2008.32.4.41

JONES, S. G. (2008a). *RAND Counterinsurgency Study No. 4: Counterinsurgency in Afganistan*. Santa Monica (California, EE. UU.): RAND Corporation. https://www.rand.org/pubs/monographs/MG595.html

— (2008b). The Rise of Afghanistan's Insurgency, State Failure and Jihad. *International Security*, 32 (4), pp. 7-40. https://www.jstor.org/stable/30129790?seq=1#page_scan_tab_contents

JONES-PAULY, C. Y NOJUMI, N. (2004). Balancing Relations between Society and State: Legal

Steps toward National Reconciliation and Reconstruction of Afghanistan. *American Journal of Comparative Law*, 52 (4), pp. 825-857. https://doi.org/10.2307/4144467

JOYA, M. O., HAQUE, T., NASSIF, C. Y FARAHI, A. (2016). *Afghanistan Development Update October 2016*. Washington D. C. (EE. UU.): The World Bank. http://documents.worldbank.org/curated/en/988271478580976672/Afghanistan-economic-update

JOYA, M. O. Y KHAN, F. (2015). *Afghanistan Economic Update April 2015*. Washington D. C. (EE. UU.): The World Bank. https://www.openknowledge.worldbank.org/handle/10986/16510

JOYA, M. O., NASSIF, C., FARAHI, M. A. Y HAQUE, T. A. (2016). *Afghanistan Development Update April 2016*. Washington D. C. (EE. UU.): The World Bank. http://documents.worldbank.org/curated/en/953921468196145402/Afghanistan-development-update

KAMALI, M. H. (1985). *Law in Afghanistan: a Study of Constitutions, Matrimonial Law and the Judiciary*. Leiden (Paises Bajos): Brill NV.

KAPSTEIN, E. B. (2017). *USIP Special Report No. 405: Aid and Stabilization in Afghanistan*. Nueva York (EE. UU.): United States Institute of Peace (USIP). https://www.usip.org/publications/2017/06/aid-and-stabilization-afghanistan

KATZMAN, K. (2011). *CRS Report for Congress: Afghanistan, Politics, Elections, and Government Performance*, (March 28). Washington D. C. (EE. UU.): Congressional Research Service (CRS),

— (2015a). *CRS Report for Congress: Afghanistan, Politics, Elections, and Government Performance*, (January 12). Washington D. C. (EE. UU.): Congressional Research Service (CRS).

— (2015b). *CRS Report for Congress: Afghanistan, Post-Taliban Governance, Security and U.S. Policy*, (February 24). Washington D. C. (EE. UU.): Congressional Research Service (CRS).

— (2015c). *CRS Report for Congress: Afghanistan, Post-Taliban Governance, Security and U.S. Policy*, (October 15). Washington D. C. (EE. UU.): Congressional Research Service (CRS). https://digital.library.unt.edu/ark:/67531/metadc795518/

KATZMAN, K. Y THOMAS, C. (2017). *CRS Report for Congress: Afghanistan: Post-Taliban Governance, Security and U.S. Policy*, (August 22), Washington D. C. (EE. UU.): Congressional Research Service (CRS).

KENNEDY, R. M. Y JONES, L. P. (2002). *Options for Afghanistan's State-Owned Enterprises*, (August). Viena (Austria): United Nations Industrial Development Organization. https://www.yumpu.com/en/document/view/27575608/options-for-afghanistans-state-owned-enterprises-unido

KHALILZAD, Z. (2010). Afghanistan & Iraq: Taking Stock. *Journal of Democracy*, 21 (3), pp. 41-49.

— (2016). *The envoy: from Kabul to the White House, my journey through a turbulent world* (versión kindle). Nueva York (EE. UU.): St. Martin's Press.

KHAN, A. (2015, 9 de julio). Ghost Schools. *BuzzFeed News*. https://www.buzzfeed.com/azmatkhan/the-big-lie-that-helped-justify-americas-war-in-afghanistan?utm_term=.vkqpYjmlN#.twmebBR3P

KILCULLEN, D. (2009). Taliban and Counter-Insurgency in Kunar. En A. Giustozzi (ed.), *Decoding the New Taliban: Insights from the Afghan Field*. London: C. Hurst & Co. Ltd, pp. 231-245.

KLEINER, J. (2014). How Many Lives Do the Taliban Have? *Diplomacy and Statecraft*, 25 (4), pp. 708-731. https://doi.org/10.1080/09592296.2014.967133

KOELBL, S. Y STARK, H. (2011, 24 de mayo). Germany Mediates Secret US-Taliban Talks. *Spiegel Online*, https://www.spiegel.de/international/world/cautious-optimism-germany-mediates-secret-us-taliban-talks-a-764323.html

KOETZ, A. G. Y GHAFOORI, I. (2017). *AREU Issues Paper: Review of Functions of Government Agencies in Afghanistan*. Kabul: Afghanistan Research and Evaluation Unit (AREU). https://areu.org.af/publication/1711/

KORSKI, D. (2008). *Policy Paper: Afghanistan, Europe's forgotten war*. Bruselas (Bélgica): European Council on Foreign Relations. https://www.ecfr.eu/publications/summary/afghanistan_europes_forgotten_war

— (2009). *Shaping Europe's Afghan Surge*. Bruselas (Bélgica): European Council on Foreign Relations. http://www.ecfr.eu/Content/Entry/Korski_afghanistan_surge_report,

KOUVO, S. (2009). *NDC Forum Paper No. 4: State-building and rule of law: lessons from Afghanistan?* Roma (Italia): NATO Defence College. https://www.academia.edu/30907107/Rule_of_Law_and_State-Building_Lessons_from_Afghanistan_NATO_Defense_College_2009_

LACOUTURE, M. (2008). Narco-Terrorism in Afghanistan: Counternarcotics and Counterinsurgency. *The International Affairs Review*, XVII (2). http://iar-gwu.org/?s=lacouture+2008

LALZOY, N. (2021, 28 de septiembre). Taliban to implement a Constitution from nearly 60 years ago, *Khaama Press*. https://www.khaama.com/taliban-to-implement-a-constitution-from-nearly-60-years-ago-457457/

— (2021, 2 de cotubre). Pakistani Taliban denies talks with Islamabad, *Khaama Press*. https://www.khaama.com/pakistani-taliban-denies-talks-with-islamabad-4574745/

LARSON, A. (2015). *USIP Special Report No. 362: Political Parties in Afghanistan*. Washington D. C. (EE. UU.): United States Institute of Peace (USIP). https://www.usip.org/publications/2015/03/political-parties-afghanistan

LARSON, A. Y COBURN, N. (2017). *USIP Special Report No. 409: Afghan Views of Government and Elections, Legitimacy Pending*. Washington D. C. (EE. UU.): United States Institute of Peace (USIP). https://www.usip.org/sites/default/files/2017-07/sr409-afghan-views-of-government-and-elections-legitimacy-pending.pdf

LAU, M. (2003). *Islamic Law and the Afghan Legal System*. LSE Research Online. http://eprints.lse.ac.uk/28366/

LAUB, Z. (2014). *The Taliban in Afghanistan*. Nueva York (EE. UU.): Council on Foreign Relations. https://www.cfr.org/backgrounder/taliban-afghanistan

LEMAY-HÉBERT, N. (2013). *The Unfulfilled Potential of the Light Footprint Approach for Peace Missions*. Trabajo presentado en ISA Annual Convention (3-6 April), San Francisco (California, EE. UU.).

LIEVEN, A. (2011). *Pakistan, a Hard Country* (versión kindle). London: Penguin Books.

LILLEBY, L. (2013). The Haqqani Network: Pursuing Feuds under the Guise of Jihad. *Combating Terrosim Exchange (CTX)*, 3 (4). https://globalecco.org/the-haqqani-network-pursuing-feuds-under-the-guise-of-jihad#26

LISTER, S. Y PAIN, A. (2007). *Trading in Power: The Politics of Free Markets in Afghanistan*, Washington D. C. (EE. UU.): Center for International Private Enterprise. http://www.cipe.org/sites/default/files/publication-docs/Trading in Power The Politics of "Free" Markets in Afghanistan.pdf

LIVINGSTON, I. S. Y O'HANLON, M. E. (2017). *Brookings: Afghanistan Index: also including selected data on Pakistan.* Washington D. C. (EE. UU.): Brookings Intitution. https://www.brookings.edu/wp-content/uploads/2016/07/21csi_20170525_afghanistan_index.pdf

LORCH, D. (2018, 24 de septiembre). Abdul Haq: the Afghan commander who could have led to peace. *Global Geneva.* https://www.global-geneva.com/abdul-haq-the-afghan-commander-who-could-have-led-to-peace/

LUTZ, C. Y DESAI, S. (2014). *Working Paper 2014-22: US Reconstruction Aid for Afghanistan: The Dollars and Sense.* Providence (Rhode Island, EE. UU.): Brown University, The Watson Institute for International Studies. https://papers.ssrn.com/sol3/papers.cfm?abstract_id=2522384

MACKENZIE, J. (2010, 30 de mayo). Funding the Afghan Taliban. *Golbalpost.* https://www.pri.org/stories/2009-08-07/funding-afghan-taliban

MALEY, W. (2002). *The Afghanistan Wars.* Basingstoke (Reino Unido): Palgrave MacMillan.

— (2006). Fledging democracy a target for destruction. En B. Nelson & R. Jeffrey (eds.), *Capturing the Year 2006.* Canberra (Australia): Australian National University.

— (2007). Provincial Reconstruction Teams in Afghanistan – how they and where they are going. NATO Review, The military/civilian divide: peacekeeping and beyond. https://www.nato.int/DOCU/review/2007/issue3/english/art2.html

MALIKYAR, H. Y RUBIN, B. R. (2002). *Center-Periphery Relations in the Afghan State: Current Practices, Future Prospects.* EE. UU.: University of New York, Center on International Cooperation. http://cic.nyu.edu/sites/default/files/cpreport0107031.pdf

MALONEY, S. M. (2003). The International Security Assistance Force: The Origins of a Stabilization Force. *Canadian Military Journal*, (Summer), pp. 3-12. http://www.journal.forces.gc.ca/vo4/no2/operatio-eng.asp

— (2005). Afghanistan Four Years On: An Assessment. *Parameters,* (Summer), pp. 21-32. https://www.hsdl.org/?view&did=458436

MANI, R. (2003). *AREU Issues Paper: Ending Impunity and Building Justice in Afghanistan.* Kabul (Afganistán): Afghanistan Research and Evaluation Unit (AREU). https://areu.org.af/publication/308/

MASHAL, M. (2013, 16 de mayo). Afghanistan's Cycle of Corruption. *Daily Beast.* https://www.thedailybeast.com/afghanistans-cycle-of-corruption

MASON, R. C. (2012). *CRS Report for Congress: Status of Forces Agreement (SOFA): What Is It, and How Has It Been Utilized?*, (March 15). Washington D. C. (EE. UU.): *Congressional Research Service* (CRS). https://www.hsdl.org/?view&did=703746

MCCHRYSTAL, S. (2009). *COMISAF Initial Assessment (Unclassified).* Kabul: HQ ISAF. https://www.hsdl.org/c/gen-mcchrystals-isaf-initial-assessment-published/

MCCOLL, C. Y KAKAR, K. (2004). *The Constitution Building Process of Afghanistan 2001-2004.* Estocolomo (Suecia): Institute for Democracy and Electoral Assistance.

MCLOUGHLIN, C. (2015). When Does Service Delivery Improve the Legitimacy of a Fragile or Conflict-Affected State? *Governance*, 28 (3), pp. 341-356. https://doi.org/10.1111/gove.12091

MCMASTER, N. (2008, 2 de mayo). Hit and Run Tactis keeping the Taliban afloat. *Newser.* https://www.newser.com/story/26384/hit-and-run-tactics-keeping-taliban-afloat.html

MEEK, K. (2001, 13 de noviembre). Northen Alliance enters Kabul as Taliban flee. *The Guardian.* https://www.theguardian.com/world/2001/nov/13/afghanistan.terrorism13

MEHDI, M. (2009). El reto de las elecciones afgnas: ¿Se verán influidas por la polarización y las divisiones étnicas? *Revista de la OTAN.* https://www.nato.int/docu/review/2009/Afghanistan-law-order-elections/Challenges-Elections/ES/index.htm

METCALF, B. D. (2002). *«Traditionalist» Islamic Activism: Deoband, Tablighis, and Talibs.* Leiden (Netherlands). https://openaccess.leidenuniv.nl/handle/1887/10068

MILES, D. (2006, 4 de octubre). 12,000 U.S. Troops in Afghanistan to Serve Under NATO. *U.S. Department of Defense.* https://archive.defense.gov/news/newsarticle.aspx?id=1451

MILLER, C. A. (2010). *End Game for the West in Afghanistan? Explaning the Decline in Support for the War in Afghanistan in the United States, Great Britain, Canada, Australia, France and Germany.* Carlisle (Pensilvania, EE. UU.): U.S. Army War College. https://www.worldcat.org/title/endgame-for-the-west-in-afghanistan-explaining-the-decline-in-support-for-the-war-in-afghanistan-in-the-united-states-great-britain-canada-australia-france-and-germany/oclc/1040246298

MILLER, L. Y PERITO, R. (2004). *USIP Special Report No. 117: Establishing the Rule of Law in Afghanistan.* Nueva York (EE. UU.): United States Institute of Peace (USIP). https://www.usip.org/?site_keywords=Establishing%20the%20Rule%20of%20Law%20in%20Afghanistan

MONEY JIHAD (2010). Islamic tax chart. *Money Jihad - Combating terrorist financing.* https://moneyjihad.wordpress.com/islamic-tax-chart/

MORLEY, H. R. (2006, 21 mayo). Watchdog group accuses contractor of shoddy Afghan work, *Bergen Record.* https://corpwatch.org/article/bergen-record-watchdog-group-accuses-contractor-shoddy-afghan-work

NASIRI, M. T. K. (2021). *Compromise of the Supremacy of the Constitution in Afghanistan and Creation the Post of Chief Executive after 2014 Presidential Election.* https://www.khaama.com/compromise-on-the-supremacy-of-afghan-constitution-and-creation-of-the-national-unity-government-in-afghanistan-in-2014/

NAQVI, Z. F. (1999). *Afghanistan Pakistan Trade Relations* (World Bank Report), http://www.afghandata.org:8080/xmlui/handle/10.2458/2/browse?type=author&value=Naqbi%2C+Zareen+F.

NASREEN, A. (2008). Pakistan, Afghanistan and the Taliban. *International Journal on World Peace,* XXV-4, pp. 49-73. http://www.afghandata.org:8080/xmlui/handle/10.2458/2/browse?type=author&value=Naqbi%2C+Zareen+F.

NATHAN, J. (2009). Reading the Taliban. En A. Giustozzi (Ed.), *Decoding the New Taliban: Insights from the Afghan Field.* Londres (Reino Unido): Hurst Publishers Ltd, pp. 23-42.

NATIONAL COMMISSION ON TERRORIST ATTACKS (2004). *The 9/11 Commission Report,* Washington D. C. (EE. UU.): National Commission on Terrorist Attacks upon The United States. https://digital.library.unt.edu/ark:/67531/metadc813516/?q=The%209/11%20Commission%20Report

NATIONAL DEMOCRATIC INSTITUTE FOR INTERNATIONAL AFFAIRS (2006). *The September 2005 Parliamentary Elections.* Washington D. C. (EE. UU.): National Democratic Institute for International Affairs. https://www.ndi.org/node/22902

NATO HQ (2004, 2 de abril). *Press conference by NATO Secretary General Jaap de Hoop Scheffer.* https://www.nato.int/docu/speech/2004/s040402m.htm

NATO ISTANBUL SUMMIT (2004, 28 de junio). *Istanbul Summit communiqué.*

https://www.nato.int/docu/pr/2004/p04-096e.htm

NATO PRESS RELEASE (2002, 21 de noviembre). *Prague Summit Declaration issued by the Heads of State and Government particiapating in the meeting of the North Atlantic Council in Prague, Czech Republic 21.Nov.2002.*
https://www.nato.int/cps/en/natohq/official_texts_19552.htm

— (2010). *Declaration by the Heads of State and Government of the Nations contributing to the UN-mandated, NATO-led International Security Assistance Force (ISAF) in Afghanistan* (NATO Press Release 2010/158).
https://www.nato.int/cps/en/natolive/news_68722.htm?selectedLocale=en

— (2011). Transition to Afghan lead: Inteqal. *NATO Media Backgrounder*, p. 2.
https://www.nato.int/nato_static/assets/pdf/pdf_2011_03/20110309_110309-ISAF-backgrounder-Inteqal.pdf

NATO UPDATE (2001, 3 de octubre). *Invocation of Article 5 confirmed.*
https://www.nato.int/docu/update/2001/1001/e1002a.htm

— (2003, 11 de agosto). *NATO takes on Afghanistan Mission.*
https://www.nato.int/docu/update/2003/08-august/e0811a.htm

NIAZI, T. (2006). Afghanistan and Pakistan Face Threat of Talibanization, *Terrorism Monitor,* 4 (10). https://jamestown.org/program/afghanistan-and-pakistan-face-threat-of-talibanization/

NICHOLDS, N. Y BORTON, J. (1994). *Working Paper No. 74: The Changing Role of NGOs in the Provision of Relief and Rehabilitation Assistance: Case Study 1 - Afghanistan/Pakistan.* Londres (Reino Unido): Overseas Development Institute.
https://www.odi.org/sites/odi.org.uk/files/odi-assets/publications-opinion-files/3427.pdf

NIJAT, A. (2014). *AREU Issues Paper: Governance in Afghanistan: An Introduction.* Kabul (Afganistán): Afghanistan Research and Evaluation Unit (AREU).
https://www.refworld.org/docid/533165784.html

NIJAT, A., GOSZTONYI, K., FEDA, B. Y KOEHLER, J. (2016). *AREU Issues Paper: Subnational Governance in Afghanistan.* Kabul (Afganistán): Afghanistan Research and Evaluation Unit. https://areu.org.af/publication/1615/

NIJSSEN, S. (2012). *The Peace Process & Afghanistan's Women* (NATO Civil Military Fusion Centre Part 2 of a 4 Part-Series on Peace and Reintegration in Afghanistan).

NIXON, H. (2008). *AREU Issues Paper: Subnational State-Building in Afghanistan. En Afghanistan Research and Evaluation Unit Issues Paper.* Kabul (Afganistán): Afghanistan Research and Evaluation Unit (AREU). https://areu.org.af/publication/806/

NOELLE-KARIMI, C. (2003). *Local Perceptions of State Law.* Bonn (Alemania): Center for Development Research.
https://www.researchgate.net/publication/44285939_Local_perceptions_of_state_and_law

NOORZOY, S. (2014). Afghanistan's Wartime Economy (2001-2014). The Devastating Impacts of IMF-World Bank Reforms. *Glogal Research (Center for Reearch on Globalization).* https://www.globalresearch.ca/afghanistans-wartime-economy-2001-2014-the-devastating-impacts-of-imf-world-bank-reforms/5393141

NYROP, R. F. Y SEEKINS, D. M. (1986). *Afghanistan: A Country Study.* En R. F. Nyrop y D. M. Seekins (eds.), *Afghanistan: A Country Study.* Washington (EE. UU.): American University. https://www.worldcat.org/title/afghanistan-a-country-study/oclc/242131661&referer=brief_results

O'DONNELL, G. A. (2004). Why the Rule of Law Matters. *Journal of Democracy,* 15 (4), pp.

32-46. https://doi.org/10.1353/jod.2004.0076

O'DONNELL, T. (2021, 14 de agosto). Could a transitional government end the current violence in Afghanistan. *The Week*. https://theweek.com/afghanistan/1003730/could-a-transitional-government-end-the-current-violence-in-afghanistan

O'HANLON, M. E. Y LINS DE ALBUQUERQUE, A. (2005). *Afghanistan Index. Tracking Variables of Reconstruction & Security in Post-Taliban Afghanistan*. Washington D. C. (EE. UU.): The Brookings Institution. https://www.brookings.edu/~/media/programs/foreign-policy/afghanistan-index/index20050223.pdf

OBSERVATORY OF ECONOMIC COMPLEXITY (2019a). *Afghanistan*. https://oec.world/en/profile/country/afg/

— (2019b). *Where does Afghanistan import from? (2014)*, https://oec.world/en/visualize/tree_map/hs92/import/afg/show/all/2014/

OSCE ELECTION SUPPORT TEAM (2004). *Election Support Team to Afghanistan. Reommendations*. https://www.osce.org/gsearch?qr=Election%20Support%20Team%20to%20Afghanistan.%20Reommendations%20October%2018%2C%202004

OSCE OFFICE FOR DEMOCRATIC INSTITUTIONS AND HUMAN RIGHTS ELECTION SUPPORT TEAM (2009). *Islamic Republic of Afghanistan Presidential and Provincial Council Elections*. https://www.osce.org/odihr/elections/afghanistan/111349

OSMAN, B. (2014). *Afghan Youth for Democracy? Not all of them*. Kabul (Afganistán): Afghanistan Analysts Network. https://www.afghanistan-analysts.org/afghan-youth-for-democracy-not-all-of-them/

— (2015a). *The Murree Process: Divisive peace talks further complicated by Mullah Omar's death*. Kabul (Afganistán): Afghan Analysts Network. https://www.afghanistan-analysts.org/the-murree-process-divisive-peace-talks-further-complicated-by-mullah-omars-death/

— (2015b). *The Shadows of Islamic State in Afghanistan: What threat does it hold?* Kabul (Afganistán): Afghanistan Analysts Network. https://www.afghanistan-analysts.org/the-shadows-of-islamic-state-in-afghanistan-what-threat-does-it-hold/

OSMAN, B. Y GOPAL, A. (2016). *Taliban views on a future state*. EE. UU.: New York University, Center on International Cooperation. https://cic.nyu.edu/publications/taliban-views-future-state

OVESEN, J. (1984). On the Cultural Heritage of the Pashai, *Anthropos,* 79 (4/6), pp. 397-407. www.jstor.org/stable/40461864

PAIN, A. Y GOODHAND, J. (2002). *InFocus Programme on Crisis Response and Reconstruction Working Paper 8: Afghanistan, Current employment and Socio-economic situation and prospects*. Ginebra: Organización Internacional del Trabajo. https://www.ilo.org/employment/Whatwedo/Publications/WCMS_116403/lang--en/index.htm

PARIS CONFERENCE ON AFGHANISTAN (2008, 12 de junio). *Declaration of the International Conference in Support of Afghanistan*. https://peacemaker.un.org/node/1801

PARKES, A. (2016). The Influence of Regional State Actors in Afghanistan's Political Stability. *Small Wars Journal*. http://smallwarsjournal.com/jrnl/art/the-influence-of-regional-state-actors-in-afghanistan's-political-stability

PARTLOW, J. (2016). *A Kingdom of their own, the Family Karzai and the Afghan desaster*. Nueva York (EE. UU:): Penguin Random House.

PERKINS, R. (2014). *Air power in Afghanistan, How NATO changed the rules 2008-2014*. Londres (Reino Unido): Action on Armed Violence. https://www.worldcat.org/search?qt=worldcat_org_all&q=Air+power+in+Afghanistan%2C+How+NATO+changed+the+rules+2008-2014

PETERS, G. S (2009). The Taliban and the Opium Trade. En A. Giustozzi (Ed.), *Decoding the New Taliban: Insights from the Afghan Field*. London: Hurst Publishers Ltd, pp. 7-22.

PETERS, H. M., SCHWARTZ, M. Y KAPP, L. (2016). *Department of Defense Contractor and Troop Levels in Iraq and Afghanistan: 2007 - 2016*. Washington D. C. (EE. UU.): U. S. Congressional Research Service. https://apps.dtic.mil/dtic/tr/fulltext/u2/1014324.pdf

PONZIO, R. (2005). Public Security Mangement in Post-Conflict Afghanistan: Challenges to Building Local Ownership. En A. H. Ebnöther & P. H. Fluri (eds.), *After Intervention : Public Security Management in Post-Conflict Societies From Intervention to Sustainable Local Ownership*. Ginebra (Suiza) y Viena (Austria): Geneva Centre for Democratic Control of Armed Forces and Austrian National Defence Academy. https://dcaf.ch/after-intervention-public-security-management-post-conflict-societies

POPAL, A. B. (2014). *Municipalities in Afghanistan*. Kabul (Afganistán): Independent Directorate of Local Governance.

POTHIER, F. (2009). *Debunking Five Fallacies on Afghanistan*. Bruselas (Bélgica): Carnegie Europe). https://carnegieeurope.eu/2009/02/03/debunking-five-fallacies-on-afghanistan-pub-22695

QAANE, E. Y RUTTIG, T. (2015). *A Half-Solution: Provincial Councils get oversight authority back - for the time being*. https://www.afghanistan-analysts.org/en/reports/political-landscape/a-half-solution-provincial-councils-get-oversight-authority-back-for-the-time-being/

QAZI, S. H. (2010). The «neo-Taliban» and counterinsurgency in Afghanistan. *Third World Quarterly*, 31 (3), pp. 485-499. https://doi.org/10.1080/01436597.2010.488484

— (2011). *The Neo-Taliban, Counterinsurgency & the American Endgame in Afghanistan*. Washington D. C. (EE. UU.): Institute for Social Policy and Understanding. https://www.ispu.org/the-neo-taliban-counterinsurgency-the-american-endgame-in-afghanistan-2/

QAZI, S. (2016, 26 de mayo). Who is the new taliban leader Haibatullah Akhunzada. *Aljazeera*. https://www.aljazeera.com/news/2016/5/26/who-is-new-taliban-leader-mullah-haibatullah-akhunzada

RAFIQ, A. (2015, 4 de febrero). Islamic States goes official in South Asia. *The Diplomat*. https://thediplomat.com/2015/02/islamic-state-goes-official-in-south-asia/

RAND CORPORATION (2019). *James Dobbins - Profile*. https://www.rand.org/about/people/d/dobbins_james.html

RASHID, A. (2002). *Taliban: Islam, oil and the new great game in central Asia*. Londres (Reino Unido). Nueva York (EE. UU.): I.B. Tauris Publishers.

— (2009a). *Descent into chaos: the United States and the failure of nation building in Pakistan, Afghanistan, and Central Asia*. Nueva York (EE. UU.): Penguin Books.

— (2009b). *Descent into chaos: the United States and the failure of nation building in Pakistan, Afghanistan, and Central Asia* (versión kindle). Nueva York (EE. UU.): Penguin Books.

— (2010). A Deal with the Taliban? *The New York Review of Books*. https://www.nybooks.com/articles/2010/02/25/a-deal-with-the-taliban/

REED, S., FOLEY, C. Y HAMED, H. (2008). *IDLO Italian-Funded Projects (2005-2008) for Legal and Judicial Reform in Afghanistan* (IDLO Monitoring and Evaluation Unit).

https://www.alnap.org/help-library/idlo-italian-funded-projects-2005-2008-for-legal-and-judicial-reform-in-afghanistan

REHMAN, Z. U. (2015, 21 de julio). 'Terror ties' of Panjpiri madrassas being probed, Karachi (Pakistán). *The News*. https://www.thenews.com.pk/print/52052-terror-ties-of-panjpiri-madrassas-being-probed

REINARES, F. (2010). *Working Paper N.º 28/2010: A New Composite Global Terrorism Threat to Western Societies from Pakistan? Making Sense of the January 2008 Suicide Bomb Plot in Barcelona*. Madrid: Real Instituto Elcano. http://www.realinstitutoelcano.org/wps/portal/rielcano_en/contenido?WCM_GLOBAL_CONTEXT=/elcano/elcano_in/zonas_in/international+terrorism/dt28-2010

RELIEFWEB (2010). *Afghan Perceptions and Experiences of Corruption: A National Survey 2010*. https://reliefweb.int/report/afghanistan/afghan-perceptions-and-experiences-corruption-national-survey-2010

REUTER, C. Y YOUNUS, B. (2009). The Return of the Taliban in Andar District (Ghazni). En A. Giustozzi (ed.), *Decoding the New Taliban: Insights from the Afghan Field*. London: C. Hurst & Co. Ltd., pp. 101-118.

REUTERS (2014, 19 de noviembre). Land-grabbing by powerful rife in Afghanistan. *Reuters*. https://www.reuters.com/article/afghanistan-corruption/land-grabbing-by-powerful-rife-in-afghanistan-watchdog-idUSL3N0T948M20141119

REYNOLDS, A. Y CAREY J. (2012). *Fixing Afghanistan's Electoral System, Arguments and Options for Reform*. Kabul (Afganistán): Afghanistan Research and Evaluation Unit (AREU). https://areu.org.af/publication/1211/

ROGGIO, B. (2009, 11 de septiembre). ICOS rating Taliban control in Afghanistan is meaningless. *The Long War Journal*. https://www.longwarjournal.org/threat-matrix/2009/09/icos_rating_on_taliban_control.php

— (2010). The Afghan Taliban's top leaders. *The Long War Journal*. https://www.longwarjournal.org/?s=roggio

ROSEN, L. (2011). Anthropological Assumptions and the Afghan War. *Anthropological Quarterly*, 84 (2), pp. 535-558.

ROSENBERG, M. (2013, 28 de abril). With Bags of Cash, C.I.A. Seeks Influence in Afghanistan. *The New York Times*. http://www.nytimes.com/2013/04/29/world/asia/cia-delivers-cash-to-afghan-leaders-office.html?pagewanted=all&_r=1&

ROSTON, A. (2009, 11 de noviembre). How the US funds the Taliban. *The Nation*. https://www.thenation.com/article/how-us-funds-taliban/

ROY, O. (1990). *Islam and resistance in Afghanistan*. Reino Unido: Cambridge University Press.

RUBIN, B. R. (1996). *Afghanistan: The Forgotten Crisis* (WriteNet Report). https://www.refworld.org/docid/3ae6a6c0c.html

— (2000). The Political Economy of War and Peace in Afghanistan. *World Development*, 28 (10), pp. 1789-1803. https://doi.org/10.1016/S0305-750X(00)00054-1

— (2002). *The Fragmentation of Afghanistan: State Formation and Collapse in the International System*. New Haven (Conneticut, EE. UU.): Yale University Press.

— (2004). *Road to Ruin: Afghanistan's Booming Opium Industry*. Nueva York (EE. UU.): University of New York, Center on International Cooperation.

— (2005, 16 de marzo). Afghanistan: The Wrong Voting System. *The New York Times*. https://www.nytimes.com/2005/03/16/opinion/afghanistan-the-wrong-votingsystem.html

— (2006). *Council Special Report No. 12: Afghanistan's Uncertain Transition from Turmoil to Normalcy*. Nueva York EE. UU.): Council on Foreign Relations. https://www.cfr.org/report/afghanistans-uncertain-transition-turmoil-normalcy

RUTTIG, T. (2006). *Islamists, Leftists and a Void in the Center. Afghanistan's Political Parties and where they come from (1902-2006)*. Kabul (Afganistán): Konrad Adenauer Stiftung Afghanistan Office. https://www.afghanistan-analysts.org/publication/other-publications/islamists-leftists-and-a-void-in-the-center-afghanistans-political-parties-and-where-they-come-from-1902-2006-2/

— (2009a). Loya Paktia's Insurgency: The Haqqani Network as an Autonomous Entity. En A. Giustozzi (ed.), *Decoding the New Taliban: Insights from the Afghan Field*, pp. 57-101. Nueva York (EE. UU.): Columbia University Press. https://www.afghanistan-analysts.org/publication/other-publications/loya-paktias-insurgency-the-haqqani-network-as-an-autonomous-entity-in-the-taliban-universe/

— (2009b). *The Other Side. Dimensions of the Afghan Insurgency: Causes, Actors and Approaches to Talks*. Kabul (Afganistán): Afghanistan Analysts Network. https://www.afghanistan-analysts.org/publication/aan-papers/the-other-side-dimensions-of-the-afghan-insurgency-causes-actors-and-approaches-to-talks/

— (2010). *How Tribal Are the Taleban? Afghanistan largest insurgent movement between its tribal roots and Islamist Ideology*. Kabul (Afganistán): Afghanistan Analysts Network. https://www.afghanistan-analysts.org/publication/aan-papers/how-tribal-are-the-taleban-afghanistans-largest-insurgent-movement-between-its-tribal-roots-and-islamist-ideology/

— (2013). *Political Landscape. Still Temporary an Exclusive: A new leadership for Jamiat*. Kabul (Afganistán): Afghanistan Analysts Network. https://www.afghanistan-analysts.org/still-temporary-and-exclusive-a-new-leadership-for-jamiat/

— (2015). *A Bridge for the Taleban? Harakat, a former mujahedin party, leaps back into action*. Kabul (Afganistán): Afghanistan Analysts Network. https://www.afghanistan-analysts.org/a-bridge-for-the-taleban-harakat-a-former-mujahedin-party-leaps-back-into-action/

RYNNING, S. (2012). *NATO in Afghanistan: The Liberal Disconnect*. California (EE. UU.): Stanford University Press.

SABRI, F. (2017, 20 de mayo). 67,399 people killed in terror attacks during past 15 years. *Pakistan Today*. https://www.pakistantoday.com.pk/2017/05/20/67399-people-killed-in-terror-attacks-during-past-15-years/

SALAHUDDIN S. (2021, 21 de febrero). Do or die: President Ghani rejects the idea of interim government in Afghanistan. *Arab News*. https://www.arabnews.com/node/1813281/world

SARWAN, A. Y SIDDIQUE, A. (2017, 12 de octubre). Kabul Moves to End Bribes for Endorsing Cabineet Members. *Gandhara*. https://gandhara.rferl.org/a/afghanistan-parliament-president-bribes/28790076.html

SARWARI, A. Y CREWS, R. D. (2008). Afghanistan and the Pax Americana. En R. D. Crews & A. Tarzi (eds.), *The Taliban and the Crisis of Afghanistan*, pp. 311-355. Cambridge-London: Harvard University Press.

SAVE THE CHILDREN (2017, 1 de mayo). *Save the Children calls for end to corporal punishment in Afghanistan after death of a high school student*. Kabul (Afganistán): Save the Children Afghanistan. https://afghanistan.savethechildren.net/news/press-release-1

SCHWARTZ, M., CHURCH, J. Y AVE I. (2013). *Department of Defense's Use of Contractors to*

Support Military Operations: Background, Analysis, and Issues for Congress. Washington (EE. UU.): Congressional Research Service. https://fas.org/sgp/crs/natsec/R43074.pdf

SCHWEICH, T. (2008, 27 de julio). Is Afghanistan a Narco-State?. *The New York Times Magazine*. https://www.nytimes.com/2008/07/27/magazine/27AFGHAN-t.html?pagewanted=all

SEDRA, M. (2002). *Brief No. 25: Challenging the Warlord Culture: Security Sector Reform in Post-Taliban Afghanistan*. Bonn (Alemania): Bonn International Center for Conversion. https://css.ethz.ch/en/services/digital-library/publications/publication.html/16635

— (2003). *Brief No. 28: Confronting Afghanistan's Security Dilemma - Reforming the Security Sector*. Bonn (Alemania): Bonn International Center for Conversion. https://idl-bnc-idrc.dspacedirect.org/handle/10625/31021

SEMPLE, M. (2014). *Peaceworks No.102: Rhetoric, Ideology and Organizational Strcuture of Taliban Movement*. Washington D. C. (EE. UU.): United States Institute of Peace. https://www.usip.org/publications/2015/01/rhetoric-ideology-and-organizational-structure-taliban-movement

SEMPLE, M., FARRELL, T. G., LIEVEN, A. Y CHAUDHURI, R. (2012). *Royal United Services Institute Briefing Paper: Taliban Perspectives on Reconciliation*. Wollongong (Australia): University of Wollongong. https://ro.uow.edu.au/lhapapers/3537/

SETAS, C. (2014). *Documento Opinión N.º 121/2014: La desintegración de Tehrik-e Taliban Pakistan*. Madrid: Instituto Español de Estudios Estratégicos. http://www.ieee.es/publicaciones-new/documentos-de-opinion/2014/DIEEEO121-2014.html

SHALIZI, H. (2013, 14 de octubre). Votes sell for about $ 5 in Afghanistan as presidential race begins. *Reuters*. https://www.reuters.com/article/us-afghanistan-election/votes-sell-for-about-5-in-afghanistan-as-presidential-race-begins-idUSBRE99D0O120131014

SHARP, J. M. (2005). *The Middle East Partnership Iniciative: An Overview*. Washington D. C. (EE. UU.): Congress Research Service. https://fas.org/sgp/crs/mideast/RS21457.pdf

SIDDIQUE, A. (2014). *The Pashtun question : the unresolved key to the future of Pakistan and Afghanistan*. Londres (Reino Unido): C. Hurst & Co. Ltd.

— (2016. 2 de marzo). Aziz admits Pakistan housing Afghan Taliban leaders. *Dawn.com*. https://www.dawn.com/news/1243093

SIGAR OFFICE (2010). *SIGAR Review Report No. 5-306-10-002-S: Review of Security Costs Charged to USAID Projects in Afghanistan*. https://oig.usaid.gov/node/1018

— (2011). *Quarterly Report to The United States Congress (April 30)*. https://www.sigar.mil/pdf/quarterlyreports/2011-04-30qr.pdf

— (2014a). *Lessons Learned from Oversight of the U.S. Agency for International Development's Efforts in Afghanistan*. https://www.sigar.mil/pdf/testimony/SIGAR-14-46-TY.pdf

— (2014b). *Quarterly Report to the United States Congress (July 30)*. https://www.sigar.mil/pdf/quarterlyreports/2014-07-30qr.pdf

— (2014c). *SIGAR 14-32 Audit Report: USAID has taken positive action to assess Afghan Ministries'Ability to manage Donor Funds but concers remain*. https://www.sigar.mil/pdf/audits/SIGAR-14-32-AR.pdf

— (2015a). *Quarterly Report to the United States Congress (January 30)*. https://www.sigar.mil/quarterlyreports/

— (2015b). *SIGAR 15-26 Audit Report: Afghan National Police: More than $300 Million in Annual, U.S.-funded Salary Payments Is Based on Partially Verified or Reconciled Data*. https://www.sigar.mil/allreports/index.aspx?SSR=5

SLOANE, P. (2001). *Food Security Strategy for Afghanistan*. Islamabad (Pakistán): Working Team on Food Security. http://catalog.acku.edu.af/cgi-bin/koha/opac-detail.pl?biblionumber=18905

SMITH, G. (2009). What Kandahar's Taliban say. En A. Giustozzi (ed.), *Decoding the New Taliban: Insights from the Afghan Field*. Londres (Reino Unido): C. Hurst & Co. Ltd., pp. 191-210.

— (2015, 13 de agosto). Taliban factionalism raises aftere Mullah's Omar death. *International Crisis Group*. https://www.crisisgroup.org/asia/south-asia/afghanistan/taliban-factionalism-rises-after-mullah-omar-s-death

SMITH, S. S. (2012). *The 2004 Presidential Elections in Afghanistan*. Kabul (Afganistán): Afghanistan Aanalysts Network. https://www.afghanistan-analysts.org/wp-content/uploads/downloads/2012/09/3_Smith_The_2004_Presidential_Elections.pdf

SPERLING, J. (2018). Eurasian security governance : new threats, institutional adaptations. En J. Sperling, S. Kay y V. Papacosma (eds.), *Limiting institutions?*, pp. 3-26. Reino Unido: University of Manchester.

STAPLETON, B. J. (2007). A means to what end? Why PRTs are peripheral to the bigger political challenges in Afghanistan? *Journal of Military and Strategic Studies*, 10 (1), 1-49. https://www.worldcat.org/title/a-means-to-what-end-why-prts-are-peripheral-to-the-bigger-political-challenges-in-afghanistan/oclc/7835465744&referer=brief_results

STARR, S. F. (2006). Sovereignty and legitimacy in Afghan nation-building. En F. Fukuyama (ed.), *Nation-Building: Beyond Afghanistan and Iraq*, pp. 107-124. Baltimore (Mayrland, EE. UU.): Johns Hopkins University Press.

STARS AND STRIPES (2014, 25 de septiembre). Full text of the power-sharing agreement for Afghanistan. *Stars and Stripes*. https://www.stripes.com/news/full-text-of-the-power-sharing-agreement-for-afghanistan-1.304947

STAUSS, H. (2012). United States' Strategy in Afghanistan from 2001 to Today. *Pepperdine Policy Review*, 5 (art. 3). http://digitalcommons.pepperdine.edu/ppr/vol5/iss1/3

STAVRIDIS, J. G. (2011). The comprehensive approach in Afghanistan. *Prism*, 2 (2), pp. 65-76. http://cco.dodlive.mil/files/2014/02/Prism_65-76_Stavridis.pdf

STENERSEN, A. (2010). *Al-Qaeda's Allies: Explaining the Relationship between Al-Qaeda and various Factions of the Taliban After 2001*. Cambridge: University Press. http://doi.org/10.1017/9781139871501

STRICK VAN LINSCHOTEN, A. Y KUEHN, F. (2012). Lessons learnt «Islamic, Independent, Perfect and Strong»: Parsing the Taliban's strategic Intentions, 2001-2011. Swindon (Reino Unido): Art and Humanities Research Council. https://ahrc.ukri.org/documents/project-reports-and-reviews/ahrc-public-policy-series/islamic-independent-perfect-and-strong-parsing-the-taliban-s-strategic-intentions-2001-2011/

STROMSETH, J., WIPPMAN, D. Y BROOKS, R. (2006). *Can Might Make Rights? Building the Rule of Law after Military Interventions*. Nueva York (EE. UU.): Cambridge University Press. https://www.worldcat.org/title/can-might-make-rights-building-the-rule-of-law-after-military-interventions/oclc/904848396&referer=brief_results

SUHRKE, A. (2011). *When More Is Less: The International Project in Afghanistan*, Londres (Reino Unido): Hurst Publishers Ltd.Hurst.

SUHRKE, A. Y BORCHGREVINK, K. (2009). Negotiating justice sector reform in Afghanistan. *Crime, Law and Social Change*, 51 (2), 20. https://doi.org/10.1007/s10611-008-9154-0

SYNOVITZ, R. (2007, 16 de marzo). Amnesty Law Draws Criticism Praise. *Radio Free Europe - Radio Liberty*. https://eurasianet.org/afghanistan-amnesty-law-draws-criticism-praise

TAMKIN, H. (2015, 15 de marzo). Health Depth Unable to take Charge of Turkish-run Hospital. *Pajhwok Afghan News*. https://www.pajhwok.com/en/2015/03/15/health-dept-unable-take-charge-turkish-run-hospital

TAPPER, R. (1983). *Tribe and State in Iran and Afghanistan*. Nueva York (EE. UU.): Routledge.

TARZI, A. (2008). The Neo-Taliban. En R. D. Crews & A. Tarzi (eds.), *The Taliban and the crisis of Afghanistan* (pp. 274-310). Cambridge (Massachusets, EE. UU.): Harvard University Press.

TAVERNISE, S. (2009, 11 de octubre). UN Official Acknowledges Widespread Fraud in Afghan Elections. *The New York Times*. https://www.nytimes.com/2009/10/12/world/asia/12afghan.html

THE AFGHANISTAN COMPACT (2006). *Building on Success. The London Conference on Afghanistan*. Recuperado de https://peacemaker.un.org/node/1799

THE DAILY OUTLOOK OF AFGHANISTAN (2014, 12 de enero). Provincial Council Law Approved. *The Daily Outlook of Afghanistan*. http://outlookafghanistan.net/national_detail.php?post_id=9090

THE GUARDIAN (2010, 3 de diciembre). *US embassy cables: Afghan tribal elders threaten to «fight NATO like the Soviets»*. https://www.theguardian.com/world/us-embassy-cables-documents/191709

THE NATIONAL ARCHIVES UK (2002) *Military Technical Agreement Between the International Security Assitance Force (ISAF) ad the Interim Admininstration of Afghanistan*. webarchive.nationalarchives.gov.uk/+/http:/www.operations.mod.uk/isafmta.pdf

— (2010). *Afghanistan: The London Conference 28 January 2010*. https://webarchive.nationalarchives.gov.uk/20100202182425/http://uk.sitestat.com/fcoweb/fcogov/s?afgportal.en.conference.communique.p.pdf.Communique-final&ns_type=pdf&ns_url=http://afghanistan.hmg.gov.uk/resources/en/pdf/Communique-final

THE UNIVERSITY OF EDINBURG PEACEAGREEMENTS (2002). *Co-chairs' Summary of Conclusions. The International Conference on Reconstruction Assistance to Afghanistan* (January 21-22). https://www.peaceagreements.org/view/908/Communiqu%C3%A9%20of%20the%20International%20Conference%20on%20Reconstruction%20Assistance%20to%20Afghanistan%20(Tokyo%20Conference)

— (2004). *International Afghanistan Conference in Berlin, 31 March - 01 April 2004*. https://www.peaceagreements.org/view/1054/Berlin%20Declaration%20(Berlin%20Conference)

— (2011). *The International Afghanistan Conference in Bonn, 5 December 2011. Afghanistan and The International Community: From Transition to the Trasnformation Decade*. https://www.peaceagreements.org/view/848/Conclusions%20of%20the%20Conference%20on%20Afghanistan%20and%20the%20International%20Community:%20From%20Transition%20to%20the%20Transformation%20Decade%20(Bonn%20Conference)

THE WORLD BANK (1978). *Afghanistan, the Journay to Economic Development*. http://documents.worldbank.org/curated/en/110641468195844097/pdf/multi-page.pdf

— (2003). *World Development Indicators 2003*.

https://elibrary.worldbank.org/doi/abs/10.1596/0-8213-5422-1

— (2007). *Service Delivery and Governance at the Sub-National Level in Afghanistan.* http://documents.worldbank.org/curated/en/547501468180236987/pdf/406170AF0Service0delivery01PUBLIC1.pdf

— (2015). *FATA Rural Livelihood and Community Infrastrcuture Project (RLCIP), Addendum to the ESA.* Peshawar (Pakistán).

— (2016). *World Development Indicators 2016.* https://blogs.worldbank.org/opendata/2016-edition-world-development-indicators-out-three-features-you-won-t-want-miss

— (2017). *World Development Indicators, Afghanistan 2014.* http://databank.worldbank.org/data/reports.aspx?source=2&country=AFG

— (2018). *World Development Indicators.* http://databank.worldbank.org/data/reports.aspx?source=world-development-indicators&l=en#

— (2019). *GDP per capita (Afghanistan).* https://data.worldbank.org/indicator/NY.GDP.PCAP.CD?locations=AF

— (2020). *Afghanistan's Citizens' Charter Program: Empowering Communities for Better Services.* https://www.worldbank.org/en/results/2020/10/20/afghanistans-citizens-charter-program-empowering-communities-for-better-services

— (2021). *The World Bank in Afghanistan: Overview.* https://www.worldbank.org/en/country/afghanistan/overview

TIMORY, N. (2014). Pakistan on the Brink: The Future of Pakistan, Afghanistan and the West by Ahmad Rashid. *Strategic Analysis*, 38 (1), pp. 116-118. https://doi.org/10.1080/09700161.2014.863502

TONDINI, M. (2009). Justice sector reform in Afghanistan: From a «lead nation» approach to a «mixed ownership» regime? *Transition Studies Review*, 15 (4), pp. 660-673. https://doi.org/10.1007/s11300-008-0041-2

TORABI, Y. Y DELESGUES, L. (2008). Afghanistan: Bringing Accountability Back In From Subjects of Aid to Citizens of the State. *Integrity Watch Afghanistan.* https://www.worldcat.org/title/afghanistan-bringing-accountability-back-in-from-subjects-of-aid-to-citizens-of-the-state/oclc/648641589&referer=brief_results

TOWNSEND, B. (2019). The Development and Creation of the Afghanistan National Army Territorial Forces. *Military Review: The Professional Journal of the U.S. Army,* (March-April). https://www.armyupress.army.mil/Military-Review/English-Ed/

TRADING ECONOMICS (2019a). *Afghanistan Balance of Trade.* https://tradingeconomics.com/afghanistan/balance-of-trade

— (2019b). *Afghanistan GDP per capita.* https://tradingeconomics.com/afghanistan/gdp-per-capita

TRANSPARENCY INTERNATIONAL (2010). Corruption Perceptions Index 2010. https://www.transparency.org/cpi2010/interactive

— (2016). *Tajikistan.* https://www.transparency.org/country/TJK

— (2018). *Corruption Perceptions Index 2014: Results.* https://www.transparency.org/cpi2014/results

— (2021). *Corruption Perceptions Index 2020: Results.* https://www.transparency.org/en/cpi/2020/index/afg

TRIBAL ANALYSIS CENTER (2008). *"Mizh Der Beitobora Khalq Yi", Pashtun Reconciliation*

Programs. http://www.tribalanalysiscenter.com/PDF-TAC/Pashtun%20Reconciliation%20Programs.pdf

— (2009). *The Quetta Shura: A Tribal Analysis*. http://www.tribalanalysiscenter.com/PDF-TAC/Quetta%20Shura.pdf

UNITED NATIONS (2007). *Rome Conference on the Rule of Law in Afghanistan (July 2-3, 2007) Joint Recommendations*. https://peacemaker.un.org/node/1815

UNITED NATIONS AND THE RULE OF LAW (s.f.). *Security Sector Reform (SSR)*. https://www.un.org/ruleoflaw/thematic-areas/access-to-justice-and-rule-of-law-institutions/ssr/

UNITED NATIONS ASSISTANCE MISSION IN AFGHANISTAN (2010). *Afghan President signs a decree on a new Peace and Reintegration Programme*. https://unama.unmissions.org/afghan-president-signs-decree-new-peace-and-reintegration-programme

UNITED NATIONS DEPARTMENT OF PEACEKEEPING OPERATIONS (2011). *Justice Update. DPKO Sustainable Peace through Justice and Security* (Vol. 2). https://m.reliefweb.int/report/404690

UNITED NATIONS DEVELOPMENT PROGRAMME (1990). *Human Development Report 1990*. https://read.un-ilibrary.org/economic-and-social-development/human-development-report-1990_7007ef44-en#page1

— (1992). *Human Development Report 1992*. https://read.un-ilibrary.org/economic-and-social-development/human-development-report-1992_1451896a-en#page31

— (1994). *Human Development Report 1994*. http://hdr.undp.org/en/content/human-development-report-1994

— (2002). *Human Development Report 2002. Deepening democracy in a fragmented world*. http://hdr.undp.org/en/content/human-development-report-2002

— (2004). *Afghanistan National Human Development Report 2004. Security with a Human Face, Challenges and Responsabilities*. http://hdr.undp.org/en/content/human-development-report-2004

— (2007). *Afghanistan Human Development Report 2007, Bridging Modernity and Tradition: Rule of Law and the Search for Justice*. http://hdr.undp.org/en/content/bridging-modernity-and-tradition

— (2015). *Human Development Report 2015. Work for Human Development*. http://hdr.undp.org/en/content/human-development-report-2015-work-human-development

— (2019). *Human Development Report 2019: Inequalities in Human Development in the 21st Century, Briefing note for countries on the 2019 Human Development Report*. Nueva York (EE. UU.): UNDP

— (2020). *Human Development Report 2019. The Next Frontier: Human Development and the Anthropecene*. Nueva York (EE. UU.): UNDP

UNITED NATIONS DISARMAMENT DEMOBILIZATION AND REINTEGRATION RESOURCE CENTER (2019a). *The Integrated DDR Standards (IDDRS)*. http://unddr.org/iddrs.aspx

— (2019b). *What is DDR?* http://unddr.org/what-is-ddr/introduction_1.aspx

UNITED NATIONS FOOD AND AGRICULTURE ORGANIZATION (2002). *Special Report FAO/WFP Crop and Food Security Assessment Mission To Afghanistan*. En *FAO Corporate Document Repository*. Recuperado de http://www.fao.org/3/Y7376e/Y7376e00.htm

— (2012). *Country Programmming Framework 2012-2015 for Afghanistan (16 August 2002)*.

www.fao.org/3/a-bl941e.pdf

UNITED NATIONS GENERAL ASSEMBLY SECURITY COUNCIL (2001). *Report of the Secretary-General: The situation in Afghanistan and its implications for international peace and security (A/56/681-S/2001/1157)*. https://www.securitycouncilreport.org/un-documents/document/Afgh-S2001-1157.php?print=true

UNITED NATIONS NEWS (2013, 7 de febrero). *Cost of corruption in Afghanistan nearly $4 billion – UN survey*. https://news.un.org/en/story/2013/02/431502-cost-corruption-afghanistan-nearly-4-billion-un-survey

UNITED NATIONS OFFICE ON DRUGS AND CRIME (2002a). *Afghanistan Opium Survey 2002*. https://www.unodc.org/pdf/publications/afg_opium_survey_2002.pdf

— (2002b). *Global Illicit Drug Trends 2002*. https://www.unodc.org/pdf/report_2002-06-26_1/report_2002-06-26_1.pdf

— (2013). *Corruption in Afghanistan: Recent patterns and integrity challenges in the public sector*, https://www.unodc.org/documents/data-and-analysis/statistics/corruption/Corruption_Afghanistan_2013.pdf

— (2016). *Security Sector Reform Integrated Technical Guidance Notes*. http://www.unodc.org/documents/organized-crime/SSR_TOC_ITGN_2016_WEB.pdf

UNITED NATIONS PRESS RELEASE (1999, 10 de septiembre). *Opium Production in Afghanistan in 1999 rises to Record Level of 4,000 Metric Tons*. https://www.un.org/press/en/1999/19990910.afg107.doc.html

UNITED NATIONS SECRETARY GENERAL (2002). *Report of the Secretary General on the situation in Afghanistan and its implications for international peace and security (A/56/875/-S/2002/278)*. https://www.refworld.org/docid/3cb2f0044.html

— (2004a). *The rule of law and transitional justice in conflict and post-conflict societies: report of the Secretary-General (23 August 2004, S/2004/616)*. https://www.refworld.org/docid/45069c434.html

— (2004b). *Report of the Secretary General on the situation in Afghanistan and its implications for international peace and security (A/59/581-S/2004/925)*. https://reliefweb.int/report/afghanistan/un-sg-report-situation-afghanistan-and-its-implications-international-peace-and-3

— (2006). *Report of the Secretary-General on the situation in Afghanistan and its implications for international peace and security (A/60/712-S/2006/145)*. https://reliefweb.int/report/afghanistan/report-secretary-general-situation-afghanistan-and-its-implications-internation-3

— (2007). *Letter dated 15 August 2007 from the Secretary-General addressed to the President of the Security Council*. https://digitallibrary.un.org/record/605461

— (2014). *The situation in Afghanistan and its implications for international security (A/68/789-S/2014/163)*. https://www.securitycouncilreport.org/atf/cf/%7B65BFCF9B-6D27-4E9C-8CD3-CF6E4FF96FF9%7D/s_2014_420.pdf

UNITED STATES COMMISSION ON WARTIME CONTRACTING IN IRAQ AND AFGHANISTAN (2011). *Final Report to Congress: Transforming Wartime Contracting Controlling costs, reducing risks*, https://cybercemetery.unt.edu/archive/cwc/20110929213815/http://www.wartimecontracting.gov/

UNITED STATES DEPARTMENT OF STATE (2020). *Agreement for Bringing Peace to Afghanistan* (February 29). https://www.state.gov/agreement-for-bringing-peace-to-afghanistan/

UNITED STATES GOVERNMENT ACCOUNTABILITY OFFICE (2013). *Report to Congressional*

Addressess: Afghanistan: Key Oversight Issues. https://www.gao.gov/products/GAO-13-218SP

UNITED STATES THE WHITE HOUSE PRESIDENT BARAK OBAMA (2009, 1 de diciembre). *President Obama on the Way Forward in Afghanistan and Pakistan.* https://obamawhitehouse.archives.gov/blog/2009/12/01/new-way-forward-presidents-address

— (2010). *National Security Strategy (may 2010).* *https://www.google.com/url?sa=t&rct=j&q=&esrc=s&source=web&cd=13&ved=2ah UKEwj4qKWCpuXlAhVE8uAKHTvICZAQFjAMegQIAhAC&url=https%3A%2F%2Fob amawhitehouse.archives.gov%2Fsites%2Fdefault%2Ffiles%2Frss_viewer%2Fnational _security_strategy.pdf&usg=AOvVaw13mEgUmKf1P94QOQX02Bcg*

— (2010, 16 de diciembre). *Statement by the President on the Afghanistan-Pakistan Annual Review.* https://obamawhitehouse.archives.gov/the-press-office/2010/12/16/statement-president-afghanistan-pakistan-annual-review

— (2012, 1 de mayo). *The U.S.-Afghanistan Strategic Partnership Agreement Fact Sheet.* https://obamawhitehouse.archives.gov/the-press-office/2012/05/01/fact-sheet-us-afghanistan-strategic-partnership-agreement

UNITED STATES THE WHITE HOUSE PRESIDENT GEORGE W. BUSH (2001, 7 de octubre). *Presidential Address to the Nation.* https://georgewbush-whitehouse.archives.gov/news/releases/2001/10/20011007-8.html

— (2002). *The National Security Strategy United States of America (September 2002).* https://georgewbush-whitehouse.archives.gov/nsc/nss/2002/

— (2006). *The National Security Strategy of the United States of America (March 2006).* https://georgewbush-whitehouse.archives.gov/nsc/nss/2006/

— (2008). Department of Defense Service of Remembrance at the Pentagon. *Selected Speeches of President George W. Bush 2001 – 2008,* pp. 79-82. https://georgewbush-whitehouse.archives.gov/infocus/bushrecord/documents/Selected_Speeches_George_W _Bush.pdf

VENDRELL, F. (2009). El compromiso de la comunidad internacional. En *El Laberinto Afgano, XVII Curso Internacional de Defensa (AGM y Universidad de Zaragoza).* Madrid: Ministerio de Defensa, pp. 163-172. http://www.ejercito.mde.es/unidades/Zaragoza/agm/Anexos/PDF_del_XVII_Curso_Inte rnacional.pdf

WALDMAN, M. (2008). *Falling Short: Aid Effectiveness in Afghanistan.* Kabul (Afganistán): Agency Coordinating Body for Afghan Relief (ACBAR). https://www.oxfam.org/sites/www.oxfam.org/files/ACBAR_aid_effectiveness_paper_0 803.pdf

— (2010a). *Discussion Paper No. 18: The Relationship between Pakistan's ISI and Afghan Insurgents.* Cambridge (Massachusets, EE. UU.): Harvard University, Kennedy School of Government. http://afghandata.org:8080/xmlui/handle/azu/15230

— (2010b). *Golden Surrender?* Kabul (Afganistán): Afhganistan Analysts Network. https://www.afghanistan-analysts.org/publication/aan-papers/golden-surrender-the-risks-challenges-and-implications-of-reintegration-in-afghanistan/

WARDAK, A. (2004). Building a Post-War Justice System in Afghanistan. *Crime, Law and Social Change,* 41. pp. 319-341. https://www.researchgate.net/publication/44285943_Building_a_Post-war_Justice_System_in_Afghanistan

— (2011). State and Non-State Justice Systems in Afghanistan: the Need for Synergy.

University of Pennsylvania Journal of International Law, 32 (5), pp. 1305-1324. https://scholarship.law.upenn.edu/jil/vol32/iss5/5

— (2019). *Jirga - A Traditional Mechanism of Conflict Resolution in Afghanistan.* https://www.researchgate.net/publication/254937578_Jirga_-_A_Traditional_Mechanism_of_Conflict_Resolution_in_Afghanistan

WARREN, Z. (2014). *Afghanistan in 2009, A Survey of the Afghan People.* San Francisco (California, EE. UU.). The Asia Foundation. https://asiafoundation.org/publication/afghanistan-in-2009-a-survey-of-the-afghan-people/

WEIGAND, F. (2017). Afghanistan's Taliban–Legitimate Jihadists or Coercive Extremists? *Journal of Intervention and Statebuilding*, 11 (3), pp. 359-381. https://doi.org/10.1080/17502977.2017.1353755

WILDER, A. (2005). *A House Divided? Analysing the 2005 Afghan Elections.* Kabul (Afganistán): Afghanistan Research and Evaluation Unit. https://www.refworld.org/docid/47c3f3c01b.html

WILDER, A. Y GORDON, S. (2009, 1 de diciembre). Money Can't Buy America Love. *Foreign Policy.* https://foreignpolicy.com/2009/12/01/money-cant-buy-america-love/

WILY, L. A. (2004). Putting Rural Land Registration in Perspective: The Afghanistan Case. *Afghanistan Research and Evaluation Unit.* http://citeseerx.ist.psu.edu/viewdoc/download?doi=10.1.1.521.8602&rep=rep1&type=pdf

WINTERBOTHAM, E. (2010). *The State of Transitional Justice in Afghanistan Actors, Approaches and Challenges.* Kabul (Afganistán): Afghanistan Research and Evaluation Unit. https://www.refworld.org/docid/4bc6ccb42.html

WITS (2021). Pakistan Top 5 Export and Import Partners, *World Integrated Trade Solution.* https://wits.worldbank.org/CountrySnapshot/en/PAK

WOLF, S. O. (2013, 28 de junio). Taliban and democracy: The unequal equation. *Panorama.* https://www.google.com/url?sa=t&rct=j&q=&esrc=s&source=web&cd=2&ved=2ahUKEwj3867ul_bkAhX08eAKHSkqC3cQFjABegQIABAC&url=http%3ª%2F%2Fcrossasia-repository.ub.uni-heidelberg.de%2F2900%2F1%2FSOW.TalibanDemocracyEquation.20132806.pdf&usg=AOvVaw0Pj1ZeyJhFwcdUbX_7MgDj

WORLD JUSTICE PROJECT (2014). *The World Justice Project - Rule of Law Index 2014.* http://worldjusticeproject.org/sites/default/files/files/wjp_rule_of_law_index_2014_report.pdf#page=1&zoom=auto,-74,792

— (2020). *The World Justice Project - Rule of Law Index 2020.* https://www.worldjusticeproject.org/rule-of-law-index/country/Afghanistan

WORLDWIDE GOVERNANCE INDICATORS (2017). *Worldwide Governance Indicators.* http://info.worldbank.org/governance/WGI/#reports

WYLER, L. S. Y KATZMAN, K. (2010). *Afghanistan: U.S. Rule of Law and Justice Sector Assistance.* Congressional Research Service. https://www.refworld.org/docid/4d05fdbf2.html

YAGER, L. Y LAURENT, J. ST. (2013). *Report to Congressional Addressees: Afghanistan, Key Oversight Issues.* United States Government Accountability Office. https://www.hsdl.org/?view&did=730826

ZABULWAL, A. A. (2009). Taliban in Zabul: a Witness' Account. En A. Giustozzi (Ed.), *Decoding the New Taliban: Insights from the Afghan Field.* Londres (Reino Unido): C.

Hurst & Co. Ltd. pp. 179-190.

ZAHAB, M. A. Y ROY, O. (2004). *Islamist networks: the Afghan-Pakistan connection*. Nueva York (EE. UU.): Columbia University Press y Centre d'études et de recherches internationales, Paris.

ZYCK, S. A. (2010). *Aid Flows to Afghanistan: A Portrait of One of Afghanistan's Most Significant Economic Forces*. La Haya (Paises Bajos): NATO Civil-Military Fusion Centre. https://reliefweb.int/report/afghanistan/aid-flows-afghanistan-portrait-one-afghanistans-most-significant-economic-forcesRecuperado de www.cimicweb.org